语体语法“体原子”研究

Studies on Atoms of Register Grammar

冯胜利　主编

REGISTER ATOMS

中西書局

图书在版编目(CIP)数据

语体语法“体原子”研究 / 冯胜利主编. —上海：中西书局，2021
ISBN 978-7-5475-1827-4

Ⅰ. ①语… Ⅱ. ①冯… Ⅲ. ①汉语—语体—语法—研究 Ⅳ. ①H14

中国版本图书馆CIP数据核字(2021)第074692号

语体语法“体原子”研究

YUTI YUFA TIYUANZI YANJIU

冯胜利 主编

责任编辑 刘 博
装帧设计 黄 骏
责任印制 朱人杰

出版发行 上海世纪出版集团
中西書局(www.zxpress.com.cn)
地 址 上海市陕西北路457号(邮编：200040)
印 刷 上海天地海设计印刷有限公司
开 本 890×1240毫米 1/32
印 张 15.125
字 数 390 000
版 次 2021年7月第1版 2021年7月第1次印刷
书 号 ISBN 978-7-5475-1827-4 / H·114
定 价 85.00元

目　录

下编 应用篇

序言：体原子：语体语法的新发展*

1 语体语法的缘起

语体语法（stylistic-register grammar）是近十几年来刚刚发展起来的一个新的研究领域。虽然“语体”和“语法”二词对任何人来讲都不陌生①，但合在一起及其组合后的概念之新，则是前所未有的。以往，“语体”常与表达方式或修辞、风格一类概念等而视之。不仅如此，“语体”还常常和“文体”混同，以致划水难分。语体语法则不然，它赋予“语体”以“语法”的属性，使之不再是“修辞”“风格”等艺术手段与方法，也不能再与文体平级而论。语体独立了，文体也随之成为从属于语体语法的下属（或派生）种类或概念②。今天，语体语法成为了一门与传统语法学并列的独立部门或学科。它的学科意义正如著名语言学家陆俭明先生（2019）所说：“冯胜利教授开创的汉语韵律语法学和语体语法学，对推进汉语语法研究起了很积极的作用”，“他从本世纪初又开始关注和研究语体语法，在这方面也发表并出版了不少论著。特别是 2018 年出版的《汉语语体语法概论》，全面

* 本文曾以“语体语法的生物原理与生成机制”为题目发表于《民俗典籍文字研究》2020 年第二十六辑（作者冯胜利、刘丽媛）；这里笔者又做了一些补充和修订，特此说明。

① 如陶红印（1999）、张伯江（2007，2012）、方梅（2007）等关于语体或文体变量对语法特征的选择或偏爱研究，更多语体与语法的研究介绍可参冯胜利、施春宏（2018）。

② 限于篇幅，有关语距形式组构成各种文体的论证，容另文专述。

阐述了语体语法的基本原理、单位层级和汉语语体语法系统。这无疑为汉语语法研究开辟了一个新的研究领域”①。德国汉语语言学家梅思德(Barbara Meisterernst, 2016：3)也把语体语法理论称为一个“革新的理论”(innovative approach),并评论说:“(它)为研究古代语体语法开辟了一条新的道路”“给研究古代的语言、文学、宗教和文化提供了一个新的综合性的理论工具”②。我们知道,西方学者认可的中国语言学理论至今不多,语体语法或有望成为其中之一;而其之所以可能忝列国际语言学理论之林者,主要在于它的系统性构架,如图1所示③:

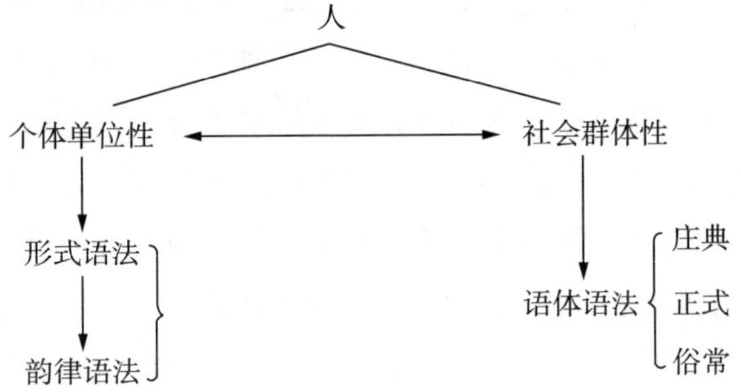

图1　语体语法理论构架图示

此前,没有人把语法分为社会群体语法和个体语法④。虽然语

① 陆俭明《现代汉语语法研究发展的历程》,2019海内外中国语言学者联谊会暨第十届学术论坛主题发言,2019年7月20日,北京：商务印书馆。又见陆俭明(2019：9)。

② 原文为：open a new path for exploring ancient stylistic register grammar, provide a comprehensive new theoretical tool for researching ancient language, literature, religion and culture.

③ 据冯胜利(2012)。

④ 形式句法中的“合并”(merge)和韵律语法中的“相对凸显”(relative prominence)为个体语法中的“递归基因(recursive gene)”,而亲疏调距的生物本能为群体语法的“交际基因”(communicative gene)。

言学里面有自主句法学(autonomous-syntax,乔姆斯基)和社会语言学(sociolinguistics,拉波夫),但二者水火不容,不相往来。语体语法认为:人类除了乔姆斯基之别于动物的语法能力(linguistic competence)之外,尚有与动物共享的交际本能。就是说,乔姆斯基的自主句法学忽略了人也有动物享有的交际属性,拉波夫的社会语言学也没有发现由群体生理决定的语体机制。而语体语法从大量的语言事实中发现:一定的交际功能由一定的语言形式来表达、一定的语言形式赋有一定或固定的交际功能。于是提出人类交际中一条潜在的定律(theorem):“形式—功能对生律”(Innateness of Form-Function Correspondence)——语言形式与其交际功能在人类生理的系统里相应而生的交际本能。这样一来,人类的语法就不仅仅是**个体语法**,同时也是**群体语法**。前者由句法(合并 merge)和韵律(相对凸显 relative prominence)所组成,后者就是语体语法(本质属性见下文)。其关系如下:

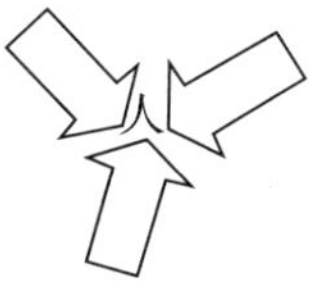

图 2　人类语言“三足语法”模型①

根据这一理论,人类语法就可以理解为语体与形式、韵律“三足鼎立式”的语法框架。下面的事实充分证实了这一体系的存在与价值。如:

---

① 这里的“三足”取“三足分立”之意,同时也含有“没有三个就不足备”的意思。“三足语法”允准根据不同的情况(如研究视角和目的等)取任一子体系为核心,研究它与另外二者的互动关系和作用,甚至可据不同的侧重方面发展其组合机制。

(1) 形式句法用例

Carefully the guy who fixed the car packed his tools.

* Carefully the guy who fixed the car is tall.

(2) 形式句法用例①

a. 张三拿枪$_i$ 打 e_j。

a'. *张三拿枪$_i$ 打 e_i。

b. 张三把鸟儿$_i$ 打了 e_i。

b'. *张三把鸟儿$_i$ 打了 e_j。

(3) 韵律句法用例(Heavy-NP Shift)

He loves deeply the person who taught linguistics at BLCU.

*He loves the person who taught linguistics at BLCU deeply.

(4) 韵律句法用例

他把书放**在**了桌子上。

*他把书放了**在**桌子上。

(5) 语体语法用例

a. They built a house for us. (built=口语体)

a'. They constructed a house for us. (construct=拉丁根,正式体)

b. They built us a house.

b'. *They constructed us a house.

c. 我决定**租**他两间房。(租=口语体)

c'. *企业决定**租赁**他两间房屋。(租赁=正式体)

(6) 语体语法用例

*他昨天买和看了一本书。

他们昨天购买和阅读了一部长篇小说。

---

① 下面用例中,若名词的下标(i、j)相同,表示所指相同;若下标不同,表示所指不同。

例(1)、例(2)的事实代表的是个体(每人脑中)的形式句法,例(1)中副词修饰句中的动词,不是根据线性远近来决定,而是由句法上的层级结构来操控;例(2)中动词隐含宾语成分的所指,也不由线性序列决定,而是句法上的层级结构决定[①];例(3)—例(4)代表的是个体(每人脑中)的韵律句法,例(3)是核心重音决定的重型 NP 移位法、例(4)是核心重音激活的句法移位,二者都是"不合韵律则不合法"的语言现象;例(5)—例(6)中的事实则是我们近年发现的、非群体语法而不得其解的**语体语法**:同一结构,在一个语体里合法,在另一个语体里不合法。这里首先需要注意的是"群体语法"这一概念,它是语体语法理论中的一个新的、极其重要的概念,和以往理解的语法概念截然不同。详细论证见下文,这里先简述其要:人是群体的动物,动物之为群体则必有"交际"。交际的首要环节是确定自己与对方(或对方与自己)的关系;"关系"最基本的前提是确定对方和自己亲、疏、远、近的交际距离。"定距"方法多种多样,但众多方法之中,有一条最重要:即用语言来确定、调节或改变交际的距离。用肢体语言调距,无人不晓,如动物用龇牙表示驱赶、拉远距离,用露出肚皮表示臣服、亲附等涵义。用有声语言调节交际距离(交距)也如苹果落地,自然而然。然而,其背后所以然之规律则未易知晓,甚或无人问津。语体语法理论就在这里做出了自己的重要发现,成为该理论的核心:形式—功能**对生**律,意谓"一定的形式与一定的功能同生并存"。注意:这不是简单的现象的发现;看到这一现象,只能说看到了自然界的结果;唯其原理(生理性)、唯其效能(语体不同则语法亦别)才是发现的真值所在。事实上,即使发现其真值,还需看到:今之所知仍有尚未穷尽其所蕴含者,"形式—功能**对生**律"的学理含

① 用形式句法学的术语,这里的结构必须是成分—统制(c-command)关系。

义，深且大矣哉！

本文将从语体语法的生物原理[①]及其运作机制出发，讨论她作为一个理论体系所必备的条件与内容。下面分别论述语体语法的生物原理、理论建构、形式—功能是“对生”还是“对应”的辨析，以及迄今发明的语距定律和语距形式[②]，并提出理论语体语法与应用语体语法二分的研究目标。

2 语体语法的生物原理

交际是生物的本能。生物的交际本能在他们的进化过程中赋有基因的属性。这一属性表现在人类的语言中，就形成“形式与功能”同生同用的一种本能性的交际定律，名曰“形式—功能对生律”；而对该定律原理的发掘、概念的辨析，直接关涉到交际的生物性和语距的三维性。下面分别论述。

2.1 交际的生物基因性

语体语法的理论首先是“语体”，而语体的理论则根植于交际。前面说过，凡生物皆有交际；凡交际皆需“语言”（无论是肢体语言还是有声语言）。人类语言不过是生物/动物交际语言之一种。虽然人类语言与动物语言有本质的不同，但在交际的生理能力上，人和动物都共享基本的需要、功能和本性。据迈尔克·托马塞洛（2018）的研究，我们知道：

① 本文所指“生物”主要指生物学中的“动物生物学”，因植物（botany）是否有交际，若有，其用何种方式等问题，至今仍知之甚少，故兹不论。

② 语距形式即为语距单位，用语法手段造成语距的语言片段是构成语体语法体系的单位，称作语体单位。（冯胜利，施春宏 2018：310）

“沟通式的呈现是典型的生理特征，会影响他者的行为，如硕大的头角是为了吓阻竞争者，明亮的色彩是为了吸引异性交配”，“对生物学家而言……任何肢体或举止特征都算沟通，例如：身体展现特定的颜色或表现自己的领导地位”。（第10页）

“猴子在成长过程中，甚至会利用其它类猴子的警告声，包括鸟叫声，以便知道掠食者是不是就在附近。虽然类人猿无法发出特定指涉的叫声，只能以不同的速度，或稍微不同形式的叫声，来表示食物的数量与种类，它们还是可以从叫声中获取讯息，甚至能在成长过程中学会响应新的叫声。”（第12页）

“狼群露出牙齿嚎叫，一般是为了准备咬猎物，以便让听到叫声的动物回避；有的鸟类则会为了交配做特别的准备，以表示它们发情期到了。正常情况下，这些呈现在群体演化发展的过程中被‘仪式化（ritualized）’了，比方说，那些明显地咬牙切齿叫嚣着，准备发动攻势的狼群，其实具有某种适应上的优势，其他听到这类准备信号便在它们发动攻势前就予以回避的狼群，也具备适应上的优势。随着时间的演化，改变意图的呈现于是由基因所操控（genetic fixation），在特定的情绪或社会场合下，便会一成不变地表现出来。”（第17页）

这种用声音交际、用特定的声音传达固定的信息的本能，这种仪式化（ritualization）的交际手段和形式—功能的基因定式（genetic fixation）等，虽然不是人类语言中“以音命义”的命名（或造词）的高级智力行为，但都是由动物的交际生理的本能所决定的，是他们物种进化进程中的“肢语—功能”或“声语—功能”演化而成的。这里的“声音和信息”=形式与功能，是天生的一对。它们不是任意的，而是“一成不变地表现出来”的已成“基因定式”的生理语言现象。虽然我们对其复杂系统还知之甚少，但有一点很清楚：露出牙齿，绝不是拉近关系，亮出肚皮也绝不是要驱赶来犯。同理，怒吼之声不是求近配偶，高频轻叫不是恫驱敌人。这些行为的形式和这些形式的功能是动物的天生本能、是物种演化的自然结果。一言以蔽之，特定的形式有特定的功能。这就是动物界最元始的“形式—功能对生律”。如果说人类仍然还承袭着物种演化而来的某种元始本能的话，那么“形式—功能对生律”就是其中之一。

随着语言语体研究的深入，在揭橥交际功能的生物属性的同时，我们发现，美国著名人类学家及社会语言学家 Hymes（1972：277）曾经提出过交际能力的思想，他说：“我们必须考虑到这样一个事实，即一般儿童获得的语句知识不仅是语法的，而且是合情的（appropriate）。他获得另一种能力：与不同的交际对象在不同的时间、不同的场合、用不同的方式谈论或不谈论不同的内容。”①他对人的语言和交际两种能力做出如下区分：

1. 一个抽象的、理想的言者和听者的直感与语言知识（intuition and linguistic knowledge of an abstract, ideal speaker-hearer）vs. 社交界中对话者的真实言语（real speech of interlocutors in a social world）

2. 语言结构之内（internal to linguistic structure）vs. 语言结构之外（external to linguistic structure）

Hymes 的交际能力其实就是乔氏语言能力和语言应用两对概念的翻版或延伸。Hymes 从语言应用中分解出来一个交际能力，把应用语言学向前推进了一大步。可惜的是，至今**交际能力**的思想也没有发展成为语言学上的一个独立概念。其中一个重要原因，我们认为，就是没有发现“交际能力是交际本能（或机能）的表现”。当然，从交际能力到交际本能，这只是走向语言学概念的第一步，因为仅仅本能（或机能）的概念，仍局限于交际的生物性范围之内，它离交际的语言性和语言学性，还相差很远。

发现交际本能的生物性是具有语言学意义的关键环节，是交际本

① 原文为：We have then to account for the fact that a normal child acquires knowledge of sentences, not only as grammatical, but also as appropriate. He or she acquires competence as to when to speak, when not, and as to what to talk about with whom, when, where, in what manner.

能中的第一**基元属性**：生物交际的"定距性"——直觉判断对方与自己的关系、决定对方是亲还是疏，是长还是幼，是敌还是友的"定距本能"①。没有距离，没有交际；不定距离，无法交际。因此交际的距离感，不仅是交际本身的第一条件，而且是交际行为、交际目的、交际内容发生的先决条件。Hymes 的交际能力远远没有这样的原理和机制：他的交际能力不过是交际本能处理交际距离的一些表现。因此，无论人类还是动物，无论肢体语言还是有声语言，若用为或作为交际或进行交际的工具，它首先要赋予的、要承担的就是如何确定交际的距离。不仅要确定，而且接下来还有调节距离（或推远或拉近）的"调距"行为（语言行为）和功能。在这个，且只有在这个意义上，我们才可以推导出这样的结论：肢体语言有肢体语言定距/调距的系统和方法，有声语言有有声语言的定距/调距的方法与系统；人类语言有人类语言的定距/调距的系统和方法，动物有动物的定距/调距的系统和方法。

在上面的"生理交距"的理论基础上，我们发展出一种前所未有的新型"语体学"，名曰"生物语体学"。传统的语体学未能从生物的生理机制上考察社群、物种的交际原理、规律和方法。语体语法学则不然，她首先从人的生物属性出发，发现群体性不仅是生物生存的必要条件，同时也是他们/它们在进化过程中将其演化为自身基因的一部分。换言之，人类（包括灵长类动物）的大脑里潜含一个群体性基因（交际基因 communication gene）。因此，他们生下来就知道用什么语言确定与群体成员（如母亲、兄弟姊妹等）的交际距离。这样一来，一系列重要

① 早在 2012 年，笔者就在与叶彩燕教授一起组织的"语音演变的历史、现状与将来"学术对话中（2012 年 5 月 16 日，香港中文大学），奉问拉波夫："Is there any possibility that social factors are inborn? "老师颇为令人鼓舞的回答是："There is an inborn tendency of children to want to learn a communicative system which is as general as possible", "This is quite possibly a social development which has an innate basis, an evolutionary basis. "参见冯胜利、叶彩燕（2014）。

而未尝问津的学术命题,遂纷至沓来:人类和生物界有多少种交距语言(肢体的、声音的、电波的或其他的)?语言交距可以采用多少种方式?不同种类的交距语言可允准用于多少种不同的对象、多少种不同的场合、完成多少类型的"调距"任务和目的?凡此种种,均可成为生物语体学的研究对象。不仅如此,不同的动物和物种因其有不同的"语言"而有不同的"语体学"①,于是"猴语语体学""蜂语语体学""人语语体学",乃至"X 语语体学"都能进入我们的视野和理论网络。我们也可以从物种的不同上,研究其语体学的基础和范围,同时还可以从语体学原理和结构上,研究其系统和理论②。

不难看出,Hymes 虽然提出了与乔氏语言能力并峙的交际能力,但他没有发现"交际能力"中最核心的"定距本能",因此也就无法将"交际能力"发展为语言学的独立概念:既无法步入大语言学(包括肢体语言的语言学)的语体学,也不能进入人类语言(语音、词汇、句法)的语体学。

2.2 语距的三维性

前面说群体需要交际,交际需要调距,调距需要语言。既如此,那么语距(用语言定距的活动和单位)的有无范畴与规律,就成为语体研究的第二步。这也是语体学通向语言学的关键步骤。注意:理论构建中的"范畴",不能人为地规定(如语体二分、三分、四分甚至五分)③,也不能随意选择(如从上述四种分类中,选出二种或三种,

① 这里的"语体学"应该理解为"**语**距**体**系"的研究**学**科,定义见下。

② 《生物语体学的理论与原理》在拟作计划中。

③ 蒋绍愚(2019)说"语体有哪几类?……我的初步设想大致可以分为下列五类:俚俗体——直白体——平正体——文饰体——古雅体"。又参 Joos(1967)与 Gleason(1965)将语体分为五个层次:演说体、慎重体、商议体、随便体、亲昵体。

等等)，更不能套用国外成说(如风格二分、三分说等)[①]。语体范畴的确定一定要根据对象的物理和生理的属性而自然派生，这也是区分“原创性学科”与“组配式学说”的分水岭。语体语法的原创性首先表现在她的语体学的创新性上。何以见得？首先是她的语距概念之新，其次是由此派生的三维物理性(见图3)，第三是“三维语距”的系统(见图4)。由下可见，上述种种概念的提出，均信而有征。

首先，语距的核心是“距离”。距离是两点之间的线性长度。从物理空间的维度来看，线性的两点组合非构成三维不为空间，亦即图3：

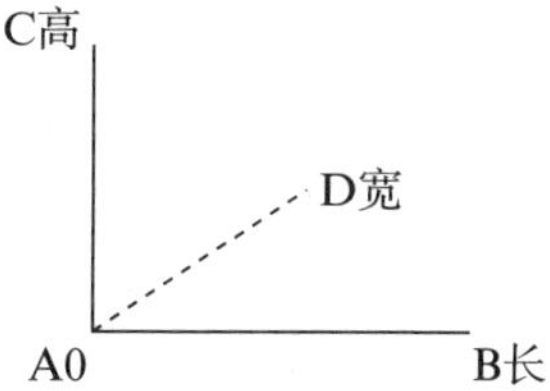

图3 三维空间图

交际均在空间发生，故语距也必三维，因此构成“三维语距”的物理范畴。不仅如此，从交际主体与其对象的关系看，群体成员不可能只与其他成员发生等距及平级的关系。因此，其关系同样遵循物理原则而有“亲疏远近”和“高低贵贱”等距离之别(社会距离)[②]，于是

① (1)竹越孝(2018)介绍了日本学者及外国传教士对于汉语语体的分类，有金文京的三分法“文言、文白混淆文、白话”，山崎直树的三分法“H变体：文言体，M变体：文言、口语的混淆体(文白混淆体)，L变体：口语体”，以及西班牙传教士瓦罗(Francisco Varo)的三分法“高雅、高雅与粗俗之间、粗俗”。(2)Enkvist(1973：22)的二分法“High Stylisticity”与“Low stylisticity”。(3)《文体学词典》(王守元，张德禄 1996：188)在“平淡文体”词条下列出“庄重文体或高雅文体、中级文体或中庸文体、平淡文体或低级文体”的三分法。

② 从交际的生物属性上看，交际关系的亲疏远近要比高低贵贱更“元始”、更基础，无论生物、动物还是人类社群，概莫能外。

构成一个以物理为基础的三维语距和以社会为原理的三维社群的对应关系,图示如下:

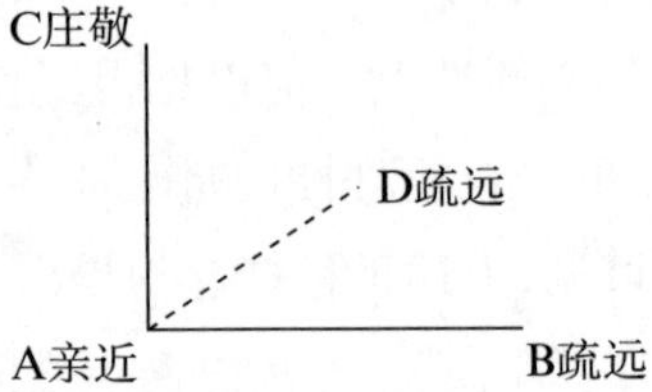

图4　三维语体图

这种社群中的三维语距反映到人类语言的语体系统中,就自然而然铸造成如《诗经》"风""雅""颂"三分的语体系统:民间俗常体(民歌)、官方正式体(国歌)、神祖庄典体(神曲颂歌)。

语体的三大范畴是不是都为所有动物(生物)所共享,这是该理论延伸出来的一个值得和有待研究的问题,但这不是理论问题。理论上,如果需要(社会需要),则三体俱全(机制允准)①;即使不然(社会原因),也必两体俱全(机制条件)。这就是语体学的理论体系:其"体"即"三维语距之体系",其理论内涵之深远,非浅尝所能穷其尽。何以见之?理论强弱在预测。"三维语距"的预测是:天下没有一体的语体(没有两点不成距),天下也没有独体的语言,除非这种语言不是用来交际的(如数学)。因此,凡是不能进入三维语距的语言行为(如诗歌等文艺体),都不是三维语距物(可以是语距物的工艺组合,或语距物的艺术品)②。在这个意义上,我们可以得出语体的经典定

① 注意:机制允准和社会需要是两个不同层面的问题,不能混为一谈。但常有混淆而引起误解者,把机制允准的社会需要只当作社会需要的结果而看不到背后的机制,因此障蔽了观察者发现"需要但机制不允准的现象"的洞察力,也无法做反向的逻辑思考,遂养成简单的单向思维的习惯。这里面对的情况有类于此,故特为提示。

② 这类情况属于超语体艺术,见下文。

义（冯胜利 2011）：

语体是实现人类直接交际中最元始、最本质属性（亦即确定彼此之间关系和距离）的语言手段和机制。

这是语体语法首次做出的所含必备概念成分的完整定义。其中的"直接交际"就是由交际空间中的三维属性推演而来[①]，因此，只要承认三维性（甚至两维性），就不能不承认"直接交际"性[②]，就不能不排除"非直接交际性表达"于三维语体之外。注意，这只是语体学中的"语体定义"，它还不是从语体学派生的"**语体语法**"的定义。语体语法的定义见下节。

3　生物属性下语体语法的建构

语体语法的核心思想是"语体也是语法"[③]，语体语法与其他语法的根本区别就在于斯。在以往的语体研究中，正式和非正式的现象虽讨论极多，但均未揭櫫正式语法与非正式语法的体系之异。语体语法告诉我们，人类语言的书面语和口语分属两个不同的语法体系："体"由"法"显。难道以前人们没发现吗？当然，我们可以说以前的研究忽视了"语体也是语法"这一观点。但这样说没有意识到"语体也是语法"不只是现象，它的后面还有更深的道理。譬如：为什么语体也是语法，什么原理允准语体也是语法？什么机制保证语体是语法？显然，这些问题不是"忽视不（或没）忽视"所能轻易回答的。"语体也是语法"

---

① 语体鉴定的四个依据（人、事、地、意）（冯胜利 2015）以及语体单位的时空四特征"具时空、泛时空、虚时空、超时空"（冯胜利 2015）均可从此三维交际属性上推演出来。

② 如果把语体的标准定义中"直接交际"的条件去掉，就等于让语体置身于三维语距之外，成了没有交际对象的交际。

③ "语体是语法"的严格说法是："长"（zhǎng）在语法形式上的语距功能，其形体本身是语法。因此，三维语距"长"在语法形式上的语法，叫"语体语法"。

不是一个简单的说法，这是个命题，而这个命题需要给出原理来解答、给出机制来论证。因此“语体也是语法”不是以往、今天以至将来的研究看到或没看到、想到或没想到的问题，而是怎样看语体、看什么样的语体的问题；是怎么找语法、找什么样的语法的问题；是“看哪儿的语法才能发现语体”“看哪儿的语体才能证明语法”的问题。事实上，当我们刚刚提出“语体也是语法”之初，听到此说的学者大都持否定态度。他们认为不同语体的语法差异，充其量也是“变体”而不可能是不同的语法体系①。原因很简单，“一个语言只能有一种语法”的观念，在传统看来，天经地义。所以“语体不同语法亦异”的说法，对传统的观点不啻一个巨大的（如果不是革命性的）冲击；而对主张一个语言不能有两套语法②的信条来说，语体语法不啻是一种颠覆。相反，如果语体语法理论证明为真，那么西方著名而迄今在理论上仍无适当地位的“二言语法”（diglossia grammar，同一语言有两个语法），则可据此而获得原理性的解释及语法体系的地位③。

今天关注语体语法的学者均已认可“语体也是语法”的观点和理论，越来越多的事实让学者们开始关注语体语法的理论、并研究语体语法的事实。但这并不意味着所有的人都看到和理解了语体所以是语法背后的原理。何为原理？根基就在“形式—功能**对生**律”（形式及其功能同时产生）。这一规律可分为三步来观察：其元始形态是肢体语言及其特属功能的对生性；其演化中期是有声信号及其特定功能的对生律；进化到人类的有声语言后：其语音系统、词汇系统、句法系统的形

---

① 感谢王志洁、孙朝奋、刘乐宁、特别是亡友孙德金先生早年对语体语法的批评，尤其是他们对我“正式书面语是一个独立的系统”的质疑。没有他们的挑战和建议，不会发展出今天书面、口语两个系统的理论。

② 这里的“两套语法”是指同一种语言中普遍语法的规则不变、设定的语法参数不同。

③ 为避免混淆和误解，有必要指出：这里的“没有地位”指理论上没有原理性论证，但这不等于在实践上没有应用和影响。

式及其所赋有的语距功能，同样是在"形式—功能**对生**律"的支配下进化、运作，以及建立体系的①。换言之，对生的语距形式可以分为：

表 1　不同物种对生的形式与功能

物种	动物	类人猿	人类
形式	肢体/吼叫	肢体/声音	有声语言/肢体语言
功能	驱敌/求偶	驱远/拉近	亲疏远近/高低尊卑

人类(hominid)虽然远远高于动物，但其演化之初的元始要素仍然支配今天的语言。乍听起来，这是一个奇怪而令人质疑的命题。然而下面的事实告诉我们：无论今天可口可乐的成分多么复杂、多么先进，其作为液体的元始要素，仍然是 H_2O。请看下面汉语中的语距实例：

语距定律(Linguistic Distance Theorems)②

1. 音值高低律(冯胜利 2012：6)

元音高低对立的语距性：高细亲昵；低粗悲恫。

如英文口语中的昵称 Jimmy、Tony、Joey、Amy、mommy、daddy，均为高元音/i/。③

① 这并不意味着进化过程中，其他交际本能不与人类语体语法系统相互作用，但本文只讨论其语体本能及其属性的问题。

② 本文所列十八种定律乃目前研究之总和，其中必有未尽及可综括者，则以待将来；不仅如此，每一定律均宜专深阐释与论证，因篇幅所限，亦待另文专述。

③ 注意：不是所有带高元音/i/名称都表亲昵，但这并不能否认"音值高低律"。第一，语距是对立的产物，没有对立，没有语距。因此孤立而无对可比的现象，没有语距(索绪尔"音义结合的任意性"，即此)。第二，语距的原始形式在演化中是不断进化的，但其生物原理不变。因此，人类语言虽然不再像动物那样以音示亲，但仍然没有以低粗元音表亲昵而以高细元音表悲恸的"反生理"的语体对立。第一点是"语体相对律"的作用；第二点则是"生理恒定律"的功能。

2. 短弱律①

缩短或减弱语音单位的标准长度或强度的结果，均具口语的属性。

如“轻读”和“轻声”等（妻子、旗子）。

3. 长短律 vs. 平衡律②

（1）相对的两个节律单位如长短不一，则具口语性；

（2）相对的两个节律单位如长短一致，则具正式性。

比较：改一下 vs. 进行改写；变一下 vs. 加以改变。

4. 悬差律（冯胜利 2012：4-6）

相差一半（或以上）的两个韵律单位的组合，均具谐俗性。

如中文：噼里啪啦、吊儿郎当；英文：打油诗（limerick）。

5. 单双音节对应律

汉语单双音节对应之词，单音节具口语性，双音节均具正式性③。

比较：家 vs. 家庭；人 vs. 人民。

6. 嵌偶律（冯胜利 2006；黄梅，冯胜利 2009）

句法自由，但需嵌入音步使用的音节成分，均具庄典/正式性。

如：“我校”中的“校”，只能与单音节搭配：*我们校、*返回校。

7. 合偶律（冯胜利 2006；贾林华 2015）

句法自由，但需嵌入复合音步方可使用的双音节成分，均具正式性。

如：极其重要、袖珍词典、大型工具书。

8. 韵律形态律（冯胜利 2007；王丽娟 2009）

通过增加标准音节改变词性的构词运作，均具正式体属性。④

---

① 这一定律的反命题是：标准形式具有通体（一般情况）或正式体（对比情况）的属性。其他定律亦此者，则不一一注出。

② 注意，韵律诗体学里面的齐整律和这里的平衡律有时或指一种现象，但事实上是两个性质不同的概念：齐整律是诗体定律，是平衡律的工艺用法，平衡律是语距定律；需分而别之。

③ 口语双音词则倾向轻读和轻声，有别于正式体双音词（如口语中的“眼睛 yǎnjing”“文明 wénming”）。

④ 老—、阿—、初—，等等，属于没有派生能力的音节前缀。

比较：教材的编写 vs. *教材的编。

9. 融合律（李艳惠，冯胜利 2015）

两个邻接的语法单位在韵律压力下发生融合（fusion）或删除（deletion），成为一个音节，均具口语属性。

如：买一本书→买本书、买一书。

10. 离核律

结构上离核心词越远越正式。

比较：军马饲养场 vs. 养马场。

11. 树距律（冯胜利 2015；骆健飞 2017）

最大投射中句法移位越高越正式。

比较：唱哑嗓 vs. 歌唱祖国①；尤其特别冷 vs. *特别尤其冷。

12. 树图首尾律（冯胜利 2017a）②

树图（tree structure）首尾两端，即首端 CP 之 C=intoneme 和底端 VP 之 VO，均具口语属性。

如：他喜欢语言学[吗/呗/喽][c]，睡一觉、高什么兴、拍马屁、熘肉片。

13. 单调律（冯胜利 2017a）

缩短句法单位的标准长度以满足“一句一动一调”的运作结果，均具口语的属性。如“紧缩句”和“意合法”等（一锅饭够十个人吃/一锅吃十个人/一锅十个）。

14. 成分追加律③

在句末进行的句法成分追加或者复说的运作，均具口语体属性。

来了吗，你哥哥？　走了吧，大概。

---

① 关于这类旁格述宾结构的句法分析，可参冯胜利（2010）、黄正德（2017）、张冲和 Larson（2017）的轻动词移位研究。而该结构在体原子的不同赋值下，有不同的语体特征，固亦可称为语体激活的句法移位，反映出语体具有激活句法移位的效应。

② 首尾两极的语距属性均为近距交际，若以之为远距（正式体）表达，则须经过换体运作。如用“A 不 A”取代“CP—吗”；用双音词取代单音词（读报 vs. 阅读报纸），等等。

③ 此类现象在学界有不同的命名，如倒装、易位、重复、附加、追补、话尾巴、延伸等。下面两例转引自陆俭明（1980：28）

15. 古今律(时间语距)

古语今用,均具庄典性/正式。

比较:卖东西—的 vs. 售货—者;口语的数量名结构"一个大问题"vs. 正式的数名结构"一大问题"

To build us a house vs. To construct[拉丁根] us a house;kind vs. benevolent[拉丁根]

16. 时空律(冯胜利 2010:407,2016a)

时空标记越少,或具有时空要素的语言单位所含"时空素"①越少,则越正式,反之亦然。

"语法时空别体"(王永娜,冯胜利 2015)如:

非正式体:昨天我们已经买了这本书了。 *昨天我们已经买这书。

正式体:昨日我们已购此书。 *昨日我们已购了此本书了。

"时空义素别体"(马文津 2019)如:

挖白薯 vs. *挖掘白薯。

|挖|[口]=[用工具或手+从物体的表面+向里+用力+取出+东西]义素集合;

|挖掘|[正]=[从里面+取出+东西]义素集合。

17. 高频致俗律(冯胜利 2018)②

语言单位的使用频率越高,越口语。如:

思想[正]sī xiǎng [口]sī xiang; 文明[正]wén míng [口]wén ming

18. 超距律

赋予语距语感形式的美感成分越多/强,其"超语距"的艺术效能就越大。如,在散文中用"儿化"表示事物的可爱。

【散文】广漠的草原上,蝶儿在飞、虫儿在叫;牛儿长鸣、马儿欢跳……, 一片生机勃勃的景象。

---

① 时空素指表时间、地点、工具、数、量、所示等具体化或个体化事件与物体的要素。

② "语体形式可因其使用频率的增减而发生范畴的转变。"(冯胜利 2018:84)意思是:一个形式的语距属性会因为使用频率的增加或减少产生变化:使用次数越多,越熟悉,语距也因之越小、越近,反之亦然。

上述 18 项语句定律是我们迄今发现的、形式—功能对生机制派生出来的、具有普适性的语体定律。它们决定和创造了各式各样的语体语法的结构和形式，是语体语法系统中的“体原子（Register Atom）[①]”。虽然体原子概念的提出和它们存在形式的发掘，尚属首次且仍有待完善，但如此之多的体原子的同存共现，则足以说明：我们今天使用的语言仍然没有脱离元始群体演化来的交际基因的作用（尽管这种基因所支配的是现代化的形式）、更重要的是它告喻着我们：汉语（以至人类语言）中存在至少十余个决定语体语法如何存在的定律，是它们在暗中操控着“语体”和“语法”共体对生（故不仅是对应）的属性，以及语体所以如此、语法所以如彼的运作与应用。在“体原子”的运作和活动中，最令常人惊诧而不可思议的是：它们在一个语言里构成的相同的结构，居然能够造成一个语体可以接受、另一个语体则完全排斥的结果，形成一个结构两种语法的局面，为人类语言增加了一幅“既合法又不合法的彼此矛盾、相互否斥”的语法奇观！请看：

（1）	*买和看了一本书	购买和阅读了一部长篇小说
	*construct us a house	build us a house
（2）	*租赁他一间房屋	租他一间房子
	*tenantify him a house	rent him a room

英、汉两种语言的共同发现，不仅凿实了语体语法的真实性（ontology），而且事实本身也只有在语体语法理论体系中才能得到自然的理解和解释——不同的语体使用不同的语法体系。据此，我们参照冯胜利（2018：2），给语体语法定义如下：

---

① 注意：“体原子”和“语距定律”是同一个概念，唯命名和使用角度不同而已：从语距属性的普遍性的角度名之为“定律”（语距定律）；从其基元属性和最小单位的角度名之为“体原子”。

语体语法的定义

凡由语距形式或规则形成的语法系统,为语体语法。①

从今天的理论来看,该定义就需理解为:**凡由体原子构成的语法形式或规则,为语体语法**。其中的"凡具/凡由……"暗含两种可能:(1)有"不具/不由……"现象的存在;(2)有典型、不甚典型、不典型形式的存在。定义中的"语法形式"包含语言所有部门的形式,如"语音形式"(韵素、音节、音步、韵律词、韵律短语、声调、语调、句调等等)、"构词形式"(包括本土词、外来词、短语词、固化词等)、"句法形式"(表层形式、底层形式、句法操作手段等)。根据定义,语体语法指的是赋有语距功能(或体原子构成)的语法系统。注意:语体本身没有语法结构②,语体的结构是"三维交距"。语体通过语法结构来"显能"(体现其语体功能)。那么语法结构从何而来呢?它来自形式语法(句法结构+韵律结构)的派生机制。句法每生成一个形式(句法+韵律),交际基因(或体原子)系统便赋予该**交际形式**一个相应的语体功能,这样的产品自然就是语法与语体融为一体的"语距形式"——一个具有语体功能的语法形式。而一切具有语距的形式,无不是语距定律或体原子的派生结果,其生成模式如图5:

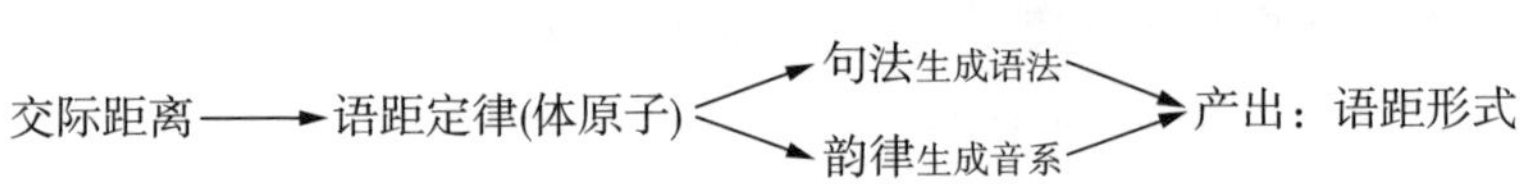

图5 "语距形式"的生成模式

① 据此,语言中任何单位如果没有语距功能,都不能作为语体单位。譬如,声调是汉语调系系统的单位,但是声调没有语体功能,所以"声调不是语体单位"。注意:没有语体学的理论,则无法解释为什么声调没有语体功能而遗之为一大谜案。

② 这可以看作语体机制推演出来的一个定律,而其中预函的一个重要结论是:语体不可能像韵律一样,可以"制约"句法。语体不能制约句法是因为它没有语法结构,也不能与句法发生结构上的匹配;韵律可以制约句法是因为韵律有递归性语法结构("结构的核心原理"赋予相对凸显以递归属性,参见冯胜利(2016b:159),其分支结构、轻重结构与句法存在结构上的匹配.斯事至大,特为标出。

从图5我们可以清楚地看到语体形式的“生产链”：它具体回答了“语体也是语法”的道理所在及制造过程，它不仅告诉我们为什么如此，同时告诉我们怎样看待语体和语法二者的关系：看交距原理如何赋予生成音系和生成句法的产品以语体功能，找出生成句法如何派生语距形式，发掘语距定律具有多广、多大的能产性以多强、多深的普适性。当然，要清楚这一原理运作具体程序，必须区分似是而非的语言现象。下面专门探讨如何区分“对生律”与“对应律”背后形式语法和功能语法的不同视角的问题。

4 语体语法的原理与生成机制

4.1 语体语法的原理——“形式—功能对生律”

语体语法自创立以来就以形式语法为基础，但因语体是交际的产物而交际是功能语法的核心内容，所以很多学者自觉不自觉地把语体语法纳入功能学派的范畴。这种误解不难理解，因为熟悉Hymes“交际能力说”(communicative competence)和Labov(1966)“风格变异说”(stylistic variation)的人，很容易把语体语法中的“语体”误解为功能学说中的“语体”或“文体”。不仅如此，语体语法学中的“形式—功能对生律”(原作“形式—功能对应律”)更容易与功能学说中的“形式—意义对应律”(form-meaning pair)相混淆，而被误解为一样的概念。然而，正如本文前两节所示，交际能力在语体语法里指的是交际能力中的“定距本能”(distance instinct)，不是笼统的交际能力(competence)①。此其一。第二，功能学说的“形—义对应律”，

① 事实上，什么是交际能力目前并没有严格的定义，亦即没有类似乔氏把语言能力归为“合并”(merge)一类的具体内容。

在 Goldberg(1995：4)的构式语法中是这样表述的：

C 是构式,若且仅若 C 是一个形式—意义对,记作〈F_i, S_i〉,其中 F_i 的某些特点或 S_i 的某些特点不能严格地从 C 的组成部分或从之前建立的其他构式中预测出来。①

而“形式—功能**对生**律”的定义是：

自然或生物界里形式与功能同生并存的定律②。

显然,“形—义对应律”与我们所说的具有生理属性的“形式—功能对生律”完全不同。前者关联(correspondence)的是形式(form)和意义(meaning),其关系具有任意性;而语体语法关联(correspondence)的是形式(form)和功能(function)③,其关系具有必然性。虽仅一字之差,但原理完全不同：构式语法的形式和意义(或功能)的对应关系是 usage based correspondence;语体语法的形式和功能的对生关系是 innateness correspondence,是天生的(inborn)。对前者来说,形式的意思是用出来的;对后者来说,形式的功能是与生俱来的。比如悬差律,它生来只能与谐俗功能相对应——无论怎么用,它在语体系统中的口语性是天性使然,不管在汉语还是在英语,或是其他语言里都一样,具有普遍的性质[所谓 UG = 普遍语法(Universal Grammar)]。然而,功能构式语法的形式与意义的对应性,如“龟”这个形式,它的“贬损之义”(如在“龟孙”“乌龟王八”等词里)是使用的结果而非天生如此。因此,使用环境一变,对应关系也随之而变。日本人取名好

① 原文为：C is a CONSTRUCTION iff_{def} C is a form-meaning pair 〈F_i, S_i〉 such that some aspect of F_i or some aspect of S_i is not strictly predicable from C's component parts or from other previously established constructions.

② 这里的“同生并存”是“形能同体”在自然选择中进化的一种结果。

③ 后来 Goldberg 把 meaning 换成 function,但仍然是 usage-based function,而不是 innateness-based or naturally-born function.

用“龟”字，并没有“贬损之义”[①]。更重要的是，形式和意义的对应，因为是使用的结果而非必然的天性，于是就在不断使用中产生变化，从而赋有新的意义，造成新的形式—意义对应关系，如下所示（双箭头“↔”表示对应）：

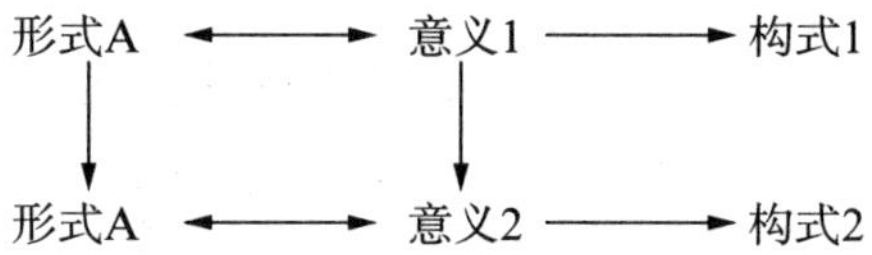

这可以代表 Goldberg 定义中的两种“形式—功能对应构式”。在他的语法里，不仅词是这样，固定格式也是这样。固定格式在使用中可以对应其他的意思，于是格式整体产生意义的转移。在转变中，构式语法不问构式的结构与其意义是否有结构派生属性的联系；即便构式之中有构件，也不探究其结构所以对应其意义的内在属性，只关注其外部语用的意义或功能。语体语法则不然。她需要严格区分每个形式内部成分的语法属性（音法、义法、词法、句法）和语体属性（正式、非正式、庄典），所揭橥发现的“形式—功能对生形式”，原理上都应当是放之四海而皆准的“语距定律”——古今中外，当莫能外[②]。它追求的是普遍性。正如悬差律，在所有的语言里没有例外地用于非正式场合，绝没有与正式体对应的情况（其他语体定律如“古今律、离核律”等，均具 UG 的属性）。

因为定义不同，导致学者所观察的语言现象也不同。构式语法

---

① 古汉语中“龟”是长寿的象征，也与今天的用法不同。

② 悬差律、离核律……，都是近年发现的“形式—功能对生律”的定律。注意：理论上一定存在的原理，并不意味着有关探讨的结果都像“悬差律”一样得到了实践的检验和证实——一个定律的定谳有时需要几代人的努力。同时也要注意：汉语中的语距定律，有些是普遍规则和汉语特性互动的结果，因此不一定适用其他语言（如“嵌偶律”）。

的构式(形式—意义对应物)概念不考虑形式的别距功能,没有正式构式和非正式构式的区别,更没有决定其所以正式和非正式的原理和机制;即便构式里的构件,也不具赋载语距属性的能力,因其没有决定如何给构件"赋值语距"的方法和理论。这都与其定义中的"对应性"直接相关。理论上的"差之毫厘"可以导致系统上的"去以千里"。因此,语体语法和功能语法虽用语有貌似之处,但概念则属于决然不同、互不相容的体系。由是之故,语体语法不仅要避免概念上的混淆,更要避免实践上的"移花接木"。原因很简单,一旦混淆(包括借用)两个体系独自的运作和方法①,不仅丧失两个体系的独立性(既不是语体语法也不是构式语法),也得不到兼蓄效应,因为体系一乱,进无推演、退失理据;更不能有独立的自己(兼收不等于独创)②。所要指出的是:我们这里不是在咬文嚼字地抠概念,而是有更深、更长远的考虑。首先,研究语体语法的目的不仅仅是研究语言的现象,也不仅仅在于发掘汉语所以是汉语的奥秘,更不仅仅是给汉语建立一个语法框架。当然,这样做具有重要的现实意义,也堪称一项语言学界的伟大事业。但是这样做并不是在构建理论。语体语法,有鉴于汉语语言学研究目前仍没有自己创造的理论体系、没有可以和国际语言学理论平行比勘的体系性理论,她的出现与构建就不仅仅负载着解决、解释和揭秘汉语语法现象的任务,更重要的是要建立一个

---

① 同时还有必要指出的是:一个体系内部的不同部门可以有界面互动,但是两个不同体系(如功能语法和形式语法)之间无法形成"界面"(interface)。更有必要指出的是:语体和语法之间也不是界面的互动或作用,根据语体语法理论,他们是与生俱来的"形能一体"物。

② 我曾经用"马+驴=骡子"比喻"融合两(多)家理论而创新"的优、缺点。优点是骡子兼具马和驴的长处,缺点是骡子不能繁殖后代。因此,为解决劳动力的问题,骡子当立首功;但为传宗接代计,骡子没有用。学术,说到底是为后世开太平的事业,其取道如何,尚待言乎?

以汉语语法现象为材料的、可供人类语言研究参考的一个语言学理论。如果以理论构建为目标,那么就不能忽视赛亚·伯林(Berlin, Isaiah)有关"理论重于事实"的观点。他在《普通教育》(General Education)一文中指出,"一个学科的真正价值取决于它所创造的概念和理论,而不是他所发现的基本事实。"①他举例说:人们给予非经验科学如数学以极高的学术价值,而对一个经济学家针对丹麦奶酪某一时期的上升下降规律的总结和归纳,不会给予很高的学术评价。由于一个学科的理论概念与其涵盖的事实的比例是其成熟度的表现,因此,一个学科的理论内涵越多,其价值就越高。一句话,学术价值看其理论概念的贡献。这种"理论价值说"告诉我们,学术上新概念的发明,一点也不比新现象的发现低,反而要更高。正因如此,我们珍视语体语法理论提出的重要概念和操作,所以必须严格区分什么是语体语法的"对生律"、什么是功能语法的"对应律",什么是语体语法的"交距本能"(distance instinct)、什么是 Hymes 的"交际能力"(communicative competence)。保持理论概念及其应用操作的严密性和科学性,是一个理论存在和发展的生命线。当然,仅仅概念的严密还不够,完成一个理论的构建,同时要在实践上保证与理论的一贯性,否则"移花接木",理论将丧失其作为理论的原理性,同时也将丧失其所具的机制性。

4.2 语体语法的生成机制——语距形式的生成

语体语法的"语法"基于形式句法的生成原则与参数操作。因此,如果语体不同语法亦异,那么研究语体语法就是研究人类语言如何"把语

① 原文为:The academic value of a subject seems to me to depend largely on the ratio of ideas to facts in it. Berlin(1975). 另可参施春宏(2010)关于语言事实和语言学事实的说明。

体长(zhǎng)在句法上”[或功能—形式与生俱来(如尖状物具刺扎)功能]的生成机制和生成结果,或者是看哪种语体通过什么样的结构/形式来“显能”。下面就从这两个角度讨论“语体”与“形式”的关系。

上文已见:“语体”是由语言社会属性所决定的,而“语距形式”是句法运作的表现。“体”与“式”的原理不同,表现也不一:语体是社会的产物,语距形式是句法的结果。语体语法之得以建立的根本就在于把二者有机(而不是人为)地结合起来——离开“语体”,“距式”就无所归属。上文指出:“ * 我昨天买和看了一本书”和“ * construct us a house”不合语法。为什么？离开了语体,矛盾丛生。因为“我们昨天购买和阅读了一部长篇小说”和“build us a house”都是合法的。对立的二者,无论在英文还是在中文,都是结构相同而合法性不同。因此,没有“语体不同则语法亦异”的原理,无法解释人类语法何以如此相悖——同一句法格式既合法又非法！因此,语体语法在语言学上以“体”别“式”的发现是人类语言中的重要机制。

无疑,把逻辑上的相互矛盾解释为合理的存在,对语言学理论来说是一个巨大的挑战。理论需要事实的支持,语体语法理论的支持不仅来自她预测的成功[语音、语义、词法和句法各部门的语距形式构成一个完整的语体语法体系(参见冯胜利 2017a;冯胜利 2018;冯胜利,施春宏 2018)],而且还有以往和接续研究的证明。这里所要进一步提出的是:不仅语法的表层结构,其深层结构(underlying structure)同样赋有语距的属性。“形式”没有底层结构(底层形式)分析不出“体”、没有表层结构(表层形式)表现不出“体”。举例而言(“[正]”表正式体,“[口]”表口语体):

1. 语音部门的“轻声”

重叠底层(underlying form):[shēnshēn][正],[wānwān][正],教练示范,

说:“大家伸伸腿、弯弯腰。”

重叠表层(surface form):[shēn. shen][口][wān. wan][口],妈妈对孩子说:“累了就伸伸腿、弯弯腰。”

规则:轻声(neutrol tone)均具口语特征(据上文“短弱律”)。

2. 句法部门的移位

句法底层:[[USE NP][V]]

移位表层:洗冷水、切这把刀

派生过程(冯胜利 2000):[[USE NP] [V]][口]

<u>洗/切</u> 冷水/这把刀 ~~洗/切~~

规则:一个核心词并入支配自己的核心词,均具口语属性①。

3. 韵律部门的融合

底层结构:买一本书

韵律表层:买本书、买一书

规则:两个邻接的语法单位在韵律压力下融合为一个音节,均具口语属性(据“融合律”)。

由上可见:句法结构的生成运作过程与表层形式均具语体属性,甚至同一结构,其底层和表层可能有不同的语体属性。据此,研究语体形式(语距定律实现的结构或格式),从操作程序上须首先从底层结构入手,鉴定和解释其派生过程,而后考察其表层结果的语体属性。“体”之于“式”是一张纸的两个面。所以任何割裂二者的语

① “洗冷水、排头个、开夜车”,从底层结构的移位运作看,树距律让它们正式(参前文“歌唱祖国”),但从表层结果看,“树图首尾律+轻重律”则赋值它们为俗常体。换言之,语距结构也可以“重新分析”,将 A 体重新赋值为 B 体。无疑,这是将来需要研究的一大问题。

体分析，均不为语体语法机制所允准，也均不能在语体语法分析中得到应有的诠解（interpretation）和释证（explanatory verification）。令人可喜的是，迄今学者们已经发现和总结出一批语距格式①，如下文所示。

4.3 语距形式的类别

形式语法的生成分析（生成音系、生成语义②、生成句法）保证了语体语法三足鼎立模式中的句法并入、韵律凸显、语体定律之间彼此互动的语法分析与运作。语距定律生成的语法形式，据迄今所见之成果，最突出的有如下数种（部分取自冯胜利 2017a；冯胜利，施春宏 2018）。

（1）语音类语距形式

韵素具有区分语距的功能：单韵素音节具口语属性。如轻读的“文明（civilized）”“思想（idea）”“妻子”；轻声的“旗子”“孩子”。

（2）韵律类语距形式

正式体四字格：狐假虎威；口语体集体轻读：知道不知道。

（3）语义类语距形式

以义素结构区分语体的“语义语距”（如“挖”和“挖掘”的义素结构之差异，见上文“时空律”）

（4）词汇类语距形式

爸爸：父亲；姥爷：外公；学生：弟子。

（5）构词类语距形式

[V_{σ}+$N_{\sigma\sigma}$]名词具口语属性：熘肉片、涮羊肉、炒鸡蛋。

---

① 从理论上说，上述语距定律的十八种体原子排列组合的能产性，没有极限，因此可以预期：将来语距格式的发明与发现，亦将与日俱增。

② 从语义解析（semantic decomposition）的角度说，生成语义学也是生成句法的一部分。

[(S)VP]名词具口语属性：蚂蚁上树、鸡蛋炒西红柿、鸡蛋西红柿。

(6) 动宾类(包括表层动宾)语距形式

编书[口]、编教材[通]、编写教材[正]；

双宾语结构：买他一亩地[口]—＊购买他一亩田地。

(7) 形态类语距形式

—者[正]、—性[正]、—化[正]、—度[正]；

—的[口]、—腾[口]、—巴[口]、—巴巴[口]、—滋滋[口]、—不拉叽[口]；

动词重叠：看看[口]、研究研究[口]。

(8) 句法类语距形式

在中南海讲课[口]—讲学中南海[正]；

唱美声[口]—歌唱祖国[正]；＊写传奇[口]—书写传奇[正]

进行改革[正]、加以改造[正]

(9) 调素类语距形式

祈使调[口]：倒！/倒满！查！/＊调查！[正]

[VP不(VP)][口]：你吃饭不？

(10) 古虚词类语距形式

[唯命是听][庄]、[不言之理][正]、[V(之)以N][正]、[所+V][正]

(11) 古诗文律类语距形式

庄典体颂祖体中借用古诗文节律拉距，如：

春秋之末，仲尼起于陬邑，感万方之多难，乃驰驱以宣教。冀辅弼于乱世，欲敦厉于黎庶。然则宫寝邃远，王者不悟。有楚狂接舆歌而过之，痛詈凤德之衰，切悲庙堂之殆。往者不谏，来者可追，孔子乃归鲁，不复出游。①

上述种种仍属举例性质，更多的种类仍在发掘与发现之中，即使已经发现类别也均可做更全面、更深入的专项研究。无疑，这为现代汉语语法的研究提供了新的课题与方法。以“唯命是听”为例，其中

① 取自中国曲阜孔庙祭孔公祭大典2009年祭文，作者为范曾。引自邵盈午(2016：121)。

的每个单位,从词汇(唯、命、是、听)到结构“[[唯命$_i$][是$_i$ 听_e_i_]]”,无不赋有语距属性。“唯”“是”两个虚词属“古今律”语距,故二者组配赋有庄典性;其所在结构(参 Feng 1996)[[唯 O_i][pro_i V_e_i_]]亦属古今律语距,此时句法上的 SOV 序列在体原子的作用下被重新激活,赋予该结构拉距的特征,自然也构成“庄典结构”。可以想见:语体语法的问题是:汉语有多少这种类型(以及其他种类)的语距形式?每个语距形式之内可容纳多少个(以及多少种)语距成分?无疑,这是一个艰巨而宏大的“语距工程”,同时也是现代汉语语法在自己理论指导下进行的一个具有全新意义的语法研究。

5 理论语体语法与应用语体语法

语体语法研究不仅要构建理论体系(如前所论)和发现语距形式的不同种类(如上所示),而且还有一个更为现实的任务:那就是在语距定律派生语距形式的基础上(或体原子的组构力下)发现和解释不同语距形式如何(再度)组合、如何互动和如何创新的应用问题。换言之,我们不但要研究“理论语体语法”——包括语体语法的生物原理和她的生成机制[聚焦于形式—功能对生律的属性发掘、语距定律(体原子)的性质以及数目的鉴定、论证和推演等]的问题,同时还要研究“应用语体语法”——包括如何运用语距定律来创造文体和如何运用语距形式来创造文学艺术的问题——聚焦于本体(单独一种语体)、兼体(兼合两体)以至超体(超越语体的交际功能而使之艺术化)的语距和超语距组合,达到利用体原子及其组合来制造实用文体和艺术文体的方法与机制。其研究蓝图如图 6 所示:

这里的“应用语体语法”指的是,将语体语法“应用”到其他学科中,如“实用文”“文学”“书法”“服饰”“建筑”等。体原子及其

- 语体语法研究的类别与对象
  - 理论语体语法
    - 语体语法的生物原理（以形式—功能对生律为中心）
    - 语体语法的生成机制（以语距定律为中心）
  - 应用语体语法
    - 实用文体学（文体）：记叙文、论说文、说明文……
    - 艺术文体学（文类）：诗歌、散文、戏剧……
    - ……①

图 6　语体语法研究的类别与对象

生成的语距形式，在使用中再度组合和灵活运用可以构成两种性质不同的"语体应用学"。第一是语体的**实用体系**（用语距形式创造文体的系统），第二是语体的**艺术体系**（用语距形式和语距语感创造文学的文类体系）。二者之不同，太炎先生和季刚先生言之甚明：前者谓之"轨则"②——是语体及其轨则的实用化。譬如，从正式体派生出来的论说体，从口语体派生出来的叙事体，均属实用语体。后者谓之"工拙"③——是语体的艺术化（语体用为艺术，结果不再是语体，如同踩高跷，不再是走路，而是超越了走路的"行走艺术"④）。尽管有时二者的表面形式或有类似，但其目的、方式、原则和机制则截然不同。前者仍然具有交际的工具性［如说明文、科技文（如张倩倩 2019）、菜谱等，均有实用性］，而后者只有欣赏性（如诗歌、美文等，求美而不求用）。因此，"用语距形式创造实用文体"和"用语距形式创造艺术作品"是两种不同范畴的运作。其根本区别在于：前者具工具性——是实用文体的创造，而后者具文艺性——乃艺术文体的创造（诗、词、歌、赋等）。前者的创造离不开

---

① 语体艺术应用研究，如音乐语体、服饰语体、礼仪语体、建筑语体、文化语体、宗教语体，等等。比如，文化语体的研究可详参冯胜利（2020）。

② 注意：实用文体的创造虽然讲究"轨则"，但也不排除艺术。然而这与艺术文体所追求"艺术"是两回事，不得混为一谈。

③ "工拙者，系乎才调；雅俗者，存乎轨则。"见章太炎（1925：30）。其中阐释详参刘丽媛，冯胜利（2020）。

④ 艺术产品也分体（如《诗经》有风、雅、颂），那是语体功能在另一层次上的功效和作用，当区而别之。

“体”——如毛泽东的讲话艺术,雅中有俗,俗中带雅而仍不离体;后者则“以体为艺”——如鲁迅笔下孔乙己的“多乎哉?不多也”,即用语距的“古今律”来表现孔乙己迂腐可笑的性格。二者所用之“体”判然有别,不容混淆。篇幅所限,这里只能粗别其质而留待另文详尽其理。尽管如此,语体语言之创造,不妨试举**虚—实兼用式**一例,以见兼体为用之一斑。

“虚实兼用”是汉语创造语距形式颇为常见的方式之一。以“之”字为例,如“负担之重”和“负担之沉重”中的两个“之”字,都是虚字,但其语法性质和语体效应则不一。首先,前者是助词,但后者则可用为“衬字”(见下文)。其次,二者的韵律位置(因此韵律分量)不一样,尽管他们都是古汉语虚词。陈远秀(2017)论“之”字的韵律功能,可解“负担之重”和“负担之沉重”的不同。简而言之:四字格中的“之”字要后贴,音足调实;[2+之+2]中的“之”虽然不是像口语“的”那样弱读(因为是古语正式体),但它在两个音步之间的功能是衬字,可分析为主之谓之间的“之”。比较:

(1) 负担之沉重=负担沉重　比较:负担之重、负担重

(2) 人生之沉重=人生沉重　比较:人生之重、*人生重

(3) 生活之沉重=生活沉重　比较:生活之重、*生活重

(4) 创业之艰难=创业艰难　比较:创业之难、创业难

如果上述分析成立,据冯胜利(2016a)、陈远秀(2017)有关[2+之+2]中的“之”的分析,它是韵律虚词(不要混同于句法虚词),有别于占据韵律节拍位置如“苦难|之重”“北京|之春”中2+2节拍的“之”,那是韵律实词。韵律虚/实词是一个新的概念,尤其节拍之间的“间拍词”,以前的语法研究尚未曾从语体语法的角度来分析、认识语体现象。然而,其中必须引起重视的一个重要事实是:2+2的**双步律**(两个音步一个节律单位)是正式体节律的基本要素,而[2+之+2]

则不然，“之”这个韵律虚词嵌入双步律后，立刻打破了正式体“双步律”的平衡严整性，而使之具有了口语体“两个音节一个单位”的“语律”（口语节律的）特征。独立严整的双步律和间拍分段的双步律，在语距节律上截然不同。前者赋有庄重典雅的语体属性，后者则具语气舒缓的陈述特征。因此，前者表现《诗经》“雅颂”体的庄典效应，但后者却有“四六”体的文采意味。因此，虽然“负担之重”与“负担之沉重”都在正式文体里出现、使用，其语体效果则截然两类：前者语气庄正，而后者文气十足。如此分析，始可将两种不同正式体的“之”，区分开来而使之各就各位[1]。问题还不仅如此，其中仍存在的一个问题有待解决：为什么没有“之”时，“人生重”“生活重”不合法，而“负担重”“创业难”合法？回答是“时空律”与“古今律”同时发生作用的结果：单音节的“重”需要与具时空的名词搭配，因此搭配泛时空的“人生”“生活”时，则不合法；但当进入古今律借用的文言词“之”字格式时，“之”不仅在节律上助其满足双音节音步，也在句法上帮助其实现泛时空化（如“光荣之家”的“家”发生语体的重新分析），从而实现“重”与“人生”“生活”等泛时空名词的成功搭配。这一分析的正确性，从更具时空的“负担”或事件名词“创业”二者，可分别与单音节形容词“重”“难”直接搭配合法，得到证明。

综上所示，“语体形式”是“句法运作本身赋有语距属性”的表现，是一种开放性的“派生”结果。语法形式可以无限创造，语体形式同样可以无穷无尽。语体语法的一个艰巨的任务，就是不断发现新

---

① 其他多维结构如“三体并用式”（如“幸福之家”：幸福＝正式体、之＝庄典体、家＝口语体）、“破词为语式”（如“幽默→幽他一默”，凸显口语效应的最佳方式）、“今词古法式”（如“大养其猪”，用形容词做状语的古代句法来造体）、“诗文双律式”（如“抓革命、促生产”“什么你的我的，有来有往嘛”——用诗的齐整律调节文的长短律），等等，都可做如此分析而有待深入挖掘、整理和研究。

的语体形式、文体类型、文类体裁以及“造文”机制。

6. 结语

根据上述论证与分析，我们现在可以将语体语法的整个体系，如图 7 所示：

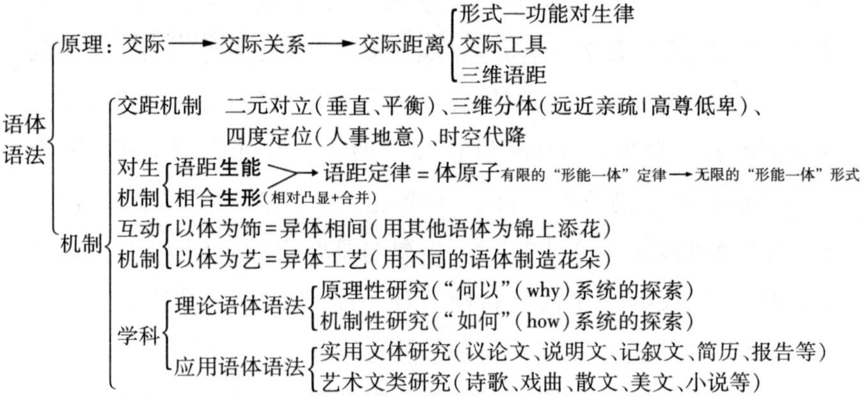

图 7　语体语法理论体系图

作为理论，首先要具备的是它的原理与机制。语体语法理论也不例外。图 7 把语体语法分为原理、机制以及领域分科三个部分，其核心部分是原理。语体语法的原理虽然十几年前就已提出，然而其基元属性的连锁反应和因果性，尚未清晰地模式化，如图 7 所示（再展示如图 8）：

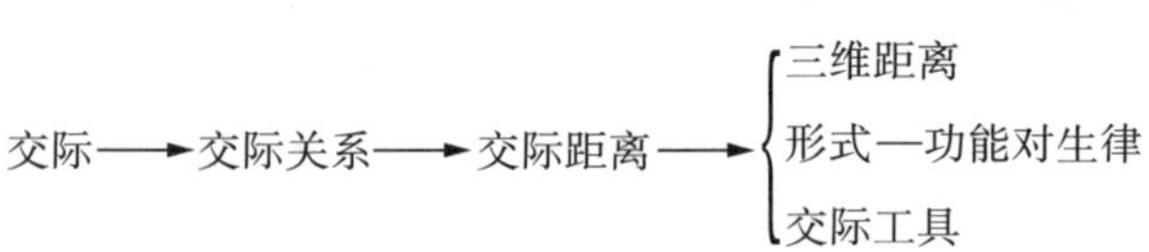

图 8

这一模式告诉我们：三维交距（高低/近远）是交际距离的派生物，而交际距离本身又需要交际工具来实现（于是才有肢体语言和有声语言的语距特征）。注意：上述二者尚非交际距离的核心属性，形式—功能对生律才是隐藏最深、不易发现的交距基因。这一交际基因就构成了语体语法的基本原理。从这个意义上说，语体语法（而不是语体）的基本原理是“形式—功能对生律”。

在上述原理的驱动下，语体语法的机制系统由三个部分组成：交距（交际距离）机制、对生机制和互动机制。交距机制的基本程式有：二元对立（垂直方向的高与低、平衡方向的远与近）、三维分体（远近亲疏和高尊低卑的风通俗雅正式颂庄典）、四度定位（人、事、地、意，参冯胜利 2015）、时空代降（时之古今、地之南北的时空语距）[1]四项操作规程。对生机制是语体机制核心，其“语距生能”（三维语距之亲近疏远的功能）和“相合生形”（韵律的“相对凸显”+句法的“合并”而派生的形式）是天生一体的语距定律，形成语体语法体系的“体原子”。这些体原子依照其“形能一体”的定律，派生和创造着无限的“形能一体”的多样形式。于是，语体语法研究所关注的就是“用什么‘体原子’创造什么样的语距形式”和“用什么样的语距形式再造什么样的语距形式、用什么语距功能再造什么样的语距功能”。在这个派生过程中，自然而然地分化出下面两种互动的运作，它们为语言创造着丰富的语体语距现象：第一，在以一体为主的交际语（或单体应用文）中，创造性地引入他体以为修饰，形成“异体相济”的表达（如大[古]吃一顿、光荣之家[口]中的“大”和“家”），因此而产生“借它体为锦上之花”的效果。第二，更有甚者在艺术文类中，“体原子”还常常被文学家当作语言艺术的工具，他们以体为艺，把语距形

① 此为“高频致俗律”所含逆定理“低频致远律”所致。

式当作不同色彩或性状的花瓣,炮制成一朵朵"语体艺术"的花朵("语体之花")。譬如小说,就是口语体的艺术化;再如律诗,则是正式体"双步平衡律"的诗歌艺术诗体创造[①]。

由上文图7还可见知:该体系可从学科的对象上分科研究,一为理论语体语法,二为应用语体语法。面对两个不同的研究对象,研究者可根据自身不同的背景、不同的知识结构和不同的兴趣,自由选择其研究的目标。若从事理论语体语法研究,其关注的重点是:构成语体语法系统的体原子的性质、数量(有多少)和能量(有多强),以及相关原理可以挖多深、拓多广等理论问题。这方面的研究虽刚刚开始,但方兴未艾,具有强大的潜力为普通语言学做出贡献。若从事应用语体语法研究,其任务则有二。其一是应用文体的研究,如说明文、议论文、记叙文的语体性质、语体成分、组合形式与规则,等等。这方面的研究以往已有很好的成果,如菜谱文体的语体要素和语距形式等,现在的研究者就可以在以往成果的基础上,进而探讨其语距定律的应用、语距形式的特殊性等定向、定体的研究。应用语体语法的任务之二,是应用文类的研究。这是语体语法学跨学科的功能与贡献:这里她关注的是语体如何用来创造文学语言的艺术(如鲁迅笔下孔乙己的"多乎哉不多也")以及如何用来创造文学体裁的艺术(如诗歌、小说、杂文等)。可以想象,语体艺术研究的蓬勃发展,有望在不久的将来,形成一个**语体文学**的新领域。这里需要补充说明的是:应用文体的研究是理论语体语法研究的基础,其研究成果可以

---

① 注意:文学体裁和作品的艺术手段当然不限于使用语体的艺术,但离开语体(包括韵律)这类艺术工具和对象,文学很难成其为文学。这里我们不妨用已故著名古代文学研究家赵昌平先生的遗训说明这一点:"韵律与文体是一篇大文章,古代文学的研究要深化,必须高度关注这一问题,否则只能是隔一层的研究。"笔者感谢港中文大学张健教授赐示并俞允上述引文。

直接修订、完善和丰富理论语体语法的原理与机制。事实上，理论语体语法和实用语体语法从来就是相辅相成，互补互动的。

综上所述，本文（包括即将读到的本书）的研究，把语体语法的理论体系，向前推进了一大步。语体语法理论的发展历经了三个重要阶段：（1）基于“书面语法则”和“交际属性”语体语法基本概念的建立（冯胜利 2002）和理论的提出（冯胜利 2010）；（2）基于语体语法理论及已有实践，语距单位发现及其级层体系建立（冯胜利 2017；冯胜利，施春宏 2018）；（3）基于生物语体学原理和交际时空的系统，深化了语体语法的原理与机制，在发现、辨认、定性、定数体原子的基础和目标上，建立了一个新的体系（冯胜利，刘丽媛 2020b）。这一阶段的“体原子理论”无论在理论的普遍性（原子定律）还是现实的实用性（文体/文类）方面，都把语体语法的研究推到了一个新的高度，同时也面临着新的难度和挑战。如何从理论上证伪本文理论的合理性？如何从实践上证明本文理论的正确性？这些既是我们所要努力的目标，更是我们亟待立行的脚下之路。现在我们奉献给读者的这本《语体语法“体原子”研究》，就是实践“体原子理论”的第一步，是年轻一代“而今迈步从头越”向语言学更高目标的第一步。这里，作为主编，我首先感谢刘丽媛老师选编此书的建议，同时感谢在编辑过程中张政、林晓燕、郑晓溪三位同学的帮助，她们不仅承担了初稿的校对和审核，而且负责统一格式，核查材料等编辑工作，为本书的成稿付出了辛勤的劳动。在此，谨对她们表示感谢。

参考文献

陈远秀. 2017. 上古汉语“主之谓”结构的语体考察——以《史记》和《论衡》为例. 语言教学与研究，(3)：58-69.

方梅. 2007. 语体动因对句法的塑造. 修辞学习，(6)：1-7.

冯胜利. 2016a. 骈文韵律与超时空语法——以《芜城赋》为例. //蔡宗齐. 岭南学报(复刊第五辑)·声音与意义：中国古典诗文新探. 上海：上海古籍出版社.

冯胜利. 2016b. 韵律语法问答. 北京：北京语言大学出版社.

冯胜利. 2017a. 从语音、语义、词法和句法看语体语法的系统性. 中国语学,(264)：1-24.

冯胜利. 2017b. 汉语句法、重音、语调相互作用的语法效应. 语言教学与研究,(3)：1-17.

冯胜利. 2006. 汉语书面用语初编. 北京：北京语言大学出版社.

冯胜利. 2018. 汉语语体语法概论. 北京：北京语言大学出版社.

冯胜利,刘丽媛. 2020a. 论汉语正式体节律与词重音. 复旦大学现代语言学研究院主办"复旦现代语言学论坛(三)". 2020 年 6 月 29 日.

冯胜利,刘丽媛. 2020b. 论语体语法的生物原理与生成机制. //北京师范大学民俗典籍文字中心编. 民俗典籍文字研究(第二十六辑). 北京：商务印书馆：76-103.

冯胜利. 2020. 论"三体文化"与华文教学. 第六届"华文作为第二语言之教与学"国际研讨会主题演讲. 新加坡,2020 年 9 月 8—9 日.

冯胜利. 2010. 论语体的机制及其语法属性. 中国语文,(5)：400-412,479.

冯胜利. 2005. 轻动词移位与古今汉语的动宾关系. 语言科学,(1)：3-16.

冯胜利,施春宏. 2018. 论语体语法的基本原理、单位层级和语体系统. 世界汉语教学,(3)：302-325.

冯胜利. 2007. 试论汉语韵律的形态功能. 第 16 届国际中国语言学年会(IACL-16th)发言稿. 纽约：哥伦比亚大学. 2007 年 5 月 24—27 日.

冯胜利. 2000. "写毛笔"与韵律促发的动词并入. 语言教学与研究,(1)：25-31.

冯胜利、叶彩燕编. 2014. 拉波夫与王士元对话——语音变化的前沿问题. 北京：北京大学出版社：185-186.

冯胜利. 2015. 语体语法的逻辑体系及语体特征的鉴定. 汉语应用语言学研究,(1)：1-21.

冯胜利. 2011. 语体语法及其文学功能. 当代修辞学,(4):1-13.
冯胜利. 2012. 语体语法:“形式—功能对应律”的语言探索. 当代修辞学,(6):3-12.
冯胜利. 2002. 韵律制约的书面语与听说为主的教学法. 2002 年国际汉语教学学术研讨会. 中国云南昆明,2002 年 7 月.
黄梅,冯胜利. 2009. 嵌偶单音词句法分布刍析——嵌偶单音词最常见于状语探因. 中国语文,(1):32-44,95-96.
黄正德. 2017. 论元结构、词义分解和轻动词句法. 韵律语法研究,(2):1-31.
贾林华. 2015. 现代书面汉语合偶双音节词研究. 北京语言大学博士学位论文.
蒋绍愚. 2019. 汉语史的研究和汉语史的语料. 语文研究,(3):1-14.
李艳惠,冯胜利. 2015. “一”字省略的韵律条件. 语言科学,(1):1-12.
刘丽媛,冯胜利. 2020.《黄侃日记》语体论初探. //浙江大学汉语史研究中心编. 汉语史学报(第二十二辑).
陆俭明. 1980. 汉语口语句法里的易位现象. 中国语文,(1).
陆俭明. 2019. 近百年现代汉语语法研究评说. 东北师范大学学报,(6):1-14.
骆健飞. 2017. 论单双音节动词带宾的句法差异及其语体特征. 语言教学与研究,(1):14-24.
马文津. 2019. 单双音节动作动词的义素与语体对应关系研究. 香港中文大学博士学位论文.
迈克尔 · 托马塞洛. 2018.《汉译世界学术名著丛书 · 人类沟通的起源》蔡雅菁译,北京:商务印书馆.
邵盈午. 2016. 文心:范曾古体文赋八篇评注. 长沙:岳麓书社.
施春宏. 2010. 语言事实和语言学事实. 汉语学报,(4):2-17,95.
陶红印. 1999. 试论语体分类的语法学意义. 当代语言学,(3):15-24,61.
王丽娟. 2009. 从名词、动词看现代汉语普通话双音节的形态功能. 北京语言大学博士学位论文.
王守元,张德禄. 1996. 文体学辞典. 山东:山东教育出版社.
王永娜,冯胜利. 2015. 论“当”“在”的语体差异——兼谈具时空、泛时空与超时空的语体属性. 世界汉语教学,(3):310-324.

张伯江. 2012. 以语法解释为目的的语体研究. 当代修辞学,(6):13-22.

张伯江. 2007. 语体差异和语法规律. 修辞学习,(2):1-9.

张冲,Larson R. 2017. 汉语中的轻语类和双系式移位. 韵律语法研究,(1):1-27.

张倩倩. 2019. 基于语体语法的科学术语韵律构词分析. 韵律语法研究,(2):188-208.

章太炎. 1925. 文学论略. 上海:上海群众图书公司.

竹越孝. 2018. 近代汉语语体问题散论——以介绍日本学者的有关成果为主//冯胜利,施春宏. 语体语法新探. 上海:中西书局:39-54.

Berlin I. 1975. General Education. *Oxford Review of Education* 1(3):287-292.

Enkvist N E. 1973. *Linguistic Stylistics*. Berlin: De Gruyter.

Feng Shengli. 1996. Prosodically Constrained Syntactic Changes in Early Archaic Chinese. *Journal of East Asian Linguistics* 4: 323-371.

Gleason H A. 1965. Linguistics and English Grammar. New York: Holt, Rinehart and Winston Press.

Goldberg A E. 1995. *Linguistics: A Construction Grammar Approach to Argument Structure*. Illinois, Chicago: The University of Chicago Press.

Hymes D. 1972. On Communicative Competence. //Pride J B, Holmes J. (eds.) *Sociolinguistics*. Harmondsworth: Penguin, 269-293.

Joos M. 1967. The Five Clocks. New York: Harcout, Brace & World.

Labov W. 1966. *The Social Stratification of English in New York City*. Washington, DC: Center for Applied Linguistics.

Meisterernst B. *New Aspects of Classical Chinese Grammar, Asian and African Studies of the Humboldt University Berlin 45*, Wiesbaden: Harrassowitz, 2016.

上编　基础篇

| 第一章 |

体原子在名词结构中的作用

【编者按】语体语法的基本理论是：语体不同，语法亦异。反之亦然：语法不同，语体亦异。由此而推，不明句法结构则不明语体属类（庄典、正式或非正式），而更为重要的是“何为结构”？本章论文清楚地表明：没有结构分析的“层级性”，无法窥知语体属类的区别性。传统的直接成分分析法在这里已不足为用，而数量名的层级结构、量数名的“离核”语距，双双证明着“不明级层（hyrachical structure）则不明结构（syntactic structure）”的**结构语体的属性**。本章论文标志着语体语法向“层级结构体元子属性”的研究，迈出了一大步。

时体原子作用下的数量名结构与数名结构研究*

郑晓溪

摘　要　文章从语体语法中体原子的角度对数量名结构与数名结构进行了研究,发现数量名结构对应的口语语体特征,以及数名结构对应的正式语体特征,与二者句法上的时空属性有关,“时空律”和“古今律”两个时体原子使二者语体各异。另外,关于口语体语料中出现的数名结构与正式体语料中出现的数量名结构的两种例外现象,文章也证明了这两种看似例外的现象背后亦有语体机制及多个体原子的综合作用,从而进一步证实了语体语法的普适原则,并揭示了体原子分析法具有重大的语言学意义。

关键词　语体语法　时体原子　数量名结构　数名结构

1　引言

语体语法学是近十几年来发展起来的一门新的独立学科①。冯胜利、刘丽媛(2020)在以往研究的基础上,深入发掘其理论构建之生物原理与生成机制,发展出一个新的体原子分析法。体原子,亦即语距定律,是由形式—功能对生机制派生出来的、具有一定普适性的语

---

*　本文的写作得到了冯胜利老师的多次悉心指导,修改过程中亦得到审稿人的建议与校正,在此谨向冯老师与审稿人表示感谢。文中谬误概由笔者负责。

①　可详见冯胜利(2010,2018)、冯胜利、施春宏(2018)、冯胜利、刘丽媛(2020)。

体定律，迄今为止有 18 项，它们决定和创造了各式各样的语体语法的结构和形式，是它们在“暗中”操控着“语体”和“语法”共体对生（不仅是对应）的属性，以及语体所以如此、语体所以如彼的运作与应用。冯胜利、刘丽媛（2020）将语体语法的定义进一步阐述为“凡由体原子构成的语法形式或规则，为语体语法”。体原子的运作和活动可以使一种语言中出现一个结构两种语法的局面，例如①：

（1）a. ＊买和看一本书

b. 购买和阅读了一部长篇小说

（2）a. ＊租赁他一间房屋

b. 租他一间房子

由例（1）可知，“$V_{\text{单}}$和$V_{\text{单}}$”的结构在口语里不合法，但在正式体中“$V_{\text{双}}$和$V_{\text{双}}$”则合法；例（2）中，“租赁”用在口语的双宾结构中不合法，但“租”则是自然而然的口语表达。因此上述对立说明只有在语体语法理论中才能得到解释——正式体有正式体的语法，口语体有口语体的语法。在现代汉语中仍然存在着很多这种用纯语法解决不了的问题。请看以下现象：

（3）a. 四国会谈

b. ＊四个国会谈

（4）a. 他昨天买了五本书。

b. ＊他昨天买了五书。

为什么数量名结构在例（3）b 中不合法，在例（4）a 中却合法？为什么数名结构在例（3）a 中合法，在例（4）b 中反而不合法？这些例子告诉我们这其中存在对立：量词在某些环境下必须出现，在某些环境下不能出现。从语体语法的角度看，例（3）a 是正式场合的正式说法，而例（4）a 是非正式的口语说法，可见二者在现代汉语中并不是可以随

① 转引自冯胜利、刘丽媛（2020）。

意替换使用的，而是具有强烈的语体特征的：数量名结构具有口语体属性，数名结构具有正式体属性（冯胜利，刘丽媛 2020）。

上述现象印证了"语体不同，语法不同"的正确性，而其根本原因在于"形式—功能"之间具有一定的对应性（冯胜利 2012）①。但其背后仍然有以下问题亟待解决：为什么正式体中不能用数量名结构，口语体中不能用数名结构？使这两种结构具有鲜明语体特性的原理和机制是什么？口语体/正式体中就一定不会出现数名结构/数量名结构吗？如果出现，其原因何在？

为了探究上述问题，我们需要先回顾以往对数量名结构及数名结构的相关研究。

作为现代汉语的特色结构，数量名结构很早就已引起学者们的关注，其中对数量名结构来源的探讨主要有三家说法：第一，"移位说"，即"名+数+量"→"数+量+名"，代表人物是刘世儒（1965：44-48）、贝罗贝（1998：99-122；Peyraube 1991）；第二，"插入说"，即"数+名"→"数+量+名"，代表人物是 Drocourt（1993）、谭慧敏（1998）；第三，"类推说"，即"数+单位词（+之）+名"→"数+单位词+名"→"数+个体量词+名"，代表人物是太田辰夫（2003）、吴福祥等（2006）。此外，数量名结构的句法分布研究亦是研究重点，如王红斌（2000）阐述了"有字句"中"有"后不同的数量名结构作宾语的情况；曹秀玲（2005）、刘琼竹（2009）将重点放在数量名主语句上；邢福义（2012）讨论了"数量名结构+形容词"的现象。

关于现代汉语中数名结构的存在原因，吕叔湘（1982：18）指出文言里表达抽象概念的时候，名词前可直接加数词，白话里名词之前不能直接加数词，必须插入一个单位词（量词），成语除外。大多数学者认

① 冯胜利、刘丽媛（2020）将其更新为"形式—功能对生律"。

为其是古汉语的遗留,如郭锡良(1984)、程荣(1996)、孙银新(1996)。也有一些文章尝试从多个角度给出原因,包括追求语言经济性原则、受韵律制约、习惯格式、篇章功能等,如杨娜(2004)、丁加勇(2005)、杨西彬(2006)、杨小英(2009)。此外,也有部分文章针对数名结构的个案进行研究,如方梅(2002)、刘祥柏(2004)等人对"一+名"的研究,陈仕平等(2002)、张素宁(2006)对"两+名"的研究。而褚福章(1994)《科技汉语中的数名结构》一文从语体的角度对科技汉语中的数名结构进行了研究,包括内部构造、外部关系及形成原因,并谈及数名结构适应了科技语体准确、严密、简约、凝练的要求。

以往的研究已经涵盖了许多方面,但我们发现大多是对数量名结构或数名结构单个结构的研究,很少有文章能兼顾两个结构。另外,以往对二者的研究均是从纯语法的角度(仅有褚一文涉及语体),不仅不能解决为何同一结构在一个语体中可以接受,在另一个语体中则完全排斥的问题,亦解决不了为何数量名结构不能出现在正式体中,数名结构不能出现在口语体中的问题。

本文在冯胜利等人对语体语法系列研究的基础上,在体原子这一新的理论框架下对数量名结构与数名结构的语法对立给予统一的解释,并通过考察具体口语体语料中出现的数名结构、正式体语料中出现的数量名结构进一步说明二者具有不同的语体性质和功能,从而证实语体语法的普适原则,并揭示体原子分析法的重大语言学意义。

2 数量名结构与数名结构的句法及体原子分析

2.1 数量名结构与数名结构的句法分析

Chierchia(1998)将汉语等量词语言与英语等非量词语言进行比

较，认为在汉语这个有量词系统的语言中，每个名词都是不可数名词并且没有复数标记，为了达到被量化的目的，不可数名词必须与一个量词组合[①]，如："他买了十支笔。"（Tang 2004：381）而英语中的名词有可数与不可数的区分，数词后不需要带有量词，单复数是实现其数量概念的途径[②]，如："He bought ten pens."（Tang 2004：381）

Massam（2009：671）在 Chierchia 的基础上概括出一条原则，即：一种语言要么是有量词的语言，要么是有数量标记的语言[③]。Sanches 和 Slobin（1973：4）早期曾指出，如果一种语言将量词作为其用于表达量化概念的主要方式，其名词则不必有单数或复数的标记[④]。

Massam（2009：693-694）在研究纽威语的数概念时，发现纽威语中既有量词系统又有数词系统：被量化的名词的表现（部分）类似于汉语名词，因为它们没有复数标记，而未被量化的名词在具有复数标记时的表现（有时）与英语相似[⑤]，并在 Borer（2005）相关研究的基础上列出句法结构如图 1：

---

① 原文是：Chierchia (1998) compares classifier languages such as Chinese with non-classifier languages such as English. He proposes that in a classifier language, every noun extension is mass, and there is no plural marking. In order to be counted, the mass noun must combine with a classifier. (Massam 2009: 670)

② 原文是：In English on the other hand, nouns vary with respect to their count/mass properties. No classifier is needed with a numeral, and instead, a number system (singular/plural) is found. (Massam 2009: 670)

③ 原文是：A language may be either a classifier language or a number language.

④ 原文是：If a language includes cardinal classifiers as its dominant mode of forming quantification expressions, then ... it will not have obligatory marking of the plural on nouns.

⑤ 原文是：... since Niuean contains both classification and number systems ... In Niuean, quantified nouns behave (in part) like Chinese nouns, in not being marked for plurality ... On the other hand, in Niuean, non-quantified nouns behave (sometimes) like English in having a plural marker.

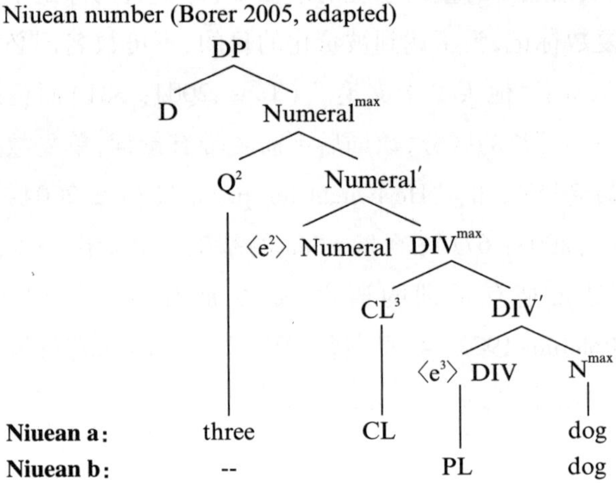

图 1

句法图中 DIV 代表 division,这一功能节点是 Borer(2005)的发明,量词和复数标记呈互补分布,它们是 DIV 的核心,并且执行使名词个体化这一相同的功能。Borer(2005)认为,词法中所有语言中的名词都没有标记不可数或可数,可数与不可数是在句法中加以标记的,为了进行量化,必须首先将名词分解为个体。① 例如,如果没有 DIV,我们单说"狗"就是一个概念,"白马非马"中的"马"就是一个概念,而"三只狗""三匹马"中的"狗""马"才是具体的个体。语言表达中名词不具体则不能单说,所以必须借助某种手段将名词具体化,抽象的名词或只能在哲学范畴或定义概念时出现,如"地球围着太阳转""人是一种直立行走的动物"等。如若要使其名词具体化,则需

① 原文是:... she argues that all nouns in all languages are not lexically marked for mass or count, but rather, that these notions are syntactically constructed. In order to be counted (or quantified in some languages for some quantifiers), a noun must first be rendered divisible into units. (Massam 2009: 671)

在 DIV 节点处填上显性的形态手段，如英语中的数量标记、汉语中的量词。

笔者认为，DIV 是一种时空标记，它使名词具体化。“具体而言，在英语中，复数标记的位置在 DIV 上，因为它是词缀，不能独立，所以名词向左上升以得出正确的表层顺序（dog+s）；另一方面，在汉语中，量词（从 plural 的位置向左上升）被合并到 DIV 的指定语中，名词仍保留在原位。两种语言中的数词出现在 DIV^{max} 上方“数量短语（$Number^{max}$）”的指定语中，数词与 DIV 短语为姊妹节点。”（Massam 2009：672）①

数名结构是古汉语中普遍存在的表量结构，我们认为其与英语中因为没有个体量词而生成的数名结构相似。但如“三人行，必有我师焉”中的“三人”，既没有量词，也没有数量标记。实际上，这里的数量标记是存在的，即在句法上有一个空的“plural”，但没有通过形态手段表现出来。虽然这一数量标记是隐形的，但语义层（LF 层）则会补上“plural”以助理解。例如英语中的“three fish”，不说“three fishes”，当英语中的名词没有出现数量标记时，并不是名词没有数量标记，是其结构表层没有，但在句法底层中仍然存在。

我们以这个思路再来看一看英语中的例子。英语中有一些表示抽象概念的名词，即名词中的“大词”（big words），它们是没有复数标记的。如“virtue”，当它作“高尚的道德；正直的品行；德行”义时，是抽象的概念，没有数的变化，此时它具有正式体的属性；但当它作“美

① 原文是：In English, the plural marker is merged into head of DIV. Because it is affixal, the head noun raises to its left to derive the correct surface order (*dog+s*). In Chinese, on the other hand, the classifiers are merged into the specifier of DIV and the noun remains in situ. The numeral in both languages appears above DIV^{max} in the specifier of Numeral Phrase, which selects the DIV phrase.

德;优秀品质;良好习惯”义时,是具体的概念,此时它具有口语体的属性(类似的名词再如“delight、kindness、entrance、impudence、dignity、justice”等)。也就是说,英语名词后复数标记的出现常常使名词具体化、口语化;反之,则使名词概念化、抽象化、正式化。因此复数标记不出现时不代表数量范畴在英语语法中不存在,复数标记的隐现与语体密切相关。

我们从这个角度研究认为,古汉语跟后来产生的口语脱节了以后,具有了正式体属性,这种数名结构也随之成为正式体的语法结构。由此可见,在不同的语言中,个体化的标记可以因语体的不同而“或隐或现”。

2.2 数量名结构与数名结构的体原子分析

上述句法图从形式句法学的角度证明了数量名结构与数名结构是两个结构、两种语法,这两种语法分别对应两种语体。冯胜利(2010)提出,正式体的基本特征是“泛时空化”(减弱或去掉具体事物、事件或动作中时间和空间的语法标记),口语体的基本特征是“具时空化”。王永娜、冯胜利(2015)从“时空度”的角度对比分析了“当”与“在”的语体差异,指出无论是时空度还是语体功能均基于特定的句法位置之上。冯胜利(2018: 87)进一步指出,语法中的时空亦是语体鉴定的原则,即从语法结构标记时空的机制上看(如指示词、量词、单复数、体态标记等),语法系统可以很好地表现“时空标记”和“语体属性”之间的对应关系,如:

时空度	具时空	泛时空	虚时空	超时空
语体类	口语	正式	庄典	文艺

同样，数量名结构对应的口语性特征，以及数名结构对应的正式语体特征，与其时空属性有关。具体说来，数量名结构中量词的使用是使名词具体化或个体化的手段，增加了语言的明确性。量词使数量名结构具有具时空的特征，使之变得“可视、可看、可觉”，所以其口语性强。数名结构由于缺少量词这一具有个体化功能的时空标记，所以其正式语体色彩强。

从语体语法系统中的体原子角度分析，时空度的不同是“时空律”这个体原子在起作用。“时空律”是冯胜利、刘丽媛（2020）提出的18项体原子之一，原文解释为：时空标记越少，或具有时空要素的语言单位所含“时空素”越少，则越正式，反之亦然；“时空素”指表时间、地点、工具、数、量、所示等具体化或个体化事件与物体的要素。作为语法时空别体的要素，量词使这两种结构的语体属性各异。同时，数名结构由于是古汉语中普遍存在的表量结构，古代语法结构的使用拉开了交际距离，“古语今用，均具庄典/正式性”（冯胜利，刘丽媛 2020），因此“古今律”体原子亦赋予其正式体属性。

3 两种例外现象分析

在实际的语料考察中，我们发现，具有正式体属性的数名结构并不仅仅出现在正式体中，而具有口语体属性的数量名结构在正式体中亦非绝不存在。下面我们对口语体中出现的数名结构、正式体中出现的数量名结构这两种例外现象进行分析，选取的语料如下：

口语体语料选取：王朔长篇小说《玩的就是心跳》（全文共17万字），选取其中人物对话及其必要语境共约8万字。

正式体语料选取：《人民日报》2018年3月至2020年10月期间50篇社论文章，共约8万字。

3.1 口语体语料中出现的数名结构[①]

3.1.1 数词为“一”,省略“个”

(5) a. 我就是到一个认识的港客房里聊天,临走顺了他一皮包,没想到正赶上宾馆清查,都走出走廊了被人堵了回来,包里就区区几千港币耽误了我八年。

b. 当时咱们是在一起,有目击者对我说过,当时咱们是一集团,很活跃很恣肆的犯罪集团。

c. 走咱找一没人的地方,别伤着无辜群众。

例(5)为北京话口语中的“一+名”结构。方梅(2002)认为此现象是“一个”脱落“个”并指出其:不遵循数词“一”的变调规律,而一概说作第二声,说明这类“一”有可能是从省略第四声的量词“个”而来;重音总是在名词上,“一”不能重读;不能用作跟其他数量成分对比;多用在宾语位置,从不作为回指形式。刘祥柏(2004)通过“一”字连调和“一”的轻读等语音上的证据说明北京话“一+名”结构中的“一”是“一个”的合音形式。

这里使“个”省略的韵律条件为韵律句法系统中(核心重音范域)的“轻音省略”,且焦点在名词上。尽管“个”没有出现,但其句法结构仍然为数量名([Num+Cl+N])的结构,是语音上具有口语属性的融合律[②]发生作用,使“一个+名”变为“一+名”。再如“俩”“仨”是“两个”“三个”经过融合律作用后的产物,只用于口语,如“俩人”“仨瓜俩枣”。

---

① 本文所研究的数名结构中的“名”主要采纳彭睿(1996)的观点,不把时间词、处所词、方位词纳入讨论的范围。另外,借用名量词(“拎着一皮包钱在广州开房间”)、借用动量词(“没事踹你一腿打你一嘴巴。”)、时量词(“抬着臀部被流弹打伤的指导员走了一夜。”)均不看作“名”。本文探讨的数词仅指基数词,不包括“四医院”这类表示序数的数名结构。

② 融合律:两个邻接的语法单位在韵律压力下发生融合(fusion)或删除(deletion),成为一个音节,均具口语属性。(冯胜利,刘丽媛 2020)

3.1.2 语音上轻重不一、有悬差

（6）a. 这够写成一本长篇小说还有富余，流水账也得记三大本子。

b. 怎么，你们原先就有一腿子？

两例名词“本子”“腿子”均为轻声，Feng（1995）曾指出轻声的语体规则：口语的未必都轻声，但轻声的必定是口语。从体原子的作用来看，此处是短弱律缩短或减弱语音单位的标准长度或强度的结果，使之具有口语属性。

另外，例（6）a 中名词“本子”与前面的数词“三”、形容词“大”构成“三大本子”，轻重格标记为[4231]①；例（6）b 中名词“腿子”与前面的数词“一”构成“一腿子”，轻重格标记为[321]，两例数名结构的节律上下落差很大，轻重比差过于悬殊，是相差一半（或以上）的两个韵律单位的组合，悬差律也是使该结构具有俚俗性的体原子之一。

3.1.3 四字格

（7）a. 等他觉得自己资本雄厚了可以像贵族似的来一次优雅感人的求婚，却发现他的意中人已经一钱不值了。

b. 我们保证使你十年内仍活在人们心中，十年之后就不好说了，那些伟大的革命先行者们都很难在人们心中活到十年以上，我觉得你应该知足了，十年也就接近于不朽了，含笑九泉吧。

c. 我是觉得没有理由成全他过一妻一妾的理想生活，要是我有个可以为我提供其他一切保证的丈夫，我倒可以考虑给人当个情人。

d. 你是个自视颇高的人，这你不承认也不行，否则你为什么对自己的过去非要一事一人搞清楚，你完全可以在任人评说……

① 轻重格标记方法参考冯胜利（1997：23）。

e. 我对他说我希望你能<u>身兼二职</u>胜任从容。

f. 你有，而且你还特古典，每天写情书什么的，经常提一些天上的星星<u>人间万物</u>之类的借物咏志，那美好的抒情能麻死个人。

以上四字格均具正式体属性，是平衡律①、古今律体原子使其具有正式性。根据朱赛萍(2015：14)对汉语四字格的研究，其中，“一钱不值”“含笑九泉”是一种非常典型的四字格，重音模式为[0213]，一般用于正式庄重的场合，具有古朴典雅的风格，且其作为一种从古至今相沿习用的特殊固定词组，保留了许多数名结构，如“一妻一妾”“一事一人”等是ABAC式叠字四字格，采取[0213]的重音模式，是四字格中一种重要的类别；“身兼二职”“人间万物”等四字形式固化程度高、熟语性强，其句法结构已有一定的独立性，为四字格的一类。

此处口语中使用正式体的数名结构，是增加口语典雅度的一个重要手段，是说话者有意而为之，体现了语言的艺术性。另外，数名结构前后语境中同样有表达正式或庄典的结构，如例(7)d中的“否则”“非”和例(7)f中的“之类”“借物咏志”等，因而这也是前后正式体语境的要求。

3.1.4 特定称谓

(8) a. 反正那会儿是“<u>四人帮</u>”时期，随你们怎么瞎掰都成，对吧？

b. “阿波丸”是捞起来了可里面没有“<u>四化</u>”建设需要的金条，只有八千个日本骨灰罐。

特定称谓指具体语言环境中代表某一事物或人，具有某些特点的名称、简称等②。此处口语中使用带有正式体属性的凝固形式，这

① 平衡律：相对的两个节律单位如长短一致，则具正式性。(冯胜利，刘丽媛 2020)

② 该定义参考自 https://www.docin.com/p-699116978.html。

类凝固形式(数名结构)在最初构词时就适应了正式场合的需要,可使语言准确严密、经济节约,且数名中间不能插入量词,否则原有意义会发生变化。但不排除有一些形式随着在口语中使用频率的提高而降低其正式性,甚至逐渐具有口语属性,此为高频致俗律[①]体原子在起作用。

3.1.5 “两/三+名”

(9) a. 你去买昆明的飞机票,她去机场送国民党特务,人群中互相听到乡音倍感亲切,机场休息室坐着谈了很久,后来一起走了,两人眉开眼笑。

b. ……你最多也就把你原来手下的那班报务兵调来,总共三人。

我们认为如果这里的“两人”“三人”仍具有口语属性,那么此处的“两”“三”应该写作“俩”“仨”,是“两个”“三个”在融合律作用下的产物(如上文所述)。

“两”并不做“俩”的情况,又如:“谁说不是一对?盖因当时两太监一人抱一只,脚那只让那位爷扒去了。”“就算一天两餐,一餐一巡,每年也得七百多万外国鬼子,得组织多少支八国联军?”[②]此时前后文出现了正式的表达,正式的环境要求数名结构的出现,这是口语中艺术性的体现。

如果“三”并不做“仨”,我们认为此时数名结构的出现与前面的“总共”有关。“总共”是表示归纳、总括的正式体词语,“总共三人”可以理解为一种数学语言,是抽象的表达,离开了具体的时空,因此也可以说“总共七人”“总共八人”等。

---

① 高频致俗律:语言单位的使用频率越高,越口语。(冯胜利,刘丽媛 2020)

② 在此我们扩大了语料的搜索范围,进一步在北京语言大学 BCC 现代汉语语料库(全书以下简称“BCC 语料库”)搜索王朔其他小说中人物对话中所出现的此类数名结构。

3.2 正式体语料中出现的数量名结构

3.2.1 表无定意义的“一+量词”

（10）a. 抗美援朝战争的伟大胜利启示我们：一个觉醒了的、敢于为祖国光荣、独立和安全而奋起战斗的民族是不可战胜的。

b. 肩负新使命、踏上新征程，让我们为建设一个更加繁荣、稳定、和谐、美丽的宁夏而顽强拼搏，为谱写民族区域自治制度的新篇章而不懈奋斗。

c. 深圳等经济特区取得的成就是改革开放以来我国实现历史性变革、取得历史性成就的一个生动展现。

d. 这一伟大斗争实践，……，揭示了一个走过近百年岁月的大党朝气蓬勃、永葆青春的血脉传承。

（11）a. 这是新中国成立以来传播速度最快、感染范围最广、防控难度最大的一次重大突发公共卫生事件，中国人民开展了一场艰苦卓绝、气壮山河的伟大抗疫斗争。

b. ……政府工作报告……，是一份旗帜鲜明、主题突出、精炼务实的好报告。

c. 因改革开放而生，因改革开放而兴，40 年来深圳已成为一座充满魅力、动力、活力、创新力的国际化创新型城市，……。

d. 编纂民法典是党的十八届四中全会确定的一项重大立法任务，是以习近平同志为核心的党中央作出的重大法治建设部署。

e. 教师是立教之本、兴教之源，必须把教师队伍建设作为基础工作，建设一支宏大的高素质专业化教师队伍。

（12）向人类最伟大的思想家致敬，是致敬一种伟大的人格。

我们发现此类数量名结构中的数词均为“一”，且不用来表示数量意义，而是表示无定意义，相当于英语的不定冠词 a/an。国内外许多学者都曾指出不定冠词来源于数词“一”（李在铭 1979：22；周之鉴 1983：15；徐士珍 1985：37；大河内案宪 1988 等），陈平（2016）进一步指出数词“一”演变成为不定冠词的过程，就是数词的计量功能不断虚化以至于消失的过程，并在Givón（1981）、Heine（1997）等人研究的基础上，认为汉语"一"和英语一样，经历了从计量、存现、有指无定、无定无指直到类指五个阶段不断虚化的过程。我们认为"一+量词"从表示数量意义虚化为表无定意义的过程就是从具时空过渡到泛时空的过程。

具体而言，例（10）中数量组合为"一个"，这是典型的汉语中表示无定意义的形式，有些学者把其看作是具有无定冠词性质的数量词（吕叔湘 1944；大河内案宪 1988）。

例（11）中各例句的不同体现在量词的选择上。在我们考查的语料中，出现的量词有"次、场、份、座、项、支、条、批、系列、部"，这些量词是专用量词，是常出现在正式场合而口语中少用的量词，它们属性明确，对后面出现的名词（一般为抽象名词）有选择性，体现出搭配的严格和严谨性。因此更加适合正式体表达的需要，是词汇类语距形式（冯胜利，刘丽媛 2020）的体现。

例（12）中的数量词为"一种"，这一小类比较特殊。王永娜（2012）认为其不能用来标识典型的具体名词，添加之后使表达的内容抽象化、不确定化，且去掉"一+量词"会使句子不自足。因此她认为这类非计量"一+量词"的主要句法功能是为"语法句"赋值，从而实现由"语法句"到"语用句"的转变，且降低了表达内容的具体性，具有泛时空的特征，即具有书面正式语体的语体属性。我们通过语料的考查也证实了王永娜（2012）观点的正确性。

3.2.2 强调具体数量

（13）a. 40年前，在改革开放大幕初启之际，党中央决定兴办深圳、珠海、汕头、厦门4个经济特区，实行特殊政策和灵活措施，发挥对全国改革开放和社会主义现代化建设的重要窗口和示范作用。

b. 今天，全国政协十三届三次会议在京开幕，来自34个界别的2 000多名全国政协委员肩负责任和使命，齐聚一堂建真言、谋良策。

c. 正因如此，党的十八大以来，以习近平同志为核心的党中央，以前所未有的力度推进全面深化改革，推出1 600多项改革方案，将历史性变革和成就写在广袤大地，推动中国特色社会主义进入新时代。

(14) a. 让我们更加紧密地团结在以习近平同志为核心的党中央周围，增强"四个意识"、坚定"四个自信"、做到"两个维护"，坚定站在历史正确的一边，……

b. 前进道路上，我们要……，统筹国内国际两个大局，办好发展安全两件大事，在危机中育先机、于变局中开新局，为中国经济发展开辟新空间，为世界经济复苏和增长增添动力。

c. 习近平总书记就教育改革发展提出了一系列新理念新思想新观点，概括起来就是"九个坚持"。

在例(13)中，我们发现正式体有一类数量名结构中的数词使用的是阿拉伯数字。根据《中华人民共和国国家标准出版物上数字用法》(编号GB/T 15835—2011)对数字形式选用规范的相关说明，在"选用阿拉伯数字与汉字数字均可"一小节中提道："如果要突出简洁醒目的表达效果，应使用阿拉伯数字；如果要突出庄重典雅的表达效果，应使用汉字数字"。"4个经济特区"而不用"四个经济特区"，"34个界别"而不用"三十四个界别"，是简洁醒目表达效果的需要，亦是强调具体数量的需要。

例(14)是节奏类型为2+2的数量名结构。朱赛萍(2015：9)指出它们不是四字格，因为其中的量词属于功能词的范畴，在韵律上一律弱读，由此认为它们不是2+2的重复性韵律短语，而是不平衡(长短律①)的韵律短语。这类数量名结构由于有时空律(个体化标记量

① 长短律：相对的两个节律单位如长短不一，则具口语性。(冯胜利，刘丽媛 2020)

词的出现)、古今律(古语今用)和长短律三个体原子的共同作用而具有口语性,它们在正式体中的使用是为了满足强调具体数量这一具时空的要求。如“四个意识”是指政治意识、大局意识、核心意识、看齐意识;“两件大事”是指发展事和安全事。

但与“一个苹果”“三辆汽车”不同,例(14)中的数量名结构是在正式体中经常出现的较为凝固的形式,它们具有固定的含义,在句法上一般也不能再插入或添加其他成分。并且值得注意的是,“四个意识”不写为“4 个意识”,“两件大事”不写为“2 件大事”,也是庄重严肃表达效果的要求。

因此,正式体中出现此类数量名结构是具时空的要求,而量词使其具有了具时空的属性。我们也可以看出,数词书写为阿拉伯数字的数量名结构相较于数词书写为汉字的数量名结构,其具时空的属性更强。

3.2.3 “一+量+名单”

(15) a. 让我们更加紧密地团结在以习近平同志为核心的党中央周围,凝聚一条心、拧成一股绳,以必胜的信心、昂扬的斗志、扎实的努力,决胜全面小康,共襄复兴伟业!

b. 在疫情防控斗争中,我们坚持党中央的集中统一领导,习近平总书记亲自指挥、亲自部署,党政军民学、东西南北中一体行动,坚持以人民为中心,坚持全国一盘棋,发挥集中力量办大事的制度优势……

“一条心”“一股绳”“一盘棋”常以固定形式出现在正式体中,类似的表达还有“一股劲”“一团火”“一家人”等。此类数量名结构在正式体中的使用是因为说话者想要刻意拉近与听话者的距离,表达亲近的关系。根据语体语法的理论,距离(拉远或拉近)才是决定说话者选取不同语体和不同立场的元始(生理)要素(冯胜利 2018:V),而数量名结构恰好满足了这种交际需要。

4 结语

本文对数量名结构与数名结构进行了句法及体原子分析，认为“时空律”和“古今律”两个时体原子是使二者在句法格式及语体上形成对立的成因。其次，本文对两种例外现象做了分析并给出解释，指出这两种例外现象并没有违反语体语法规律。具体而言，口语语料中出现的数名结构如仍具有口语性，即是语音上的融合律或悬差律，以及使用频率的提高使其具有口语性；如具有正式性，即是语言艺术性的体现或抽象表达的需要。正式语料中出现的数量名结构如仍具有正式性，即是受正式体平衡律制约或具备泛时空的特征；如具有口语性，即是强调具体或拉近距离的需要。另外，就口语体中出现正式性的数名结构和正式体中出现口语性的数量名结构这两种现象而言，冯胜利 2020 年秋语体语法授课教案指出，由于一定的形式本身就具有一定的功能，语体作为一种动机（motivation）使得正式性/口语性的形式能够出现在口语体/正式体中。

据此，我们认为数名结构不仅是古汉语语法或数量名结构省略量词的结果，或许其产生的更大的内在动力是汉语书面正式语体自身的语法规则。数量名结构与数名结构具有不同的语体性质和功能，它们在现代汉语中的存在，再次证实了冯胜利（2010）提出的语体语法的理论：“语体不同则语法也因之而异。”

综上所述，没有语体语法，则无法解释数量名结构在正式体中或数名结构在口语体中就不合法；没有体原子分析法，则无法解释为什么正式体中用数名结构，口语体中用数量名结构。本文对两种例外现象的分析又告诉我们其中有语体机制及多个体原子的综合作用。由此我们可得出“体原子分析法”这一突破性理论的语言学意义：它将语体语法的理论又往前推进了一大步，即揭示了“语体不同则语法也因之而异”背后的更深层原因。

参考文献

贝罗贝. 1998. 上古、中古汉语量词的历史发展. //北京大学《语言学论丛》编委会. 语言学论丛(第二十一辑). 北京：商务印书馆.

曹秀玲. 2005. “一(量)名”主语句的语义和语用分析. 汉语学报，(2)：81-87+96.

陈平. 2016. 汉语定指范畴和语法化问题. 当代修辞学，(4)：1-13.

陈仕平，朱怀，郭家翔. 2002. “两+N”结构浅析. 语言研究，(1)：136-139.

程荣. 1996. 数词. //胡明扬. 词类问题考察. 北京：北京语言学院出版社.

褚福章. 1994. 科技汉语中的数名结构. 汉语学习，(3)：40-41.

大河内案宪. 1988. 量词的个体化功能. 崔健译. 汉语学习，(6)：8-13. (原著出版年：1985).

丁加勇. 2005. 现代汉语数名结构的篇章功能. 语言研究，(1)：19-25.

方梅. 2002. 指示词“这”和“那”在北京话中的语法化. 中国语文，(4)：343-356，382-383.

冯胜利. 1997. 汉语的韵律、词法与句法. 北京：北京大学出版社.

冯胜利. 2010. 论语体的机制及其语法属性. 中国语文，(5)：400-412，479.

冯胜利. 2012. 语体语法：“形式—功能对应律”的语言探索. 当代修辞学，(6)：3-12.

冯胜利. 2018. 汉语语体语法概论. 北京：北京语言大学出版社.

冯胜利，施春宏. 2018. 论语体语法的基本原理、单位层级和语体系统. 世界汉语教学，(3)：302-325.

冯胜利，刘丽媛. 2020. 论语体语法的生物原理与生成机制. //北京师范大学民俗典籍文字研究中心编. 民俗典籍文字研究(第二十六辑)北京：商务印书馆：76-103.

郭锡良. 1984. 从单位名词到量词. //郭锡良. 汉语史论集. 北京：商务印书馆.

李在铭. 1979. 英语冠词. 北京：商务印书馆.

刘琼竹. 2009. 数量名主语句的句法分析. 汉语学报,(10):36-40.

刘世儒. 1965. 魏晋南北朝量词研究. 北京:中华书局.

刘祥柏. 2004. 北京话"一+名"结构分析. 中国语文,(1):36-39.

吕叔湘. 1944. 个字的应用范围,附论单位词前一字的脱落. //吕叔湘. 汉语语法论文集(增订本). 北京:商务印书馆.

吕叔湘. 1982. 中国文法要略. 北京:商务印书馆.

彭睿. 1996. 名词和名词的再分类. //胡明扬. 词类问题考察. 北京:北京语言文化大学出版社.

孙银新. 1996. 现代汉语的数名结构. 吉林大学社会科学学报,(4):36-39.

谭慧敏. 1998. 略论汉语量词的起源与发展. //*Studia Linguistia Serica*, City University of Hong Kong.

太田辰夫. 2003. 中国语历史文法. 蒋绍愚,徐昌华译. 北京:北京大学出版社.(原著出版年:1958).

王红斌. 2000. "有字句"中"有"后面的数量名结构. 烟台师范学院学报,(6):36-41.

王永娜,冯胜利. 2015. 论"当""在"的语体差异——兼谈具时空、泛时空与超时空的语体属性. 世界汉语教学,(3):310-324.

王永娜. 2012. 非计量"一+量词"语法功能与语体构成机制. 汉语学习,(6):55-60.

吴福祥,冯胜利,黄正德. 2006. 汉语"数+量+名"格式的来源. 中国语文,(5):387-400,479.

邢福义. 2012. 说"数量名结构+形容词". 汉语学习,(5):2-10,95.

徐士珍. 1985. 英汉语比较语法. 郑州:河南教育出版社.

杨娜. 2004. 汉语名词量词匹配问题研究. 广西大学硕士学位论文.

杨西彬. 2006. "一+量词+NP"结构中量词和"一"的隐现机制. 华中师范大学研究生学报,(4):73-76.

杨小英. 2009. 数名结构的多角度研究. 暨南大学硕士学位论文.

张素宁. 2006. "两+N"结构的多角度研究. 湖南师范大学硕士学位论文.

周之鉴. 1983. 英语冠词新论. 武汉：华中工学院出版社.

朱赛萍. 2015. 汉语的四字格. 北京：北京语言大学出版社.

Borer H. 2005. *In Name Only*. Oxford & New York：Oxford University Press.

Chierchia G. 1998. Reference to Kinds across Languages. *Natural Language Semantics* 6(4)：339-405.

Feng Shengli. 1995. *Prosodic Structure and Prosodically Constrained Syntax in Chinese*. Ph. D. dissertation, University of Pennsylvania.

Givón T. 1981. On the Development of the Numeral "one" as an Indefinite Marker. *Folia Linguistica Historica* 2(1), 35-53.

Massam D. 2009. On the Separation and Relatedness of Classifiers, Number, and Individuation in Niuean. 语言暨语言学,(4)：669-699.

Heine B. 1997. *Cognitive Foundations of Grammar*. Oxford：Oxford University Press.

Drocourt Y-Z. 1993. *Evolution Syntaxique des Classificateurs Chinois, du 14eme siècle av. J. -C. au 17eme siècle*. Paris：These de Doctorat de I'EHESS.

Peyraube A. 1991. Some Remarks on the History of Chinese Classifiers. *Santa Barbara Papers in Linguistics 3*：106-126.

Sanches M, Slobin L. 1973. Numeral Classifiers and Plural Marking：an Implicational Universal. *Working Papers in Language Universals* 11. Stanford, Calif：Stanford University：1-22.

Tang C-C J. 2004. Two Types of Classifier Languages：a Typological Study of Classification Markers in Paiwan Noun Phrases. *Language and Linguistics* 5(2)：377-407.

“数量名”和“名数量”结构的语体鉴定及体原子分析*

杨婷文

摘　要　文章根据语体语法理论，从交际时空和语法时空两个维度对现代汉语中的“数量名”结构和“名数量”结构进行语体鉴定，通过交际时空的人、地、事、意四大交际要素，同时通过语法时空中数词和量词能否合音、是否允准“-子、-儿、-头”类派生名词进入、可否独立充当 CP、可否允准集合名词等鉴定标准，得出“数量名”结构是非正式语体的标体结构，“名数量”结构是正式语体的标体结构。经体原子的深入分析发现，时空律对“数量名”结构的语体属性起决定作用，作用方式为量词对名词的句法管辖实现名词指称的具体化和个体化；离核律对“名数量”结构的语体属性起决定性作用，作用方式为韵律动因触发的名词短语移位实现数量指称的焦点化。

关键词　数量名　名数量　语体语法　语体鉴定　体原子

*　本文在研究和写作的过程中，承蒙冯胜利老师、王丽娟老师的指导，及审稿人的细致审校，谨此致谢！

1 引言

在现代汉语普通话中,“数量名”结构[①]在正式语体、非正式语体都较为常见。例如[②]:

(1)(学校座谈会上,校长对教师说)下学期我们学校要为学生订购三千套新校服,请各位老师充分征求学生意见,进行反馈。[正式语体]

(2)(煎饼摊前,顾客对老板说)老板,来一个煎饼果子![非正式语体]

然而,“名数量”结构却仅见于正式语体。例如:

(3)(颁奖会上,主持人介绍获奖情况)本次“学术进步奖”的得主为李明老师!李老师于2019至2020年度发表论文三十篇,数量居我院之首![正式语体]

(4)(商店里,顾客对老板说)*老板,我就买铅笔三根,能让我先结个账吗?[非正式语体]

由例(3)、例(4)的合法性对比可知,“名数量”结构具有正式体的语体属性。前人已有研究从语体角度对“名数量”结构进行过探讨,认为“名数量”结构具有正式性,持这一观点的有储泽祥(2001)和刘永生(2013)。储泽祥(2001)认为源于先秦汉语里常规语序的“名数量”使话语显得严肃正规。该文以刑侦记录为例,认为刑侦、公诉、宣判等场合常采用“名数量”语序;刘永生(2013)提到“名数量”结构使语言变得更为正式,多出现于新闻报道、研究报告、法律文书、

① 本文研究的“数量名”和“名数量”结构中,量词仅限为Cheng和Sybesma(1998)提出的“count-classifiers”及“mass-classifers”,“count-classifiers”指的是自然存在的、对能够以可数单位出现的名词进行数量划分的量词,例如一本书、一只猫、一棵树;“mass-classifers”指的是非自然存在的、对不能以可数单位出现的名词进行数量划分的量词,例如一杯水、一桶水、一升水等。其他类型的量词不在本文研究范围之列。

② 本文所有语料来源于BCC语料库或笔者自编,此处例(1)、例(2)、例(3)、例(4)为笔者自编。

公告启事等比较正式的语体①中。

综上,虽有学者发现“名数量”结构使语言正式,但为什么该结构正式? 前人没有进行系统性的论证,不仅如此,对于正式、非正式语体均见的“数量名”结构,尚未有文献论及其语体属性。鉴于此,本文基于语体语法的理论,对“数量名”结构和“名数量”结构进行系统研究并拟解决两个问题:

一,“数量名”和“名数量”结构的语体属性分别是什么?

二,决定“数量名”和“名数量”结构语体属性的内在机制是什么?

本文通过交际时空鉴定法,结合语法时空鉴定法,得出“数量名”为非正式语体标体结构,“名数量”为正式语体的标体结构。而后对结构背后的体原子进行分析,认为时空律对“数量名”结构的语体属性起决定作用,离核律对“名数量”结构的语体属性起决定性作用。

2 “数量名”和“名数量”结构的语体鉴定

冯胜利(2015)提出四项语体的鉴定标准,并分为交际中的时空鉴定和语法中的时空鉴定。本文采用冯胜利(2015)的思路,细致分析了“数量名”和“名数量”结构中的交际要素和语法要素,具体分述如下。

2.1 基于交际时空的语体属性鉴定

冯胜利(2010)提出“语体是直接交际的产物”,并指出“语体的

① 刘永生(2013)中的“语体”是指文章体裁,即“文体”,与本文语体语法理论中的“语体”概念不同。

本质是调节交际关系的远和近”。这表明了交际关系的远和近，即交际距离决定交际者使用语体的属性，而交际必然发生在时空之中。因此，判断语言结构的语体属性必从交际时空入手，影响交际距离、决定语体范畴的要素有：对象、内容、场合、态度（冯胜利 2015）。这四要素分别对应为人、事、地、意。冯胜利（2015）指出，“人”即这个句子是谁说的、说给谁的，“事”即说的是什么内容，“地”即在什么场合说的，“意”即听说者的态度如何。冯胜利（2015）将汉语三种语体类型的四要素示例如表 1：

表 1　汉语语体类型与交际要素对照表①

语体类型	交际要素			
	人	事	地	意
通俗②	妈	吃	家	亲近
正式	官	法	厅	尊重
庄典	神	祭	庙	敬畏

典型的非正式语体（俗常体）必然以日常生活场合、关系亲密的交际双方谈论俗常话题显现近距离交际态度为特点，比如孩子在家跟妈吃饭、夫妻之间散步聊天、爷爷哄哭闹的孙子等。本文以“能否在家吃饭时跟妈说”为鉴别标准判断“数量名”和“名数量”结构的语

① 冯胜利（2015）先论及《诗经》“风、雅、颂”与“口语、正式、庄典”的语体三分吻合，再在下文列出此表，故原表中有“风、雅、颂”与三种语体的对应关系；本文因论述未涉及《诗经》三体，故删去原表中“风、雅、颂”与“口语、正式、庄典”的语体对应关系。

② 表中的“通俗”在冯胜利（2017）及其后多表述为“口语”或“非正式”，本文中的“通俗”统称为“非正式”。

体属性。①

非正式语体交际要素：人：妈妈—孩子

地：家里的饭桌

事：吃饭

意：亲密

（5）a. 妈，我饿死了！给我弄(一)碗面条呗！

b. ＊妈，我饿死了！给我弄面条一碗呗！

经交际要素初步鉴定，“数量名”结构在非正式语体中合法，而“名数量”结构不合法。

同理，典型的正式语体以正式场合下保持严格交际距离的交际双方谈论严肃、正式的话题为特点，比如党员代表大会党支部书记面向全体党员代表进行工作总结。正式语体的交际要素鉴定便以“能否在党员代表大会上支部书记面向党员代表作总结时说”为鉴别标准判断“数量名”和“名数量”结构的语体属性。

正式语体交际要素：人：党支部书记—党员代表

地：报告厅

事：党员代表大会(工作总结)

意：庄重

（6）a. 学院的各级党组织关心学生政治上的进步，采用多种方式帮助积极分子提高政治觉悟和理论水平。全院共有109个学习小组，1 300多人参加学习。

b. 学院的各级党组织关心学生政治上的进步，采用多种方式帮助积极

① 冯胜利老师于北京语言大学2020年秋季语体语法学课堂上提出“妈妈检测法”，即通过“能否在家跟妈说”判断某一语言形式的语体属性，能够在家中同妈妈使用的语言形式具有典型的非正式性，故本文选取这一方法判断“数量名”和“名数量”结构的语体属性。

分子提高政治觉悟和理论水平。全院共有学习小组109个,1 300多人参加学习。

经交际要素初步鉴定,"数量名"和"名数量"结构在正式语体中都合法。

上文对"数量名"结构及"名数量"结构分别进行了极为典型的正式体(党员代表大会)和非正式体(母子日常交际)的交际要素鉴定,以上两组交际要素极具代表性,故能够说明,"名数量"结构仅用于正式语体,具有正式体属性,是正式体的标体结构[①];"数量名"结构在非正式体和正式体中都可用,仅就交际时空要素而言,该结构的语体属性无法被鉴定。因此,"数量名"结构的语体属性还需通过语法时空进行进一步鉴定。

2.2 基于语法时空的语体属性鉴定

从交际时空的角度可以初步鉴定"名数量"结构的语体属性,但是对"数量名"结构的语体属性进行鉴别必须从语法时空入手。语法时空的鉴定手段包含音法、词法、句法三方面,兹分述如下。

2.2.1 音法手段

此类语体鉴别手段主要考察"数量名"和"名数量"结构中的数词和量词能否合音。本文认为,在非正式语体中,数词和量词允许合音;在正式语体中,数词和量词不允许合音。据此可推断,数词、量词合音一定具有非正式语体属性,不能合音则可能具有正式体或非正式体语体属性,无法判别。是故"数词和量词能否合音"可以作为音法手段中的一条鉴别语体的标准,即数词和量词在语音层面合并为一个音节,能

① 标体结构即标明语体的语言结构。在无其他体原子干扰的情况下,该语言结构的出现能够帮助判断其所属语串的语体属性。

够合音则一定具有非正式语体属性。鉴定发现,“数量名”结构中的数词和量词能够合音,“名数量”结构则不允许“数量”合音。

(7) a. 咱班这学期要选三个班长!

b. 咱班这学期要选仨班长!

(8) a. 本班该学期拟选举班长三名。

b. ＊本班该学期拟选举班长仨。

通过例(7)和例(8)的对比可知,“数量名”结构中,数词和量词能够合音,具有非正式语体特征;“名数量”结构不允许数词和量词合音,无法判别语体特征。

2.2.2 词法手段

王丽娟(2009)指出,“子”“儿”“头”具有标记名词可数性的功能。以“石”和“石头”为例,“一块石”不合法,而“一块石头”合法,这类派生词具备可数性,具有极强的具时空特征。因此,就现代汉语而言,由“-子/-儿/-头”词缀构成的派生词具有明显的非正式体色彩①。因此下文将以此为鉴定标准,反向验证“数量名”和“名数量”的语体属性。此类语体鉴别手段主要考察“数量名”和“名数量”结构能否允准“-子、-儿、-头”类派生名词进入。考察发现,“-子、-儿、-头”类派生名词能够进入“数量名”结构,但不能进入“名数量”结构。经 BCC 语料库公式检索,多领域内“-子、-儿、-头”类派生词进入“名数量”结构均无用例,报刊领域中,“子”类仅有 3 例,“-儿”类没有用例,“-头”类仅有 2 例(“头”并非词缀)②。具体用例如下:

---

① “-子/-儿/-头”类派生名词具有非正式体色彩是因其具备明显的具时空特征,即体原子时空律的作用导致的,本文将在体原子部分详细论述。

② 例(9)、例(10)、例(11)三例中 a 句的语料均来源于 BCC 语料库《人民日报》,三例中的 b、c 句为笔者自编。

(9) a. 在民工们离开十里铺的时候，全村送了十面旗子。有的写着“助我农民”，有的写着“劳动模范”。

b. ＊在民工们离开十里铺的时候，全村送了旗子十面。有的写着“助我农民”，有的写着“劳动模范”。

c. 在民工们离开十里铺的时候，全村赠旗十面。有的写着“助我农民”，有的写着“劳动模范”。

(10) a. 若想酿造出一滴蜜，蜜蜂需要采一千朵花儿。

b. ＊若想酿造出一滴蜜，蜜蜂需要采花儿一千朵。

c. 若想酿造出一滴蜜，蜜蜂需要采花一千朵。

(11) a. 枪声一响，小方眼疾手快，拿起一把斧头，照准伪军中尉的脖子猛砍下去，伪军中尉来不及哼一声就倒了下去。

b. ＊枪声一响，小方眼疾手快，拿起斧头一把，照准伪军中尉的脖子猛砍下去，伪军中尉来不及哼一声就倒了下去。

c. 枪声一响，小方眼疾手快，拾斧一把，照准伪军中尉的脖子猛砍下去，伪军中尉来不及哼一声就倒了下去。

通过例(9)、例(10)、例(11)的对比可知，“数量名”结构允准“-子、-儿、-头”类派生名词进入，接受非正式体词汇；而“名数量”结构正与此相反，不允许非正式体的“-子、-儿、-头”类派生名词进入，倘若需要表达此类事物，则需要去掉“-子、-儿、-头”缀，让词根语素以嵌偶方式进入。由此可见，该结构不允许非正式体词汇进入，具有正式体的语体属性。

2.2.3 句法手段

此类语体鉴别手段主要考察就“数量名”和“名数量”结构而言，句法层面能否独立充当 CP、能否允准集合名词进入。其中，“可否独立充当 CP”对于这两个结构而言，可以测试其是否具有非正式特征，因为名词短语(DP)独立成句都是句法删除(核心谓词短语)的结果，该手段在非正式体中大量使用，正式体对其限制极其严格。本文将分述如下。

2.2.3.1 可否独立充当 CP

考察发现，“数量名”结构可以独立回答问题，即独立充当 CP，“名数量”结构则不可。

(12) (包子铺，老板—顾客) A：您来点什么？

B_1：三个包子。

B_2：*包子三个。

由例(12)可知，“数量名”结构如“三个包子”可以独立成句，充当 CP，其句法结构如图 1：

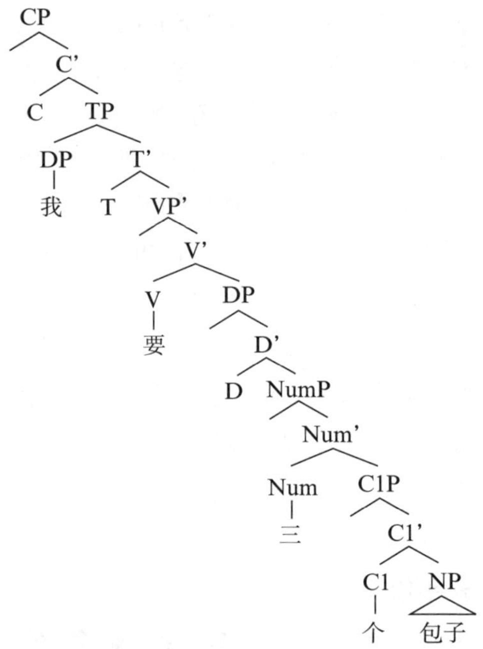

图 1

“三个包子”实质上是由 CP“我要三个包子”删除 DP 和主动词 V 而来，即 NumP 独立充当 CP。由问句“您来点什么？”可知，回答必定存在焦点重音。是故“三个包子”中，不考虑说话人刻意对某些语言单位增大音强的特殊情况，“包子”便是该结构的核心，即焦点重音的承担者，对“什么”进行回答。在非正式语体中，包含焦点的回答都能够省略除却焦点的一切成分，例如：

（13）a. 今天晚上你想吃点啥？——（我想吃）红烧肉。

b. 你这个学期打算去哪儿玩呀？——（我打算去）青海。

c. 你什么时候回家？——（我）26 号（回家）。

因此，“数量名”结构能够独立充当 CP，具有非正式体的语体属性，“名数量”结构则正相反。

“名数量”结构不能独立充当 CP，本文以例（3）为例［（重复如例（14）］，分析正式语体中“名数量”结构的生成过程。

（14）本次“学术进步奖”的得主为李明老师！李老师于 2019 至 2020 年度发表论文三十篇，数量居我院之首！

例（14）的底层结构为“……发表三十篇论文”，“名数量”结构是 NP 移位造成的表层形式。DP 移位存在两个句法上的动因，其一是核查格特征（the Case Filter），其二是满足 EPP（the Extended Projection Principle）（Chomsky 2015）①，NP 的移位发生在 NumP 内部，二者都不构成其移位的动因。对此，本文认为激发 NP 移位的动因是韵律动因。Feng（1995）提出了汉语核心重音（普通重音）的指派规则，汉语是以动词为中心来建立核心重音范域的，核心重音的范

① 原文如下：Chomsky（2015：101）：Chomsky and Lasnik（1977）proposed a set of surface filters to capture this distribution, but Vergnaud（1982）observed that most of their effects could be unified if Case is assigned as indicated just above, and if Case is required for morphological realization, as stated in（269）, the Case Filter.

（269）Every phonetically realized NP must be assigned（abstract）Case.

The EPP demands that a clause have a subject at every syntactic level. Chomsky（2015：59）

域是句子基础结构中最后一个动词短语。如图 2 所示：

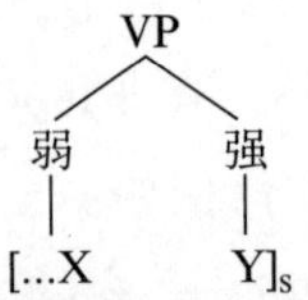

图 2　汉语普通重音指派规则示意图(冯胜利 2000：63)

X 必须是主要动词,X 与 Y 必须为以动词为中心的最后一个短语中的两个成分。由此可对图 2 进行核心重音的指派分析,“发表三十篇论文”中,“发表”为主要动词 X,“三十篇论文”为核心重音的承担者 Y,而“论文”在核心重音范域里的核心位置,但通过(14)的语境可知,说话人希望凸显“数量”,这就激发了原本处在核心重音范域内核心位置上的 NP 发生移位,移位后,数量短语在核心重音范域内得到核心位置,实现焦点重音,即得到了“发表论文三十篇”的“名数量”结构。

概括而言,“名数量”结构是核心重音和焦点重音互动的结果。为凸显“数量”焦点,NP 从核心重音范域内的核心位置(Cl 的补述语)上移到 NumP 的指示语位置(见图 3),进而确保数量短语在核心重音范域内实现焦点重音。

值得注意的是,对“名数量”而言,这种韵律激发的名词移位只在正式语体中合法,在非正式语体中便不合法,这是不同语体实现焦点重音的手段不同引起的。在非正式语体中,实现焦点重音可以采用删除其他已知信息或增加说话人凸显信息的音强音长两种方式。以上文“三个包子”为例,若凸显数量短语,可以删除“包子”或增加“三个”的音强音长;在正式语体中,则采用名词短语移位的手段。这恰好印证了冯胜利(2010)所提出的“语体不同则语法也因之而异”的语体语法理论。

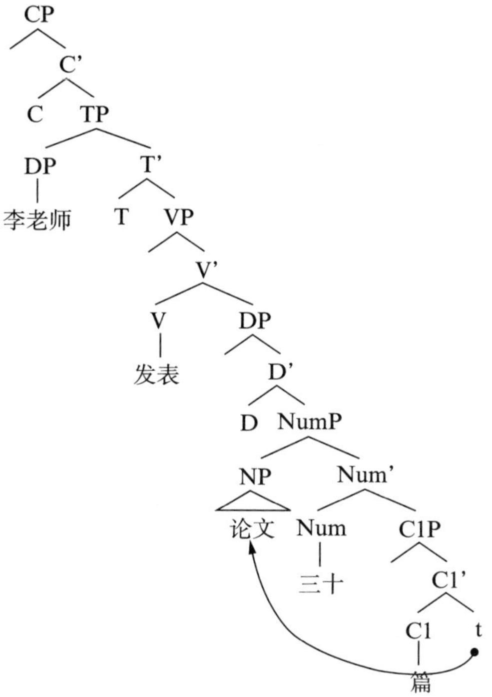

图 3

2.2.3.2 可否允准集合名词进入

集合名词即一组表示集体概念的名词,例如车辆、纸张、马匹、船只等。这类名词不可数,具有抽象性特征,属于正式语体词汇。此类语体鉴别手段主要考察集合名词能否进入"数量名"和"名数量"结构,经鉴定发现,该类名词仅能进入"名数量"结构,在"数量名"结构中不合法,这也进一步证明了"名数量"结构具有正式体的语体属性。

(15) a. 秘鲁最大的商港——卡亚俄港,它每年停靠船只 1 000 艘,货物吞吐量 500 万吨。

b. *秘鲁最大的商港——卡亚俄港,它每年停靠 1 000 艘船只,货物吞吐量 500 万吨。

综上所述，本部分分别运用音法、词法、句法手段对“数量名”和“名数量”结构进行语法时空的语体鉴定，通过考查数词和量词能否合音、“-子、-儿、-头”类派生名词能否进入结构、两个结构能否独立充当 CP、集合名词能否进入结构，得出如下结论（详见表 2）：

表 2　语法时空鉴定情况表

鉴定标准	［数量名］	［名数量］
数词和量词能合音［非正式］	+	−
允准派生名词进入［非正式］	+	−
能独立充当 CP［非正式］	+	−
允准集合名词进入［正式］	−	+

由表 2 可知，根据语法时空的鉴别标准，“数量名”结构允准数词和量词合音、允准派生名词进入、能够独立充当 CP，但不允准集合名词进入，具有非正式体的语体属性；“名数量”结构正相反，具有正式体的语体属性。

3　体原子对“数量名”结构和“名数量”结构语体差异的制约

上文通过对“数量名”和“名数量”结构进行交际时空和语法时空的语体鉴定得出，“数量名”结构是非正式体的标体结构，“名数量”结构是正式体的标体结构。但为什么如此？决定二者语体各异的内部机制是什么？若想从原理上给予解释，就必须运用体原子分析法。

冯胜利、刘丽媛(2020)提出,体原子又名语距定律[①],是由形式—功能对生机制派生出来的、具有一定普适性的语体定律,它们决定和创造了各式各样的语体语法的结构和形式。因此本文将运用冯胜利、刘丽媛(2020)提出的体原子分析"数量名"和"名数量"结构语体各异的内在机制。

3.1 非正式体"数量名"结构的体原子分析

本文认为,赋予"数量名"结构非正式体属性的根本机制是时空律这一体原子。冯胜利、刘丽媛(2020)提出,时空标记越少,或具有时空要素的语言单位所含"时空素"[②]越少,则越正式,反之亦然。冯胜利(2015)认为,从语法结构标记时空的机制上看,语法系统可以很好地表现"时空标记"和"语体属性"之间的对应关系,非正式体的时空度为具时空,正式体为泛时空,庄典体为虚时空。因此"数量名"结构作为非正式体的标体结构,应具有具时空特征,事实的确如此,决定其具时空特征的根源正是"数量名"结构中的量词。

量词并不是所有语言中都存在的,例如英语,汉语中的"三条狗"对应英语中的"three dogs","-s"属于复数标记。Borer(2005:93)提出,复数形态和独立量词语素呈互补分布。[③] 冯胜利(2016:181)提出,复数形态和独立量词属于一枚硬币的两面,但是他们有着相同的

---

① 冯胜利、刘丽媛(2020)指出,"体原子"和"语距定律"所指为同一个对象,唯命名和使用角度不同而已:从语距属性的普遍性的角度名之为"定律"(语距定律);从其基元属性和最小单位的角度名之为"体原子"。

② "时空素"取自冯胜利、刘丽媛(2020),即指表时间、地点、工具、数、量、所示等具体化或个体化事件与物体的要素。

③ 原文如下:Put differently, plural inflection is classifier inflection, thus accounting for the complementary distribution between classifier inflection and plural inflection, now reduced to the fact that they are simply distinct instantiations of the classifier system.

语法功能,在具体的时空现实中,它们都用来定位客观存在,即将名词具体化。因此,在"数量名"结构中,量词的存在将名词具体化,允准带有具时空特征的个体名词进入,而不允准带有泛时空特征的集合名词进入。除此之外,句法结构树形图也能清晰地体现"数量名"结构的具时空特征。上文图 1 与图 3 未详细介绍 DP 结构,在此论述如下。Huang 等(2009:315)提出,在现代汉语中,NumP 位于 DP 内部,遵循[Proper name + Pronoun + Demonstrative + Number + Classifier + Noun]的顺序①,专有名词、代词、指示词位于 NumP 前,都能够使 NumP 有定,将 NumP 确定化,具有极强的具时空特征。

(16) a. 李明喜欢张华的三篇论文。
b. *李明喜欢张华的论文三篇。
c. 李明喜欢他的三篇论文。
d. *李明喜欢他的论文三篇。
e. 李明喜欢这三篇论文。
f. *李明喜欢这论文三篇。

"数量名"结构允许以上三者出现,"名数量"结构则不允许,这也恰好印证了"数量名"结构具有具时空特征,和非正式语体属性;"名数量"结构则正相反。

值得注意的问题是,"数量名"结构和"名数量"结构都包含量词,理论上二者都应该具备具时空特征,然而"数量名"结构具有非正式语体属性,"名数量"结构却具有正式语体属性。这是因为除时空律发生作用外,还存在另一个体原子,即离核律。冯胜利、刘丽媛(2020)对离核律进行了说明,结构上离核心词越远越正式。换言之,

---

① 原文如下:Recall that a nominal expression in Chinese may have more than one element occurring above the NumP: a proper name, a pronoun, and/or a demonstrative... Let us begin with the longest case: those with proper names, pronouns, and demonstratives. First of all, they must occur in the order [proper name + pronoun + demonstrative].

结构上离核心词越近越不正式。由图 1 和图 3 的句法结构图可知，通过对“数量名”和“名数量”结构进行对比，“数量名”结构中 NP 与核心 Cl 是姊妹关系；“名数量”结构中 NP 与核心 Cl 是 C-统制关系。前者 NP 离核心近，后者 NP 离核心远。这便解释了两个结构都包含量词，却具有不同语体属性的问题。本文将在下一节对离核律的作用进行详述。

3.2 离核律对“名数量”结构语体属性的决定作用

通过语体鉴定可知，“名数量”结构是正式体的标体结构。导致其具有正式体语体属性的内在机制是离核律作用的结果。上文提到，“名数量”结构是核心重音和焦点重音互动的结果，为使数量短语在核心重音范域内实现焦点重音，NP 从核心 Cl 的补述语位置移位，离开核心 Cl 的补述语位置，向上移位，到达 ClP 的指示语位置，但名词在此处则生成的句子不合法：

(17) *三十论文篇 *九汽车辆 *四钥匙把

因此，NP 继续上移，到达 NumP 的指示语位置，得到“论文三十篇”。NP 原本在 ClP 中，ClP 中核心为 Cl，NP 从 Cl 的补述语，即核心 Cl 的姊妹，移动到 NumP 的指示语位置，同核心 Cl 形成了 C-统制关系，即离核心 Cl 的距离变远。

冯胜利、刘丽媛(2020)提到，在树形图中，NP 在结构上离核心词越远越正式。NP 通过移位离核心词 Cl 的距离变远，得到了“名数量”结构，这便解释了“数量名”和“名数量”结构都存在量词，而“名数量”结构是正式体标体结构的根本原因。上移后的名词带有泛时空特征，能够允准集合名词进入，排斥带有具时空特征的带“-子、-儿、-头”缀的派生名词进入，在语音层面上，名词、数词、量词都不接受轻声。

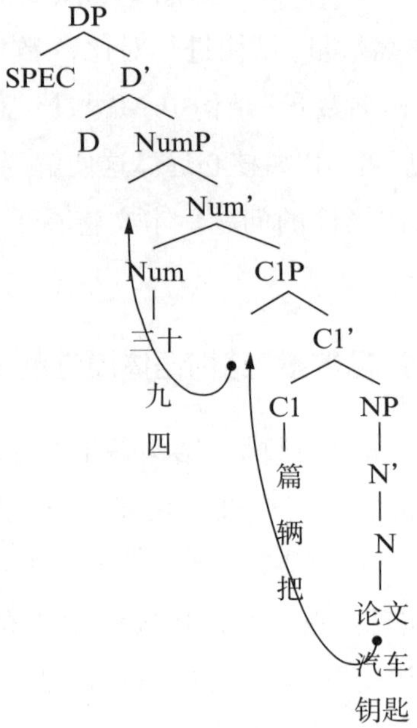

图 4

4　结语

综上所述，本文从交际时空和语法时空两个维度鉴定了现代汉语普通话中的“数量名”和“名数量”结构的语体属性。在交际时空的鉴定中，发现“名数量”结构是正式体的标体结构，由于其他体原子（单双音节对应律）的干扰，“数量名”结构的语体属性无法鉴定，进而通过语法时空的鉴定，以“数词和量词能否合音”“是否允准‘-子、-儿、-头’类派生名词进入”“是否能够独立充当 CP”“是否允准集合名词进入”为标准，发现“数量名”结构是非正式语体的标体结构，“名数量”结构是正式语体的标体结构。

为探求“数量名”和“名数量”结构语体各异的内在机制，本文对其分别进行体原子分析，发现“数量名”结构中，量词对名词进行句法管辖，使名词指称具体化，时空律起到了决定性作用。而在“名数量”结构中，虽然该结构亦包含量词，但为在核心重音范域内实现焦点重音，NP 由韵律动因触发移位，从核心 Cl 的补述语位置，移动到 NumP 的指示语位置，即相比“数量名”结构，离核心 Cl 变远，离核律起到了决定性的作用。

通过对“数量名”和“名数量”结构的语体鉴定和体原子分析，本文的研究进一步证明了韵律和语体对语法结构的制约作用，韵律、语体、语法三者之间密不可分的关系是未来研究中亟待重点关注的对象。

参考文献

储泽祥. 2001. “名+数量”语序与注意焦点. 中国语文，(5)：411-417，479.

冯胜利. 2000. 汉语韵律句法学引论(下). 学术界，(2)：94-117.

冯胜利. 2010. 论语体的机制及其语法属性. 中国语文，(5)：400-412，479.

冯胜利. 2015. 语体语法的逻辑体系及语体特征的鉴定. 汉语应用语言学研究：1-21.

冯胜利. 2016. 汉语历时句法学论稿. 上海：上海教育出版社.

冯胜利. 2017. 从语音、语义、词法和句法看语体语法的系统性. 中国语学，(264)：1-24.

冯胜利，刘丽媛. 2020. 论语体语法的生物原理与生成机制. //北京师范大学民俗典籍文字研究中心编. 民俗典籍文字研究(第二十六辑). 北京：商务印书馆.

刘永生. 2013. 现代汉语中的“名+数量”结构浅析. 西北成人教育学报，(6)：35-38.

王丽娟. 2009. 从名词、动词看现代汉语普通话双音节的形态功能. 北京语言大学博士学位论文.

Borer H. 2005. *In Name Only*. Oxford & New York: Oxford University Press.

Cheng L L S, Sybesma R. 1998. Yi-wan tang, yi-ge Tang: Classifiers and massifiers. *Tsing-Hua Journal of Chinese Studies*. New Series 28/3: 385-412.

Chomsky N. 2015. *The Minimalist Program*. Cambridge, Mass: MIT Press.

Chomsky N, Lasnik H. 1977. Filters and Control. *Linguistic Inquiry* 8: 425-504.

Feng Shengli. 1995. *Prosodic Structure and Prosodically Constrained Syntax in Chinese*. Ph. D. Dissertation, University of Pennsylvania.

Huang C T J, Li Y H A, Li Yafei. 2009. *The Syntax of Chinese*. New York: Cambridge University Press.

Massam D. 2009. On the Separation and Relatedness of Classifiers, Number, and Individuation in Niuean. *Language and Linguistics* 10(4): 669-699.

Vergnaud J R. 1982. Dependances et Niveaux de Representation en Syntaxe. *These de doctorat d' etat, Universite de Paris VIL.*

| 第二章 |

体原子在谓词结构中的作用

【编者按】 动词是句子的核心。动词和名词的一大区别就是“动词包含大量的时空要素(小到动作、中到行为、大到事件)”。如何把具时空的动词抽象为泛时空的动词,这是语体语法中词汇“拉距”的难题之一。本章的论文从“双动别体(V→VV)”和“古今别体(是 vs. 系)”的角度,讨论谓词中的体原子如何被激活、如何运作、如何互动的初始性研究。

第二篇

[illegible]

从"VV在"看体原子构成的语体属性*

刘尚荣

摘　要　文章讨论"VV 在"中体原子构成的语体属性。除文体类"VV 在"之外,"VV 在"是正式语体的表达形式。文章认为具有语距特征的"VV 在"形式之所以具有正式语体的属性,是因为该形式所含有的单双音节对应律、短弱律、平衡律三个体原子对口语体"V 在"结构进行改造而后实现的"拉距"结果。文章指出,在"拉距"构体的运作过程中,每个体原子不仅发挥了不同的作用而且存在着优先等级的差异。

关键词　VV 在　体原子　语体属性

1　问题的提出

"动词+在"结构一直受到学者的关注。本文讨论"VV[①]+在"类语言现象,如:

（1）它们都以规范的学术语言书写,<u>发表在</u>正规的学术刊物上。(《中国青年报》2006－10－12)

（2）这个场景经常<u>出现在</u>一些国学培训班里。(《广州日报》2019－06－19)

（3）白求恩同志毫不利己专门利人的精神,<u>表现在</u>他对工作的极端的负责任,对同志对人民的极端的热忱。(毛泽东《纪念白求恩同志》)

---

* 感谢冯胜利教授以及审稿专家的宝贵建议,文中有不当之处,概由笔者负责。

① VV 代表双音节动词,V 代表单音节动词,下文同。"VV+在"在文中统称为"VV 在"。

总的来说,学界对"V+在"现象关注较多,讨论也较充分,但对例(1)—例(3)"VV 在"类语言现象关注不够。虽然在相关研究中偶有提及,但是对"VV 在"的专文研究在收集的现有相关文献中仅有邢福义(1997)一篇。现有研究中涉及"VV 在"的研究主要有以下几个方面:

一,"VV 在了 N"结构的规范性问题。丁声树等(1961: 59-60)最早注意到"V 在了 N"现象。范继淹(1986)、蒋平(1983,1984)、廖礼平(1984)、朱德熙(1987)、邢福义(1985,1997)、董晓敏(1997)都讨论过"VV 在了 N"结构的规范性问题。廖礼平(1984)、范继淹(1986)、朱德熙(1987)认为"VV 在+了+N"不规范、不合法;蒋平(1983,1984)、邢福义(1997)、董晓敏(1997)通过语言事实调查举例的方式肯定该格式的合法性。这些研究无疑是具有启发性的,但对"VV 在了 N"合法与否的讨论忽视了语体和文体的影响。

二,"在+N"与动词相对位置的影响因素。张赪(1997)、崔希亮(1996)、范继淹(1986)、Chen(1978)等对此有过讨论。涉及的影响因素有动词音节数、动词语义特征、动词配价和论元等。

三,从语言演变角度讨论"VV 在了 N"格式的产生。邢福义(1997)认为是类推衍生的结果。具体来说,"V 结+了①"是强势格式,"V 在了 N"衍生于"V 结+了+N",在类推作用下,双音节动词 VV 也跟着进入该格式。我们认为"类推衍生"不是"VV 在了 N"格式产生的根本动因,其本质动因在于语体,是书面正式语体拉开与口语距离的需要。

前人研究成果无疑具有重要启发和借鉴意义。但"VV 在"到底有何语体属性,为什么具有此种语体属性,其文体功能如何等问题有待讨论。

---

① "结"代表 V 后结果性补语成分。

本文基于语体语法理论，就“VV 在”的语体属性及其体原子构成展开讨论。文章首先在区分语体类“VV 在”和文体类“VV 在”基础上，从交际时空和语法时空两个原则鉴定“VV 在”的语体属性，认为“VV 在”是表达正式语体的语法形式；然后基于语体语法“形式—功能对生律”①(冯胜利 2012；冯胜利，刘丽媛 2020)原理，运用体原子(冯胜利，刘丽媛 2020)原理分析语距形式“VV 在”中的体原子及互动。

2 “VV 在”的类型

我们将“VV 在”分为两类：语体类“VV 在”和文体类“VV 在”。本文重点讨论语体类“VV 在”，暂不涉及文体类“VV 在”。

2.1 语体类“VV 在”与文体类“VV 在”的区别标准

根据冯胜利(2010)语体语法理论，语体是直接交际的产物，语体不是文体。“文体既可以指文章的体裁(如论说文、记叙文、抒情文、新闻体、社论体等)，又可以指文学作品的形式(如诗、词、曲、散文、骈文、小说等)。无论文体怎样定义，就其一般类型而言，它所传达的信息都不是直接交际的需要。”(冯胜利 2010)据此，语体类“VV 在”与文体类“VV 在”的根本标准是：能否用于直接交际。主要依据以下两点：

第一，能否用于提问。文体类“VV 在”主要用于描写性的场合，因此不能用于提问，如例(4)b、例(5)b；语体类“VV 在”能用于直接交际，因此能用于提问，如例(6)b、例(7)b。

---

① “形式—功能对应律”由冯胜利(2012)首次提出，为避免与功能学说“形式—意义对应律”(form-meaning pair)的后天使用中建立的“形式”“意义”对应关系相混淆，突出“形式”和“功能”同生并存的生物属性、天生性，冯胜利、刘丽媛(2020)将其调整为“形式—功能对生律”(Innateness of Form-Function Correspondence)。

（4）a. 路灯重叠在最后的夕照上。（BCC 语料库）

b. ？路灯重叠在哪里？/什么地方？

（5）a. 老几觉得自己身体和形状被灌注在黑暗里。（BCC 语料库）

b. ？老几觉得自己身体和形状被灌注在哪里？/什么地方？

（6）a. 北京一些外卖后厨将洗好的食材摆放在垃圾桶上。（人民网 2020－10－20）

b. 北京一些外卖后厨将洗好的食材摆放在哪里？/什么地方？

（7）a. 我国绿色发展取得显著成就，主要表现在绿色产业不断发展、能源结构持续优化、污染防治成效显著、生态保护修复取得新进展等方面。（人民网 2020－10－17）

b. 我国绿色发展取得显著成就，主要表现在哪里？/什么地方？

第二，平实表意还是形象审美的表达。直接交际不要求表达形象生动，不出于审美目的。文体类“VV 在”主要使用于文学作品中，除了动词有很强的形象性外，与之共现的主语、状语和“VV 在”后成分也常包含具有描写功能的修饰性成分，如例（8）a、例（9）a，如果去掉这些描写功能的修饰性成分，不仅审美效果大打折扣，而且“VV 在”所在语句接受度减低，如例（8）b，或者根本不能接受，如例（9）b。

（8）a. 漫长的视野里仿佛出现了一条如玉带一般的河流，两种景致出现在双眼两侧，一是袅娜的女子行走在河流边，一是悠扬的垂柳飘拂在晚风里。两种情景时分时合，柳生眼花缭乱。（BCC 语料库）

b. ？一是垂柳飘拂在晚风里。

（9）a. 她那双迟疑的睫毛蔼然低垂在冶艳的面容上，又仿佛是在说着“行不得也哥哥”一样。（BCC 语料库）

b. ＊她的睫毛低垂在面容上。

2.2 语体类“VV 在”

根据“VV 在”中 VV、与之共现的前后成分及其变换，将其分为三类：

2.2.1 位置类

该类表示动作行为完成后事件参与者所处位置。

（10）他们每天都活动在前线、后方以及各个角落。（BCC 语料库）

（11）近日，有媒体进行了走访，发现北京一些外卖后厨把将洗好的食材摆放在垃圾桶上，还有在公厕外堆放食材，厨师也没穿工作服……个别外卖后厨卫生堪忧。（人民网 2020－10－20）

（12）文天祥被拘囚在北京一个阴湿的地牢里。（吴晗《谈骨气》）

（13）用户爱看什么，就把什么送足喂饱，让人停留在舒适圈，……（BCC 语料库）

（14）在全国各地，《我和我的祖国》《我的祖国》《我爱你中国》等动人歌曲回荡在街头巷尾。（人民网 2020－10－15）

出现在该类中的动词有：摆放、停留、回荡、活动、放置、出现、相识、出生、发生、定格、收录、停止、拘囚等。主要句法特征有：

A. 主语可以是施事名词短语，如例（10）；受事名词短语，如例（12）；或者客事名词短语，如例（14）；主语常为具体名词或代词，如例（10）—例（12）。

B. “在”后成分表示具体的方位处所，如例（10）—例（14）。

C. 该类往往可以出现在处置句［如例（11）］、被字句［如例（12）］中或者将动词后成分前置到动词前［如例（13）、例（14）］。

D. 该类动词带有较强的动作性①，常有对应的单音节动词形式。

① 动作性强弱指行为动作对参与者的影响强弱，比如，例（8）“摆放”致使“食材”位置处于“垃圾桶上”，动作性强；下文例（15）“稳定”对“森林覆盖率”并没有致使关系，更多的是“森林覆盖率在 40%以上”的状态，但在“把字句”“被字句”中仍有致使关系；例（18）“体现”与“效益改善”既没有致使关系，也没有状态关系，只表示“体现”后成分对“效益改善”的具体解释关系，也不能用于“把字句”“被字句”。

2.2.2 数量定位类

该类表示对行为事件参与者数量范围的定位。动词出现与否，句子意义变化不大。

（15）建成公园超过1 000个，森林覆盖率稳定在40%以上。（人民网2020－10－29）

（16）国际收支基本平衡，外汇储备保持在3万亿美元以上。（人民网2020－09－22）

出现在该类中的动词有：稳定、保持、分布、维持、控制、集中、遏制、徘徊等。其主要特征有：

A. 主语一般是抽象名词，如例（15）中的“森林覆盖率”、例（16）中的“外汇储备”。

B. 该类动词虽然动作性不强，但可以变成把字句、被字句。“在+数量短语”不能移到动词前。

2.2.3 解释类

该类表示对句子主语所指称抽象事物或事件进行具体说明或解释。“在”后成分对主语加以具体解释说明。

（17）大足石刻最明显的特征，就是宗教的人间化，这种人间化集中反映在中国化、地方化及儒、佛、道思想的交融。（BCC语料库）

（18）规模以上企业的效益改善，不仅仅体现在利润增长上，体现在营业收入的扩大上，更体现在结构的改善和企业的生存发展能力上。（人民网2020－10－28）

（19）“十三五”以来，我国绿色发展取得显著成就，主要表现在绿色产业不断发展、能源结构持续优化、污染防治成效显著、生态保护修复取得新进展等方面。（人民网2020－10－17）

出现在该类中的动词有：反映、贯彻、体现、表现、显露、潜藏等。

该类主要句法特征有：

A．主语多为抽象名词短语或动名词成分，如例（17）中的“这种人间化”；主语也可以是动宾倒置结构，如例（18）中的“效益改善”。

B．动词后成分多为抽象名词性成分，如例（19）中的“方面”，也可以是动宾倒置结构，如例（18）中的“营业收入的扩大”“结构改善”。

C．动词后成分中的方位词一般为“上”，有时可以不出现，如例（19）。

D．该类不表示动作之后所处的位置或位置的变化，而表示句子主语所指称事物或事件与“在”后成分的例释关系，动词后成分是对主语的相对具体的说明或解释。该类不能变换成把字句、被字句。动词后成分不能移到动词前。

E．动词动作性弱。

2.3 文体类“VV 在”

（20）漫长的视野里仿佛出现了一条如玉带一般的河流，两种景致出现在双眼两侧，一是袅娜的女子行走在河流边，一是悠扬的垂柳飘拂在晚风里。两种情景时分时合，柳生眼花缭乱。（BCC 语料库）

（21）天边的红霞已经退尽了，四周围浮上一层寂静的烟似的轻雾，绵延在远近的山的腰边。（BCC 语料库）

（22）老几觉得自己身体和形状被灌注在黑暗里，就像一个琥珀，一旦被取出，人们会看见一个丑陋的老人琥珀。（BCC 语料库）

（23）路灯重叠在最后的夕照上，崭新的汽车出动了。（BCC 语料库）

该类“VV 在”不能用于提问，其表达追求形象生动的审美效果，不用于直接交际。该类动词有：低垂、弥漫、飘扬、飘拂、蜷伏、闲坐、耷拉、灌注、坐落、横亘、绵延、重叠、塌陷、簇拥、盘踞、伫立、端坐、紧随、笼罩、颤栗、盘旋、安坐等。这些动词本身具有很强的描写性，带有很强的形象性。

3 “VV 在”格式语体属性的鉴定

3.1 语体鉴定的交际时空标准

冯胜利(2015)提出“交际时空鉴定法”，从“对象、内容、场合、态度”四个交际要素鉴定一个语法形式的语体属性，即鉴定语体的交际时空，简称为“人事地意”。

表 1

	人	事	地	意
通俗①	妈	吃	家	亲近
正式	官	法	厅	尊重
庄典	神	祭	庙	敬畏

表 1 列出了通俗、正式、庄典三体的典型交际时空，通俗体可以用于在家跟妈妈的对话中，正式体、庄典体不能用于在家跟妈妈的对话中。正式体与庄典体②语法的原则和特征不同(冯胜利 2010)，庄典体语法主要借助古语今化拉开与口语距离，“VV 在”结构不涉及古语今化问题，因此，我们可以使用“能否用于在家对妈妈说”和“能

① 冯胜利(2015)论及《诗经》“风、雅、颂”与“口语、正式、庄典”的语体三分吻合，后有此表，为了便于理解《诗经》三体与语体三分的关系，原表“语体类型”一栏中有“风雅颂”与“通俗、正式、庄典”对应。本文论述未涉及《诗经》三体，为免读者疑惑，故将原表中的“风雅颂”删去。冯胜利(2017)及其后文献“通俗”多表述为“口语”或“非正式”。

② “庄典”在冯胜利(2010)中表述为“典雅”。

否用于国务院总理在人民大会堂作政府工作报告”来鉴定“VV 在”的语体属性。

（24）在家，女儿对妈妈说：（自编句）

a. 妈，盐放在桌子上了。

b. 妈，我说的那个同学住在北京，孩子都三岁了。

c. 妈，今年我们单位不错，全市排名排在了第二。

（25）在家，女儿对妈妈说：（自编句）

a. *妈，盐放置在桌子上了。

b. *妈，今年我们单位效益好了，体现在利润增长上。

c. *妈，我同学寄居在北京。

例（24）、例（25）对比可知，“V 在”和“VV 在”存在语体对立。前者可以用于口语体，后者不能。而“VV 在”不涉及古语今化，因此不是庄典体。据此，可以推知“VV 在”属于正式体。

比较：

（26）国务院总理在人民大会堂作政府工作报告

a. 城镇新增就业 1 361 万人、调查失业率稳定在 5%左右的较低水平。（李克强《2019 年政府工作报告》）

b. 经济运行保持在合理区间。（李克强《2018 年政府工作报告》）

c. 加强政策协调配合，确保经济运行在合理区间，促进经济社会持续健康发展。（李克强《2019 年政府工作报告》）

“VV 在”用于“在家对妈妈说”场景中不合法，但可以用于“国务院总理在人民大会堂作政府工作报告”，说明“VV 在”具有正式语体属性。

3.2 语体鉴定的语法时空标准

根据冯胜利（2015），语法形式的语体属性可以通过语法的时空性来鉴定。“VV 在”整体具有泛时空性，主要表现在以下几个方面：

第一，一般[①]不与"了完成"共现。

"VV 在"一般不与"了完成"共现，范继淹（1986）从语言规范角度指出"VV 在了 N"结构不规范、不合法，廖礼平（1984）、朱德熙（1987）也持相同观点。

（27）a. 他的哲学就建立在对于万事万物的怀疑和明辨上。（顾颉刚《怀疑与学问》）

b. ＊他的哲学就建立在了对于万事万物的怀疑和明辨上。

（28）a. 现代技术的危险包含在技术的本质之中。（周国光《现代技术的危险何在?》）

b. ＊现代技术的危险包含在了技术的本质之中。

（29）a. 这件事发生在学生身上。（《青年报》1992－01－15）

b. ？这件事发生在了学生身上。

我们对 2015—2019 年五年政府工作报告、50 篇社论、50 篇时评、100 篇议论文以及 CCL 语料库议论文进行检索，均未发现"VV 在"与"了完成"共现的实例。值得注意的是蒋平（1983，1984）、邢福义（1997）列出不少"VV 在+了+N"的语言现象，好像说明"VV 在"可以与"了完成"共现。但我们也注意到蒋文、邢文所列实例均出自文学作品，这是否说明"VV 在"带上"了完成"能够创造某种独特的文学效应，值得进一步研究。

第二，"单音节动词+在"一般[②]可以进入"V 不 V 在"结构，双音节动词不能。

---

① 语体类"VV 在"并不是绝对不能与"了完成"共现，出于创造特定文学效果或实现某种特定文艺效应的需要，可与"了完成"共现，这属于语体的艺术化应用，故用"一般"表明。

② 并不是所有的"单音节动词+在"都能进入"V 不 V 在"结构，如"下"表"降落"义时不能进入该结构，表"下载"义时，可以。但所有双音节动词都不能进入"V 不 V 在"结构。

(30) a. 放不放在桌子上(自编句)

b. ＊放置不放置在桌子上

(31) a. 写不写在上面(自编句)

b. ＊书写不书写在上面

第三,“单音节动词+在”可以用肯定否定相迭表示疑问(王艾录1992),“双音节动词+在”不可以。

(32) a. 住在不住在河西(转引自王艾录1992)

b. ＊居住在不居住在河西

(33) a. 写在不写在上面(转引自王艾录1992)

b. ＊书写在不书写在上面

正反问是口语语法(Feng 2017),“V在”可以进入这一格式,“VV在”不能。这说明,“VV在”属于正式语体表达形式。

第四,处所表示空间,具有很强的具时空性。“V在”一般带狭义处所宾语①(朱德熙 1982),“VV在”除了带狭义处所宾语之外,常与非处所类宾语共现,尤其是数量定位类和解释类常带非狭义处所宾语。从与“VV在”共现的前后成分看,数量定位类和解释类常与抽象成分共现。

4 语距形式“VV在”中的体原子及其互动

语体语法理论的基本原理是“形式—功能对生律”(冯胜利2012;冯胜利,刘丽媛 2020),一定的形式表达一定的功能,一定的功能由特定的形式来表现,功能是长在形式上的。“形式—功能对生律”表现在18个体原子上。(冯胜利,刘丽媛 2020)本文认为表达正式语体功能的语距形式“VV在”由单双音节对应律、短弱律、平衡

① “狭义处所宾语”指动词性成分后的表示位置的处所词或处所词组充当的宾语。

律、离核律、树图首尾律相互作用产生。

4.1 作用于语距形式“VV 在”的体原子

4.1.1 单双音节对应律

冯胜利、刘丽媛(2020)将“单双音节对应律”表述为“汉语单双音节对应之词,单音节具口语性,双音节均具正式性”。

我们从韵律和时空性两个方面说明。韵律上,正式庄重要求表达的语言有足够的音量(冯胜利 2003),单音节词不成音步,难以实现正式庄重,双音节词满足音步双分支要求,较之单音节词有足够的韵律重量,可承担起表达正式庄重的功能。就时空性而言,单音节词有具时空性,双音节词具有泛时空性①,具时空口语,泛时空正式。拿单双音节对应名词来说,就是减弱或去掉事物的空间语法标记。(索潇潇 2017)例如:

(34)	纸	纸张
	一张纸	* 一张纸张(转引自索潇潇 2017)
	买纸	* 买纸张(转引自索潇潇 2017)
	* 购买纸	购买纸张
	我的纸在桌子上	* 我的纸张在桌子上

双音节名词“纸张”不能与个体量词、单音节具体动词搭配,“ * 一张纸张”“ * 买纸张”不合法;不能用于具指,如“ * 我的纸张在桌子上”不合法。单音节动词恰好相反。这说明“纸”和“纸张”语法不同,也告诉我们双音节名词较单音节名词抽象,具有泛时空性,是正式体表达形式。

具体到“动+在”结构,情况如何呢?对此,我们在 BCC 语料库报

① 泛时空指减弱或去掉具体事物、事件或动作中的时间和空间的语法标记。(冯胜利 2010)

刊中搜索"VV 在"现象,按搜索结果的先后顺序取前 400 条,筛选出 110 条属于"VV 在"的语料,其中有 21 个动词出现了不止一次,去除重复,得到 62 个出现在"VV 在"格式中的双音节动词,再去除非语体现象 4 例①,剩余 58 例中有 17 例有对应的单音节形式,经过考察,该 17 例②"VV 在"均较"V+在"正式,无一例外。以"记录"为例,其对应单音节动词为"记",存在如下语法对立:

(35)	记录	记
	记录历史	记历史
	*记录记录历史	记记历史
	历史记录	*历史记
	历史的记录	*历史的记
	进行记录	*进行记

宾语倒置、"进行+动词"是正式体表达形式,双音节动词"记录"均可进入,而单音节动词"记"不能。动词重叠是口语体表达形式,双音节动词"记录"不能重叠,"记"可以。比较"*进行算计(口语)"可知,这里的合法与否不只与韵律单双有关,更重要的是语体正式与否,"记录"正式,"记"口语。

4.1.2 短弱律

"在"一般轻声,后附在第一个动词上,中间不能停顿;"在"后宾语必须是处所词或时间词。(赵元任 1979:177)这一观点是赵元任(1979)以汉语口语为研究对象做出的概括,其对汉语口语的界定为"二十世纪中叶的北京方言,用非正式发言的那种风格说出来的"

① 此 4 例分别为"低垂""弥漫""蜷伏""飘扬"。
② 17 例为:"记录""建立""降落""扣留""捆绑""暗藏""霸占""存留""丢弃""躲闪""守望""停留""包围""围绕""掩藏""生长""连结"。

（赵元任 1979：12）。

“V在+O”结构在口语中“在”读轻声，如“坐在椅子上”在口语中的实际读法是“坐·de 椅子上”。（朱德熙 1982：115）朱德熙先生（1982：114）进一步指出“口语里说·de 比说‘在’‘到’更普遍。可是在更土的北京话里，连这个·de 也消失了，很多动词可以直接带狭义处所宾语”。与赵元任（1979）的观点相同，朱德熙先生也认为动词后的“在”要读轻声。虽然朱德熙先生没有明确指出其研究是基于口语“V在”语料，但其所举实例也全部是单音节动词。那么，双音节动词后的“在”具体表现如何呢？在正式语体形式“VV在”中，“在”轻声吗？

虽然在口语体“V+在”中，“在”轻声，但正式体“VV在”中“在”不能轻声，更不能弱化到脱落。例如：

（36）a. 放在桜子上（自编句）

a1. 放·de 桌子上

a2. 放桌子上

b. 放置在桌子上（自编句）

b1. *放置·de 桌子上

b2. *放置桌子上

c. 人均粮食占有量稳定在 470 公斤（人民网 2020－10－20）

c1. *人均粮食占有量稳定·de 470 公斤

c2 *人均粮食占有量稳定 470 公斤

“VV在”中“在”不能说成“·de”，如例（36）b1、例（36）c1，更不能消失不出现，如例（36）b2、例（36）c2。另外，我们注意到中央电视台播音员播报时“VV在”中“在”不轻声。正式体语法的语法原则与特征是“用语法手段把正式体表达和与之相关的口语表达之间的距离拉开”（冯胜利 2010）。口语体“V在”中

"在"须轻声，正式体"VV 在"中"在"绝不能轻声，通过轻声与非轻声的语音对立拉开口语体与正式体的距离。根据短弱律："缩短或减弱语音单位的标准长度或强度的结果，均具口语的属性。"（冯胜利，刘丽媛 2020）反之，增加语音单位的长度或强度，则正式属性增强。因此，正式体"VV 在"中"在"不轻声是短弱律反命题的体现。

4.1.3 平衡律

"VV 在"可以分析为两个音步，即（VV）f（在#）f。下面我们从理论可能性和语言事实的证据支持两个方面来说明。

从现有 2+1 韵律模式的研究成果看，一种处理方式是将 2+1 组合分析为一个超音步，如冯胜利（1996）、王洪君（2000）。另一种处理方式是将 2+1 组合分析为两个音步，如冯胜利（2008）单音节可以通过拉长元音或停延的方式形成音步。端木三（2000）根据辅重原则，将 2+1"研究鬼"的音步分析为两个音步/研究//鬼#/，并提出吴方言变调域的证据证明这一分析的合理性。其中对"鬼"分析为双拍步，是因为"鬼"后存在停顿。已有研究表明，2+1 组合要分析为两个音步一个很重要的条件是：停顿。也就是说，只有在拉长元音或有停顿的情况下，2+1 组合才有可能分析为两个音步。

就语言事实来说，"VV 在"后必有停延，具备分析为两个音步的条件。

（37）a. 摆在（#）显著的位置上（自编句）

b. 摆放在 *（#）显著的位置上（自编句）

（38）a. 他选取了后者，要把这忠心记在（#）历史上

b. 他选取了后者，要把这忠心记录在 *（#）历史上（吴晗《谈骨气》）

"V+在"后停延较短，正常情况下更倾向于没有停延，如例（37）

a、例(38)a;“VV 在”后无停顿不合法,如例(37)b、例(38)b。

试比较:

(39) a. 掉在地上(自编句)

b. 掉在(#)地上

c. 掉地上

(40) a. 一枪打在马肚子上(自编句)

b. 一枪打在(#)马肚子上

c. 一枪打马肚子上

(41) “十三五”以来,我国绿色发展取得显著成就,主要表现在 *(#)绿色产业不断发展、能源结构持续优化、污染防治成效显著、生态保护修复取得新进展等方面。(人民网 2020-10-17)

(42) 人均粮食占有量稳定在 *(#)470 公斤。(人民网 2020-10-20)

例(39)b“掉在”、例(40)b“打在”后一般没有明显停顿,“在”脱落之后结合更紧密,如例(39)c、例(40)c;例(41)、例(42)正常情况下“在”后必须有停延,没有停延不合法。

王洪君(2000)将韵律短语界定为“有规则性语法结构的、停延和音步的音域展敛可以用规则控制的可能多音步”。并依据变调的线性方向和停延区分韵律词、类词韵律词(韵律类词或类词短语)、自由韵律短语(韵律短语)。叶军(2008:132)指出“停顿感知是确定自然话语流中韵律短语界限最重要的线索。”并从话语切分角度认为韵律短语是“由句子中较大停顿间隔出的韵律单位”(叶军 2008:109)。据此,“VV 在”之后存在较大停顿,主语和谓语结合比较松散,“VV 在”与主语之间也存在较长停顿,也就是说,停顿之间的“VV 在”形成一个韵律短语。按照韵律层级理论(prosody hierarchy theory)和严格层级限制条件(Strict Layer Hypothesis),韵律短语由两个或两个以上的韵律词构成,而韵律词由音步来实现或构成,那么“VV 在”必包含两个音步。

如果将 2+1 式韵律模式分析为两个音步是正确的话，那么“VV 在”的韵律组配模式为(VV)f(在#)f。也就是说，“VV 在”是一个由两个音步形成的韵律结构，满足平衡律的要求：两个节律单位长短一致。

4.1.4 离核律和树图首尾律

对介词“在”是否前附于动词这一问题，学界讨论最为充分。林焘(1962)、王艾录(1982)、徐枢(1985)、蒋同林(1982)、Li(1990)、赵金铭(1995)、范晓(1998)、冯胜利(2000)、刘丹青(2004)都有过论述。虽然研究的背景和理论框架不同，但基本形成一个共识，即“在”与前面的动词 V 分析为一个复杂成分。本文采用冯胜利(2000：149-155)的分析，介词在核心重音作用下并入(incorporation)直接C-统制(C-command)它的动词成分，如图 1 所示(t 表示移位后留在原位的语迹)：

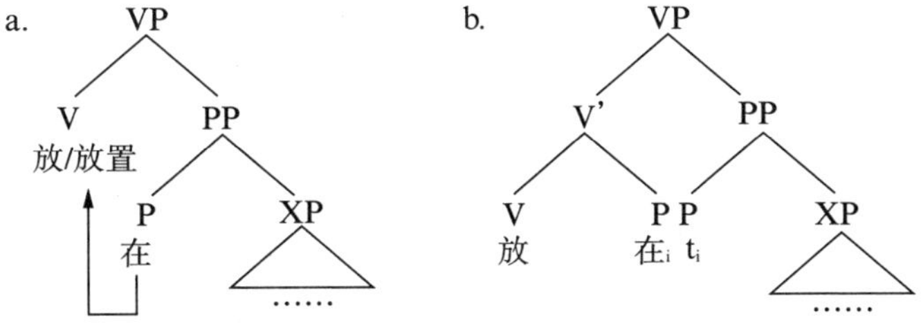

图 1

我们认为正式体“VV 在”也应该分析为一个复杂成分，与“V 在”发生同样的句法运作，见图 1a。证据有：(1) 停顿处于“VV 在”之后；(2) 虽然正式体用法中“VV 在”不与“了完成”共现，但为了满足文学创作的需要或者营造某种文学效果时可出现“了完成”，并且“了完成”必须位于“VV 在”之后。

VP的核心是动词V,从底层结构的移位操作看,“在”通过核心移位操作并入V,离核心V更近;“VV在”处于树结构的VP层,根据离核律和树图首尾律(冯胜利,刘丽媛 2020),该结构具有非正式体属性。

“VV在”之所以表达正式,是单双音节对应律、短弱律、平衡律对“V在”结构进行改造的结果①。根据语体语法理论,书面正式语体的基本原则是运用语法手段拉开与之对应的口语表达式的距离。“VV在”之所以表达正式,正是运用单音节变双音节、增加轻声音节的长度或强度、调整节律单位的相对长度等音法手段拉开与“V在”距离的结果。

4.2 体原子的互动及等级关系

对比口语体“V在”与正式体“VV在”的句法结构及体原子构成,我们会发现:树图首尾律、离核律,不管在口语体“V在”还是正

---

① 感谢评审专家提出该问题,对于“V在”和“VV在”是否存在产生先后关系这个问题,我们是这样理解的:

(1)现代汉语书面正式语体是自五四以来在口语语法的基础上以韵律语法为框架吸收各种语言成分而形成的(冯胜利 2005),因此,从现代汉语书面正式语体的诞生过程看,书面正式语体部分形式的形成是对相应口语体形式改造而来。

(2)从“V在”“VV在”的历时演变研究成果看,“V在”早于“VV在”(“在”为介词)。如邢福义(1997)认为“V在了N”衍生于“V结了”,在类推作用下双音节动词进入该格式。朱赛萍(2014)对“V在了N”在明代、清代、民国的使用情况做过统计,发现该结构单音节动词、双音节动词在明代均无用例,到清代,“V(单音节动词)在了N”结构大量出现,而“V(双音节动词)在了N”无一例;直到民国,双音节动词才出现在“V在了N”中。从规范化方面的研究来看,“V在”早于“VV在”。“V在”的合法性没有受到过质疑,而“VV在”则质疑不断,其合法性较晚才得以确立。吕叔湘(1963)认为“软瘫在了地上”不合法。到20世纪80年代“VV在了N”的合法性一直受到学者的质疑,争论不断,如廖礼平(1984)、范继淹(1986)、朱德熙(1987)、蒋平(1983,1984)。直到90年代,对该结构的合法性才得以确立,如邢福义(1997)、董晓敏(1997)。

式体“VV 在”中都是相同的,“V 在”与“VV 在”的语体差异仅来自单双音节对应律、平衡律和短弱律。据此,我们推断,在构建正式体语距形式“VV 在”过程中,树图首尾律、离核律并不起决定作用,单双律、平衡律、短弱律可以压制树图首尾律(确切说是底层 VP 的口语性)和离核律。

虽然单双音节对应律、平衡律、短弱律造就了正式体“VV 在”,但我们认为三者的地位和等级存在差异。具体来说,我们认为“短弱律”在构造正式体“VV 在”过程中起决定性作用。请看:

(43) a. 把一个又一个胜利写在这片古老的土地上。(《人民日报》2019-10-01)

b. *把一个又一个胜利写·在(·de)这片古老的土地上。

c. *把一个又一个胜利写这片古老的土地上。

d. 把一个又一个胜利书写在这片古老的土地上。

(44) a. 党的十八大以来,以习近平同志为核心的党中央把宪法摆在全面依法治国十分突出的位置。(《人民日报》2018-12-04)

b. *党的十八大以来,以习近平同志为核心的党中央把宪法摆·在(·de)全面依法治国十分突出的位置。

c. *党的十八大以来,以习近平同志为核心的党中央把宪法摆全面依法治国十分突出的位置。

d. 党的十八大以来,以习近平同志为核心的党中央把宪法摆放在全面依法治国十分突出的位置。

“V 在”可以用于口语体,也可以用于正式体,但是表现不同:口语体中“在”须轻声,而正式体中“在”决不能轻声。例(43)a“写在”、例(44)a“摆在”都出现在正式语体中,“在”不能轻声,否则不合法,如例(43)b、例(44)b,更不能弱化到省略,如例(43)c、例(44)c;而口语体一般轻声,甚至省略,如例(39)c、例(40)c。

这表明:第一,短弱律在构造语距形式上具有决定性作用,要构造正式体语距形式就必须有足够的音量，表现在音节上就是不能轻声，否则不合法，如例(43)、例(44)；第二，单双音节对应律虽然在构造正式体语距形式“VV 在”中起重要作用，但并不起决定性作用，因为虽然“VV 在”比“V 在”更正式[对比例(43)a 和例(43)d、例(44)a 和例(44)d]，但如果没有单双音节对应律参与，“V 在”依然可以用于正式体，但前提是“在”不能轻声；第三，平衡律在构造正式体语距形式“VV 在”中有重要作用，但是是否起决定性作用难以确定。“V 在”是两个音节的句法词：一方面，在汉语中词内部音节之间轻重表现并不明显；另一方面，虽然“V 在”语感上左重，但与“看看、改改”等不同，音节之间长短并没有明显差异。因此也可以认为平衡律在“V 在”中起作用。

据此，不同的体原子在构造正式体语距形式“VV 在”过程中的作用和地位存在主次之分。根据各体原子相对重要程度，可以形成如下优先等级序列(“>”表示“优先于”)：

短弱律> 平衡律/单双音节对应律 > 离核律/树图首尾律

5　结语

本文在对语体类“VV 在”和文体类“VV 在”区分的基础上，讨论语体表达形式“VV 在”的语体属性，认为语体类“VV 在”具有正式语体属性，指出其正式性是单双音节对应律、短弱律、平衡律对口语体“V 在”结构进行改造以此来拉开彼此之间距离的结果。在拉距过程中，不同体原子之间相互作用，共同造就了不同的语距形式。对于不同体原子交互作用的机制及原理问题，是语体语法理论有待开拓和研究的重要课题。

参考文献

崔希亮. 1996. “在”字结构解析——从动词的语义、配价及论元之关系考察. 世界汉语教学,(3):34-44.

丁声树,吕叔湘,李荣,等. 1961. 现代汉语语法讲话. 北京:商务印书馆.

董晓敏. 1997. “V 在了 N”结构新探. 华中师范大学学报,(3):103-108.

端木三. 2000. 汉语的节奏. 当代语言学,(4):203-209,278.

端木三. 2018. 谈超音步. 韵律语法研究,(2):77-95.

范继淹. 1986. 论介词短语“在+处所”. //范继淹. 范继淹语言学论文集. 北京:语文出版社.

范晓. 1998. 动介式组合体的配价问题. //袁毓林, 郭锐主编. 现代汉语配价语法研究. 北京:北京大学出版社.

冯胜利. 1996. 论汉语的“韵律词”. 中国社会科学,(1):161-176.

冯胜利. 2000. 汉语韵律句法学. 上海:上海教育出版社.

冯胜利. 2003. 韵律制约的书面语与听说为主的教学法. 世界汉语教学,(1):87-97.

冯胜利. 2005. 论汉语书面语语法的形成与模式. //李晓琪,《汉语教学学刊》编委会. 汉语教学学刊(第 1 辑). 北京:北京大学出版社.

冯胜利. 2008. 论三音节音步的历史来源与秦汉诗歌的同步发展. //北京大学汉语语言学研究中心《语言学论丛》编委会. 语言学论丛(第三十七辑). 北京:商务印书馆.

冯胜利. 2010. 论语体的机制及其语法属性. 中国语文,(5):400-412,479.

冯胜利. 2012. 语体语法:“形式—功能对应律”的语言探索. 当代修辞学,(6):3-12.

冯胜利. 2015. 语体语法的逻辑体系及语体特征的鉴定. 汉语应用语言学研究:1-21.

冯胜利. 2017. 从语音、语义、词法和句法看语体语法的系统性. 中国语学,(264):1-24.

冯胜利, 刘丽媛. 2020. 论语体语法的生物原理与生成机制. //北京师范大学民俗典籍文字研究中心编.民俗典籍文字研究(第二十六辑),北京:商务印书馆:76-103.
蒋平.1983.关于"V在了N"格式的类化问题.汉语学习,(5):11-14.
蒋平.1984.再谈"V在了N"格式.汉语学习,(5):56-58.
蒋同林.1982.试论动介复合词.安徽师大学报,(1):77-88.
廖礼平.1984.关于"V在了N"格式的使用的考察.汉语学习,(1):50-53.
林焘.1962.现代汉语轻音和句法结构的关系.//林焘.林焘语言学论文集.北京:商务印书馆.
刘丹青.2004.语序类型学与介词理论.北京:商务印书馆.
刘尚荣.2020.2+1式三音节组合的韵律组配模式和语体属性.天津语言学会2020年学术年会报告.
吕叔湘.1963.现代汉语单双音节问题初探.中国语文,(1):10-22.
索潇潇.2017.现代汉语单双音节对应名词语体语法研究.北京语言大学博士学位论文.
王艾录.1982."动词+在+介词结构"刍议.//北京语言学院语言教学研究所.现代汉语补语研究资料.北京:北京语言学院出版社.
王洪君.2000.汉语的韵律词与韵律短语.中国语文,(6):525-536,575.
邢福义.1985.谈谈语法规范化的问题.文字改革,(6):32-33.
邢福义.1997.V为双音节的"V在了N"格式——一种曾经被语法学家怀疑的格式.语言文字应用,(4):35-43.
徐枢.1985.宾语和补语.哈尔滨:黑龙江人民出版社.
叶军.2008.现代汉语节奏研究.上海:上海书店出版社.
张赪.1997.论决定"在L+VP"或"VP+在L"的因素.语言教学与研究,(2):42-51.
赵金铭.1995.现代汉语补语位置上的"在"和"到"及其弱化形式de.//《中国语言学报》编委会.中国语言学报(第七期).北京:语文出版社.
赵元任.1979.汉语口语语法.吕叔湘译.北京:商务印书馆.(原著出版年:1968).

朱德熙. 1982. 语法讲义. 北京：商务印书馆.

朱德熙. 1987. 现代汉语语法研究的对象是什么. 中国语文,(5)：1-9.

朱赛萍. 2014. 试论“V 在了 N”格式的形成与发展. 语言教学与研究,(1)：75-80.

Chen Chungyu. 1978. Aspectual Features of the Verb and the Relative Positions of the Locatives. *Journal of Chinese Linguistics*, 6(1)：76-103.

Feng Shengli. 2017. On Syntacticization of Register Grammar. Paper Presented on the 2nd International Workshop on Syntactic Cartography (IWSC). Beijing：Beijing Language and Culture University. Oct 28-29.

Li Y-H A. 1990. *Order and Constituency in Mandarin Chinese*. Dordrecht：Kluwer.

基于体原子分析的“系”“是”之异*

刘科拉

摘　要　文章基于冯胜利、刘丽媛(2020)提出的语距定律(体原子),分别从句体原子、音体原子和时体原子三个方面分析“系”和“是”语体差异的具体表现及形成原因。通过三类体原子的分析,文章得出的结论是:“系”和“是”的语体差异在句法上体现为“系”的句法位置不低于“是”;在音系上体现为“系”不与省略数词的结构搭配;在韵律上体现为“系”具有嵌偶性而“是”无嵌偶性;在语义上体现为“系”的时空素少于“是”。最后,文章还在特殊文体中进一步说明了“系”和“是”的语体差异变化。

关键词　“系”和“是”　语体差异　体原子

1　引言

在一些书面文本当中,我们经常会看到“系”有以下用法:

(1) 它的创办人常敦明原系上海民族乐器一厂厂长,……(《人民日报》2001-12-12)

(2) ……其中有7人的派遣证系伪造。(《人民日报》2003-01-09)

* 本文在修改过程中得到冯胜利、施春宏两位先生的热情指正以及审稿人中肯的修改意见,笔者在此向上述诸位谨表诚挚的谢意!另外,文中尚存错谬之处概由笔者本人负责。

(3) 灰砖部分系1902年沙皇俄国建造,……(《人民日报》2005-07-11)

《现代汉语词典》第7版对“系”的以上用法做出如下解释:

系[2] 〈书〉是[3]①:鲁迅～浙江绍兴人|确～实情。

根据以上例句和词典的释义,我们可知“系”作为判断词使用时,与“是”的含义相当,但这种用法仅见于书面语,而不用于口语交际当中,因此“系”和“是”在语体上存在明显差异,如在口语中我们只会说“张三是北京人”“这个碗是赝品”,而不能说成“张三系北京人”“此碗系赝品”。在前人的研究中,对“系”和“是”语体差异的说明主要是从功能用法的角度出发的。王力(1937)指出在诏令公文中常用“係(系)”代替“是”,并认为“係(系)”的表词必须是名词或名词短语,且其主格不可省略,即只有系词的用法,而“是”还有多种系词性的活用。唐钰明(2009)指出在明清以后,“系”逐渐书面化,越来越多地用于正规公文或诉讼文书。而在现代汉语标准口语(普通话)中,判断动词“系”已销声匿迹,仅仅保留在书面语中。还有学者从特定文体出发说明“系”和“是”的区别,如张文(2020)认为判断系词用文言词“为”和“系”时,与白话中的“是”相区别,凸显了法律文本的庄典性。以上研究虽提到了“系”和“是”的用法差异,但尚未从语体的角度说明两者的区别。此外,“系”和“是”语体差异的具体表现以及产生差异的原因迄今未有专文论及。

冯胜利、刘丽媛(2020)根据“形式—功能对生律”的基本原理提出了18条语距定律(体原子),从而能够系统分析语体在音系、韵律、句法和语义等方面的具体表现。受到这一研究路径的启发,本文试图从句体原子、音体原子和时体原子①三个角度分析“系”和“是”在

① 冯胜利2020年秋北京语言大学语体语法授课教案中将体原子分为三类,分别为句体原子、音体原子和时体原子。

音系、韵律、句法和语义等方面的具体差异表现，并从这些具体表现中寻求两者语体差异的原因。需要说明的是，本文关于"是"的研究范围只限于与"系"对应的部分用法，即表示判断的用法，其他用法（如焦点标记）不在本文中详细讨论。此外，本文还将分析"系"和"是"在特殊文体中的语体差异变化。

文本涉及的语料主要来自新闻文本（《人民日报》）、法律文本（裁判文书类）以及部分自拟句，所依据的理论是语体语法新体系下的体原子理论。基于以上材料和理论，本文对"系"和"是"的各类用法进行详细分析，以期对"系"和"是"的语体差异之因及具体表现做出系统说明。

2 句体原子分析下的"系"和"是"之异

在冯胜利、刘丽媛（2020）提出的体原子中，句体原子包括离核律、树距律以及树图首尾律。本文基于树距律可以判定"系"和"是"的句法位置，并根据离核律分析"系"和"是"所在句式中的结构差异。

2.1 树距律下的"系"与"是"

关于"系"和"是"的句法位置，本文试从"系"和"是"与屈折成分以及情态动词连用情况的角度展开分析。首先，"系"不能和"将""已"连用，而"是"能和"将""已"连用，且"将""已"位于"是"之前。因此"系"位于 IP 之上，"是"位于 IP 之下。例句如下：

（4）a. 所需的费用将是 1.2 亿美元。（《人民日报》2003－10－14）

b. *所需的费用将系 1.2 亿美元。

（5）a. 在巴西，格力 12 年前就设厂生产，如今已是 100%的自主品牌运作。（《人民日报》2013－10－25）

b. ＊在巴西，格力 12 年前就设厂生产，如今已系 100% 的自主品牌运作。

判断词"系"和"是"对于情态动词的匹配也是存在区别的。语言学家对情态动词有着不同的划分方式，但大部分还是赞同情态意义的三分法：动态情态(dynamic)、道义情态(deontic)、认识情态(epistemic)(Perkins 1983；Coates 1983)。其中"可能、会、应该、应"等属于认识情态类，而"可以、能够、能"等属于道义情态类。蔡维天(2010)绘制了汉语情态词句法分布树形图，其中明确说明了认识情态词的句法位置要高于道义情态词，且前者位于 TP 之上，后者位于 TP 之下。从与情态动词的搭配来看，"系"只能和"应、可能"两个认识情态类动词连用，而"是"则和认识情态类和道义情态类动词均可连用，其中包括"可能""能""应该""应当""应""可以""会""能够"等。本文将能够和认识情态词连用的称为是$_1$，能和道义情态词连用的称为是$_2$。例句如下：

(6) 人大发现有些案件可能系/是$_1$ 冤假错案。(《人民日报》2002-10-23)

(7) 从出土文物的品位与规格推断，其主人应系/是$_1$ 王公级别的人物。(《人民日报》2017-06-28)

(8) 该笔借款当系/是$_1$ 王玲与周萍约定的个人借款。(李卫东与周萍、王玲民间借贷纠纷再审民事判决书 2019-12-14)

例(6)、例(7)和例(8)说明了"系"和"是$_1$"都位于认识情态词"可能""应""当"之下。"是$_2$"位于道义情态词之下的例子有：

(9) 其目的在于使婚姻关系中的个人能够是$_2$/＊系幸福的。(《人民日报》2001-05-09)

(10) 未来的发展将会是$_2$/＊系 1+1>2。(《人民日报〈海外版〉》2013-07-04)

例(9)和例(10)中的"能够""会"均为道义类情态词，只能与判断词"是$_2$"连用，而不能与"系"连用。且根据例(10)，我们还可以进一步确定 I 和道义情态词的相对位置，即 I 的位置高于道义情态词。

基于蔡文中的句法位置图以及以上“系”和“是”的句法位置分析，我们可以得出“系”和“是”的句法分布树形图，见图 1：

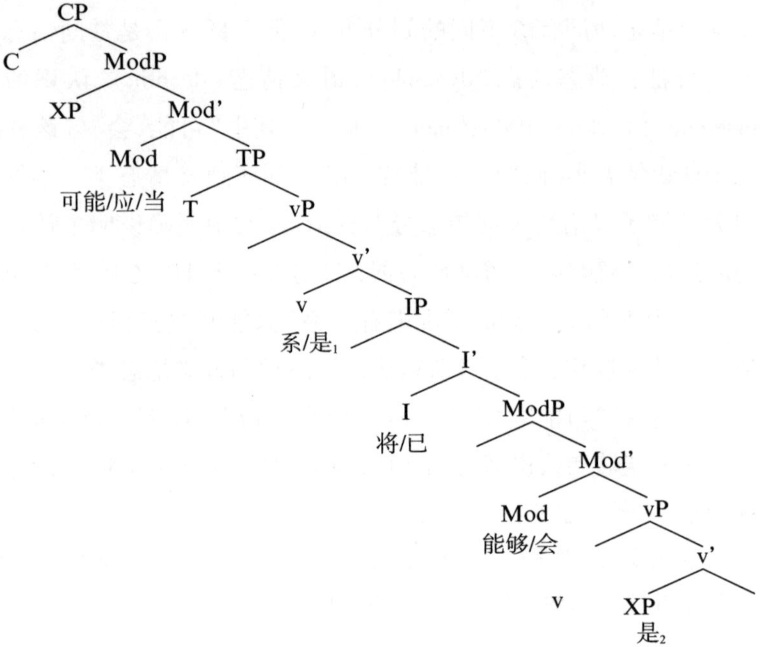

图 1

由图 1 可知，判断词“系”和“是$_1$”最终的句法位置要比低位判断词“是$_2$”的句法位置高。冯胜利(2015)最早指出句法移位与语体属性具有对应关系，认为句法移位越低，越口语；移位的目标与动词越近，越口语。基于此，冯胜利、刘丽媛(2020)提出树距律——最大投射中句法移位越高越正式。判断词“系”相比于低位的判断词“是$_2$”而言，句法移位更高，因此“系”比低位“是$_2$”的正式度要高。由于“是”还存在和“系”位置相同的高位判断词用法，因此“是”可由此判定为通体。

2.2 离核律下的“系”与“是”

“系”和“是”表示判断时，其所在句式在句法结构上有明显差异。首先，“系”和“是”在与动宾结构的连用上存在差异。冯胜利（2012）指出动宾结构组配之间存在形式—功能的对应性：

（11）［V　NP］　讲故事　　=　具体性　动宾行为

［NP　V］　故事讲述　　=　概括性　动宾行为

［NP 的 V］　故事的讲述　=　抽象性　动作事件

结合以上分析结果，我们发现“系”后如果与双音节动宾结构连用，那么“系”只能选择双音节动宾组配的倒置结构，而“是”则可以选择双音节动宾组配的正常语序结构。例如：

（12）a. 这时的研究多系/是$_1$ 专题资料（的）堆砌……（《人民日报》1988－10－21）

b. 这时的研究大多是$_2$/＊系堆砌专题资料……

（13）a. 其主要任务系/是$_1$ 程序（的）修复。（自拟）

b. 它的主要任务是$_2$/＊系修复程序。

根据冯胜利、刘丽媛（2020）中离核律的规则，结构上离核心词越远越正式。而在生成语法理论中，动宾倒置的结构相比于动宾结构而言，宾语距离核心动词的距离更远，因此动宾倒置的结构更加正式。“系”只能与更正式的动宾倒置结构连用，而“是$_2$”则还可以和动宾结构连用，说明“系”的正式度要高于“是$_2$”。另外，“系”后很多动宾倒置结构的宾语一般可以省略，因此省略宾语后的双音节动词具有概括性的特征。例如：

（14）a. 查验证实 12 张存单均系/是$_1$ 伪造。（《人民日报》2000－07－17）

b. ＊查验证实 12 张存单都是$_2$ 伪造。

c. 查验证实 12 张存单都是$_2$ 伪造的。

d. ＊查验证实 12 张存单均系伪造的。

“12 张存单系伪造”中的“伪造”可以补全为双音节动词组配的动宾倒置结构,即“存单伪造”,此时“系”后的“伪造”具有动名词性质,因此不能再通过“的”进行转类。而“是$_2$”后的“伪造”仍然为动词,因此需要和“的”连用从而名词化。因此我们可以总结为:“系”只能与动宾结构的倒置结构搭配,属于正式体;“是”既能和动宾结构的倒置结构搭配,也能与动宾结构搭配,属于通体。

3 基于音体原子的“系”“是”之辨

在冯胜利、刘丽媛(2020)提出的体原子中,音体原子包括音值高低律、平衡律 vs. 长短律、短弱律、悬差律、融合律、单双音节对应律、嵌偶律、合偶律、韵律形态律以及单调律 10 种。本文基于其中的融合律和嵌偶律,对“系”和“是”在音系和韵律上的差异做出详细分析。

3.1 融合律下的“系”与“是”

从音系角度来看,“系”所在句式中没有数词省略的现象,而“是”所在句式中存在数词省略的现象,也就是上文提到的位于 VP 层的“是$_2$”存在数词省略的现象。例如:

(15) a. 这原本是$_2$/ * 系个 10 亿美元的钢铁大项目。(《人民日报》2004 - 12 - 29)

b. 这原本是$_1$/原系一个 10 亿美元的钢铁大项目。

(16) a. 犯罪嫌疑人名叫科里 · 阿里 · 穆罕默德,是$_2$/ * 系名 39 岁的非洲裔美国人。(《人民日报》2017 - 04 - 20)

b. 犯罪嫌疑人名叫科里 · 阿里 · 穆罕默德,是$_1$/系一名 39 岁的非洲裔美国人。

李艳惠、冯胜利（2015）在分析“一”省略的语体条件时提出“一”省略的名词短语［CL+N］=非正式对话体中表达在场“具体对象”的语体标记，并认为名词短语里面的“一+CL”两个成分会突破句法的束缚，和动词发生“韵律重组”，以致最终在对话的语流中将“一”字“吃掉”，使得“CL”被重新分析为（或语法化为）一个语体语法的新标记（或新形式）。冯胜利、刘丽媛（2020）基于以上结论提出了“融合律”，该定律是指两个邻接的语法单位在韵律的压力下发生融合或删除，成为一个音节，均具口语属性。根据融合律，省略数词的情况能够体现一种非正式的语体风格。处于低位的“是$_2$”能够和省略数词的“CL+N”连用，而“是$_1$”和“系”不能与“CL+N”连用。由此可知，“系”的正式度要高于“是$_2$”。

3.2 嵌偶律下的“系”和“是”

本文尝试分析“系”和“是”在句法和韵律上的自由度。在句法方面，“系”和“是”都可以占据谓语动词的位置，且前面还可以搭配副词、情态动词构成状中式结构，因此它们都属于句法自由的词。但在韵律自由度方面“系”和“是”存在明显差异。

“是”在韵律上是自由的。首先，“是”能单说，且“是”作为判断词是可以选择性地与其相邻的音节组成音步，且位置不固定。比如“我是/中国人”和“滴下来的/是血”，前者的“是”和“我”组成音步，后者的“是”和“血”组成音步。其次，“是”受副词修饰时，既可以和单音节副词连用，也可以和多音节副词连用。“是”和单音节副词连用，如“均是、原是、亦是、仅是、本是、纯是、全是、曾是、确是”等。“显”“尚”等作为副词并不能进入现代汉语语法系统使用，因此不能与“是”连用。“是”能和与单音节相对应的所有双音节副词连用，如“的确是、纯粹是、全都是、原来是、显然是、尚且是、本来是、曾经是”

等。此外,“是”后的宾语既可以是单音节词,也可以是双音节及多音节的词或短语,如“H_2O 是水”“他是老师”“硫酸是危险品”。

“系”在韵律上并不是绝对自由的。“系”在韵律上的不自由体现在:首先,“系”不能单说;其次,“系”虽然能够做谓语,但一旦受副词修饰时,便只能嵌偶成为自然音步,而不能与双音节搭配成为超音步。“系”和单音节副词连用,如“均系、确系、原系、亦系、仅系、显系、尚系、本系、纯系、全系、曾系”等。判断词“系”会排斥与单音节副词相对应的“双音节副词+系”的用法,如“ * 全都系、* 的确系、* 原来系、* 纯粹系、* 显然系、* 尚且系、* 原本系、* 简直系、* 曾经系”等。与“系”类似情况的还有“为”“属”等文言词汇。但另一方面,“系”并非嵌偶词,因为“系”的宾语不能是单音节词,而必须为双音节及多音节的词或短语,如“ * H_2O 系水”“报道系捏造”“贩毒系违法行为”。换言之,“系”组成动宾结构时不遵循嵌偶词只能在双音节环境中才能使用的判定规则(参见冯胜利 2006: 3)。本文为了区别嵌偶词,引入了嵌偶性①这一概念,并将其定义为只在某些句法环境中必须组双而非所有句法环境都必须组双的属性。因此“系”具有嵌偶性,而“是”不具有嵌偶性。

上文提到,“系”的宾语不能为单音节词,而必须为双音节以上的词。Feng(1995: 48)指出:现代汉语的核心重音由句末主要动词(V^0)指派到动词所直接管辖(immediately govern)的论元上,动词与该论元一起组成全句的重音范域,即“核心重音原则(nuclear stress rule/NSR)”。根据核心重音原则,宾语作为补述语获得普通重音,因此动词要相对较轻。由上文可知,“是”的宾语可以为单音节

① “嵌偶性”这一概念是 2021 年 1 月 7 日笔者与冯老师讨论该部分内容时,老师随之提出的概念。

词，因此“是”和宾语可以构成一个双音步。而“系”的宾语不能为单音节词，这说明“系”不能和宾语构成双音步，因此在韵律切分方面“系”和宾语之间是分开的。假设“系”必须构成双音步，那么根据核心重音原则，其宾语不能为单音节，而只能为双音节或多音节。这一情况正好符合“系”的实际情况，由此我们可以推知“系”需要和其他音节构成双音步。因此，当“系”单独做谓语时，本文认为其在韵律上是与前面的空拍组成了自然音步。在句法结构图上表示如图 2：

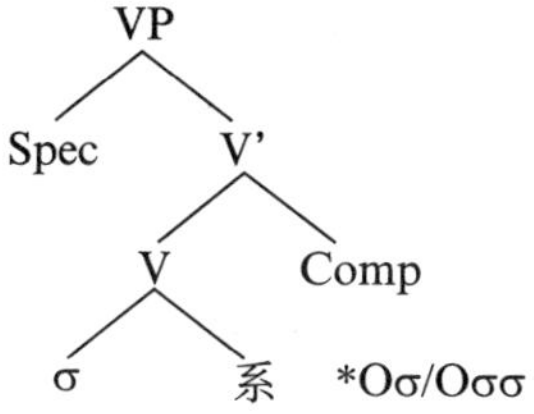

图 2

由于补述语只能是双音节及以上的词，因此“系”只能构成自然音步才能满足核心重音原则。因此，虽然“系”可以单独做谓语，但是实际上只是自然音步中的另一个音节没有实现其语音形式。

综上所述，“系”的嵌偶性体现在两个方面：一个是与副词连用时的显性嵌偶；另一个是单独做谓语的隐性嵌偶。嵌偶律是指句法自由，但需嵌入音步使用的音节成分，均具庄典/正式性。（冯胜利，刘丽媛 2020）“系”虽然不是嵌偶词，但是在韵律上存在一定的嵌偶性，因此相比“是”而言，正式性更强。

4 时体原子分析下的“系”“是”之别

在冯胜利、刘丽媛（2020）提出的体原子中，时体原子包括时空律、古今律、超距律、高频致俗律以及成分追加律。本文基于时空律，说明了“系”和“是”的时空义素差异；并运用古今律分析了“系”和“是”所在句式的差异；最后运用高频致俗律解释了“系”和“是”语体差异的变化。

4.1 时空律下的“系”与“是”

关于“时空”概念，冯胜利(2010)认为“语法”指广义的语音、形态、词法和句法；“语法加工”后的结果是变形；而“拉距变形”的基本特征是“泛时空化”，即减弱或去掉具体事物、事件或动作中时间和空间的语法标记。冯胜利(2018)进一步分析了时空标记和语体属性的对应关系如表1：

表1

时空度	具时空	泛时空	虚时空	超时空
语体类	口语	正式	庄典	文艺

最早从语体语法角度出发来探讨词义和语体之间的对应关系的是冯胜利(2010)关于单双音节名词和单双音节动词语体差异的讨论。冯胜利等(2008)一文指出词义由义素构成，义素结构决定论旨结构(thematic structure)，论旨结构决定句子成分(argument structure)。且动作动词的义素既具有语义的法则，又在句法结构上“可见(visible)”(Jackendoff 1990：48)。以上结论都证明了义素能够体现法则性。语体语法理论体系下的义素分析方法重在建立最小对立对。义素分析中对比的思想内核与语体分析是共通的，语体语法不是跨范畴的、超越对立的，它必须在“相对”和“比较”的基础上讨论(冯胜利 2010；冯胜利，施春宏 2018a)。冯胜利(2015)最早运用时空义素进行别体操作对“挖”和“挖掘”的义素，分析，认为它们

在语体和语法的不同和它们"时空义素"的有无(或多少)直接相关。在此之后,马文津(2019)进一步探讨了"时空义素别体"的操作方法,提出"义素合""义素积"这两个操作性的概念。"义素合"指的是在一定标准下,通过对比所得到的某个词项某一义位的所有义素的集合。"义素积"则是"义素合"比较的结果,是两个"义素合"所共有的义素的集群。受马文的启示,本文认为只有详细罗列出"系"和"是"的"义素合"和"义素积",才能对"系"和"是"的别体义素做出系统说明。

首先,要建立语义场并提取其中的义素,这需要从辞书释义入手。判断词"系"的用法实际是"係"字引申为"是"的含义后简化而来的结果。而"係"的本义是"束缚、捆绑",后引申为"关联、牵涉",之后又进一步引申为"係属"等。《现代汉语词典》第7版、《现代汉语大词典》以及《辞源》第3版对"係"(与"是"相对应的用法)的释义基本是采用互释的方式,即解释为"是"。

"是"的本义是"正确"或"对的"。《现代汉语词典》第7版中"是"(与"系"相对应的用法)的释义如下:

① 联系两种事物,表明两者同一或后者说明前者的种类、属性。

《阿甘正传》的作者~鲁迅|节约 ~不浪费的意思。

② 联系两种事物,表示陈述的对象属于"是"后面所说的情况。

他~一片好心|咱们~好汉一言,快马一鞭 院子里~冬天,屋子里~春天。

《现代汉语大词典》对于"是"作为判断词的释义为:

③ 表示肯定判断之词。赵树理《小二黑结婚》:"三仙姑爱的是青年们,青年们爱的是小芹。"

根据以上资料,我们并不能从中明显看出"系"和"是"在释义上的不同,因此还需要从两者的具体用法中探寻义素的差异。因此,本文尝试从"系"和"是"所搭配的主语、宾语、视角以及时范畴的差异中总结“系”和“是”的释义差异。

4.1.1 “系”和“是”对于主语选择的差异

冯胜利(2017),冯胜利、施春宏(2018a),冯胜利、施春宏(2018b)认为概念的从属、抽象的程度、体积的大小、分量的大小、数量的多少和内容的繁简等语义类可以体现语义的语体属性。本文基于以上语义类归纳,从体积、分量、繁简以及抽象度方面分析判断词“系”和“是”的语体属性。如果判断句的主语是事物,那么判断词“系”一般选择的事物都为体积较大、较为复杂、离日常生活较远或抽象的事物,比如:

(17) 灵璧石石体坚硬,系 9 亿年前的碳酸盐岩经风化而成。(《人民日报》2000 - 05 - 15)

(18) 如今的谢朓楼,系 1997 年在原有基址上重建。(《人民日报》2016 - 10 - 07)

(19) MSCI 中国指数估值已超过沪深 300 指数,系 2008 年金融危机以来的首次。(《人民日报》2017 - 05 - 24)

(20) 约有 70%的案件系共同犯罪案件。(《人民日报》2016 - 06 - 01)

例(17)和例(18)中的“灵璧石”和“谢朓楼”体积较大,且离日常生活较远。例(19)和例(20)中的“中国指数估值”和“案件”为抽象事物,且离日常生活较远。一般体积较小且日常的具体事物一般不见于“系”字判断句。例如:

(21) 苹果是/ * 系温性水果。(自拟)

(22) 这栋楼是/ * 系 2006 年盖起来的。(自拟)

例(21)中的“苹果”是体积较小且日常的具体事物,因此不能与“系”连用,例(22)中的“这栋楼”虽然体积不小,但是是日常的具体事物,因此也不能与“系”连用。

4.1.2 “系”和“是”对于宾语选择的差异

“系”联系事物时,如果后者表示前者的属性,那么该属性一定是群体属性而不是个性化的个体属性。例如:

(23) 抓获犯罪嫌疑人4名(均系台湾人)。(《人民日报》1997-08-05)

(24) 这种小食品竟然没有标明产地、生产日期等,系“三无”食品。(《人民日报》2001-08-29)

(25) 原审被告人张于,……原系安徽省合肥市包河区喜庆堂婚庆公司经理,……(张于走私武器、弹药再审审查与审判监督刑事裁定书2020-12-24)

(26) 第三届世界华文教育论坛由国务院侨务办公室、湖北省政府、武汉市政府主办,湖北省外侨办、华中师范大学承办,系2016年华创会重要活动。(《人民日报》2016-06-25)

(27) 张三是/*系一个高个子。(自拟)

(28) 张三是/*系善良的年轻人。(自拟)

例(23)、例(24)、例(25)、例(26)中的“台湾人”“‘三无’食品”“公司经理”“活动”均属于群体属性,因为以上事物都并非以个体而存在。另外“系”联系事物时,如果前者属于“系”后出现的情况,那么该情况一定没有明显的时体标记,而“是”字句则不然。例如:

(29) a. 它的另一个特点是不锈钢材耗用量低,系采用我国独有的钢材。(《人民日报》1969-10-27)

b. *它的另一个特点是不锈钢材耗用量低,系采用了我国独有的钢材。

c. 它的另一个特点是不锈钢材耗用量低,是采用(了)我国独有的钢材。

(30) a. 他这次……攻击蒋彦士、关中等人,系扭曲事实,落井下石,明显带有某种政治目的。(《人民日报》1985-07-06)

b. ＊他这次……攻击蒋彦士、关中等人，系扭曲了事实，落井下石，明显带有某种政治目的。

c. 他这次……攻击蒋彦士、关中等人，是扭曲（了）事实，落井下石，明显带有某种政治目的。

例（29）a 和例（30）a 中，“采用我国独有的钢材”和“扭曲事实”都是一种事态宾语，不能改成事件宾语“采用了我国独有的钢材”以及“扭曲了事实”，否则不能进入“系”字判断句，即例（29）b 和例（30）b。而“是”字判断句则既可以允许事件宾语，也可以允许事态宾语。事件宾语当中可以存在时体标记“$了_1$”。“$了_1$”因为表达动作的完结性，而使动作有界化，因此具有将事件具体化的功能，具有口语非正式属性。（王永娜 2010）相比之下事态宾语没有时体标记，因此具有一定的泛时空性。因此“系”所在判断句的正式度高于“是”所在判断句的正式度。

4.1.3 “系”和“是”的视角方向差异

“系”和“是”都表示联系两种事物，由于联系本身是一个抽象动词，因此没有具体动作的方向。本文认为“系”和“是”虽然不具备动作动词的方向义素，但可以从视角出发来分析两者的差异，因为抽象动词所涉及的视角在一定程度对应于动作动词的方向。动作动词的方向和视角方向是基本同步的，但是由于动作动词的方向是显性的，分析难度较低，因此更倾向于说明动作动词的方向。但如果是没有具体动作方向的抽象动词，那么视角的方向也可以作为分析的对象。经过具体用例的分析，我们发现“系”和“是”在联系的视角上存在明显差异。“系”对于视角的选择体现在“系”对于主语有一定的限制。“系”字判断句的主语一般为第三人称，少有第一人称和第二人称。“系”的主语若为第一人称，则不能为“我”，而应该为“本人”。而

"是"则没有这种特殊的要求。例如：

（31）她在信中写道："本人/＊我系家庭主妇，离开福建老家30多年，届临中秋，倍增乡思。"（《人民日报》1995－12－30）

由例句可知，第一人称代词不能作为"系"字判断句的主语。"本人"是反身代词，可以进入"系"字判断句。从交际视角来看，"我"是从说话人视角来指代说话人，而"本人"则是从第三方视角来称谓"系"的主语。

"系"的主语为第二人称时要用敬称。而"是"则一般没有这一要求。例如：

（32）贵公司/＊你的公司系由另两家共同出资组建的有限责任公司……（http://riyu.zaixian-fanyi.com/fan_yi_7671878）

（33）贵公司/＊你的公司系全球化公司，宣传与信息公开并不及时……（http://ir.p5w.net/question/0001A89DFDAE3AA842028BC8E6EFFF9C403D.shtml）

"系"在第二人称的选择上只能用敬称。敬称实际也是从第三方视角来称谓，即从交际双方之外的某个客体角度来称谓，在交际上拉远了距离，因此可以显示出尊敬之意。

4.1.4 "系"和"是"的时范畴差异

"系"在与时间副词的连用时存在一定的选择性。能够修饰"系"的时间副词是"曾、本、原、始终、一直"等。例如：

（34）联通营业厅在原审诉讼中的委托诉讼代理人陈明曾系案外人松滋市车站联通指定代办点（以下简称联通代办点）的经营者，……［源德盛塑胶电子（深圳）有限公司……二审民事判决书2020－12－10］

（35）李洪志本系一普通人，学过一些健身气功，曾试图以教练气功、发功治病谋生计。（《人民日报》2000－03－31）

（36）被告人王雪冰原系中国建设银行行长。（《人民日报》2003－12－11）

（37）与湖滨区征收办进行商谈的始终系刘根友。（卜桂花、门峡市湖滨区

人民政府再审审查与审判监督行政裁定书 2019-09-05)

(38) 案涉土地一直系集体所有的土地。(吕庆家、湖南省长沙市望城区……行政裁定书 2020-09-22)

(39) 被上诉人银象公司辩称:涉讼房屋一向系工业用房,……(上海……房屋租赁合同纠纷一案二审民事判决书 2014-11-26)

以上例句中的副词都是表示过去时或现在时的时间副词,而像“将”“即将”“随后”表示将来时的时间副词则不能修饰“系”。而“是”则在时范畴上没有限制,既可以是过去时、现在时,也可以是将来时的时间副词。例如:

(40) 在国内,三菱帕杰罗召回的花费将是1 000万美元……(《人民日报》2001-02-24)

(41) 马上是地震周年祭,接着又是孩子的节日……(第一现场 2009-05-07)

根据“系”和“是”与时间副词连用情况,我们可以推出“系”联系的事物只能存在于现在或过去的时段,而“是”则没有时段的限制。“是”可以表示对将来联系的推测或预判,这种判断是不够客观严谨的,而“系”只能对过去或当下的事物进行关联,在判断上更加客观和严谨。

根据以上对“系”和“是”辞书释义的梳理以及对“系”和“是”具体用法差异的分析,本文将“系”的词义总结为:以科学严谨的方式或庄严的态度,从第三方的视角联系两种事物,表明两者同一或后者说明前者的种类、群体属性,再或表示陈述的对象属于“系”后面所说的概括情况。“系”的释义可以梳理为:联系两种事物,表明两者同一或后者说明前者的种类、属性,再或表示陈述的对象属于“系”后面所说的具体情况。根据马文津(2019)文中对于义素的描述方法,两者的“义素合”可以表示为:

系:{【动作(联系)】【起事(体积相对大∨分量相对多∨内容相对复杂∨非

日常∨相对抽象）】【止事（类别∨群体属性∨较为概括的情况）】【时间（现在∨过去）】【方向（第三方的视角）】【方式（科学严谨∨庄严）】｝

是：｛【动作（联系）】【起事（体积相对小∨分量相对大∨内容相对简单∨日常∨相对具体）】【止事（类别∨属性∨情况）】【时间（现在∨过去∨将来）】【方向（第三方的视角∨联系双方的视角）】｝

马文津（2019）总结了现代汉语动作动词义素和语体之间对应的三种类型：(a) 差值别体：动作动词中部分方式义素的有无，分别对应着不同的语体功能。(b) 距离别体：义素具有不同的位置，义素距离动作核心的距离不同，语体功能不同。(c) 类型别体：同性质的义素（如受事义素、施事义素、处所义素、工具义素等）在分量、体积上的类型不同，语体功能不同。本文则尝试对判断动词"系"和"是"的义素和语体对应的三种类型做出说明。

差值别体在"系"和"是"中的体现是，"系"是以科学严谨的方式或庄严的态度联系事物，而"是"并非如此，因此"系"更倾向正式体，而"是"更倾向口语体。距离别体在"系"和"是"中的体现是，"系"是从第三方视角，而"是"除了从第三方视角，还可以从联系双方的视角。马文津（2019）是以动作动词的工具义素为例，说明了抽象工具与动作的距离要远于具体工具与动词核心的距离。本文认为除了工具义素外，方向义素也能够说明距离别体。由于联系是一个抽象动词，因此不可能存在具体动作的方向，但是本文认为抽象动词可以借助视觉角度来代替方向。基于此，"系"是从第三方的视角来联系事物，而"是"还可以从第一方、第二方的视角来联系事物。在句法位置上，由于第一、第二方视角离不开特定的时空，因此其句法位置低于屈折成分。而第三方视角可以脱离特定时空，因此句法位置要高于屈折成分。这样一来，"第三方视角"方向距动词的位置更远。根据离核律可知，"系"比"是"更偏向于正式体。

类型别体在“系”和“是”中的体现可以分为三部分：起事义素、止事义素和时间义素。首先，“系”和“是”的起事义素存在体积、分量、繁简、概念属从以及抽象度的差异。“系”的起事义素多为体积大、分量多、复杂度高、非日常且抽象度高的事物，与正式体对应；“是”的起事义素多为体积小、分量少、复杂度低、日常且抽象度低的事物，与口语体对应。综上分析，“系”的正式度高于“是”。其次，“系”的止事义素是后者表示前者的群体属性，而“是”的止事是后者表示前者的社会属性或个体属性。当判定的内容为社会属性时，其稳定性较强，相比于个体属性（性格、体格等）不易随时空而改变，因此“系”更加正式。当判定的内容为发生的状况时，由于状况的动作性不强，更偏于动作的状态，因此具有一定的泛时空性。最后，“系”在时间上只能联系过去和现在，而“是”在时间上还能表示将来，因此“是”的时空义素更多，更具有具时空性，因此“系”相对于“是”而言具时空性较弱，正式度更高。

冯胜利、刘丽媛（2020）提出的时空律是指，时空标记越少，或具有时空要素的语言单位所含“时空素”越少，则越正式。“时空素”是指表时间、地点、工具、数、量、所示等具体化或个体化事件与物体的要素。基于以上的义素分析，本文总结得出“系”和“是”在时间义素上，“是”多于“系”；在起事所指的数量、体积等方面，“是”多于或大于“系”；在方向上，“是”多于“系”；在止事所指的范围方面，“是”大于“系”。由此可知“系”的时空素要少于“是”。根据时空律可知，“系”比“是”更正式。

4.2 古今律下的“系”与“是”

根据冯胜利、刘丽媛（2020）中古今律的定义——古语今用，均具庄典性/正式性，我们可以发现“系”和“是”在与文言句式的连用上也存在明显差异。“系”多与文言句式连用，比如“所”字结构、“之”字结构、“数词+名词”结构、介词后置结构。“是”则多与现代汉语句式连用，较少使用文言句式。例如：

（42）这些犯罪行为多系/＊是“敏感社区”的青少年所为。（《人民日报》2001－12－11）

（43）“通孔 41”应系涉案专利转动盘上端的“凹孔 21”之误。（西安信捷智能检测科技有限公司……二审民事判决书 2020－08－10）

（44）但本案系/＊是一独立的案件。（中国银行股份有限公司……民事裁定书 2020－03－12）

（45）不仅丝毫未发生与全体僧俗人民意志不符的事故，并且全系/＊是居心公正地谋利于大众，恪遵三大纪律、八项注意。（《人民日报》1954－03－27）

“系”和“是”与副词和连词的搭配情况也有所不同。与“系”连用的副词都是单音节的文言副词。“是”则是与单音节文言副词相对应的多音节副词连用，如前文 2.2 节所示。如果双音节副词存在缺位，则会在单音节副词中选择语义相近者替代。例如：

（46）a. 其认为墓地征迁必然存在相关的政策法规，否则<u>即</u>系非法迁移。（邱爱东、汤俩伟再审审查与审判监督行政裁定书 2019－09－27）

b. 其认为墓地征迁必然存在相关的政策法规，否则<u>就</u>是非法迁移。

（47）a. 大洼区田家镇大堡子村 4 组－432 号房屋<u>乃</u>系李静的父亲李纯华所有，……（辽行终 295 号李静信息公开一案裁定书 2018－10－17）

b. 大洼区田家镇大堡子村 4 组－432 号房屋<u>正</u>是李静的父亲李纯华所有，……

（48）a. 作品必须为原创，<u>并</u>系未经发表上演过的评书相声、快书快板、鼓曲唱曲、曲艺小品等作品。（《人民日报》2013－06－24）

b. 作品必须为原创，<u>并且</u>是未经发表上演过的评书相声、快书快板、鼓曲唱曲、曲艺小品等作品。

(49) a. 山点水公司所称的权益受损,若系行政许可导致的第三人权益损害,可以针对行政许可直接主张权益。

b. 山点水公司所称的权益受损,如果是行政许可导致的第三人权益损害,可以针对行政许可直接主张权益。(重庆市山点水园林绿化有限责任公司……二审行政判决书 2020-12-31)

由于"系"所搭配的句式和词汇都是以文言为主,因此"系"的正式度要高于不与文言词汇和句式搭配的"是"。

4.3 高频致俗律下的"系"与"是"

冯胜利(2018:84)指出语体形式可因其使用频率的增减发生语体范畴的转变。基于此,冯胜利、刘丽媛(2020)提出了高频致俗律——语言单位的使用频率越高,越口语。"系"在日常口语当中的使用频率远低于"是",因此"系"不属于口语体。除了关注语体外,我们还需要关注"系"和"是"所适用的文体。文体与语体不同,文体既可以指文章的体裁(如论说文、记叙文、抒情文、新闻体、社论体等),又可以指文学作品的形式(如诗、词、曲、散文、骈文、小说等)。(冯胜利 2010)新闻和法律文体是具备正式体性质的典型代表。而具有正式体性质的"系"以科学严谨的方式和庄严的态度联系事物,非常符合新闻和法律文本的要求,因此在这两类文本中的使用频率较高。但总体而言,"是"适用的文体范围更广,且在口语中的使用频率更高,因此"是"作为判断词用时,所能搭配的结构更丰富,体现的具时空性也更强。

另外,同一词在不同文体的适用情况也存在差异。"系"在新闻和法律文本中使用时存在频率上的差异:"系"在新闻文本当中的使用频率远低于在法律文本当中的使用频率。在语体差异方面,在新闻文本当中使用的"系"和"是"的用法仍然存在以上体原子分析的明显差异,但“系”在法律文本当中的用法与“是”的差异已经不那么明显了。这是由于“系”在新闻文本当中的用法多集中于对事物属性的说明,因此其时空义素较少,根据时空律,“系”的正式度较高。而在法律文本当中,“系”集中于对情况的具体说明,其时空义素相比对属性的说明会明显增多,根据时空律,正式度就相对较低,这体现为“系”已向“是”的用法趋近。比如,“系”在法律文本也有“已系”的用法。例如:

(50) 该《自建报告》记载的 1 270 万元已系最低价……(西安市浐灞河综合治理……建设工程施工合同纠纷二审民事判决书 2019-11-29)

此外,“系”还可以省略主语,宾语为小句,且“系”还能用作焦点标记。例如:

(51) 小轿车驾驶员陈某、出租车驾驶员黄某分别证实系三名男子对其进行殴打……(邓军寻衅滋事案驳回申诉通知书 2020-11-03)

(52) 被害人郭某甲证实,系你将其推倒在地,倒地后其即因疼痛无法起身站立。(王卫明故意伤害罪驳回申诉通知书 2020-11-27)

(53) 证人郭某乙、王某丙的证言,被害人郭某甲的陈述以及你的供述等证据均证实,郭某甲案发前能够独立行走,系自己步行至案发现场。(王卫明故意伤害罪驳回申诉通知书 2020-11-27)

在其他文体当中并没有用“系”的焦点标记用法,这提醒我们关注法律文本的特殊性。一方面,法律文本当中多用于对情况的说明,且说明的方式较为具体,因此具时空性相比于其他文本要强。另一方面,随着“系”在法律文本当中的高频使用,使得“系”本身的语体正式度有所下降,因此以上时空义素较多的用法才能够被“系”接受。总之,“系”和“是”的语体差异在特殊文体当中还会发生相应的改变,这是由于二者在特殊文体当中的使用频率差异及时空义素的差异所导致。

5 结语

本文根据语体语法新体系中的体原子理论,系统分析了“系”和“是”在音系、韵律、句法、语义等方面的语体差异。得出的结论如下:

在句体原子中,根据树距律,“系”的句法移位要高于低位的“是”,因此“系”的正式度要高于低位的“是”,又因为存在高位“是”和“系”的句法移位一致,因此可判定“是”为通体,“系”为正式体。根据离核律,“系”只和正式度更高的动宾组配的倒置结构连用,“是”还可以和动宾结构连用,因此“系”比“是”的正式度高。

在音体原子中,根据融合律,“是”可以在韵律的压力下与邻接成分成为一个音节,而“系”不能,因此“系”的正式度高于“是”。根据嵌偶律,“系”具有一定的嵌偶性,而“是”并不具有嵌偶性,因此“系”的正式度高于“是”。

在时体原子中,根据时空律,“系”和“是”的“义素合”可以分析为:

系:{【动作(联系)】【起事(体积相对大∨分量相对多∨内容相对复杂∨非日常∨相对抽象)】【止事(类别∨群体属性∨较为概括的情况)】【时间(现在∨过去)】【方向(第三方的视角)】【方式(科学严谨∨庄严)】}

是:{【动作(联系)】【起事(体积相对小∨分量相对大∨内容相对简单∨日常∨相对具体)】【止事(类别∨属性∨情况)】【时间(现在∨过去∨将来)】【方向(第三方的视角∨联系双方的视角)】}

根据最小对立对的分析,我们可以得出“系”的时空义素少于“是”,因此“系”比“是”的正式度高。根据古今律,“系”可以和大量文言句式和词汇连用,而“是”则不然,因此“系”的正式度高于“是”。最后,根据高频致俗律,我们可以得出在法律文本当中“系”和“是”

的语体差异有所缩小，这是“系”对于情况说明的用法在法律文本中的高频使用，使得“系”所搭配的成分和结构的时空义素不断增加，根据时空律，其正式度会有所下降。但从语体角度来看，“系”的正式体性质仍然不会改变，因为“系”只是在特定文体中高频使用，不会扩大到口语中。

参考文献

蔡维天. 2010. 谈汉语模态词的分布与诠释之对应关系. 中国语文，(3)：208-221，287.

冯胜利. 2006. 汉语书面用语汇编. 北京：北京语言大学出版社.

冯胜利，蔡维天，黄正德. 2008. 传统训诂与形式句法的综合解释——以“共、与”为例谈“给予”义的来源及发展. 古汉语研究，(3)：2-13.

冯胜利. 2010. 论语体的机制及其语法属性. 中国语文，(5)：400-412，479.

冯胜利. 2012. 语体语法：“形式—功能对应律”的语言探索. 当代修辞学，(6)：3-12.

冯胜利. 2015. 语体语法的逻辑体系及语体特征的鉴定. 汉语应用语言学研究，(1)：1-21.

冯胜利. 2017. 从语音、语义、词法和句法看语体语法的系统性. 中国语学，1-24.

冯胜利. 2018. 汉语语体语法概论. 北京：北京语言大学出版社.

冯胜利，施春宏. 2018a. 论语体语法的基本原理、单位层级和语体系统. 世界汉语教学，(3)：302-325.

冯胜利，施春宏. 2018b. 从语言的不同层面看语体语法的系统性. //冯胜利，施春宏. 汉语语体语法新探. 上海：中西书局.

冯胜利，刘丽媛. 2020. 论语体语法的生物原理与生成机制. //北京师范大学民俗典籍文字研究中心编. 民俗典籍文字研究(第二十六辑). 北京：商务印书馆：76-103.

何九盈，王宁，董琨. 2018. 辞源. 北京：商务印书馆.

李艳惠,冯胜利. 2015.“一”字省略的韵律条件. 语言科学,(1):1-12.

马文津. 2019. 单双音节动作动词的义素与语体对应关系研究. 香港中文大学博士学位论文.

阮智富,郭忠新. 2009. 现代汉语大词典. 上海:上海辞书出版社.

唐钰明. 2009. 近代汉语的判断动词“系”及其流变. 中山大学学报,(3):55-59.

王力. 1937. 中国文法中的系词. 清华大学学报,(1):1-67.

王永娜. 2010. 汉语书面正式语体的语法手段. 北京语言大学博士论文.

张文. 2020. 现代法律文本中的文言成分及其应用. 北华大学学报,(5):16-29, 150-151.

中国社会科学院语言研究所词典编辑室. 2016. 现代汉语词典(第 7 版). 北京:商务印书馆.

Coates J. 1983. *The Semantics of the Modal Auxiliaries*. London: Croom Helm.

Feng Shengli. 1995. *Prosodic Structure and Prosodically Constrained Syntax in Chinese*. Ph. D. dissertation, University of Pennsyvania.

Jackendoff R. 1990. *Semantic Structures*. Cambridge, M. A.: The MIT Press.

Perkins M R. 1983. *Modal Expressions in English*. London: France Pinter.

| 第三章 |

体原子在功能结构中的作用

【编者按】 如果层级结构有语体,那么构筑结构的功能词的语体属性是什么? 换言之,体原子在“功能”领域是如何互动的? 功能领域允准哪些体原子? 本章的论文开辟了一个“功能区体原子研究”的重要领域。

体原子视角下的现代汉语“所”字结构语体变体探究*

陈　钊

摘　要　“所”字结构是古代汉语遗留下来的句法结构，发展到现代汉语，其语体发生了变化。文章运用语体语法的体原子理论，基于语料库的数据统计佐证，对现代汉语中“所”字结构的语体变体及原因进行了讨论分析。结果显示，现代汉语中的“所”字结构表现出：1）“所+单音节白话词”高频使用且有凝结成词的倾向；2）“所”字结构与“的”字结构高频共现；3）双音节动词大量进入“所”字结构三大特征，而这一现象是由“高频致俗律”“离核律”以及“单双音节对应律”三个体原子共同作用产生，从而使得“所”字结构的语体属性分别为：“所+单音节古语词”为庄典语体属性，“所+单音节白话词”为正式语体属性，“所+双音节动词”为正式语体属性；且“所”字结构的正式语体用法比庄典语体用法更为广泛。

关键词　“所”字结构　语体变体　语体语法　体原子

* 本文受冯胜利教授2020年秋北京语言大学语体语法课程的启发，在撰写过程中得到了冯老师的多次指导，丰富和加强了文章的论证，同时审稿人提出的宝贵建议也更加完善了文章论述，在此一并表示由衷的谢忱。而文中仍会有所缺欠，其错误之处概由笔者自负。

1 引言

“所”字结构是古代汉语遗留下来的句法结构,在现代汉语中使用也十分广泛,许多学者从不同角度对“所”字结构进行了研究,其中有学者就“所”字结构的语体特征进行了讨论。孙德金(2012: 195-196)认为“所”具有书面语体的标记功能。黄梅(2015: 61)提到“所”字结构是庄典语体,如“所料”“所觅”“所盗”“所刊”等,并且“所”字后动词是嵌偶单音词。冯胜利(2018: 121)也提到只用于庄典体的有“之、所、其、者、何……”。现代汉语中“所”字结构的使用已经发生了变化,如邓盾(2009)所举示例“‘舟车所至’在现代汉语里只能说成‘船和车(所到的地方)’, 单说‘船和车所到’是不成立的”。现代汉语的“所 V”不再可以单独转指动词的论元, 而且也不能直接充当句子的主、宾语了。(邓盾 2009)根据语体语法的“形式—功能对应律”,语体不同,语法亦异(冯胜利 2012,2018: 74),“所”字结构的功能发生了变化,那么其语体也会发生变化,具体示例如下:

(1) 三国时的孙权讲过一番很有道理的话:“天下无粹白之狐,而有粹白之裘,众之所积也。”(《人民日报》1984-03-23)

(2) 美国还与所访国家签署了一系列经济、贸易和社会领域的合作协定,给予拉美更多的经济支持。(《人民日报》1997-12-26)

(3) 这百日内,只不曾拆毁了怡红院,和这些丫头们无法无天,凡世上所无之事,都顽要出来。(《红楼梦》)

(4) 所用的模具不一样,如果你手上有的话可以对比一下。(BCC 语料库: 对话)

(5) 所消化的每一段,对自己来说,都算成长。(BCC 语料库: 对话)

从示例中我们可以看到,例(1)—例(3)中虽然都是“所+V 单”,但是在句中承担的句法成分已然不同,例(1)为中心语,例(2)和例(3)为定语。例(4)的“所+V单”与“的”结合共现,而例(5)中“所”字结构虽也与“的”字结合共现,但其动词成分为双音节动词。根据前文提到的“形式—功能对应律”,“所”字结构的语体属性发生了变化。冯胜利、刘丽媛(2020)详细讨论了古虚词类语距形式[所+V][正],即认为“所”字结构具有了正式语体属性,但是文章对“所”字结构发生语体变体的原因尚未谈及。例如“中国的潜射弹道导弹的第一次发射试验是中国国防工业所取得的巨大成就。(《人民日报》1982－10－22)”,句子中“所取得”已经明显不是庄典体,那么,“所”字结构为什么会产生语体的转变? 冯胜利、刘丽媛(2020)提出18项语距定律,是基于形式—功能对生机制派生出来的、具有一定普适性的语体定律。它们决定和创造了各式各样的语体语法的结构和形式,是语体语法系统中的“体原子”(Register Atomic)。在“所”字结构语体转变背后又有哪些体原子在发挥作用? 本文以BCC语料库中的语料统计数据作为佐证,揭示现代汉语“所”字结构表现特征,并运用语体语法的体原子理论对其表现特征进行解释分析,从而指出现代汉语中“所”字结构发生语体变体的原因以及其在不同语体分布情况。

2 “所+V”的语体变体表现特征

在讨论“所”字结构的表现特征差异之前,我们首先要明确“所”字结构的性质,对于这方面的研究,前人时贤的成果有很多。朱德熙(1983)提出它们是结构助词,功能是提取动词的论元,造成一个整体指称动词论元的名词性词组。陆俭明(1989:226)以“他所写的文章”为例,认为助词“所”是嵌在主谓结构“他写”的中间,从而构成一个名词性的“所”字结构。孙德金(2012:182-199)系统地讨论了“所”字结构,认为“所”字结构具有指代功能、语体功能等表达功能。

付义琴、赵家栋(2020)认为“所”在现代汉语中具有指别性、总括性和主观评价的语用功能。从生成语法角度看,邓盾(2009)认为“所”字结构并不是名词性短语,其仍是动词性的,“所”只是附加在动词上的去陈述化标记。之后邓盾(2019)再次对“所”字结构进行了讨论,并认为“所”是分布式形态学(Distributed Morphology)所谓的名词范畴提供者(nominal categorizer),并解释了为什么“所”提取的是宾语。换句话说,“所”表达的功能是指称,而“所”字结构属于名词性短语。熊仲儒、郭立萍(2016)认为“所”是宾语移位之后留下的接应代词,有附缀特征,动词会受到附缀范畴的扩展,附缀范畴将激发“所”移位到它的指示语位置。由上我们可以看到,无论从哪种角度的观察,“所”字结构的性质归属都是名词性短语,而其主要功能是指称。接下来我们来看具体的差异特征。

2.1 频率差异

“所”字结构发展至今,在现代汉语中仍然使用广泛,但相对于古代汉语,在使用频率上存在一定的差异。这里我们先以黄梅(2015:61)中提到的“所料”“所觅”“所盗”“所刊”等为例,基于北京大学中国语言学研究中心 CCL 现代汉语语料库(全书以下简称“CCL 语料库”)进行现代汉语和古代汉语语料进行对比,观察其使用的频率差异,结果如表 1 所示:

表 1 “所+V”结构频率对比

	所料	所觅	所略	所刊	所盗	所惧	所避	所欺
古代汉语	391	10	159	89	142	179	279	245
现代汉语	340	1	13	138	59	101	49	61

"所料"在现代汉语检索出 785 条，但其中"不出(N)所料"共计 445 条。"不出所料"属于成语，结构固定，中间插入名词，仍表现出庄典性。表中数据为除去"不出(N)所料"之后的数据。"所刊"检索出的语料中包含"所刊登"有 16 条，"所刊载"有 18 条，"所刊物"2 条，"所刊播"2 条，即"所刊"数量为 100 条，现代汉语和古代汉语二者使用频率相近。

除了"所料"和"所刊"这两个"所"字结构的现代汉语和古代汉语的使用频率差距不大外，其余的均是古汉语的使用频率高于现代汉语。除此之外，黄梅老师所列举例子均为"所"字结构的名词性短语，虽为双音节，但并没有成词，这也是由于在现在汉语中使用频率不高造成的。如"所料""所刊""所盗""所惧""所避""所欺"中的"所"与动词之间均可以插入其他成分，如"所未料""所未刊""所未盗""所不惧""所不避""所不欺"。"所觅"和"所略"在现代汉语中的使用不多，但两个成分中间也可以插入其他成分，我们从语料库中检索到示例，如："短短的几秒，竟找到了林清玄所未觅之清欢。""众人所未略之地"。黄梅(2015：61)认为以上示例表现出庄典体，这是由于动词为古语词，汉语的庄典体词汇取自古代的单音词(冯胜利 2015)，在现代汉语中使用频率相对较低。根据 18 个体原子中的"古今律"，古语今用，会拉开了时空的距离，使之具有庄典语体属性(冯胜利，刘丽媛 2020)。

由于 CCL 语料库没有分词，不能以词性来查询"所+V"结构的动词搭配，我们以 BCC 语料库查询的结果为依据，再从 CCL 语料库中进行对比检索，以保证同质性。BCC 语料库中文学领域的"所+V"的检索结果如表 2 所示：

限于篇幅以及为了与表 1 形成对应，我们只截取了超过 500 频次的示例，根据检索结果，我们选定"所说""所做""所见""所知"

表2　BCC 语料库中“所+V”结构的动词搭配

所+V	频数	所+V	频数
所说	7 923	所需	2 913
所做	1 956	所见	1 805
所知	1 748	所作	1 098
所要	998	所知道	963
所写	955	所爱	898
所想	810	所看到	775
所受	705	所发生	642
所用	571	所需	533

“所作”“所写”“所爱”“所想”在 CCL 语料库中进行对比。“所能”“所要”中的“能”和“要”可以做状语修饰动词，会产生很多干扰项，因此被排除在选定范围外。结果如表 3 所示：

表3　高频使用的“所+V”结构频率对比

	所说	所做	所见	所知	所作	所写	所爱	所想
古代汉语	2 512	208	4 738	5 004	6 634	146	1 024	150
现代汉语	16 569	7 121	4 132	6 507	13 575	2 791	1 174	1 998

除了“所见”“所知”和“所爱”在古代汉语和现代汉语使用频率相似外，其余均为现代汉语使用频率远远高于古代汉语，并且在现代汉语高频使用的“所”字结构与黄梅（2015：61）示例中“所”字结构频次相差甚远。其次，表 3 中的高频动词为白话词，而表 1 所列搭配

的动词属于文言词，这也造成了“所”字结构在古代汉语和现代汉语中使用频率的不同。

冯胜利（1996）提出汉语的“韵律词”概念，双音节是汉语最小的、最基本的标准音步。根据韵律词的定义，无论是词还是短语，只要满足两个音节就是韵律词。韵律词的实现并非取消了短语的所有性质，因此“所+单音节动词”可以是短语也可以是词。表3示例中的“所”字结构有的是短语，而有的则已经凝结成词。“所见”“所知”和“所爱”，古代汉语和现代汉语的使用频率相近，它们中间可以插入其他成分如“所未见”“所未知/所不知”“所不爱”，但是其他示例（现代汉语使用频率远远高于古代汉语的）的两个成分之间已经不能自由插入其他成分，如“＊所不说”“＊所不做”“＊所不作”“＊所不写”“＊所不想”。

在韵律语法的构词句法模式中，“单+单”这种运作模式使得大量“耳听可懂”的文言单音词沿用至今，活跃在现代汉语书面语中，充当书面语体里面的庄雅功能，这是现代汉语书面语的特征之一。（冯胜利等2008；黄梅2015：61）所举示例是典型的庄典语体，“所”字后的动词为古语词，古语今用，在现代汉语中使用频率不高，庄典语体色彩明显。现代汉语中高频使用的“所”字结构，动词为白话词，其高频使用也是由于白话词导致的，并且它们有凝结成词的倾向，这说明“所”字结构在现代汉语中的语体属性不仅仅为庄典，还具有正式性。邓盾（2009）认为古代汉语和现代汉语中的“所”字结构应该区分开讨论，但他忽略了现代汉语中“所”字结构的使用并不是古代汉语中的用法，而是古语今用，是属于现代汉语的，且具有庄典语体属性。

2.2 动词音节差异

黄梅（2015：61）认为“所”字结构是由嵌偶动词与“所”结合形成。嵌偶单音词是现代汉语书面语中活跃的一批必须通过韵律组合才能独立运用的单音节文言词，其严格遵循着“单+单”的组构方式。（冯胜利 2006：2）也就是说“所”字结构的典型形式“所+V”中的动词为单音节动词，我们从表 2 中也可以看出“所”字结构中的动词在现代汉语中也是以单音节为主。但是表中还出现了“所知道”“所发生”等双音节动词的情况。这说明在现代汉语中，“所”字结构的动词已经不仅仅局限在单音节嵌偶动词。我们仍以 BCC 语料库为检索工具，分别对文学、报刊、对话三类语料进行检索，检索结果如下：

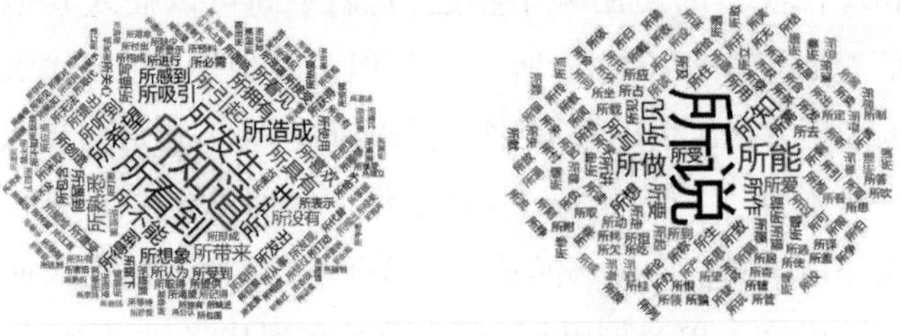

图 1　文学语料中的“所”与动词搭配词云图

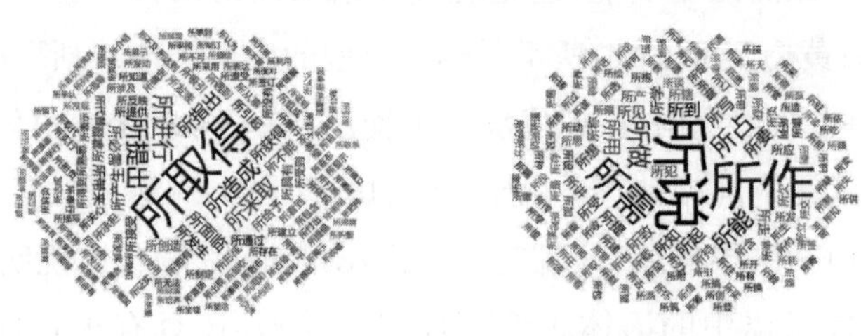

图 2　报刊语料中的“所”与动词搭配词云图

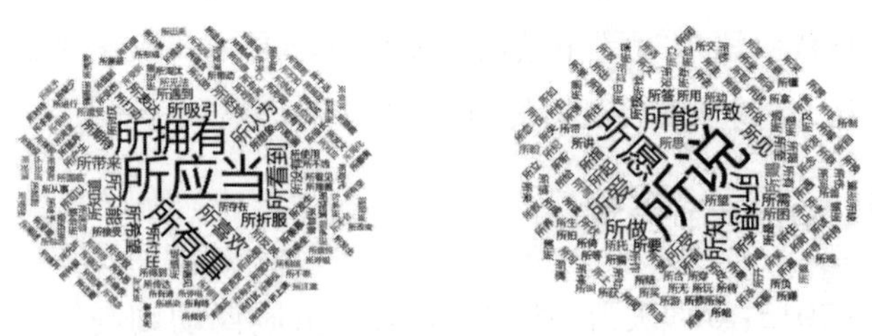

图 3　对话语料中的“所”与动词搭配词云图

从词云图中我们可以看到，“所+V 单”和“所+V 双”在现代汉语中使用差异明显。这三类语料中，“所+V 双”出现的类(type)都远远多于“所+V 单”，这说明双音节动词已经大量进入“所”字结构中，但是是否已经取代了与“所”搭配的单音节动词的地位呢？我们对三类语料中频率最高的类，即“所知道—所说”“所取得—所说”“所应当—所说”进行形符(token)对比，结果如表 4 所示：

表 4 三类语料中“所”与单双音节动词频率对比

	文学语料	报刊语料	对话语料
单音节动词	7 738	33 747	1 928
双音节动词	929	27 174	432

虽然“所”字结构中的双音节动词从类符(type)的统计上看，已经超越了单音节动词，但是其使用频率仍低于单音节动词；文学语料和对话语料中二者相差很大，而报刊语料中的差异相对于其他两类则较小，从整体上看仍是单音节动词的使用频率高于双音节动词。有趣的是，这三类语料中，单音节动词使用频率最高的都是“所说”，而双音节动词的使用则大相径庭。“所”字结构中的单音节动词可以分为古语词和白话词两类，二者表现出不同的语体特征：古语词属于古语今用，为庄典语体，白话词与“所”搭配的“所”字结构则为正式语体。由于韵律的制约，双音节动词进入“所”字结构的数量并不多，但从词云图中可见其种类十分丰富。在“单双音节对应律”的作用下，现代汉语中与单音节对应的双音节动词表现出来的是正式语体特征。(冯胜利，刘丽媛 2020)

由上可得，双音节动词已经可以进入现代汉语的“所”字结构，这一现象打破了“所+V 单”在韵律上的和谐，因此“所”字结构的变化势必会引起其出现的句法环境变化，以满足韵律和谐，这一部分将在下一小节继续讨论。

2.3 句法环境变化

前面我们已经讨论了古代汉语和现代汉语中的“所”字结构在使用频率以及动词音节上存在差异。除此之外，我们还发现在现代汉语中，“所+V”结构中的“V”无论是单音节还是双音节，后面会高频率出现结构助词“的”，与“所”字结构构成“的”字结构，我们在语料库中的检索结果如表5所示：

表5 不同类型语料中的“所+V+的”频率对比

	文学语料	报刊语料	对话语料
所+V+的	35 301	343 979	5 740

从检索结果来看，“所+V+的”在报刊语料中出现频率最高，其次是文学语料，再次是对话语料。“所+V+的”在三种不同类型语料中出现的数量都很多，其中的动词既包含双音节动词也包含单音节动词，这说明：第一，“所”字结构与“的”结合，构成“的”字结构的现象已经十分普遍。而结构助词“的”所表现出的语体属性为通体①，既可以用于正式语体中，也可用于非正式语体中；相反庄典语体中的结构助词则会用“之”来表达（冯胜利，刘丽媛 2020），如“所到之处”，现代汉语中则会表达为“所到的地方”。第二，不同类型的语料存在不同语体的倾向表现，按照“人、地、事、意”的语体鉴别标准（冯胜利 2018：86），三类语料正式度由高到低分别为：报刊>文学>对话，“所+V+的”与这三类语料的正式度呈现出一个十分有趣的对应关

① 冯胜利于2020年秋北京语言大学语体语法课程中也有谈及。

系：其在报刊中使用数量最高，其次是文学，最后是对话；"所+V+的"表现出正式语体属性，那么与结构助词"的"结合的"所"字结构也应具有了正式语体属性。

先列举几例双音节动词的"所+V"结构：

（6）是他们不愿意在那块已经生活了多年的土地上享受你们所给予的"优厚"待遇吗？（《人民日报》1978－06－10）

（7）实际上，他所强调的"专业化"，是为了使业余作者脱离工农兵火热的斗争生活。（《人民日报》1967－04－23）

（8）当毓芳上课去，我一个人留在房里时，我就去翻在一月多中所收到的信，我又很快活，很满足，还有许多人在纪念我呢。（《莎菲女士的日记》）

（9）她在感激他所给予的，同时提醒他，他们要为此吃苦了。（《陆犯焉识》）

（10）对不起你所呼叫的用户不在服务区。（BCC语料库：对话）

（11）您好！很抱歉，由于您所反映的情况要素不全，我们暂时无法受理。（BCC语料库：对话）

通过以上语料，我们可以看到结构助词"的"与"所+V"结合构成的短语后可以出现名词性成分，也可以不出现名词性成分。我们再来看几例单音节动词的"所+V"结构：

（12）今天我们所用的一些术语，如几何、直角、平行等，都是他们两位最初翻译的。（《人民日报》1995－06－15）

（13）孔繁森同志勤政务实，急人民之所急，想人民之所想，被誉为人民的好公仆。（BCC语料库：科技文献）

（14）所说的白菊会馆，与这个名字正好相反，一点也不白，是一栋很旧很旧的四方形大楼。（《法国梧桐路三段》）

（15）所说不假，我们还没有走出几码远，一声熟悉的炮响就轰鸣着迎面传来，在浓雾中显得略为嘶哑。（《远大前程》）

（16）这就是艺人，所做的事都会被无限放大。（BCC语料库：对话）

（17）请别跟风黑关键歌词并不是老万所写。（BCC语料库：对话）

孙德金(2012：187)认为“所”字结构的动词音节多少和是否加“的”有关,单音节倾向于不加“的”,双音节及以上倾向于加“的”。而由上所列语料我们可以看到,“所+V”结构中动词为双音节时,可以加“的”,并且后面的名词性成分可以不出现,如例(8)、例(9)。当动词为单音节时,其后也可以加“的”或者不加“的”,但加“的”构成“的”字结构后的名词性成分几乎是不可省略的,如例(12)、例(14)。这也侧面印证了孙德金(2012：187)的观点：单音节倾向于不加“的”,因为加“的”之后会受到一定的句法限制。从这也可以看出,结构助词“的”与“所”字结构的高频共现是造成动词音节变化的原因之一。下文我们将具体讨论造成动词音节变化的原因和由此引发“所”字结构的语体变化。

3 “所+V”的语体变体原因分析

根据上文的语料分析,我们可以看到,现代汉语中“所”字结构的语体不仅表现为庄典语体,还表现为正式语体,且正式语体的使用更为广泛。具体表现为：第一,进入“所”字结构的单音节白话动词使用频率高,且有凝结成词的倾向。第二,结构助词“的”与“所”字结构高频共现结合。第三,双音节动词大量进入“所”字结构。这种变化使得“所”字结构的庄典语体色彩(黄梅 2015：61)产生了变化,逐渐变为正式语体(冯胜利,刘丽媛 2020)。这一部分我们要解决的是庄典语体的“所”字结构在什么样的因素驱使下产生了变体,从而语体发生了转换。要解决这一问题,我们就必须清楚双音节动词进入“所”字结构的原因。

根据上一节中的表 1 和表 2,我们可以发现,现代汉语中“所+V”使用频率很高,且结构中的高频单音节动词与古代汉语中的不同,古代汉语中“所+V”的单音节动词属于古语词，而现代汉语中高频使用的属于白话词。冯胜利(2010)提出援古入今，方为典雅，但庄典与俗白的二者对立地位并不是永久不变的，无论多么优雅的古典用语，滥用无度也会俗不可耐。根据冯胜利、刘丽媛(2020)提出的18个体原子中“高频致俗律”以及“古今律”可知，古语词在现代汉语使用中如果频率越低，就越具有庄典色彩。

冯胜利(2007,2009：2)提出“最小词”的概念，是指在一般的节律限定条件下，任何不区分音节重量的语言里的最和谐的韵律词，都是由两个音节(的长度)所组成。因此，“所+单音节白话词”高频使用是可以凝结成词的，并且具有正式语体属性。汉语词汇音节的数量“小不低于二，大不过于三”(冯胜利 2007)，超出韵律词无法凝结成词，即表现为短语。

而高频使用的古语词很容易发展为白话词，其语体属性也会逐渐降低，变得越来越口语。这里的单音节白话词进入“所+V”结构，为什么没有导致其变为口语体，变体只是停留在了正式语体中，我们认为这是由于“所”字的制约。“所”和单音节动词互相嵌偶①，根据冯胜利、刘丽媛(2020)提出的18个体原子中的“嵌偶律”可知，“所+V单”表现为庄典或者正式语体，这与我们前文得出的结论完全契合。请看下面示例：

(18) 天矜于民，民之所欲，天必从之。(《尚书》)

(19) 观其所聚，而天地万物之情可见矣。(《周易》)

(20) 四小姐所欲不遂，当然逃遁到《太上感应篇》，而现在又是当然的抛开《感应篇》，到这神秘的丽娃丽妲村。(《子夜》)

(21) 特别是林尚沃晚年将其平生所聚之钱财全部归还社会，又从一个普通

---

① “互相嵌偶”这一提法由冯老师在指导笔者论文时向作者提出。

的八道江山之甲富商人转变为一个悠然自得的田园诗人，从而亲身实践了他所追寻的“商道”。(《商道》)

(22) 还好没听朋友的，否则现在还在折腾，如果问秋天的事情才可以相信朋友所说。(BCC 语料库：对话)

(23) 但我时下所做与吕擎所说还是有极大的区别。(《你在高原》)

例(18)、例(19)是古代汉语，用在现代汉语中则是典雅之极，相对的例(20)和例(21)的庄典度则不及例(18)、例(19)，这是因为例(20)、例(21)中的单音节动词虽然使用频率不高，但可以用在现代汉语句式中。而例(20)和例(21)从语感上判断，语体相对于例(18)和例(19)发生了变化，这是由于“所+单音节动词”出现的句法环境的变化。冯胜利(2018：83)就曾提出“庄典的等级是通过不同的句法格式表现出来的”，这说明并不是“所”字结构的语体发生了变化，而是其所处的句法环境发生了变化。例(22)和例(23)中的“所+V”选取的是在现代汉语语料中出现频次最高的两个单音节动词，我们可以明显感觉到其庄典度不及前四个例子，且出现的语料类型为“文学”和“对话”。根据冯胜利(2018：86)提出的语体鉴定标准“人、事、地、意”，其中庄典语体的鉴定标准为“神、庙、祭、敬畏”。例(22)和例(23)中的“所”字结构显然不会出现在这一标准中，这说明在“高频致俗律”的驱动下，“所”字结构的语体属性已经发生了变化。

双音节动词之所以能够大量进入“所”字结构，使得“所”字结构的语体发生变体，是因为冯胜利、刘丽媛(2020)提出的“单双音节对应律”的作用，即汉语单双音节对应之词，单音节具口语性，双音节均具正式性。我们认为这一现象与“单双音节对应律”是息息相关的，但其背后隐藏着一个关键动因。通过例(6)—例(11)可以发现，双音节动词的“所”字结构与结构助词“的”高频共现，而“的”的语体特征让“所+V+的”这一结构呈现正式语体属性，我们认为正是这一现象,使得“所”字结构的语体进一步降低,最终变为正式语体。

要说明这一点,我们需要明确“所”字结构以及“的”字结构的核心是什么?从生成语法的角度,根据 Chomsky(1970)提出的 X 标杠理论(X-bar Theory)中的中心词概念,即用来指某种结构里要求与之在同一个结构里共现的其他成分都从属(subordinate)于它的那一个成分(Hudson 1987,转引自司富珍 2004)。“所”字结构的核心是“所”,功能是提取宾语,也就是指称一个名词性成分。我们用“SuoP”来表达“所”字结构,整个结构可以表示为图 4:

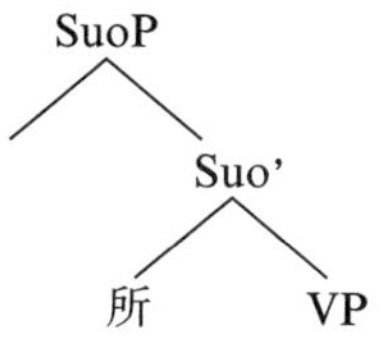

图 4

司富珍(2004,2006)运用中心语理论对“的”字结构进行了讨论,认为功能词“的”是这一结构的核心,其短语构式表示为图 5①:

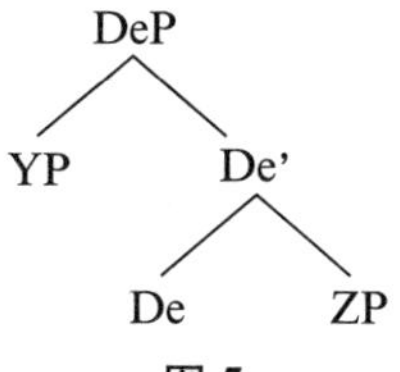

图 5

由上我们可知,“所”字结构的功能词“所”以及“的”字结构的功能词“的”是其所在结构的核心。“所”字结构的功能是提取宾语,即

① 源自司富珍(2004)文中的树形图,为了方便讨论,此处修改了表示方式,但表达符号仍保持原样。

指称一个名词性成分，按照 Gazdar(1985)，我们对于名词、动词、形容词、介词等都可以用[+N][+V][-N][-V]的语类特征来描写。"的"字结构由于"的"具有[+N]或[-V]的语类特征，所以无论其中的 YP 和 ZP 是什么样的语类，DeP 都具有[+N]或[-V]的语类特征。(司富珍 2004)两个结构的功能都表示[+N]或[-V]的语类特征，那么它们就极容易结合在一起，构成"所+V+的"。这也就解释了为什么"所+V"与"的"字结构可以高频共现。因此，"所+V+的"的结构可以表示为图 6：

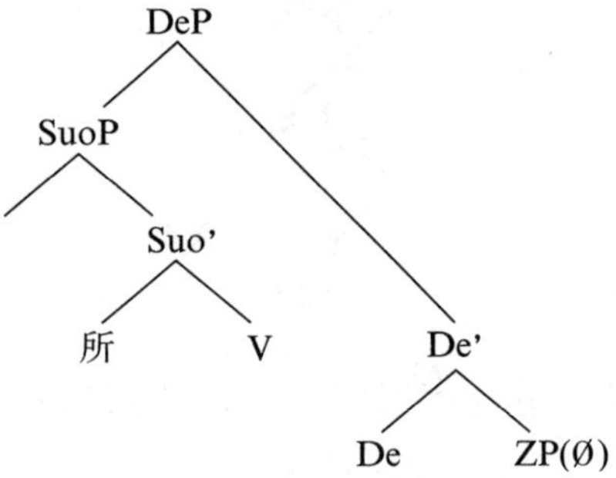

图 6

从图 6 可知，"所+V+的"结构中的核心是"的"，也就是说"所"字结构后加结构助词"的"之后，核心发生了变化。"所"字结构中由于功能词"所"是核心，且必须组单成双之后才能成立，即"所"制约与之搭配的动词，必须为嵌偶单音词，因此"所+V"中的动词为单音节古语词，此时"所"字结构的语体特征为庄典体。由于"高频致俗律"的作用，单音节白话词的高频使用(见表 3)，使得"所+V单"的语体产生了变体，变为正式语体，而"所"字结构的正式语体使用比庄典语体要更为广泛(见表 5)。

又因"所"字结构与"的"字结构都指称[+N]或[-V]的语类特

征，二者相结合，这时“所”字结构中的“所”不处于核心位置了，核心变为了结构底层的结构助词“的”。映射在树图中，“所”与核心“的”间隔为一个距离，且“所”处于树图高位，动词也因此不受“所”的韵律限制，双音节动词可以进入“所”字结构中。

这也就能解释孙德金(2012：187)提出的“所”字结构中双音节动词倾向于加“的”，“所”字结构中单音节动词不倾向于加“的”的这一观点。“所+V单”之所以不倾向于加“的”是因为其自身已经是两个音节，可以成为一个音步，在“高频致俗律”的作用下，可以凝结成词，具有了正式语体属性。“所+V双”倾向于加“的”，“所”失去了核心位置，“的”获得了核心位置，且“所+V双”是三音节，无法凝结成词，也无法达到韵律上的平衡，必须与“的”结合，以表达正式语体。结构助词“的”的出现不仅使“所”失去了核心位置，还让它处于句法位置中的高位，远离了核心“的”，根据“离核律”，即结构上离核心词越远越正式，我们可以确定，“所+V双”在这里的语体属性发生了改变，正式度增加。

至此，我们解释了为什么双音节动词能够大量进入“所”字结构，这时的“所”字结构已经具有了一定的正式语体属性。根据冯胜利、刘丽媛(2020)提出的“单双音节对应律”，单双对应的双音节具有正式性，双音节动词进入“所”字结构表明“所+V双”这一典型的“所”字结构已经完成了语体变体，成为正式语体。综上所述，语体的变化并不是在某一体原子的作用下产生的，而是受多个体原子的作用，并且体原子之间也会产生关联性，相辅相成。

4　结语

“所”字结构是古代汉语中遗留至今的结构，由于在现代汉语中使用频繁，人们甚至感觉不到其文言色彩。黄梅（2015：61）提出典型的“所”字结构的“所+单音节古语词”，为古语今用，属于庄典语体。通过语料分析，我们看到现代汉语中的“所”字结构表现出：第一，“所+单音白话词”高频使用且有凝结成词的倾向；第二，“所”字结构与“的”字结构高频共现；第三，双音节动词大量进入“所”字结构这三大特征，这说明“所”字结构的语体发生了变化，不仅仅表现为庄典语体，还表现为正式语体。经过分析，我们认为，以上“所”字结构表现出的特征是由于多个体原子共同作用产生的。“所”字结构可以分为“所+V单”和“所+V双”两类，“高频致俗律”导致“所+V单”表现出两种语体属性，“所+单音节古语词”为庄典语体，“所+单音节白话词”为正式语体，且“所”字结构的正式语体使用更为广泛，“所+单音节白话词”有凝结成词的倾向。在“离核律”的作用下，双音节动词可以进入“所”字结构，且使得“所+V双”表现出正式语体属性。“单双音节对应律”使得与单双对应的双音节动词进入“所”字结构后，也表现出正式语体属性。

参考文献

邓盾. 2009. 现代汉语“所”及“所”字结构的重新审视与定性. 汉语学习，（2）：106-112.

邓盾. 2019. 从语法化看上古汉语名词化标记“所”的句法位置与句法功能特异性. 清华大学学报，（6）：154-158.

冯胜利. 1996. 论汉语的“韵律词”. 中国社会科学，（1）：161-176.

冯胜利. 2006. 汉语书面用语初编. 北京：北京语言大学出版社.

冯胜利. 2007. 韵律语法理论与汉语研究. 语言科学，（2）：48-59.

冯胜利，王洁，黄梅. 2008. 汉语书面语体庄雅度的自动测量. 语言科学，（2）：113-126.

冯胜利. 2009. 汉语的韵律、词法与句法. 北京：北京大学出版社.

冯胜利. 2010. 论语体的机制及其语法属性. 中国语文,(5): 400-412.
冯胜利. 2012. 语体语法:“形式—功能对应律”的语言探索. 当代修辞学,(6): 3-12.
冯胜利. 2015. 语体语法的逻辑体系及语体特征的鉴定. 汉语应用语言学研究,(1): 1-21.
冯胜利. 2018. 汉语语体语法概论. 北京: 北京语言大学出版社.
冯胜利,刘丽媛. 2020. 论语体语法的生物原理与生成机制. //北京师范大学民俗典籍文字研究中心编. 民俗典籍文字研究(第二十六辑). 北京: 商务印书馆: 76-103.
付义琴,赵家栋. 2020. 现代汉语所字结构的语用功能及句法特征. 北京科技大学学报,(5): 1-8.
黄梅. 2015. 汉语嵌偶单音词. 北京: 北京语言大学出版社.
陆俭明. 1989. 关于“他所写的文章”的切分. //陆俭明. 陆俭明自选集. 郑州: 大象出版社.
孙德金. 2012. 现代书面汉语中的文言语法成分研究. 北京: 商务印书馆.
司富珍. 2004. 中心语理论和汉语的 DeP. 当代语言学,(1): 26-34.
司富珍. 2006. 中心语理论和布龙菲尔德难题. 当代语言学,(1): 60-70.
熊仲儒,郭立萍. 2016. 所字短语的句法分析. 语言科学,(5): 474-487.
朱德熙. 1983. 自指和转指. 方言,(1): 16-31.
Chomsky N. 1970. Remarks on Nominalization. //Jacobs R, Rosenbaum P. (eds.) *Readings in English Transformational Grammar*. Waltham, Mass: Ginn and Company. 184-221.
Gazdar. 1985. Generalized Phrase Structure Grammar. Oxford: Blackwell.
Hudson R A. 1987. Zwicky on Heads. *Journal of Linguistics*, (23): 109-132.

现代汉语“的、地、得”等助词的语体属性及体原子分析*

翟晨静

摘　要　文章基于语体语法学理论，以交际时空和语法时空两种鉴定标准，对现代汉语中的 5 个结构助词“的、地、得、之、者”进行语体属性鉴定，并运用“体原子”理论对助词的语体属性进行原理性分析。结论是：“之、者”具有正式体和庄典体属性，是古今律作用的结果；“的、地、得”具有口语体属性，是短弱律、树图首尾律两个体原子作用的结果。

关键词　语体语法　结构助词　语体属性　体原子

1　引言

现代汉语中共有“的、地、得、之、者”五个结构助词，用来表示附加成分和中心语之间的结构关系。助词“de”，习惯上写成三个字：在定语后面写成“的”，在状语后面写成“地”，在补语前面写成“得”，这样写可以在文字材料上构成三种成分的标记，有助于分清结构性质，避免定语、状语混淆。在书面正式语体里，有时会沿用古汉语的

* 感谢恩师王丽娟副教授在本文写作中提供的殷切教导与帮助、冯胜利教授在本文写作之初指导的建设性意见以及来自审稿人的宝贵建议，笔者不胜感激。文中谬误概由本人负责。

结构助词“之”，用双音节定语修饰单音节中心语时可以这样用，如“光荣之家”“前进之路”。“者”可以组成“者”字短语，如“获得一等奖者”与“的”字短语“获得一等奖的”意义相同，是名词性短语，具有书面语色彩，语义上可以和口语色彩的“的”字短语一样分析。可以看出，“的、地、得”与“之、者”出现在两种不同的语体环境中。如下例(1)的句子来自《人民日报》及科普读物，使用“之、者”以表示其正式性。例(2)来自笔者自拟，属于极其生活化的场景中使用的语言。

(1) a. 去年，农村义务兵优待金人均三千七百五十二元，使全市百分之八十的“光荣之家”成为“小康之家”。(《人民日报》1996-09-16)①

b. 宏观控制的内容涉及面可能非常之宽，首先是对新产品的“认定”，其次是对某些新产品的生产许可权的管理级别和管理程度；以及相应的控制手段，如法令性行政干预、利用经济手段等。(《哈佛管理培训系列全集》)

c. 就拿上海股市来说，1991 年 6 月前疲跌不振，持股人眼看自己手中的股票价值不但没有增加，股票反而跌进票面以下，对股市毫无兴趣，泄气之至；拥有资金者面对行情持续处于跌势，也不愿贸然进场，造成进出均少，尽管上市股票不过区区几千万元，仍是供过于求。(《股市基本分析知识》)

d. 主要是由于美国本身对东南亚市场感兴趣，它不愿用自己的手来加强它的竞争者——日本在那边的地位。(《人民日报》1954-12-17)

(2) a. 小妞，我一会儿洗衣裳，你昨天新买的那件裙儿咋洗呢？

b. 听说文化路那家奶茶特别地好喝，叫我弟儿跑个腿儿，咱尝尝。

c. 妈，我同学都说我刘海儿好看得很，就你看不上。

“的”源自“底”，虽然学界有很多关于助词“底”来源的不同观点，但基本都承认助词“的”的用法源自“底”，如章太炎(1915)，王

① 文中例句来源包括笔者方言自拟及 CCL 语料库、BCC 语料库，自拟句未标注出处。

力(1980),吕叔湘(1943/1984),石毓智、李讷(1998),江蓝生(1999)等,主要讨论了"之""者"与"底"的来源及用法沾染现象,但讨论从语法化历程谈起,未涉及共时的用法对比。二十世纪三十年代"的""地"二字的分化已基本被群众接受,而"底"字却在实践中基本被否定。1949年后颁发的《中共中央关于纠正电报、报告、指示、决定等文字缺点的指示》,分化了"的""地"的用法,使之约定俗成,普遍通行。朱德熙(1961/1999a)通过比较不带"的"的语法单位与加上"的"之后的结构在语法功能上的差别,把"的"分为三类,"$的_1$"是出现在一部分双音节副词之后构成副词性单位的后附成分,"$的_2$"是出现在形容词重叠式和带后加成分的形容词之后构成形容词性单位的后附成分,"$的_3$"是出现在名词、动词、形容词以及各类词组之后构成名词性单位的后附成分。朱德熙(1966/1999b)补充发展了自己的观点,认为"$的_1$"和"$的_2$"相当于唐宋时期的描写性的"地",而"$的_3$"相当于唐宋时期的区别性的"底",是名词化标记。

在句法结构上的对比之外,王力(1980)认为"底"源自"之",同时认为文言文和口语中有不同的音变,"底"即是口语中的音变。冯春田(2004)认为河南方言中的结构助词"哩"和普通话的结构助词"的、地、得"有平行关系,是"的、地、得"的地域变体。陈安平(2013)认为河南方言的定语标记"哩"来源于方位词"里",状语标记和补语标记"哩"是普通话状语标记和补语标记的地域变体。惠红军(2013)认为汉语方言中把"的"读为[ti]是比较普遍的语音现象,可以佐证近代汉语的口语词"底"在与"之""者"这两个文言词的竞争中胜利的事实。根据以上学者对"之""底""的"的语法化历程也可以看出,"之、者"具有正式体属性,"的、地、得"具有口语体属性。

冯胜利(2010,2012)提出语体的三元结构及"形式—功能对应律"[①],认为不同的语法形式对应着不同的语体功能,语体语法应"三分系统",即俗常体、正式体和庄典体。冯胜利、刘丽媛(2020)进一步发展出语体语法的生成机制——语距定律,亦即"体原子",并提出包括长短律、嵌偶律、融合律、离核律、古今律、树图首尾律等在内的18项语距定律,这些语体定律"决定和创造了各式各样的语体语法的结构和形式,是语体语法系统中的'体原子'(Register Atomic)"[②]。根据语体语法理论,"之、者"与"的、地、得"的使用环境不同是语体不同的表现,"之、者"出现在书面正式语体中,"的、地、得"出现在口语体中,并有不同的语法表现。

现代汉语中"底"向"的、地、得"分化,分别做定语标记、状语标记和补语标记。古代汉语遗留下来的结构助词"之、者"也保留用法,用在现代汉语中。"的"与"之、者"都可以作为定语标记来分析,但却有着不同的句法表现,利用冯胜利(2010)提出的语体语法理论与冯胜利、刘丽媛(2020)的体原子理论,可以看到,其中起作用的就是不同的体原子,方言口语中结构助词的使用也可以佐证这一点。本文认为"之、者"具有正式体和庄典体属性,"的、地、得"具有非正式体属性,下文将从语体属性的鉴定与起作用的"体原子"两方面做出详细分析。

2 结构助词的语体属性鉴定

本文运用冯胜利(2015)提出的交际时空和语法时空两种鉴定方

---

① 冯胜利、刘丽媛(2020)进一步阐释后将术语调整为"形式—功能对生律"。

② 冯胜利、刘丽媛(2020)指出"语距定律"与"体原子"是对同一对象不同角度的命名,从语距属性的普遍性的角度命名为"语距定律";从其基元属性和最小单位的角度命名为"体原子"。

法，对现代汉语的五个结构助词分别进行了交际时空与语法时空两个维度的语体鉴定，结果显示：“之、者”具有正式体属性，“的、地、得”具有口语体（非正式体）属性。具体鉴定过程如下：

2.1 交际时空中的要素鉴定

冯胜利（2015）提出交际时空包括交际对象、交际内容、交际场所、交际态度，即人、事、地、意四要素，并分别为口语体、正式体、庄典体三种语体类型举出对应的交际要素，如表1：

表1 汉语语体类型与交际要素对照表①

语体类型	交际要素			
	人	事	地	意
通俗	妈	吃	家	亲近
正式	官	法	厅	尊重
庄典	神	祭	庙	敬畏

如表1所示，“跟妈在家说吃饭的事儿”属于通俗体，“跟法官在法庭尊重地说法律的事情”属于正式体，“跟神仙在神庙敬畏地说祭祀的事情”属于庄典体。

2.1.1 结构助词“的、地、得”的交际要素鉴定

根据冯胜利（2010）提出的交际距离说，“‘调距’是语体机制的根源所在”，非正式体“拉近”了与听者的距离，正式体则将听者“推

① 冯胜利（2015）通过交际四要素将《诗经》中的“风、雅、颂”与“口语、正式、庄典”三种语体互证并列表示例，本文未涉及《诗经》三体，故较原文有所删减。

远”。如下诸例，说话对象是妈妈，谈论的是日常琐事，地点在家里或者车上，要表达的是撒娇亲近之意，结构助词只能使用“的、地、得”，而非“之、者”。

（3）a. 妈，我不想吃昨天的剩饭了，吃剩饭对身体可太不好了，让我吃点儿新鲜的肉吧！

b. *妈，我不想吃昨天之剩饭了，吃剩饭对身体可太不好了，让我吃点儿新鲜之肉吧！

（4）a. 妈，卖棉花糖的来没来啊，我就是今儿想吃呢，他咋这会儿还不来。

b. *妈，卖棉花糖者来没来啊，我就是今天想吃呢，他咋这会儿还不来。

（5）a. 妈，路上车那么多，咱又不赶时间，别开那么地快了。

b. *妈，路上车那么多，咱又不赶时间，别开那么之快了。

（6）a. 妈，谁说汉堡是垃圾食品，你看这有菜有肉还有主食，健康得很！

b. *妈，谁说汉堡是垃圾食品，你看这有菜有肉还有主食，健康之至！

以上例子显示，跟妈妈拉家常时，绝不使用“昨天之剩饭”“卖菜者”“那么之快”“健康之至”这些表达。“昨天的剩饭”“卖菜的”“那么地快”“健康地很”则是舒服且合理的表达。“的、地、得”在非正式体中的表现恰如其分，具有非正式体属性。“之、者”则不能出现在非正式体中。

2.1.2 结构助词“之、者”的交际要素鉴定

正式体将说话者与听者之间的距离“推远”。如例（7）来自《人民日报》，强调了巡视组作为监察者在反腐工作中的作用，对于腐败行为具有威慑作用，是来自官方的警示。例（8）来自法庭判决书，是对案件情况的陈述，交际双方为该案件所牵涉人员，因此言辞准确精练并表示对法律、法庭的尊重。这两种情况都是极为正式的场合，应使用“之、者”作为结构助词。

（7）a. 事实证明，巡视是一把反腐“利剑”，是国之利器、党之利器。（《人民

日报》2017－01－18）

b. ＊事实证明，巡视是一把反腐“利剑”，是国的利器、党的利器。

（8）a. 潘瑶提起诉讼认为，作为非营利性客车额度拍卖市场上唯一拍卖机构，上海拍卖公司利用其在上海非营利性客车额度拍卖市场的支配地位，对竞拍者收取高额保证金和拍卖手续费，构成滥用市场地位的垄断行为，诉请法院确认上海拍卖公司高额收费行为属于垄断行为，并赔偿其经济损失300元。（《潘瑶与上海国际商品拍卖有限公司滥用市场支配地位纠纷案［上海知识产权法院（2016）沪73民初728号民事判决］\案情摘要》）

b. ＊潘瑶提起诉讼认为，作为非营利性客车额度拍卖市场上唯一拍卖机构，上海拍卖公司利用其在上海非营利性客车额度拍卖市场的支配地位，对竞拍的收取高额保证金和拍卖手续费，构成滥用市场地位的垄断行为，诉请法院确认上海拍卖公司高额收费行为属于垄断行为，并赔偿其经济损失300元。

2.2 语法时空中的要素鉴定

冯胜利（2010）指出正式体的泛时空特征，并于后续研究（2015）指出口语体具有具时空特征，根据语法结构标记时空的机制，在名词上可以表现为单复数、重叠等，动词上有单双音节对立、重叠以及限制宾语等特征。结构助词所处结构包括定中结构、状中结构与中补结构，涉及的词类主要为名词、动词、形容词及副词。

2.2.1 结构助词“的、地、得”的语法要素鉴定

Huang，Li 和 Li Yafei（2009）认为在［F，N，V］的系统下，“的”可以分析为［Fx，N，V］，即语类特征没有任何值的词，在与“的”前的X短语构成成分时，继承X的特征作为其语类，这样使得名词实际上可以被名词短语、形容词短语、介词短语以及句子修饰，而“的”

只作为一个形态连接项（linker）。邓思颖（2010）认为结构助词“的、地、得”应分析为后缀，不能算作独立的词类。庄会彬（2015）认为“的”是一个黏附词（clitic word），向左依附于其毗邻的黏附组（clitic group），并将“的”分为语法性的“的$_{S}$”①与韵律性的“的$_{P}$”。“的$_{s}$”又可分为表领属的“的$_{B}$”，如“小明的同学”；充当标句语的“的$_{C}$”，如“修理卡车的司机”。“的$_{B}$”是否出现受经济原则和韵律因素双重制约，“的$_{C}$”必须出现，“的$_{P}$”出现与否由韵律决定，同时共用“的”的现象只限于同一类“的”，或者都为语法性的“的”，或者都为韵律性的“的”，如果两个“的”不同类，则不能共用。综上，“的”句法上不独立，其隐现受多种因素制约，其属性由所在的句法结构决定。此外，“的”语音上是轻声，作为虚词不具有语义，对“的”进行分析时应从其所在结构与前后连接成分开始，句法上如是，语体上应如是。因此“的”的语体语法属性也应与其前后所连接成分保持一致，即与具有某种语体语法特征的成分共现的“的”也应具有某种语体语法特征。

(9) a. 你这臊眉耷眼的样子给谁看呢！

b. ＊你这臊眉耷眼之样子给谁看呢！

(10) a. 平时吊儿郎当的家伙生起气来更可怕。

b. ＊平时吊儿郎当之家伙生起气来更可怕。

修饰语“臊眉耷眼”“吊儿郎当”是俗语，根据冯胜利（2011）提出的“悬差律”，相差一半（或以上）的两个韵律单位的组合，具有谐俗性；中心语“样子”“家伙”带有轻声词缀，根据冯胜利、刘丽媛（2020）提出的短弱律，缩短或减弱语音单位的标准长度或强度的结果，具有口语属性。连接前后两个非正式体表达的“的”也应该具有非正式体特征。用“之”则会导致语体的不协调。同样的检测方法也可以应用

① 陆俭明（2003a，2003b）、司富珍（2004）、熊仲儒（2005）等把“的$_{S}$”看作 DP 的中心语。

于其他助词。

(11) a. 他这个人办事,特别地不地道。

b. ＊他这个人办事,特别之不地道。

(12) a. 瞅瞅我这肌肉,那可是相当地结实。

b. ＊瞅瞅我这肌肉,那可是相当之结实。

“地道”做形容词时,表示工作或材料的质量等够标准,不虚假,“道”字轻读。“结实”做形容词表示坚固或健壮,“实”字轻读。根据短弱律,“地道”“结实”具有口语体属性;副词“特别”“相当”修饰“不地道”“结实”表示程度,能够出现在这个状中短语里的,只能是具有口语体属性的“地”,而非具有正式体属性的“之”。

(13) a. 虽然风吹得这吊桥直晃悠,其实牢得很。

b. ＊虽然风吹得这吊桥直晃悠,其实牢之很。

(14) a. 还别说,吃饲料长大的母鸡比散养的肥得多。

b. ＊还别说,吃饲料长大的母鸡比散养的肥之多。

“牢”作形容词表示结实、坚固,与“牢固”构成一组单双音节对立词;“肥”与“肥胖”构成一组。根据冯胜利、刘丽媛(2020)提出的单双音节对应律,凡在现代汉语中有相同语义对应的单双音节词,单音节具有口语性,“牢”与“肥”属于非正式体。根据冯胜利(2018),程度副词也有不同的语体属性,“很”“多”具有口语性,如“极”“至”等具有正式体属性。在此中补结构中做补语标记的“得”则具有非正式体属性。其他具有口语体属性的单音节形容词也可以用于这一结构中,如“菜”“烦”“富”“急”“乱”等。

2.2.2 结构助词“之、者”的语法要素鉴定

“之”在现代汉语中可以在双音节定语修饰单音节中心语时做定语标记,如“不正之风”“威武之师”“中学生之友”等。

(15) a. 他们的吵闹和不负责任的行动同共产主义毫无共同之处。(《人民日报》1964－08－09)

b. ＊他们的吵闹和不负责任的行动同共产主义毫无共同的处。

(16) a.《澳门日报》十九日发表题为《两岸加强合作战胜非典恶魔》的社论,赞扬两岸同胞在面临非典疫情的危难时刻表现出手足之情、同心抗疫的美好情意。(《人民日报》2003－06－20)

b. ＊《澳门日报》十九日发表题为《两岸加强合作战胜非典恶魔》的社论,赞扬两岸同胞在面临非典疫情的危难时刻表现出手足的情、同心抗疫的美好情意。

中心语“处”“情”是不成词单音节语素,不能充当句法成分,因此“共同的处”“手足的情”不合语法,但可以与“之”搭配组成四字格。根据冯胜利、刘丽媛(2020)提出的古今律(古语今用,均具庄典性/正式性),“之”具有正式体属性,与人民日报时政新闻的正式度相匹配。

(17) a. 这拦河坝坚固之极。

b. ＊这拦河坝坚固得极。

(18) a. 书法是中华民族文化的瑰宝,我能在台湾弘扬传统文化,能为海峡两岸的交流尽力,实在是荣幸之至。(《人民日报》2004－04－08)

b. ＊书法是中华民族文化的瑰宝,我能在台湾弘扬传统文化,能为海峡两岸的交流尽力,实在是荣幸得至。

“之”用在结构“……之多/久/极/至”,做补语标记,相当于“得”,如“得意之极”“荣幸之至”。根据冯胜利(2018),“极”是正式体的表达,“很”为非正式体。同为正式体的“之”与“极”组合时,如例(17)a,加强了正式程度。但“极”不能与口语体的“得”搭配使用,否则会造成如例(17)b的不合法现象,能与“得”搭配使用的只有非正式体的副词“很”。“至”比“极”更正式,因为“至”甚至不能出现在没有“之”的情况下,当然也不能与“得”搭配,能够与“得”一起使用的只有非正式体副词“很”。

（19）a. 民心之所向，亿万人民的衷心拥护，始终是邓小平同志坚持党的正确路线不动摇，在关键时刻果断作出重大决策，表现出非凡胆略和巨大勇气的真正源泉和深厚根基。（《人民日报》1998－01－27）

b. ＊民心的所向，亿万人民的衷心拥护，始终是邓小平同志坚持党的正确路线不动摇，在关键时刻果断作出重大决策，表现出非凡胆略和巨大勇气的真正源泉和深厚根基。

（20）a. "全民医保"下有多少病无所依者选择自杀？（荷兰在线中文网 2013－04－22）

b. ＊"全民医保"下有多少病无所依的选择自杀？

冯胜利、刘丽媛（2020）提出古今律，古语今用，具有庄典性。古代汉语中，"之"作为结构助词，可以插入主谓之间，取消句子独立性，如"师道之不传也久矣"（韩愈《师说》）。例（19）a 中，"民心所向"是一个主谓短语，插入"之"后，变成从句做修饰成分。"者"可以做定语后置标记，如"求人可使报秦者，未得"（司马迁《史记·廉颇蔺相如列传》）。例（20）a 中，"无所依"是"病"的后置定语，"者"是标记。这两种沿用的都是古代汉语的句法，其正式度高于词法的沿用，如定语标记"之"相当于"的"，具有庄典性。[1]

综上所述，本文从交际时空和语法时空两个方面对"之、者"和"的、地"进行了语体鉴定，认为"之、者"具有正式体和庄典体的属性，而"的、地、得"具有非正式体属性，下文根据体原子分析法分析这种现象。

3 结构助词语体属性的体原子分析

3.1 古今律作用下"之、者"的正式体属性分析

冯胜利、刘丽媛（2020）提出古今律，古语今用，具有正式性。

① 此说法由冯胜利教授于 2020 年 12 月 1 日"语体语法学"课上指出。

"之、者"是古代汉语里的结构助词,在现代汉语中使用,"之"作为定语标记、"者"构成"者"字短语相当于"的"字短语的两种用法与"的"字的两种用法分别相当。"者"组成"者"字短语,如"获得一等奖者"相当于的字短语"获得一等奖的",是名词性短语,具有正式属性。例(21)①中受四字格韵律及古今律作用,"之"具有正式体属性,才可以进入四字格,与四字格韵律配合使结构正式,而"的"不可以。例(22)是正式体的语境,只能使用"者"字短语,如 a 句,不能使用"的"字短语,如 b 句。

(21) a. 老人在默默地为部队建设尽着心、出着力,为"光荣之家"增添着光荣。(《人民日报》1995-11-08)

b. ＊老人在默默地为部队建设尽着心、出着力,为"光荣的家"增添着光荣。

(22) a. 据韩国保健福祉部6月15日通报,当天韩国新增的5例中东呼吸综合征(MERS)确诊患者中,又有3例属于"第四代感染者"。(《人民日报》2015-06-19)

b. ＊据韩国保健福祉部6月15日通报,当天韩国新增的5例中东呼吸综合征(MERS)确诊患者中,又有3例属于"第四代感染的"。

3.2 短弱律作用下"的、地、得"的口语体属性分析

冯胜利、刘丽媛(2020)提出短弱律:缩短或减弱语音单位的标准长度或强度的结果,均具口语性。在句子中,同样的句法结构和语义环境下,"之、者"保持原调,音足调实;"的、地、得"读轻声,语音长度缩短,声调减弱,相较于"之、者"具有口语性。

(23) a. 侵犯公民人身权利、民主权利罪,是指非法侵犯公民生命、健康、人身自由和非法剥夺或者妨害公民依法行使管理国家及参加政治活

① 示例来自冯胜利教授于2020年秋北京语言大学讲授的语体语法课程。

动的权利的行为。(《人民日报》1984－02－10)

b. 侵犯公民人身权利、民主权利罪,是指非法侵犯公民生命、健康、人身自由和非法剥夺或者妨害公民依法行使管理国家及参加政治活动之权利的行为。

(24) a. 有些旅行社为了降低成本、提高竞争力,不惜承担风险,提前几个月预订某条旅游线路的吃、住、行、玩等一系列服务项目,哪怕到时只招徕到五六成的客源,也能确保有利可图,因为他们拿到的价格非常地优惠。

b. 有些旅行社为了降低成本、提高竞争力,不惜承担风险,提前几个月预订某条旅游线路的吃、住、行、玩等一系列服务项目,哪怕到时只招徕到五六成的客源,也能确保有利可图,因为他们拿到的价格非常之优惠。(《人民日报》1998)

(25) a. 中国烹调之妙,亦足以表明文明进化得深。

b. 中国烹调之妙,亦足以表明文明进化之深。(《人民日报》1992－07－05)

3.3 树图首尾律作用下的口语体标记

根据冯胜利(2001)、庄会彬(2015)、胡丛欢(待刊)的研究,单音节副词可并入动词构成汉语的句法词 V^0。冯胜利、刘丽媛(2020)提出树图首尾律,最底层的 VO 结构具有口语性。单音节副词与动词组成副动结构,生成句法词 V^0 进入 V' 层,与 NP 构成 VO 结构,表现出口语性,但是双音节副词不可以。以"更""更加"为例,"更"与"更加"单双音节的对应也符合单双音节对应律,"更"具有非正式性,"更加"具有正式性,详见图 1。

(26) a. 我们要更加(地)重视发展的结果。

b. 我们要更重视发展的结果。

c. ＊我们要更地重视发展的结果。

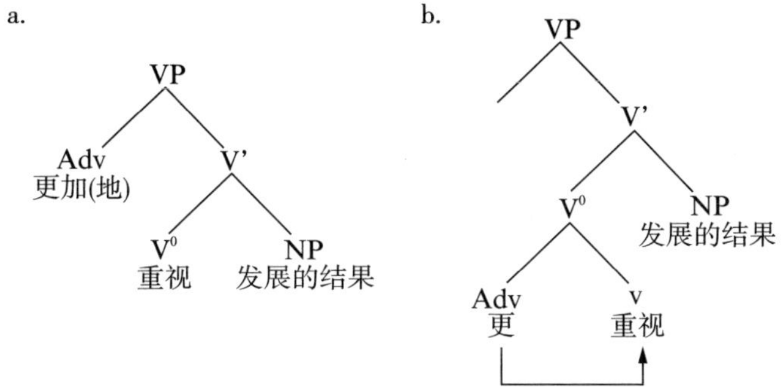

图 1

因此单音节副词、名词、动词、形容词做状语时都不能带“地”，如例(27)、例(28)、例(29)、例(30)。但单音节拟声词做状语必须带“地”，如例(31)、例(32)。

(27) a. 大家都吃饭吧。

b. ＊大家都地吃饭吧。

(28) a. 你快写作业。

b. ＊你快地写作业。

(29) a. 李一斗道：“只要小说能发表，我甘愿被他们红烧，清蒸也行，油炸也行。”(莫言《酒国》)

b. ＊李一斗道：“只要小说能发表，我甘愿被他们红烧，清蒸也行，油地炸也行。”

(30) a. 他说，听了“即报”制度宣讲后，意识到签了售房合同就算是房产变更，于是立即补报了相关情况；而生二胎虽然没有明确规定属于“即报”范围，但自己认为也属于应向组织报告的重大事项。(《人民日报》2017－06－28)

b. ＊他说，听了“即报”制度宣讲后，意识到签了售房合同就算是房产变更，于是立即补地报了相关情况；而生二胎虽然没有明确规定属于“即报”范围，但自己认为也属于应向组织报告的重大事项。

（31）a. 龙梅嗖地爬起来。

b. ＊龙梅嗖爬起来。

（32）a. 他哇地吐出一口鲜血。

b. ＊他哇吐出一口鲜血。

如图 1 所示，可以带“地”的“更加”具有正式性，而不带“地”的“更重视”具有口语性，这与上述论证相反，但这正是“地”在此失去了状语标记功能而只作为语体标记的证明。首先，“地”出现与否都不影响“更加”与“重视”、“都”与“吃饭”、“快”与“写”之间的修饰关系，甚至“地”作为状语标记出现时会阻碍最小词 V^0 的生成，导致不合法的现象，如例（27）、例（28）的 b 句。因此“地”不能作为状语标记出现。根据树图首尾律，底层的 V^0 已经具备了口语体属性，不需要多一个语体标记，所以除拟声词之外的单音节词做状语都不能带“地”。

其次，单音节拟声词做状语时必须带“地”，因此不能并入动词构成句法词了，而是在 V' 的姊妹节点上起修饰作用。根据冯胜利、刘丽媛（2020）提出的树距律，最大投射中，句法移位越高越正式，所以“单音节拟声词+地”应该与处在同样位置上的其他双音节副词一样修饰 VP 并表现出正式体属性。但拟声词是模拟声音的词，描摹声音时给人一种如闻其声的音响效果，常在口语里使用，具有口语体属性。这与句法树上的高位带来的正式体冲突，因此单音节拟声词做状语时必须带“地”作为口语体标记，加强口语性。

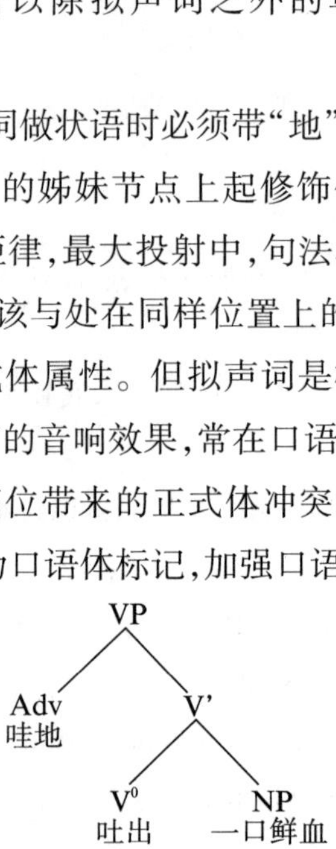

图 2

4 结语

现代汉语结构助词“的、地、得、之、者”由于不同的体原子的作用而具有不同的语体表现，通过交际时空与语法时空两方面鉴定：“之、者”具有正式体和庄典体属性，“的、地、得”具有非正式体属性。其中起作用的“体原子”包括：古今律、短弱律与树图首尾律。“之”作为定语标记的用法、“者”可构成“者”字短语相当于“的”字短语的用法沿自古代汉语，古语今用，具有正式性，是古今律作用的结果。“的、地、得”做助词时轻声，与读作原调的“之、者”相比，具有非正式性，是短弱律作用的结果。根据树图首尾律和句法词理论，句法最底层的 VO 结构具有口语性，也即不带“地”的“副动”结构句法词构成的 VO 结构具有口语性，而拟声词不能并入句法词，其口语体属性又与句法树上的高位带来的正式体属性冲突，因此必须带“地”作为口语体标记，增强口语性。

参考文献

陈安平. 2013. 河南方言结构助词“哩”的来源及相关问题. 宁夏大学学报，35（4）：43-46，62.

邓思颖. 2010. 形式汉语句法学. 上海：上海教育出版社.

冯春田. 2004.《歧路灯》结构助词“哩”的用法及其形成. 语言科学，（4）：29-37.

冯胜利. 2001. 论汉语“词”的多维性. 当代语言学，（3）：161-174，237.

冯胜利. 2010. 论语体的机制及其语法属性. 中国语文，（5）：400-412，479.

冯胜利. 2011. 论韵律文体学的基本原理. 当代修辞学，（1）：25-36.

冯胜利. 2012. 语体语法：“形式—功能对应律”的语言探索. 当代修辞学，（6）：3-12.

冯胜利. 2015. 语体语法的逻辑体系及语体特征的鉴定. 汉语应用语言学研究，

(1)：1-21.
冯胜利. 2018. 汉语语体语法概论. 北京：北京语言大学出版社.
冯胜利，刘丽媛. 2020. 论语体语法的生物原理与生成机制. //北京师范大学民俗典籍文字研究中心编. 民俗典籍文字研究(第二十六辑). 北京：商务印书馆：76-103.
胡丛欢. 待刊. 现代汉语单双音节副词的韵律语法研究. 韵律语法研究.
惠红军. 2013. 蒲城方言中的助词"底". 现代语文，(5)：68-71，73.
江蓝生. 1999. 处所词的领格用法与结构助词"底"的由来. 中国语文，(2)：83-93.
陆俭明. 2003a. 对"NP+的+VP"结构的重新认识. 中国语文，(5)：387-391，479.
陆俭明. 2003b. 现代汉语语法研究教程. 北京：北京大学出版社.
吕叔湘. 1943/1984. 论底、地之辨及底字的由来. //吕叔湘. 汉语语法论文集(增订本). 北京：商务印书馆.
司富珍. 2004. 中心语理论和汉语的 DeP. 当代语言学，(1)：26-34，93.
石毓智，李讷. 1998. 汉语发展史上结构助词的兴替——论"的"的语法化历程. 中国社会科学，(6)：165-180.
熊仲儒. 2005. 以"的"为核心的 DP 结构. 当代语言学，(2)：148-165，190.
王力. 1980. 汉语史稿. 北京：中华书局.
章太炎. 1915/2014. 新方言. //章太炎. 章太炎全集. 上海：上海人民出版社.
朱德熙. 1961/1999a. 说"的". //朱德熙. 汉语语法论文. 北京：商务印书馆.
朱德熙. 1966/1999b. 关于说"的". //朱德熙. 汉语语法论文. 北京：商务印书馆.
庄会彬. 2015. 汉语的句法词. 北京：北京语言大学出版社.
中共中央. 1951. 中共中央关于纠正电报、报告、指示、决定等文字缺点的指示.
Huang C-T, Li Y-H A, Li Yafei. 2009. The Syntax of Chinese. New York：Cambridge University Press.

“时空-语义”体原子分析下频率副词的正式性/度*

张　政

摘　要　文章探究“始终”“一直”“总”和“老”四个现代汉语频率副词本身或上下文同现成分中“个体性”“变化性”“有界性”和“将来性”四个语义特征对这四个频率副词正式性/正式度的影响，认为这种影响背后是“时空律”体原子的作用。“时空律”在语义上影响语言形式正式性/正式度的方式是，增加或减少帮助相应语言形式在时空中具体化的要素（时空素）。文章判断“始终”“一直”“总”“老”四个频率副词的正式属性由强及弱为：始终>一直>总>老。

关键词　频率副词　正式度　体原子　时空律　语义特征

*　本文研究过程中得到冯胜利老师悉心指教。尤其是文中“[±将来]”特征对应的“已知”与“未知”，及其与时空律的联系，由冯老师于 2020 年 11 月 24 日讨论中向笔者提出；“[±有界]”特征原本表述为“[±模糊]”，冯老师于 2020 年 12 月 26 日讨论中提出将“[±模糊]”改为“[±有界]”特征，使表述具体。文中所涉及语义特征与“时空律”具体化之间联系的挖掘，都离不开多次讨论中老师的指点。本文修改过程中亦得到审稿人的帮助。审稿人仔细修订全文多处关键细节，并建议明确给出几个频率副词正式属性强弱的结论。谨向冯老师与审稿人表示感谢。文中谬误概由笔者负责。

1 引言

“始终”“一直”“总”和“老”是现代汉语中的四个频率副词，语义上都表示“动作或状态维持不变”，都可对译为英语“always”。关于这四个现代汉语频率副词的既有研究中，关键(2002)对比“一直”“总”“老”的语义与用法后得出，三者在意义与用法上均有差异，由此认为词典(《现代汉语八百词》)中用互训的方法解释它们不可取。丁淑娟(2004)研究了包括“始终”“一直”“总”“老”在内的现代汉语频率副词的句法分布。张谊生、邹海清、杨斌(2005)从语用平面对比“总(是)”与“老(是)”，认为“总(是)”的基本语用功能为客观判断，“老(是)”的基本语用功能为主观评价，并讨论了它们与其他副词共现能力的差异。张丹(2011)从语义、句法和语用三个平面对比了“一直”“总是”“老是”的异同。薛宇(2013)、李小亚(2016)面向二语教学应用需求，从语义、句法和语用三个平面针对现代汉语频率副词[薛宇(2013)将其认定为“持续性时间副词”]个例展开对比。语义描写方面，薛宇(2013)采用了“定时与不定时”“有间断与无间断”“时态义”“动态与静态”四个描写角度；李小亚(2016)对比了“始终”与“一直”在语义、句法和语用上的异同，认为“一直、始终”都可用于过去时、现在时和将来时，但“一直”与“始终”用于将来时的时候，有一定的区别，不能完全替换。既有研究成果在语义与句法分布的描写方面积累了重要材料，是我们认识作为本文研究对象的四个现代汉语频率副词语法属性的基础，但既有研究尚未系统地发现频率副词语体语法属性的问题。

冯胜利(2010)提出应从语言的交际性定义语体，认为“正式与非正式”“典雅与便俗”[1]这两对构成语体的基本范畴：“正式与非正式”产生于交际关系共时距离的调节，“典雅与便俗”产生于交际关系历时距离的调节；因此“调距”是语体机制的根源所在。冯胜利(2011)提出语体的经典定义：语体是实现人类直接交际中最元始[2]、最本质属性(亦即确定彼此之间关系和距离)的语言手段和机制。冯胜利(2012)指出，形式与功能之间有必然的对应关系，“形式—功能对应律”是语体语法理论的本质所在，其中，“功能”是“语体功能”，即人们说话时根据交际对象、场合、内容以及听说者态度所选取的、决定交际关系的语言形式的表意能力；“形式”指人类调节关系时，针对不同距离(远近高低)的关系所选用的言语方式和形式(语音形式，词汇形式，语法形式等)。上述研究步步深化，由交际及调距，将语体语法理论的本质聚焦于“形式—功能对应律”[3]。

语体语法理论可以帮助我们发现关于频率副词正式性/正式度差异的现象。例如，“始终”“一直”“总”和“老”语义上都表示“动作或状态维持不变”，却适用于不同的语体环境。尽管四者都可见于非正式语体环境，但正式语体环境中的“始终”“一直”往往不能用“总”或“老”取代：

(1) a. 我们要深刻认识我国仍处于并将长期处于社会主义初级阶段这个最基本的国情，<u>始终</u>牢记发展是硬道理、发展必须是科学发展……(习近平《在学习〈胡锦涛文选〉报告会上的讲话》)

---

① 冯胜利(2012)中“典雅”表述为“庄典”，与庄典、正式相对的语体范畴表述为“俗常”。

② 冯胜利、施春宏(2018)将“原始”(从来源角度定义)改为“元始”(从基元角度定义)。

③ 冯胜利、刘丽媛(2020)以“语体”(功能)和“语法”(形式)共体对生而不仅仅是对应，将术语“形式—功能对应律”调整为“形式—功能对生律”，并给出后者定义：生物(或自然)界里形式与功能同生并存的定律。下文除引用文献外，均采用“形式—功能对生律”的表述。

b. ＊我们要深刻认识我国仍处于并将长期处于社会主义初级阶段这个最基本的国情，总/老牢记发展是硬道理、发展必须是科学发展……①

（2）a. 李岚清说，中芬建交以来关系一直很好，两国经贸往来也在不断增多，两国在经贸领域的合作仍有很大的潜力。（《人民日报》1995－04－27）

b. ＊李岚清说，中芬建交以来关系总/老很好，两国经贸往来也在不断增多，两国在经贸领域的合作仍有很大的潜力。

上述现象说明"始终"与"一直"的最高正式度大于"总"和"老"的最高正式度。

同样常用于正式语体环境的"始终"与"一直"之间，"一直"可由国家干部用于外交场合，可由活动举办方用于答记者采访，这些"一直"可以用"始终"替换：

（3）a. 李岚清说，中芬建交以来关系一直很好，两国经贸往来也在不断增多，两国在经贸领域的合作仍有很大的潜力。（《人民日报》1995－04－27）

b. 李岚清说，中芬建交以来关系始终很好，两国经贸往来也在不断增多，两国在经贸领域的合作仍有很大的潜力。

（4）a. "我们一直坚守着'传播真善美'的节目导向，将'立德树人'贯穿到每一场活动、每一个细节之中。"（《人民日报（海外版）》2014－06－13）

b. "我们始终坚守着'传播真善美'的节目导向，将'立德树人'贯穿到每一场活动、每一个细节之中。"

"始终"可用于国务院《政府工作报告》[如下例（5）]，可由国家最高领导人用于正式度极高的讲话中[如例（1）a，重复如例（6）]，这些"始终"若用"一直"替换，虽不违背句法，却会使语句在正式度上

① 无括注来源的例句为自编句。下同。

接受度大大降低，甚至不可接受：

（5）a. 完善国防动员体系，始终让军政军民团结坚如磐石。（李克强《2020政府工作报告》）

b. ?? 完善国防动员体系，一直让军政军民团结坚如磐石。

（6）a. 我们要深刻认识我国仍处于并将长期处于社会主义初级阶段这个最基本的国情，始终牢记发展是硬道理、发展必须是科学发展……（习近平《在学习〈胡锦涛文选〉报告会上的讲话》）

b. ?? 我们要深刻认识我国仍处于并将长期处于社会主义初级阶段这个最基本的国情，一直牢记发展是硬道理、发展必须是科学发展……

上述现象说明“始终”的最高正式度大于“一直”的最高正式度。

同样常用于非正式语体环境的“总”与“老”之间，“总”能进入正式度较高的语体环境，如可用于诺贝尔奖获奖演说。这种语体环境中的“总”无损文本正式度，也不能用“老”替代：

（7）a. 上帝之有无且不去说，面对这不可知，我总心怀敬畏，虽然我一直自认是无神论者。（高行健《文学的理由》）

b. *上帝之有无且不去说，面对这不可知，我老心怀敬畏，虽然我一直自认是无神论者。

上述现象说明“总”的最高正式度大于“老”的最高正式度。

“始终”和“老”则似乎处于正式性的两端：“始终”所能进入的权威性极强、正式度极高的语体环境，其他三个频率副词“一直”“总”“老”都不能进入，因此是四个频率副词中正式度最高的；“始终”“一直”和“总”都有进入正式语体环境的情况，“老”却只能在非正式体中使用，是四个频率副词中唯一不具有正式性的。语体语法理论帮助我们发现了频率副词正式性/度差异的上述现象，但何以如此？上文中用以鉴别正式性、区别正式度高低的“替换法”，是“试剂”而非原理。只有从原理上证明频率副词正式度差异其“然”，并解释其“所以然”，才谈得上科学地理解其语体语法本质。体原子理论的提出为我们从原理上进一步回答频率副词正式性/度差异的原因提供了可能性。

2 “时空律”体原子中的“时空义素别体”

2.1 “体原子”的提出

冯胜利、刘丽媛(2020)在既往研究的基础上总结并发掘语体语法理论的生物原理与生成机制，基于“形式—功能对生律”提出18个语距定律：音值高低律、短弱律、长短律与平衡律、悬差律、单双音节对应律、嵌偶律、合偶律、韵律形态律、融合律、离核律、树距律、树图首尾律、单调律、成分追加律、古今律、时空律、高频致俗律、超距律。这些语距定律决定和创造了各式各样的语体语法的结构和形式，也称为语体语法系统中的“体原子”①。冯胜利(2018)将语体语法定义为：凡由语距形式或规则形成的语法系统，为语体语法。提出“体原子”概念后，冯胜利、刘丽媛(2020)将语体语法定义进一步解释为：凡由体原子构成的语法形式或规则，为语体语法。可见，体原子是构成语距形式或规则的基本单位。又由于语距形式是具有语体功能的语法形式(冯胜利，刘丽媛 2020)，可推知体原子是构成具有语体功能的语法形式的基本语体单位。

2.2 “时空律”体原子

“时空律”体原子是冯胜利、刘丽媛(2020)总结的18项体原子

① 根据冯胜利、刘丽媛(2020)注解(第89页注[40])：“体原子”和“语距定律”所指为同一个对象，唯命名和使用角度不同而已：从语距属性的普遍性的角度名之为“定律”(语距定律)；从其基元属性和最小单位的角度名之为“体原子”。

之一，原文解释为：时空标记越少，或具有时空要素的语言单位所含“时空素”越少，则越正式，反之亦然。“时空素”义为：指表时间、地点、工具、数、量、所示等具体化或个体化事件与物体的要素。（冯胜利，刘丽媛 2020：注［38］）关于表示时空的语法标记与正式体语法关系的论述初见于冯胜利（2010）。该文论及正式体语法的原则与特征时指出，表达正式的语体语法的根本原则是：用语法手段把正式表达和与之相关的口语表达之间的距离拉开；其基本特征是“泛时空化”，即减弱或去掉具体事物、事件或动作中时间和空间的语法标记。（冯胜利 2010）王永娜（2010b）据此推出口语非正式语体的基本特征为“增强事物、事件或动作中的时间和时空的语法标记”，即“具体时空化”。

王永娜（2010a）指出并证实：“结构替换手段”“句法移位手段”和“形态手段”三种语法手段所构成的语法形式均具有泛时空化的特征。王永娜（2011，2012a，2012b）从句法角度分别分析了“V+向/往+NP”结构、书面语体“和”字动词性并列结构、非计量的“一+量词”结构的泛时空化，解释了其“正式”的语体功能。王永娜、冯胜利（2015）从“时空度”的角度对比分析了“当”与“在”的语体差异，指出“当”与“在”无论是时空度还是语体功能均基于特定的句法位置之上。上述研究呈现并论证了以句法形式呈现的语体时空特征。

冯胜利（2015）则论证了义素中的语体时空特征，文中通过分析并对比现代汉语“挖”和“挖掘”的义素，指出口语体（“挖”）具有“具时空”的要求，正式体（“挖掘”）则有“泛时空”的特征，它们语体和语法的不同正与其“时空义素”的有无（或多少）直接相关。该文首次直接论证了“时空义素”能“别体”。马文津（2019）从“形式—功能对应律”的角度研究义素单位的语体功能，结合语体语法理论中的“泛时空”与“具时空”概念，提出：语义部门中的泛化，可以理解为调整拉近交际距离的语义要素。当这些要素被抑制时,语义单位位于具时空交际,对应非正式体;当这些要素被激活时,语义单位位于泛时空,对应正式体。骆健飞(2020)从“工具、方式、处所、方向、目的、原因”等时空义素的角度考察单双音节动词的差异,认为单音节动词关涉的时空义素交际距离近,倾向口语语体;双音节动词关涉的时空义素交际距离远,倾向正式语体。

本文从“始终”“一直”“总”和“老”四个现代汉语频率副词本身或上下文同现成分中,找出“个体性”“变化性”“有界性”和“将来性”四个语义特征,下文从这些语义特征入手,呈现它们对“始终”“一直”“总”和“老”四个频率副词正式性/正式度的影响,并用“时空律”体原子解释其原理。

3 频率副词主语“个体性”特征与频率副词的正式性分化

3.1 “个体性”特征的定义及其与频率副词正式性的关系

“个体性”特征指频率副词所修饰中心语的主语(或主语的领有者)是否为不强调社会属性的人类个体或有形实体,记作“[±个体]”。当频率副词所修饰中心语的主语(或主语的领有者)为不强调社会属性的人类个体或有形实体时,对应特征“[+个体]”;频率副词所修饰中心语的主语是抽象概念或强调了社会属性的人类个体(及人类个体集合)时,对应特征“[-个体]”。

频率副词与“[-个体]”特征的主语同现可以构成合格的短语结构时,具有更高的正式度。请看:

(8) 中国坚定不移走和平发展道路,在扩大开放中深化与各国友好合作,中国始终是促进世界和平稳定与发展繁荣的重要力量。(李克强《2020政府工作报告》)

(9) 北大人民医院重症医学科主任安友仲，已年近花甲，他连续工作 110 个日日夜夜，始终坚守在救治危重症患的岗位上。（郝平《激扬青春　开创未来——在北京大学 2020 年毕业典礼上的讲话》）

(10) 李岚清说，中芬建交以来关系一直很好，两国经贸往来也在不断增多，两国在经贸领域的合作仍有很大的潜力。（《人民日报》1995－04－27）

(11) "国际社会一直把中国的这种做法作为一种最佳实践加以肯定，也作为一种最佳模式加以推广。"他说。（《人民日报》2017－11－04）

(12) 文学之超越意识形态，超越国界，也超越民族意识，如同个人的存在原本超越这样或那样的主义，人的生存状态总也大于对生存的论说与思辨。（高行健《文学的理由》）

(13) 诚然，这种判断也因人而异，也因为人的情感总出自不同的个人。（高行健《文学的理由》）

例(8)中，频率副词所修饰中心语的主语是"中国"；例(10)—例(13)中，频率副词所修饰中心语的主语（大主语）分别是"中芬""国际社会""人的生存状态"和"人的情感"。其中，"中国"[例(8)]、"中芬"[例(10)]、"国际社会"[例(11)]是社会群体，"人的生存状态"[例(12)]、"人的情感"[例(13)]是抽象概念，其领有者也都是作为抽象概念的"人"。上述 5 个例句中频率副词所修饰中心语的主语都具有"[-个体]"特征。

值得注意的是，例(9)中频率副词所修饰中心语的主语"他"是人类个体，由例句上文可知，"他"指"北大人民医院医学科主任安友仲"，是以社会身份（社会身份强调其社会属性）在文本中出现的人类个体，根据本文对"个体性"特征的定义，该主语也具有"[-个体]"特征。因此，以上 6 个例句中频率副词所修饰中心语的主语都具有"[-个体]"特征，都对应着频率副词正式度较高的用法。

相较之下，当频率副词与"[+个体]"特征的主语同现可以构

成合格的短语结构时,具有更低的正式度、更高的非正式度。请看:

(14)“我到现在都喜欢纸质书……电子书始终找不到那种感觉”。(BCC语料库:对话)

(15)“我一直忘记问你了。你去首都是干嘛?”(BCC 语料库:对话)

(16)“那是因为你总不搭理人家人家生你气了”。(BCC 语料库:对话)

(17)这种人面子大于一切,高于一切,老认为“自我批评”就是自己给自己脸上抹黑。(BCC 语料库:对话)

例(14)—例(17)中,频率副词所修饰中心语的主语分别是“电子书”“我”“你”和“这种人”。其中,“电子书”[例(14)]是有形实体,“我”[例(15)]、“你”[例(16)]和“这种人”[例(17)]都是不强调社会身份的人类个体或人类个体集合。这4个例句中频率副词所修饰中心语的主语都具有“[+个体]”特征,都对应着相应频率副词正式度较低而非正式度较高的用法。

综上所述,“个体性”特征(“[±个体]”)指频率副词所修饰中心语的主语(或主语的领有者)是否为不强调社会身份的人类个体或有形实体。当频率副词所修饰中心语的主语具有“[-个体]”特征,其对应频率副词正式度较高的用法;当频率副词所修饰中心语的主语具有“[+个体]”特征,则其对应相应频率副词正式度较低的用法或非正式性用法。

3.2 频率副词主语“个体性”特征对应的单个频率副词内部正式性

由3.1论述可知,频率副词主语的“个体性”特征有区别其对应频率副词(“始终”“一直”“总”“老”)正式程度的作用。本文研究发现,“始终”“一直”“总”“老”四个频率副词内部的正式性(“正式/非正式")与频率副词主语的"[±个体]"特征相关。详见表1：

表1 频率副词例句正式性与"[±个体]"特征对应表①

频率副词	正式性	例句	[±个体]
始终	正式	中国坚定不移走和平发展道路，在扩大开放中深化与各国友好合作，中国始终是促进世界和平稳定与发展繁荣的重要力量。	[-个体]
		北大人民医院重症医学科主任安友仲，已年近花甲，他连续工作110个日日夜夜，始终坚守在救治危重症患的岗位上。	[-个体]
	非正式	"我到现在都喜欢纸质书……电子书始终找不到那种感觉"。	[+个体]
		"我始终记得我抱着你哭，那种，真的，比我见哪些明星都激动"。	[+个体]
一直	正式	李岚清说，中芬建交以来关系一直很好，两国经贸往来也在不断增多，两国在经贸领域的合作仍有很大的潜力。	[-个体]
		"国际社会一直把中国的这种做法作为一种最佳实践加以肯定，也作为一种最佳模式加以推广。"他说。	[-个体]
	非正式	"我一直忘记问你了。你去首都是干嘛?"	[+个体]
		"你这几天一直在郑州么?"	[+个体]
总	正式	文学之超越意识形态，超越国界，也超越民族意识，如同个人的存在原本超越这样或那样的主义，人的生存状态总也大于对生存的论说与思辨。	[-个体]
		诚然，这种判断也因人而异，也因为人的情感总出自不同的个人。	[-个体]
	非正式	"那是因为你总不搭理人家人家生你气了"。	[+个体]
老	非正式	这种人面子大于一切，高于一切，老认为"自我批评"就是自己给自己脸上抹黑。	[+个体]

① 表1例句中，频率副词用单下画线标出，反映"[±个体]"特征的成分用双下画线标出。

表 1 所呈现的频率副词正式性与“[±个体]”特征对应关系可精简为表 2：

表 2　频率副词正式性与“[±个体]”特征对应关系

频率副词	正式性①	[±个体]特征
始终	正式	[−个体]
	非正式	[+个体]
一直	正式	[−个体]
	非正式	[+个体]
总	正式	[−个体]
	非正式	[+个体]
老	非正式	[+个体]

表 1、表 2 中的现象可总结为三点。其一，“[±个体]”特征与“始终”“一直”“总”“老”四个频率副词的正式性有关：“[−个体]”特征发生时，频率副词为所在的正式体文本贡献正式度，为正式体用法；“[+个体]”特征发生时，频率副词所在文本为非正式体，为非正式体用法。其二，“始终”“一直”“总”这三个频率副词内部，各自随“[±个体]”特征的正负两种取值，对应出现了正式性的分化：“[−个体]”特征都对应频率副词在正式体文本中的用法，“[+个体]”特征都对应频率副词在非正式体文本中的用法。其三，频率副词“老”内部没有与“[±个体]”特征相关的正式性分化。

通过以上关于“[±个体]”特征的讨论，可以看出：“[±个体]”特

① 正式性既是频率副词的，也是频率副词所在文本的。下文同。

征与“始终”“一直”“总”“老”四个频率副词的正式性有对应关系，这几个频率副词中，如果一个频率副词内部有正式性分化，则可以通过该特征呈现出来。但不同的频率副词之间正式度孰高孰低，“[±个体]”特征还不能呈现。

3.3 “[±个体]”特征背后的时空律

上文讨论了“[±个体]”特征与“始终”“一直”“总”“老”四个频率副词正式性的对应关系，得出：“[±个体]”特征会影响上述四个频率副词的正式性，“[−个体]”特征对应频率副词的正式用法；“[+个体]”特征对应频率副词的非正式用法。该特征会造成除“老”以外几个频率副词内部的正式性分化。

冯胜利、刘丽媛(2020)对“时空律”体原子的解释为：时空标记越少，或具有时空要素的语言单位所含“时空素”越少，则越正式，反之亦然。其中，“时空素”指表时间、地点、工具、数、量、所示等具体化或个体化事件与物体的要素。(冯胜利，刘丽媛 2020)因此，表时间、地点、工具、数、量、所示等具体化或个体化事件与物体的要素越少的语言形式，越正式；反之，语言形式越不正式。

“[±个体]”特征指频率副词所修饰中心语的主语(或主语的领有者)是否为不强调社会属性的人类个体或有形实体。“[+个体]”特征对应非正式体，因为该特征将相应主语：1) 在数量上具体化，从抽象度更高的群体中区别开；2) 在属性上具体化。如例(9)的主语“北大人民医院重症医学科主任安友仲”已是个体，但其修饰语中有该个体的社会身份，此时的主语仍然有着同类社会身份人物的共有特征，尚未从一类抽象度更高的群体中区别开；具有“[+个体]”特征则未被强调其社会属性，而被强调其个体性，在属性上具体化了。“[−个体]”特征反之。

以下两组例子反映的一个同现规律或可旁证主语“[±个体]”特征与正式性的关联：“指量短语+NP”构成的同位语可出现在非正式体中的主语(具有“[+个体]”特征)之后，但不能出现在正式体中的主语(具有“[-个体]”特征)之后，否则语体上将不可接受。如：

(18) a.“那是因为你总不搭理人家人家生你气了。”(BCC语料库：对话)

b.“那是因为你这个人总不搭理人家人家生你气了。”

(19) a.“国际社会一直把中国的这种做法作为一种最佳实践加以肯定，也作为一种最佳模式加以推广。”他说。(《人民日报》2017-11-04)

b. *“国际社会那些人/那些国家一直把中国的这种做法作为一种最佳实践加以肯定，也作为一种最佳模式加以推广。”他说。

“指量短语+NP”结构在语义上起到将其同位成分具体化的作用①。非正式体中主语([+个体])对该结构同位语的接纳，以及正式体中主语([-个体])对该结构同位语的排斥，反映了对两种语义特征的主语具体化的不同可能性；这一表现也进一步说明了“[±个体]”特征与时空素的直接关联。

以上内容说明“[±个体]”特征影响频率副词正式性的本质是：主语具体化或个体化要素的多少/强弱影响着与之搭配的频率副词的正式性；频率副词与时空素少的主语搭配时，文本更为正式，与时空素多的主语搭配时，文本更加不正式。这种现象背后的语体原理正是“时空律”。

4 谓语的“变化性”特征与频率副词内部的正式性分化

4.1 “变化性”特征的定义及其与频率副词正式性的关系

“变化性”特征指频率副词所修饰的谓语是否在短时间内易发生

① 直接体现的是数量上的具体化，伴随数量而具体化的还有其属性。

动作或状态的改变，记作“[±变化]”。当频率副词所修饰的谓语在短时间内易于改变，具有“[+变化]”特征；当频率副词所修饰的谓语在短时间内不易改变，具有“[-变化]”特征。

频率副词所修饰的谓语具有“[+变化]”特征时，频率副词具有非正式性。如：

（20）“我始终记得我抱着你哭，那种，真的，比我见哪些明星都激动”。（BCC 语料库：对话）

（21）我一直想去重庆！（BCC 语料库：对话）

（22）“那是因为你总不搭理人家人家生你气了”。（BCC 语料库：对话）

（23）“一家四口，刘烨最丑”，“老说这句烦不烦”。（BCC 语料库：对话）

例（20）—例（23）中频率副词所修饰的谓语分别是“记得我抱着你哭”“想去重庆”“不搭理人家”“说这句话”，这些短语所代表的动作或状态都有较强的动作性，有条件在短时间内改变。以上 4 个例句中频率副词所修饰的谓语都具有“[+变化]”特征，都对应着频率副词的非正式性用法。试对比：

（24）中国坚定不移走和平发展道路，在扩大开放中深化与各国友好合作，中国始终是促进世界和平稳定与发展繁荣的重要力量。（李克强《2020 政府工作报告》）

（25）李岚清说，中芬建交以来关系一直很好，两国经贸往来也在不断增多，两国在经贸领域的合作仍有很大的潜力。（《人民日报》1995－04－27）

（26）对文学的限定总来自文学之外，政治的，社会的，伦理的，习俗的，都企图把文学裁剪到各种框架里，好作为一种装饰。（高行健《文学的理由》）

例（24）—例（26）中频率副词所修饰的谓语分别是“是促进世界和平稳定与发展繁荣的重要力量”“很好”“来自文学之外”，这些短语描述的动作或状态难以在短时间内发生改变。以上 3 句中频率副词所修饰的谓语都具有“[-变化]”特征，对应着频率副词的正式性用法。

综上所述,“变化性”特征(“[±变化]”)指频率副词所修饰的谓语是否在短时间内易改变。当频率副词所修饰中心语的主语具有“[-变化]”特征,则对应频率副词的正式性用法;频率副词所修饰中心语的主语具有“[+变化]”特征时,对应相应频率副词的非正式性用法。

4.2 频率副词所修饰谓语的“变化性”特征对应的单个频率副词内部正式性

通过4.1分析发现,除主语的“[±个体]”特征外,“始终”“一直”“总”“老”四个频率副词内部的正式性(“正式/非正式”)与频率副词所修饰谓语的“[±变化]”特征亦相关。详见表3:

表3 频率副词例句正式性与“[±个体]”“[±变化]”特征对应表①

频率副词	正式性	例句	[±个体]	[±变化]
始终	正式	中国坚定不移走和平发展道路,在扩大开放中深化与各国友好合作,中国始终是促进世界和平稳定与发展繁荣的重要力量。	[-个体]	[-变化]
	非正式	“我始终记得我抱着你哭,那种,真的,比我见哪些明星都激动”。	[+个体]	[+变化]
一直	正式	李岚清说,中芬建交以来关系一直很好,两国经贸往来也在不断增多,两国在经贸领域的合作仍有很大的潜力。	[-个体]	[-变化]
	非正式	我一直想去重庆!	[+个体]	[+变化]

① 表3例句中,频率副词加单下画线,反映“[±个体]”特征的成分加双下画线,反映“[±变化]”特征的成分加波浪下画线。

（续表）

频率副词	正式性	例句	[±个体]	[±变化]
总	正式	对文学的限定总来自文学之外，政治的，社会的，伦理的，习俗的，都企图把文学裁剪到各种框架里，好作为一种装饰。	[-个体]	[-变化]
	非正式	“那是因为你总不搭理人家人家生你气了”。	[+个体]	[+变化]
老	非正式	“一家四口，刘烨最丑”，“老说这句烦不烦”。①	[+个体]	[+变化]

表3所呈现的频率副词正式性与“[±个体]”“[±变化]”特征对应关系可精简为表4：

表4　频率副词正式性与“[±个体]”“[±变化]”特征对应关系

频率副词	正式性	[±个体]特征	[±变化]特征
始终	正式	[-个体]	[-变化]
	非正式	[+个体]	[+变化]
一直	正式	[-个体]	[-变化]
	非正式	[+个体]	[+变化]
总	正式	[-个体]	[-变化]
	非正式	[+个体]	[+变化]
老	非正式	[+个体]	[+变化]

① 该例句中主语没有直接出现，但隐含的主语是谈话对方，而例句中谈话对方是未被强调社会属性的人类个体，因此对应“[+个体]”。

表3、表4中有关“[±变化]”特征的现象可总结为三点。其一,“[±变化]”特征与“始终”“一直”“总”“老”四个频率副词的正式性有关:“[-变化]”特征发生时,频率副词为所在的正式体文本贡献正式度,为正式体用法;“[+变化]”特征发生时,频率副词所在文本为非正式体,为非正式体用法。其二,“始终”“一直”“总”这三个频率副词内部,各自随“[±变化]”特征的正负两种取值,对应出现了正式性的分化:“[-变化]”特征都对应“始终”“一直”“总”中每个频率副词在正式体文本中的用法,“[+变化]”特征都对应相应频率副词在非正式体文本中的用法。其三,频率副词“老”内部没有与“[±变化]”特征相关的正式性分化。

通过以上关于“[±变化]”特征的讨论,可以看出:“[±变化]”特征与“始终”“一直”“总”“老”四个频率副词的正式性有对应关系,这几个频率副词中的每个频率副词,若其内部有正式性分化,则可通过“[±变化]”特征呈现出来。但“[±变化]”特征还不能向我们呈现不同频率副词之间正式度孰高孰低。从表3、表4也可看出,上述分析中呈现的频率副词正式性与“[±变化]”特征的对应关系同频率副词正式性与“[±个体]”特征对应关系一致。

4.3 “[±变化]”特征背后的时空律

上文讨论了“[±变化]”特征与“始终”“一直”“总”“老”四个频率副词正式性的对应关系,得出:“[-变化]”特征对应频率副词的正式用法;“[+变化]”特征对应频率副词的非正式用法。该特征会造成除“老”之外几个频率副词内部的正式性分化。

“变化性”特征指频率副词所修饰的谓语是否在短时间内易发生动作或状态的改变。变化发生在时空当中,具有“[+变化]”特征的谓语动作性较强,语义中有更多时空素,根据时空律,对应非正式体；具有“[-变化]”特征的谓语反之。与之相应的分布规律是，频率副词修饰“[+变化]”特征谓语时，也能与时空素多的其他状语同现：

（27）a. 我一直想去重庆！（BCC 语料库：对话）

b. 我一天到晚一直想去重庆！

频率副词修饰“[-变化]”特征谓语时，不能与时空素多的其他状语同现：

（28）a. 对文学的限定总来自文学之外，政治的，社会的，伦理的，习俗的，都企图把文学裁剪到各种框架里，好作为一种装饰。（高行健《文学的理由》）

b. ＊ 对文学的限定一天到晚总来自文学之外，政治的，社会的，伦理的，习俗的，都企图把文学裁剪到各种框架里，好作为一种装饰。

上述例子用同现的状语侧面说明，谓语的“[±变化]”特征与时空素的多少相关，“变化性”特征影响频率副词正式性背后亦是时空律在起作用。

5 频率副词“有界性”特征与频率副词的正式度分化

5.1 “有界性”特征的定义及其与频率副词正式度的关系

“有界性”特征指频率副词在上下文中涉及的时间范围能否找出边界，记作“[±有界]”。所涉及时间范围可指出（不论清晰与否的）时间边界时，频率副词对应“[+有界]”特征；无法找出所涉及时间范围的边界时，对应“[-有界]”特征。请看例（29）—例（34）：

（29）2008 年金融危机发生后，美欧日等主要发达经济体深陷萎缩，中国经济率先于 2009 年第二季度复苏，并始终保持中高速增长，有效带动了全球经济复苏。（《北京青年报》2020-07-19）

（30）“我始终记得我抱着你哭，那种，真的，比我见哪些明星都激动”。

（BCC 语料库：对话）

（31）李岚清说，中芬建交以来关系一直很好，两国经贸往来也在不断增多，两国在经贸领域的合作仍有很大的潜力。（《人民日报》1995－04－27）

（32）“网络不发达的时候我一直以为南方没有冬天”，“别说了，我也这样以为的！”（BCC 语料库：对话）

（33）“那是因为你总不搭理人家人家生你气了。”（BCC 语料库：对话）

（34）北大村村主任王小祥告诉记者，以前老认为自己是村民选出来的，重大事情能做主，很少与支书沟通，结果啥事也不成。（《人民日报》2001－05－13）

以上都是频率副词对应“[＋有界]”特征的例子。例（29）中，“始终”对应时间段的起始边界不早于“2009 年第二季度”，末尾边界不明确；例（30）中，“始终”对应时间段的起始边界不明确，但其末尾边界是“说话时”；例（33）中“总”对应的时间段同样起始边界不明确而以“说话时”为末尾边界；例（31）中，“一直”对应时间段的起始边界是“中芬建交之时”，末尾边界是“说话时”；例（32）中，“一直”对应的时间段是“网络不发达的时候”，起始边界不明确①，末尾边界一定在“说话时”之前；例（34）中，“老”对应时间段是“以前”，起始边界不明确，末尾边界也是“说话时”之前的某时。

以上具有“[＋有界]”特征的例子中，频率副词涉及的时间段，有的始、末边界都能找出，有的只能找出始、末边界二者之一；被指出的边界中，有的边界时间清晰，有的边界较为模糊。但它们都具有“能找到时间边界”的共同点，正是这点使其具有“[＋有界]”特征。

① 例（30）中“一直”对应的起始边界似乎可说成“网络出现之后、发达普及之前”，但这仍是模糊的。理论上，文本内容足够充足时，“[＋有界]”特征的边界能够在时间轴上明确标示，而“网络不发达的时候”只可能缩小起始边界所在位置的范围，无法在时间轴上明确标示，因此本文认为其起始边界不明确。

具有“[+有界]”特征的频率副词在正式体文本[如例(29)、例(31)]与非正式体文本[如例(30)、例(32)、例(33)、例(34)]中都有出现,但具有“[-有界]”特征的频率副词只出现在正式体文本中。请看:

(35) 中国坚定不移走和平发展道路,在扩大开放中深化与各国友好合作,中国始终是促进世界和平稳定与发展繁荣的重要力量。(李克强《2020政府工作报告》)

(36) 始终把改善人民生活放在各项工作的首位,解决好人民群众最关心、最直接、最现实的利益问题。(温家宝《在庆祝中华人民共和国成立六十二周年招待会上的讲话》)

(37) ……把全面从严治党的要求进一步落到实处,确保党始终成为中国特色社会主义事业的坚强领导核心。(习近平《在学习〈胡锦涛文选〉报告会上的讲话》)

(38) 就我的出生、使用的语言而言,中国的文化传统自然在我身上,而文化又总同语言密切相关,从而形成感知、思维和表述的某种较为稳定的特殊方式。(高行健《文学的理由》)

(39) 对文学的限定总来自文学之外,政治的,社会的,伦理的,习俗的,都企图把文学裁剪到各种框架里,好作为一种装饰。(高行健《文学的理由》)

例(35)—例(39)是频率副词对应“[-有界]”特征的例子。这些例子中,无法指出频率副词所涉及时间段哪怕模糊的边界。研究对象中,目前发现对应“[-有界]”特征的频率副词只有“始终”和“总”。

5.2 频率副词“有界性”特征与频率副词正式度的对应关系

由5.1分析可知,“始终”“一直”“总”“老”四个频率副词内部的正式度与频率副词在上下文中涉及的时间范围(“[±有界]”特征)相关。详见表5:

表 5　频率副词例句正式度与“[±有界]”特征对应表①

频率副词	正式性	例句	[±有界]
始终	正式	2008 年金融危机发生后，美欧日等主要发达经济体深陷萎缩，中国经济率先于 2009 年第二季度复苏，并始终保持中高速增长，有效带动了全球经济复苏。	[+有界]
		中国坚定不移走和平发展道路，在扩大开放中深化与各国友好合作，中国始终是促进世界和平稳定与发展繁荣的重要力量。	[-有界]
		始终把改善人民生活放在各项工作的首位，解决好人民群众最关心、最直接、最现实的利益问题。	[-有界]
		……把全面从严治党的要求进一步落到实处，确保党始终成为中国特色社会主义事业的坚强领导核心。	[-有界]
	非正式	“我始终记得我抱着你哭，那种，真的，比我见哪些明星都激动。”②	[+有界]
一直	正式	李岚清说，中芬建交以来关系一直很好，两国经贸往来也在不断增多，两国在经贸领域的合作仍有很大的潜力。	[+有界]
	非正式	“网络不发达的时候我一直以为南方没有冬天”，“别说了，我也这样以为的！”	[+有界]
总	正式	就我的出生、使用的语言而言，中国的文化传统自然在我身上，而文化又总同语言密切相关，从而形成感知、思维和表述的某种较为稳定的特殊方式。	[-有界]

① 表 5 例句中，频率副词加单下画线，反映“[±有界]”特征的成分加双下画线（实际上只有反映“[+有界]”特征的成分被标示出来，因为“[+有界]”特征可以在上下文中找到呼应其语义的成分，而“[-有界]”特征在上下文中没有语义上与其呼应的成分）。

② 该句末尾边界在“说话时”之前，但其信息未在句中直接出现。

（续表）

频率副词	正式性	例句	[±有界]
总	正式	对文学的限定总来自文学之外，政治的，社会的，伦理的，习俗的，都企图把文学裁剪到各种框架里，好作为一种装饰。	[-有界]
	非正式	“那是因为你总不搭理人家人家生你气了。”	[+有界]
老	非正式	北大村村主任王小祥告诉记者，以前老认为自己是村民选出来的，重大事情能做主，很少与支书沟通，结果啥事也不成。	[+有界]

表5所呈现的频率副词正式度与“[±有界]”特征对应关系可精简如表6：

表6　频率副词正式度与“[±有界]”特征对应关系

频率副词	正式性	[±有界]特征
始终	正式	[+有界][-有界]
	非正式	[+有界]
一直	正式	[+有界]
	非正式	[+有界]
总	正式	[-有界]
	非正式	[+有界]
老	非正式	[+有界]

表5、表6中的现象可总结为两点。其一，“[±有界]”特征与频率副词的正式度有关：“[+有界]”特征可发生在正式体文本或非正

式体文本中;"[-有界]"特征不发生于非正式体文本中,"[-有界]"特征发生时,频率副词为所在文本贡献较高正式度。其二,不同于"[±个体]"与"[±变化]"特征,"[±有界]"特征没有在每个频率副词内部造成正式性分化的功能属性,但它能使一个频率副词与另一个频率副词拉开正式度的差距,例如,使"始终"正式度高于"一直",使"总"正式度高于"老"。

通过以上关于"[±有界]"特征的讨论,可以看出:"[±有界]"特征与"始终""一直""总""老"四个频率副词的内部正式性分化无关,而与不同频率副词之间的正式度差异相关。作为文本研究对象的频率副词,具有"[+有界]"特征的,正式度不一定低;但具有"[-有界]"特征的,正式度一定更高。

5.3 "[±有界]"特征背后的时空律

上文讨论了"[±有界]"特征与"始终""一直""总""老"四个频率副词正式度的对应关系,得出:"[-有界]"特征对应频率副词的正式用法;"[+有界]" 特征对应频率副词的非正式用法。该特征未在每个频率副词内部造成正式性分化,但在频率副词之间拉开了正式度差距。

"有界性"特征指频率副词在上下文中涉及的时间范围能否找出边界。一段时间最多存在两个边界,叙述时间时,时间边界具备得越齐全,所涉及的时间段在客观时间线上锚定的位置越明确。因此,"[±有界]"特征本质上是关于时间的"时空素",其出现得更充分时("[+有界]"),正式度也更低。由此可知,"[±有界]"特征影响频率副词正式度,本质上也是时空律在起作用。

6 频率副词“将来性”特征与频率副词的正式度分化

6.1 “将来性”特征的定义及其与频率副词正式度的关系

“将来性”特征指频率副词在上下文中涉及的时间范围所属时间段是否为“将来”，或是否侧重表示“将来”，记作“[±将来]”。所涉及时间段为“将来”，或侧重表示“将来”的频率副词，对应“[+将来]”特征；所涉及时间段为“非将来(过去或现在)”，或侧重表示“非将来”的频率副词，对应“[-将来]”特征。请看例(40)—例(45)：

(40) 2008 年金融危机发生后，美欧日等主要发达经济体深陷萎缩，中国经济率先于 2009 年第二季度复苏，并始终保持中高速增长，有效带动了全球经济复苏。(《北京青年报》2020－07－19)

(41) 昨晚我从 11 点半开始打一直断断续续打到过了 12 点！始终打不进！(BCC 语料库：对话)

(42) 近年来，中国经济对世界经济增长的贡献率一直保持在 30%以上，超过美国、欧元区和日本贡献率的总和，是拉动世界经济复苏和增长的重要引擎。(《北京青年报》2020－07－19)

(43) “我也买了小花瓶但一直忘记买花……”(BCC 语料库：对话)

(44) “那是因为你总不搭理人家人家生你气了。”(BCC 语料库：对话)

(45) “一家四口，刘烨最丑”，“老说这句烦不烦”。(BCC 语料库：对话)

以上是频率副词对应“[-将来]”特征的例子。例(40)、例(41)和例(42)中都有明确表过去时间的短语，可判断其中频率副词对应“[-将来]”特征。例(43)中，“一直”上文动词“买”之后有表示动作完成的动态助词“了”，其所在小句与“一直”所在小句并列，且句中没有表示不同时态的其他成分，可说明“一直”所指示的时间是过去；例(44)中，频率副词“总”用于说明原因的小句中，上文有表原因的关联词“因为”，且没有表示将来的成分，因此“总”指示的时间是非将来;例(45)“老”的下文有指示代词短语“这句”,而“这句”的所指是已然存在的、已知的,且该句是通过反问做出判断,判断对象也是已然存在的,这些可说明例(45)中“老”所指示的时间也是非将来。且例(43)—例(45)频率副词都不能与表将来的成分同现:

(43') *“我也买了小花瓶但今后一直忘记买花……”(BCC 语料库:对话)

(44') *“那是因为你以后总不搭理人家人家生你气了。”(BCC 语料库:对话)

(45') “一家四口,刘烨最丑”,*“以后老说这句烦不烦”。(BCC 语料库:对话)

因此例(43)—例(45)中的频率副词也对应“[-将来]”特征。“[-将来]”特征的频率副词既可出现于正式体文本[如例(40)、例(42)],也可出现于非正式体文本[如例(41)、例(43)、例(44)、例(45)];“[+将来]”特征的频率副词却只出现在正式体文本中。请看:

(46) 各级政府要始终坚持实事求是,牢牢把握社会主义初级阶段这个基本国情,遵循客观规律,一切从实际出发,立足办好自己的事。(李克强《2020 政府工作报告》)

(47) 这次疫情危机让我们更加深刻地认识到,科学研究要始终紧紧围绕解决人类社会生存与发展的问题而展开。(郝平《激扬青春 开创未来——在北京大学 2020 年毕业典礼上的讲话》)

(48) 在前进道路上,我们要根据新的实践不断进行新的探索,使我们党的理论不断向前发展,不断为实践提供新的理论指导,保证我们党始终走在时代前列。(习近平《在学习〈胡锦涛文选〉报告会上的讲话》)

(49) 文学之超越意识形态,超越国界,也超越民族意识,如同个人的存在原本超越这样或那样的主义,人的生存状态总也大于对生存的论说与思辨。(高行健《文学的理由》)

例(46)在内容上是针对政府工作提要求,频率副词“始终”之前有助动词“要”,表示做某件事的意志,也表示“须要,应该”①,是针对

① 参《现代汉语词典》第 7 版。

未然事实而言；例(47)、例(48)频率副词“始终”之前也出现助动词“要”，表示做某件事或保持某种状态的意志或必要性，是针对未然事实而言，例(48)上文还有针对未然情况的“保证”一词；例(49)描述的是说话者所认为的客观规律，有“过去、现在如此，将来也如此”之意，在频率副词“总”之前可加入状语“在过去、现在与将来”，也可说明此处频率副词“总”对“[+将来]”特征的容纳：

(50) 人的生存状态，在过去、现在与将来，总也大于对生存的论说与思辨。

综上，如例(46)—例(49)这样的句子，频率副词所涉及的“[±将来]”特征都呈现为“[+将来]”，所出现的文本都具有颇高的正式性。与“[±有界]”特征类似，研究对象中目前发现对应“[+将来]”特征的频率副词只有“始终”和“总”。

6.2 频率副词“将来性”特征与频率副词正式度的对应关系

上述(6.1部分)分析表明，除主语的“[±有界]”特征外，“始终”“一直”“总”“老”四个频率副词的正式度与频率副词在上下文中所涉及时间范围的“[±将来]”特征亦相关。详见表7：

表7 频率副词例句正式度与“[±有界]”“[±将来]”特征对应表①

频率副词	正式性	例句	[±有界]	[±将来]
始终	正式	2008年金融危机发生后，美欧日等主要发达经济体深陷萎缩，中国经济率先于2009年第二季度复苏，并始终保持中高速增长，有效带动了全球经济复苏。	[+有界]	[-将来]

① 表7例句中，频率副词加单下画线，反映“[±有界]”特征的成分加双下画线，反映“[±将来]”特征的成分加波浪下画线，既反映“[±有界]”特征又反映“[±将来]”特征的成分加双波浪下画线。

（续表）

频率副词	正式性	例句	[±有界]	[±将来]
始终	正式	各级政府要始终坚持实事求是，牢牢把握社会主义初级阶段这个基本国情，遵循客观规律，一切从实际出发，立足办好自己的事。	[-有界]	[+将来]
		这次疫情危机让我们更加深刻地认识到，科学研究要始终紧紧围绕解决人类社会生存与发展的问题而展开。	[-有界]	[+将来]
		在前进道路上，我们要根据新的实践不断进行新的探索，使我们党的理论不断向前发展，不断为实践提供新的理论指导，保证我们党始终走在时代前列。	[-有界]	[+将来]
	非正式	昨晚我从 11 点半开始打一直断断续续打到过了 12 点！始终打不进！	[+有界]	[-将来]
一直	正式	近年来，中国经济对世界经济增长的贡献率一直保持在 30% 以上，超过美国、欧元区和日本贡献率的总和，是拉动世界经济复苏和增长的重要引擎。	[+有界]	[-将来]
	非正式	"我也买了小花瓶但一直忘记买花……"	[+有界]	[-将来]
总	正式	文学之超越意识形态，超越国界，也超越民族意识，如同个人的存在原本超越这样或那样的主义，人的生存状态总也大于对生存的论说与思辨。①	[-有界]	[+将来]

① 该句中未直接出现体现"[+将来]"特征的材料，但该例句描述是说话者所认为的客观规律，有"过去、现在如此，将来也如此"之意，如前文所述，在频率副词"总"之前可加入状语"在过去、现在与将来"，说明此处频率副词"总"对"[+将来]"特征是容纳的。

（续表）

频率副词	正式性	例句	[±有界]	[±将来]
总	非正式	“那是因为你总不搭理人家人家生你气了”。	[+有界]	[-将来]
老	非正式	“一家四口，刘烨最丑”，“老说这句烦不烦”。	[+有界]	[-将来]

表 7 所呈现的频率副词正式度与“[±有界]”“[±将来]”特征对应关系精简如表 8：

表 8　频率副词正式性与“[±有界]”“[±将来]”特征对应关系

频率副词	正式性	[±有界]特征	[±将来]特征
始终	正式	[+有界] [-有界]	[-将来] [+将来]
	非正式	[+有界]	[-将来]
一直	正式	[+有界]	[-将来]
	非正式	[+有界]	[-将来]
总	正式	[-有界]	[+将来]
	非正式	[+有界]	[-将来]
老	非正式	[+有界]	[-将来]

表 7、表 8 中关于“[±将来]”特征的现象可总结为两点。其一，“[±将来]”特征与频率副词的正式度有关：“[-将来]”特征可见于正式体文本或非正式体文本；“[+将来]”特征只发生于正式体文本中，“[+将来]”特征发生时，频率副词所在文本具有较高正式度。其二，“[±将来]”特征没有在每个频率副词内部造成正式性分化的功

能属性，但它能使一个频率副词与另一个频率副词拉开正式度的差距，使“始终”正式度高于“一直”，使“总”正式度高于“老”。

通过以上关于“［±将来］”特征的讨论，可以看出：“［±将来］”特征与“始终”“一直”“总”“老”四个频率副词中每个频率副词内部正式性分化无关，而与不同频率副词之间的正式度差异相关。文本中具有“［-将来］”特征的频率副词，正式度可能高或低；但具有“［+将来］”特征的频率副词，正式度更高。由表7、表8也可看出，上述分析中呈现的频率副词正式度与“［±将来］”特征的对应关系同频率副词正式度与“［±有界］”特征的对应关系有一致性。

6.3 “［±将来］”特征背后的时空律

“将来性”特征指频率副词在上下文中涉及的时间范围是否为“将来”，或是否侧重表示“将来”。在6.1、6.2两部分中，通过分析频率副词的语义与上下文同现成分，讨论了“［±将来］”特征与“始终”“一直”“总”“老”四个频率副词正式度的对应关系，指出正式体文本或非正式体文本中都可以出现“［-将来］”特征，“［+将来］”特征只在正式体文本中出现。

“［±将来］”特征与用于具体化或个体化事件与物体的时空素之间的关系在于，“［+将来］”涉及的时间尚未实现，其时空中的一切属于“未知”，而非“［-将来］”所涉及时空中的“已知”。“已知”与“未知”的区别在于能否在时空中具体化。不能在时空中具体化的，时空素必然更少，正式度更高；能在时空中具体化的，至少有获得更多时空素的可能性，也自然有更多低正式度的可能性。可见“［±将来］”特征影响频率副词正式度，背后也是时空律的作用。

7 结语

“[±个体]”“[±变化]”“[±有界]”“[±将来]”四项特征影响着“始终”“一直”“总”“老”四个频率副词的正式性和正式度，这些特征与四个频率副词的正式性、正式度对应关系如表9所示：

表9 四项特征与四个频率副词正式性、正式度的对应关系

频率副词	文本正式性	[±个体]特征	[±变化]特征	[±有界]特征	[±将来]特征
始终	正式	[-个体]	[-变化]	[+有界] [-有界]	[-将来] [+将来]
	非正式	[+个体]	[+变化]	[+有界]	[-将来]
一直	正式	[-个体]	[-变化]	[+有界]	[-将来]
	非正式	[+个体]	[+变化]	[+有界]	[-将来]
总	正式	[-个体]	[-变化]	[-有界]	[+将来]
	非正式	[+个体]	[+变化]	[+有界]	[-将来]
老	非正式	[+个体]	[+变化]	[+有界]	[-将来]

由前文论述结合表9可见：“始终”“一直”“总”三个频率副词，内部都有“正式/非正式”的正式性对立，“老”一词内部没有正式性的对立。四个频率副词的正式性都与“[±个体]”与“[±变化]”特征有关，“[±有界]”与“[±将来]”两项特征则拉开了词与词之间的正式度差距。其中，“[±个体]”特征是从数量与“具体/抽象”的个体属性上描述频率副词所修饰中心语的主语（或主语的领有者）的具体化程度；“[±变化]”特征描述频率副词所修饰的谓语是否在短时间内

易发生动作或状态的改变,而动作或状态短时间内易于发生的改变,就是具体时空要素的改变;“[±有界]”特征是从时间锚点的具体化程度描述频率副词涉及的时间段;最后,“[±将来]”特征是从时间轴上的位置反映频率副词涉及时间段中时空要素的已知/未知情况。结合“时空律”的概念“时空标记越少,或具有时空要素的语言单位所含‘时空素’越少,则越正式,反之亦然”与“时空素”的概念“指表时间、地点、工具、数、量、所示等具体化或个体化事件与物体的要素”可知,上述语义特征对频率副词正式性/正式度的影响,背后正是“时空律”体原子的作用;具体而言,“时空律”在语义上影响语言形式正式性/正式度的方式是,增加或减少帮助相应语言形式在时空中具体化的要素(时空素)。

此处需指出一个问题。前文论述得出,“[±个体]”“[±变化]”“[±有界]”的负向特征和“[±将来]”的正向特征都能让频率副词获得正式性或更高的正式度,据此,似乎可推出:“[-个体]”“[-变化]”“[-有界]”与“[+将来]”这几个特征越多的频率副词,正式性越强、正式度越高。然而表9中,正式体的“总”具有的正式特征多于正式体的“一直”,但用法最正式的“总”当中,存在可以被“一直”替换的情况(对比:“对文学的限定总来自文学之外……”“对文学的限定一直来自文学之外……”),最正式的“一直”却不能被“总”替换(对比:“中芬两国建交以来,关系一直很好。”“*中芬两国建交以来,关系总很好。”)。因此,具有更多上述正式性特征的“总”,正式度并不高于正式性特征更少的“一直”。对此,本文认为:“始终/一直”与“总/老”的语体对立是语音相关的体原子(单双音节对应律)赋予的。语音相关体原子一致的语言单位内部,才有有效的语义相关体原子的对立。因此,“[±有界]”“[±将来]”的作用是在语音体原子对等的单位内部彼此拉开正式度的差距,“[±个体]”“[±变化]”的作用是在每个语言形式内造成正式性的分化。根据全文论述，结合单双音节对应律[汉语单双音节对应之词，单音节具口语性，双音节均具正式性（冯胜利，刘丽媛 2020）]的影响，可判断“始终”“一直”“总”“老”四个频率副词的正式属性由强及弱为：

始终 > 一直 > 总 > 老①

如果是这样，那么：（1）不同体原子发挥作用或有先后之别；（2）同一体原子可能在不同层次会发挥不同程度的作用。这些问题都值得进一步挖掘。

参考文献

丁淑娟. 2004. 现代汉语频率副词研究. 延边大学博士学位论文.

冯胜利. 2010. 论语体的机制及其语法属性. 中国语文，(5)：400-412+479.

冯胜利. 2011. 语体语法及其文学功能. 当代修辞学，(4)：1-13.

冯胜利. 2012. 语体语法：“形式—功能对应律”的语言探索. 当代修辞学，(6)：3-12.

冯胜利. 2015. 语体语法的逻辑体系及语体特征的鉴定. 汉语应用语言学研究：1-21.

冯胜利. 2018. 汉语语体语法概论. 北京：北京语言大学出版社.

冯胜利，施春宏. 2018. 论语体语法的基本原理、单位层级和语体系统. 世界汉语教学，(3)：302-325.

冯胜利，刘丽媛. 2020. 论语体语法的生物原理与生成机制. //北京师范大学民俗典籍文字研究中心编. 民俗典籍文字研究（第六辑）. 北京：商务印书馆：76-103.

关键. 2002. “一直”“总”“老”的比较研究. 汉语学习，(3)：19-23.

李小亚. 2016. 面向对外汉语教学的时间副词“始终”、“一直”、“一向”、“一贯”的

① “>”表示“（正式程度）强于/高于”。

对比研究. 吉林大学博士学位论文.
骆健飞. 2020. 汉语单双音节对应动词的时空义素研究——以“手”部动词为例. 汉语学习,(3):92-101.
吕叔湘. 1999. 现代汉语八百词(增订本). 北京:商务印书馆.
马文津. 2019. 单双音节动作动词的义素与语体对应关系研究. 香港中文大学博士学位论文.
王永娜. 2010a. 汉语书面正式语体的语法手段. 北京语言大学博士学位论文.
王永娜. 2010b. 汉语表短时体的动词重叠的韵律机制和语体动因. 汉语学习,(4):65-75.
王永娜. 2011. 书面语体“V+向/往+NP”的构成机制及句法特征分析. 华文教学与研究,(3):64-69.
王永娜. 2012a. 书面语体“和”字动词性并列结构的构成机制. 世界汉语教学,(2):188-197.
王永娜. 2012b. 非计量“一+量词”语法功能与语体构成机制. 汉语学习,(6):55-60.
王永娜,冯胜利. 2015. 论“当”“在”的语体差异——兼谈具时空、泛时空与超时空的语体属性. 世界汉语教学,(3):310-324.
薛宇. 2013. 持续类时间副词及其习得偏误研究. 黑龙江大学博士学位论文.
张丹. 2011. 时间副词“一直”、“总是”、“老是”的比较研究. 延边大学博士学位论文.
张谊生,邹海清,杨斌. 2005. “总(是)”与“老(是)”的语用功能及选择差异. 语言科学,(1):31-39.
中国社会科学院语言研究所词典编辑室. 2016. 现代汉语词典(第7版). 北京:商务印书馆.

第四章

体原子在"句调素 intoneme"中的作用

【编者按】"句词句末语气词-句调变体论"的发明(句末语气词是句调的变体,冯胜利 2014),促发了/着一系列的新型研究(句法上的 CP、VP&VP,以及不同方言中的句末语气词等)。语体语法更得益于此:"V 不 V"(吃不吃?)和"V 吗"(吃吗?)都是疑问形式,但区别何在?哪种结构和哪种语体原本"长"在一起?哪种语体让哪些结构"合"在一起?在韵律语体语法理论的体系下,如果不在口语的区域、没有韵律的允准,两句不能紧缩(紧缩句),两意不能相合(意合法)。在 CP 语调素 intoneme 的区域里,体原子活动频繁,语体语法也因之大有文章可做。本章论文只是一个开头,将来之"大观蔚然"则指日可待!

体原子理论下的疑问句分析
——以"'VP 不/没 VP'类""VP 吗""是否 VP"为例[*]

段清钒

摘　要　文章从语体语法理论出发,指出"'VP 不/没 VP'类""VP 吗""是否 VP"三类疑问句的语体特征是不同体原子作用的结果,并对这三类结构进行体原子的分析,具体发现如下:第一,"单调律"决定了"'VP 不/没 VP'类"的口语性;树图首尾律决定了"VP 吗"的口语性;古今律决定了"是否 VP"的庄典性/正式性。第二,"树图首尾律、单调律、离核律"三大体原子的不同作用,使得"'VP 不/没 VP'类"与"VP 吗"之间的口语度存在差异,并进一步论证了"V 不 VP""VP 不 VP""VP 不 V""VP 不""VP 吗"的口语度呈递增趋势。第三,运用"时空律""单双音节对应律""短弱律""成分追加律"论证了正反问句"'VP 不/没 VP'类"与"是否 VP"之间的语体对立。

关键词　体原子　"VP 不/没 VP"类　VP 吗　是否 VP

* 本文得到冯胜利老师的指导,尤其是对"VP 吗"及"VP 不/没 VP"结构中所含体原子的分析提供了思路,谨致谢忱!感谢王迟老师与审稿人给本文提出的宝贵意见。文中如有错误,概由笔者负责。

1 引言

在进行询问且期望答者使用肯定或否定义回答时,可用如下表达形式:

(1) 吃饭吗?①

(2) 吃饭不吃饭?

(3) 是否用餐?

以上三例可以归纳为"VP 吗""'VP 不/没 VP'类"②"是否 VP"三种疑问格式。就三者的结构而言,"VP 吗"属于是非问,而"'VP 不/没 VP'类"是正反重叠问,即肯定的"VP"与否定的"VP"进行重叠。"是否 VP"中的"是否"表达的也是正反的语义,直接运用了一个否定词代替否定形式,且"是否"在此已经固化为一个副词。

前人对三类结构的语体研究如下:第一,关于"'VP 不/没 VP'类"的语体研究,宋艳欣(2018)认为"VP 不 VP"格式起初在口语中出现,后有在书面语中使用的情况。杨玉玲(2020)对"V 不 VO"及"VO 不 VO"在 CCL 与 BCC 两大语料库中的使用频次进行统计,发现"V 不 VO"的使用频率远远高于"VO 不 VO",并根据语料库证实"V 不 VO"口语色彩较浓,而"VO 不 VO"书面语色彩较浓。第二,对"是否 VP"的语体研究,大多集中于将"是否 VP"与"是不是 VP"看作语体对立的情况。杨桦(1996),刘清平、储泽祥(2009),周延松(2010)都认为"是否 VP"与"是不是 VP"存在书面语体与口语体的对立,且刘文与周文还指出"是否是"与"是不是"同样存在书面语与口语的语体对立。第三,对于"VP 吗"语体的研究,并

---

① 例(1)—例(3)为自编句。文中例句如无特别说明,均来自 BCC 语料库。

② 本文用"'VP 不/没 VP'类"代表"VP 不/没 VP""VP 不/没 V""VP 不/没""V 不/没 VP"四种结构。

未直接涉及。但是有学者将“VP 吗”结构与“VP 不/没 VP”结构进行比较研究。吕叔湘(1992)指出“VP 吗”句倾向于怀疑,正反问是实事求是的询问。邵敬敏(2012)指出“吗”字是非问的信疑度为:99%≥疑≥51%,1%≤信≤49%;正反问疑=50%,信=50%。可以看出,相对正反问,“吗”字是非问的疑问度更高,疑问程度更强。从中也可以看出“VP 吗”疑问句“VP 不/没 VP”句有诸多不同。上述文献主要有以下特点:对“‘VP 不/没 VP’类”语体研究集中于其内部小类,但是并没有从句法的角度进行分析;对“是否 VP”的语体研究大多是将其与“是不是 VP”对立起来研究,而没有从语体角度与“‘VP 不/没 VP’类”进行对比研究;对“VP 吗”的研究主要是将其与“‘VP 不/没 VP’类”的语用功能进行对比研究。其语用功能的不同均从一定程度反映它们之间的语体差异,但是上述研究并未进一步探讨这三类结构语体差异的成因,因此也未触及语体语法研究领域。本文认为此三类结构语体差异与其句法形式所带有的体原子有着密不可分的关系。

除了对上述语体研究的介绍外,还有必要提及学者对“‘VP 不/没 VP’类”生成机制的研究,这对下文从句法角度对语体进行研究提供了基础。对于“‘VP 不/没 VP’类”相关格式的生成,最具代表性的是,黄正德(1988)将“V 不 VP”与“VP 不 V”分开讨论,并认为二者的生成机制不同,“VP 不 V”是通过并列删除而来,“V 不 VP”是通过屈折重叠而来;王迟(2018)从韵律句法的角度证明“VP 不 V”“VP 不”是由“VP 不 VP”删略而来,并从历时角度说明“V 不 VP”是在“VP 不 VP”单句化后由于其空宾语形式“V 不 V”被后代认作正反重叠,因此成为一种通过重叠构成正反问的语法手段。可以看出,“‘VP 不/没 VP’类”内部结构的生成机制确有差异。

另外,对“‘VP 不/没 VP’类”正反问句的来源研究也对本文有所启发,本文只举两例。朱德熙(1982)指出汉语的疑问句有是非问、特指问句和选择问句,而反复问句是选择问句的一种,即认为正反问就是选择问。王迟(2018)运用核心重音原则(G-NSR)的相关理论,从历时角度论证汉语的正反问来源于处于包孕句中的选择问。可以看出,选择问与正反问之间确实关系密切。

那么三类结构之间语体差异的成因是什么?本文运用语体语法理论,采用冯胜利、刘丽媛(2020)提出的体原子理论对其语体差异进行分析。第二节主要论证"单调律"和"树图首尾律"下分别产生"'VP 不/没 VP'类""VP 吗"两个口语形式,"古今律"下产生"是否 VP"这一庄典形式。第三节运用"单调律""离核律"及"树图首尾律"分析了"V 不/没 VP""VP 不/没 VP""VP 不/没 V""VP 不/没""VP 吗"的口语度序列。第四节运用"短弱律""单双音节对应律""时空律""成分追加律"分析了非正式体"'VP 不/没 VP'类"与正式体"是否 VP"的语体对立。

2 何种体原子决定三类疑问句的语体属性

"V 吗""'VP 不/没 VP'类""是否 VP"这三类疑问形式各自都带有语体特征,所以本文通过体原子分析其语体属性的成因。

2.1 单调律决定"'VP 不/没 VP'类"的口语性

冯胜利、刘丽媛(2020)指出单调律是指"缩短句法单位的标准长度以满足'一句一调一动'的运作结果,均具口语的属性"。"一句一调一动"是由现代汉语管辖式核心重音的指派规则所决定的。Feng(1995,2003)提出中古汉语的核心重音指派规则由谓语动词指派,称为"管辖型核心重音指派规则"(简称 G-NSR),具体来说就是动词把核心重音指派给其直接管辖的补述语。由此,冯胜利(2017)

深入讨论了上古汉语[VP 而 VP]句式的消失是由于汉语核心重音从上古 C-NSR① 到中古 G-NSR 的转变,使得"而"字失去了并列的作用,并进一步提出现代汉语"一调一动"或者"一句一调"的韵律属性。冯胜利(2017)对"一调一动"律的逻辑推演如下:

∵ (1) 每个句子有一个句调(不是语调)

(2) 每个句子有一个核心重音(NSR)

若每个核心重音均由一个动词指派(G-NSR)

∴ (3) 每个句调只含一个动词(谓语)

从历时的角度来看,本文所要探讨的"'VP 不/没 VP'类"正反问同样由于核心重音的转变,"一句一调一动"使得"'VP 不/没 VP'类"从双句选择问转变为单句正反问。王迟(2018)指出"G-NSR 将 AB-NOT-AB、AB-NOT-A、VP-Neg 这些包含并列 VP 的结构单句化"。王迟(2018)根据对"'VP 不/没 VP'类"的历时考察,指出现代汉语的"'VP 不/没 VP'类"由于"一句一调"的韵律限制,经历了"带有语气词与连词的选择问→包孕句中存有析取连词的选择问→单句正反问"的韵律压制过程。下文简要介绍王文的论述:王迟(2018)指出,先秦汉语由于采用 C-NSR 的韵律模式,所以没有单句调的正反问句,只有双句形式的选择问句,是两个句调,并带有语气词,比如"吾又未知乐之果乐邪?果不乐邪?"(《庄子·至乐》)两汉时期,"汉语的核心重音向 G-NSR 转变,句子主要 VP 范围内不允许有两个(或以上)语调",因此双句选择问结构"$[\ldots[AB]_{CP1}[NOT\ A(B)]_{CP2}\ldots]$"受到韵律的影响,被重新分析为$[\ldots[AB\ NOT\ A(B)]_{CP}\ldots]$。这一时期出现了看似是单句正反问但实质是双句选择问的情况,对单句正

① Zubizarreta(1998: 18-19)提出基于成分序列的核心重音规则(Constituent-driven NSR, C-NSR)。Feng(1997)提出先秦汉语与英文一样,以句子最后一个短语为重音域。

反问与双句选择问的判定出现歧义,说明这一时期正处于由双句选择问向单句正反问过渡的阶段。到了魏晋时朝,开始出现用作直接问句的 AB-not-AB 与 AB-not-A,这标志着单句式的正反问句诞生。比如:“佛言:为作净不作净?答言:不作。”(《摩诃僧祇律》)唐代及唐代以后,单句正反问开始发展兴盛。比如:“借问他乡事,今年归不归?”(高适《别崔少府》);黛玉因向宝玉道:“你走不走?”(《红楼梦·第八回》)可以看出,“‘VP 不/没 VP’类”经历了韵律的压制,缩短自身句法单位,以满足现代汉语管辖式核心重音规则的要求。

从语体语法中的体原子理论来看,“‘VP 不/没 VP’类”的口语属性则是单调律作用的结果。有如下比较:

(4) 你去我家还是不去我家?

(5) 你去我家不去?

第一句中“还是”作为选择连词连接两个语调短语:“去我家”“不去我家”,且两个语调短语各自有自己的核心重音。而第二句中“去我家不去”只有一个重音,一个语调短语。正如王迟(2018)所言,由于核心重音的作用以及下边界限制,“VP 不 V”中的“V”并入“不”形成句法词,移位到句子的左缘位置,句子中只有一个重音在 VP 上;“VP 不”中的“不”移位到句子的左缘位置。而“VP 不/没 VP”由于韵律压制,“不/没”轻化,变成了非音足调实的韵律单位。所以“VP 不/没(V)”是一句一调,也即单调律作用的结果,因此具有口语性;而选择问是双句二调,是非口语性的。由此可以看出“‘VP 不/没 VP’类”的相关格式具有口语性。

2.2 树图首尾律决定“VP 吗”的口语性

冯胜利、刘丽媛(2020)指出,所谓“树图首尾律”是指“树图首尾两端,即首端 CP 之 C=intoneme 和底端 VP 之 VO,均具口语属性”。VO

之所以具有口语性，是“因为VO的合并(merge)是人类语言进化汇总最元始(primitive)的交际产物，是人类语言语法生成机制中最基元性运作，是合并运作的最基础的内在结构(internal merge)。因为它是语言交际之基础，因此是最基本、最常规的口语形式”(引自冯胜利2020年秋季语体语法学授课教案)。“VP吗”中VP的VO在树图最底端，处于VP这一“口语体的造工厂”中。而树图首端存在表示疑问的句调素“吗”。“句调素(=语调和交际语义结合的独立单位)是用句调表达疑问、肯定等讯息的交际手段，位于标句词短语(CP)核心词 C_0 的位置。它是与交际对象直面交流信息的一种工具(如提问、确认、允诺等)，因此具有典型的口语属性。句调和句末语气词是句调素的两种变体，因此句末语气词同样具口语性”(引自冯胜利2020年秋季语体语法授课教案)。所以相同结构下，没有句末语气词的句子比有句末语气词的句子更具口语性。以“吃苹果吗”为例，其在树图的位置如图1：

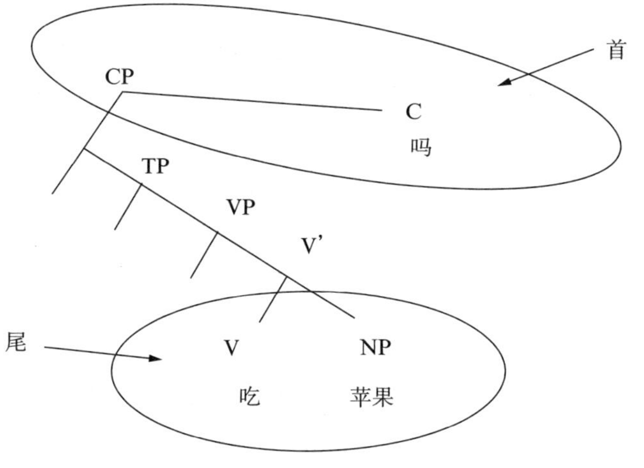

图1 “VP吗”在树形图中的位置①

① 此树形图引自冯胜利2020秋季语体语法学课上所讲内容(2020年12月1日)。

可以看出，处于树图末端的“吃苹果”是[1+2]式的动宾结构，[1+2]的动宾式是口语体。再看树图首端，表示疑问的句调素“吗”处于 C_0 位置，“吗”在此表示直接交际中的疑问调，具有口语性。所以“VP吗”无论是首端还是末端都具有口语性，所以是口语体。

2.3　古今律决定“是否 VP”的庄典性及其语体转变

根据刘跃(2009)，周延松(2010)等的介绍，“V 否”在先秦时期就已出现，比如“子产曰：‘少，未知可否？(《左传》)’”表示否定；唐宋时期，“是否”开始作为并列结构连用，表示“是还是不是”；而到了明清，“是否”虚化为副词，已经与现代汉语的“是否”意义相同。可以看出，“是否 VP”中“否”属于古语词，且“是否”在明清就已虚化为词，比如“不识将军之心是否如此”①。“是否”一词在现代汉语中用如副词，可以有以下例句：

(6) 是否即日启程？(自编句)

例(6)可以用在国家领导人准备出访别国，其秘书询问出发日期时使用，二者的身份存在高与低的区别。冯胜利(2010a)提出语体的三维坐标，如图 2：

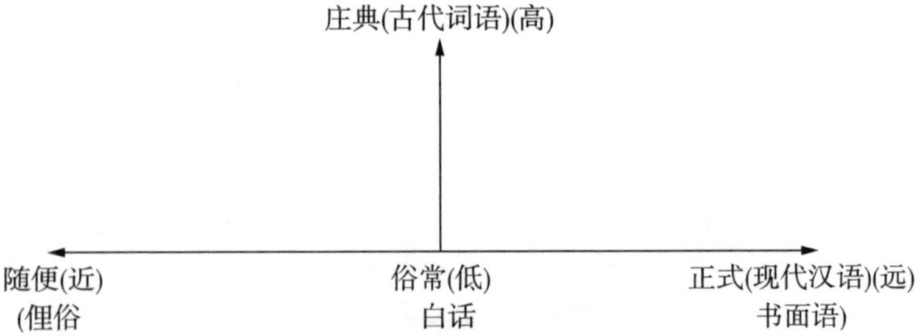

图 2　语体三维坐标

① 此句引自周延松(2010)。

在三维坐标中,“高”与“低”反映庄典与俗常的对立,那么,上述例句相对的俗常用法为:

(7) 是不是今天出发?

可以看出例(7)用“是不是”代替“是否”,“今天”代替“即日”,“出发”代替“启程”,将具有庄典性的词用俗常的词语代替。

“是否”还可以用如以下例句:

(8) 是否需要帮助?(自编句)

(9) 英国6月23日将就“是否脱离欧盟”举行公投。

例(8)可以在两个陌生人之间,陌生人A询问处于窘境的陌生人B“是否需要帮助”。例(9)可以用于新闻报道中。无论是陌生人之间,还是新闻主播与听众之间,距离都较远,具有正式性。与其相对的非正式用法为:

(10) 要不要帮你?

(11) 英国人明天要对“脱不脱欧”进行投票了。

例(10)可以在比较熟悉的两个人之间进行询问时使用,例(11)可以在朋友之间谈话时使用。例(10)、例(11)反映的都是近距交际,具有非正式体的特征。

由上可以看出,“是否VP”可以用于庄典体与正式体。冯胜利、刘丽媛(2020)指出古今律为“古语今用,均具有庄典性/正式”。上文已经指出,“是否VP”中的“否”是一个古语词,后来与“是”结合,并于明清成为一个疑问副词,沿用至现代汉语中,是一种古语今用的现象,所以是庄典体。随着“是否VP”高频使用,根据高频致俗律[①],“是否VP”已经由庄典体向正式体转变。之所以说其已经向正式体转变,一方面是因为根据语言事实可知,“是否VP”可以用于正式体

① 所谓“高频致俗律”,冯胜利(2018:84)指出“语体形式可因其使用频率的增减而发生范畴的转变”。

中,除了上文例(8)、例(9),又如"你是否渴望并梦想成为他那样的人"一句中"是否"后加表示正式体的并列结构,已经属于正式体。另一方面,"是否 VP"从庄典体向正式体转变是有语体需求的。现代汉语中存在表示口语体的正反问句,而没有与之相对用来表示正式体的正反问形式,而"是否 VP"正好填补这一空缺。最后,从转变的容易性来看,庄典向正式比庄典向口语转变更为容易。庄典体在发生转变时可以向俗常、口语、正式三个维度转变。从三维坐标的物理距离上看,高向远、高向近转变的同时也必然伴随着高向低的过程,且高向远与高向近的转变在物理距离上是等距的。而从心理距离来看,高与远的距离要小于高与近的距离。当然,这些说法还需进一步的数据证实,可另文研究。但不容置疑的是"是否 VP"作为正式体已经和口语性的"VP 不/没 VP"形成对立。

由上,本文对三类疑问格式的体原子进行分析,并说明"'VP 不/没 VP'类""VP 吗"的口语性及"是否 VP"的正式性。

3 "'VP 不/没 VP'类""VP 吗"口语度差异的体原子分析

"'VP 不/没 VP'类"格式中除了"VP 不/没 VP"格式外,又经过删略等手段产生"V 不 VP""VP 不 V""VP 不"格式。"VP 吗"是 VP 小句与句末语气词"吗"形成一般疑问句的格式。上述五种结构之间的语体度存在差异,其语体度的差异可以从体原子的分析中得到证据。

由上文可知"V 吗"与"'VP 不/没 VP'类"都是口语体,但是其口语度存在差异,不仅"VP 吗"与"VP 不/没 VP"的口语度存在差异,"VP 不 VP""V 不 VP""VP 不""V 不 VP"的口语度也存在差异。

3.1 单调律下"'VP 不/没 VP'类"口语度差异

根据上文,"'VP 不/没 VP'类"由双句选择问韵律压制而来,使得语法结构发生了质的变化,从双句变为单句,是正式体向非正式体的转变。而在单句内部,"VP 不/没 VP"的内部结构又进一步受到韵律的压制分别形成"VP 不 V"与"V 不"。根据王迟(2018),"VP 不 VP""VP 不 V""VP 不"属于并列式正反问句,这三个结构存在照应删略的关系,即"VP 不 V""VP 不"都是由"VP 不 VP"照应删略而来。照应删略这一运作过程的背后机制是韵律进一步压制的结果。从语体语法角度,即单调律的机制依然在起作用。如果句法成分进一步删除,其句法结构会变得更加口语。正如冯胜利、刘丽媛(2020)所举例的"一锅饭够十个人吃""一锅吃十个人""一锅十个",这三个结构由于单调律的存在,随着成分被韵律压制,其结构的口语化程度也随之增强。此处从"VP 不 VP"到"VP 不 V"再到"VP 不",也正是韵律进一步压制而使得其口语化程度增强的结果。因此,这三个结构随着成分的递减,其口语化程度也随之递增,其语体从口语到正式的排序为: VP 不>VP 不 V>VP 不 VP。

关于"VP 不 VP"与"VP 不 V""VP 不"的句法对立表现,三者在加选择连词"还是"时存在差异,"VP 不 VP""VP 不 V"可以在"不"之前添加"还是",而"VP 不"不可以。比如:

(12) 洗澡不洗澡?

(13) 洗澡<u>还是</u>不洗澡?

(14) 洗澡不洗?

(15) 洗澡<u>还是</u>不洗?

(16) 洗澡不?

(17) *洗澡<u>还是</u>不?

以上语例说明“VP 不 VP”与“VP 不 V”可以还原为选择问句，而“VP 不”无法还原为选择问句。我们知道，选择问句相对正反问句是偏正式的疑问形式，正反问句在韵律制约的作用下由选择问演变而来。所以相对加“还是”无法还原为选择问句的形式，加“还是”后可以还原为选择问句的形式偏正式。而“VP 不”无法插入选择连词“还是”，所以“VP 不”的口语度相对更高。

另外，上述三个结构都可以在“不”之前加语气词“呀”，比如：

（18）洗澡呀不洗澡？

（19）洗澡呀不洗？

（20）洗澡呀不？

这说明“VP 不”由于韵律压制后口语度过高，无法容纳将其转换为正式体选择问的句法成分“还是”，只能容纳口语度较高的语气词“呀”。这也正说明经过单调律的句法单位被缩短，被缩短后的句法单位越短，口语度越高。所以“VP 不 V”的口语度也自然高于“VP 不 VP”。因此，以上也可进一步印证单调律下不同形式的语体度不同。

3.2 离核律下的“V 不 VP”与“VP 不 VP”①

根据冯胜利、刘丽媛（2020），“离核律”是指结构上离核心词越远越正式。

“V 不 VP”与“VP 不 VP”之间存在着距离核心词远近的差异。“V 不 VP”与“VP 不 VP”相比，前者的结构宾语与核心词 V 距离更远。根据已有研究（黄正德 1988；刘海咏 2014；王迟 2018），“V 不 VP”与“VP 不 VP”句法结构的生成有所不同。据王迟（2018）对黄正德（1988）观点的介绍，在“V 不 VP”式问句中，{Q，A-NOT-A}特征位

① 关于“V 不 VP”与“VP 不 VP”的句法结构分析，感谢审稿老师提示“VP 不/没 VP”无法移位，“V 不 VP”移位到 T 位置，并指出黄正德（1988）、刘海咏（2014）对此结构的句法分析。

于 VP 之上的时制中心语 T,“VP”中的“V”移位到 T 位置进行重叠，最后动词 V 在形态部门或者语音部门通过复制形成“V 不 VP”格式。刘海咏(2014)认为“A-NOT-AB(V 不 VP)”结构是通过中心语移位形成的,动词 V 经历了“V-I-Neg-C”的提升过程。可以看出,无论哪种观点,“V 不 VP”中的动词都经历了中心语的移位,宾语与其核心词位置距离拉远。而对于“VP 不 VP”,王迟(2018)指出,“VP 不 VP”结构“无法通过中心语移位并入否定词 NOT”,无法完成并入，“不 VP”也就无法移向左缘位置。为了满足管辖式核心重音的要求，“VP 不 VP”在韵律句法部门通过轻读来消除句法与韵律的冲突,将“不 VP”整体轻读。由上可以看出,“V 不 VP”中的“V”从 VP 层移位至 TP 层,而“VP 不 VP”没有进行移位。因此,同样是口语体的“VP 不 VP”与“V 不 VP”,距离核心词越远,口语度越低,则“V 不 VP”的口语度要低于“VP 不 VP”。

“V 不 VP”中宾语与核心词距离大于“VP 不 VP”的距离还可以从两个结构的宾语是否前移来看。“V 不 VP”的动词宾语可以置于动词之前,而“VP 不 VP”的宾语无法置于动词之前。比如:

(21) 你们吃不吃甜点?　　　　　　甜点,你们吃不吃?(自编句)

(22) 你们吃甜点不吃甜点?　　　　＊甜点,你们吃甜点不吃?

例(21)的宾语可以移到主语前,所以核心词与宾语的位置距离远,而例(22)说明宾语无法前移,所以核心词与宾语的位置近。所以,“V 不 VP”结构中宾语与核心词的距离大于“VP 不 VP”中宾语与核心词的距离。

另外,“V 不 VP”“VP 不 VP”在与“每+NP”①及“这+NP”搭配时的不同句法表现也印证了离核律对二者结构语体判定的正确性。比如:

① 此处受王迟(2018)讨论“A-NOT-AB”与“AB-NOT-AB”的句法对立启发。

（23）喜不喜欢每一个人？

（24）适不适合每个人？

（25）＊喜欢每一个人不喜欢每一个人？

（26）＊适合每个人不适合每个人？①

（27）喜不喜欢这个人？

（28）适不适合这个人？

（29）喜欢这个人不喜欢这个人？

（30）适合这个人不适合这个人？

“每”是一个不定指代词，具指性差，具有泛指性；而“这”是定指代词，具指性强。所以相对定指代词“这”来说，“每”语体度更偏正式。而“V不VP”既可以与“每+NP”搭配，也可以与“这+NP”搭配，但“VP不VP”只能与“这NP”搭配。从而说明“VP不VP”的口语度高于“V不VP”。这进一步印证离核律对“V不VP”与“VP不VP”语体衡量的正确性。

Feng（2017）、冯胜利（2018：26-27）指出，动词短语区域（VP）和标句短语区域（CP）这两端是口语体区域，居于中间的时态短语（TP）是正式体区域，“这样一来，移位成分若从VP区域移向TP区域，则偏于正式体；若由此越过了TP区域而进入CP区域（或相关句法成分原本就在CP区域生成），则也体现（或同化）为口语特征”。本文采纳黄正德（1988）、王迟（2018）的观点，认为“V不VP”中的“V”移位至T位置进行重叠。如此看来，“V不VP”中的核心动词向T位置移动，是远离口语区域而靠近正式体区域的过程，所以其口语程度低；而“VP不VP”没有进行移位，仍然处于VP这一“口语体区域”，所以其口语程度高。如图3、图4② 所示：

---

① 例（23）—例（26）引自王迟（2018：47）。

② 此句法树形图参考王迟（2018）。

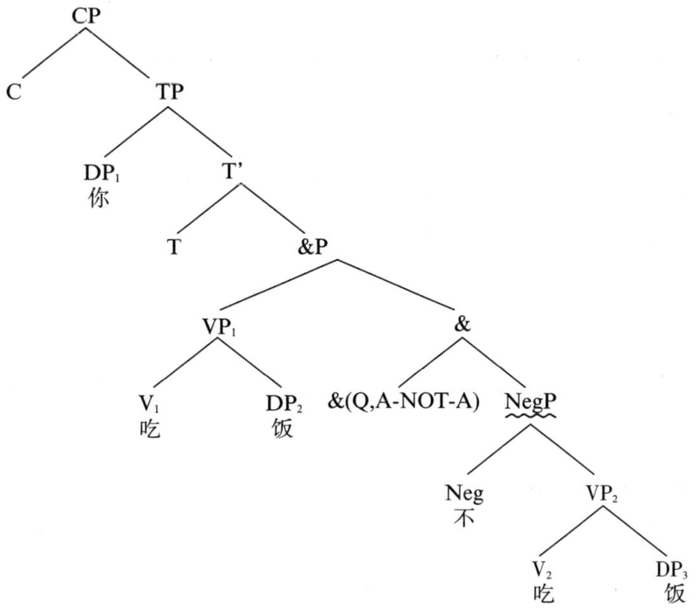

图 3　VP 不/没 VP 句法树

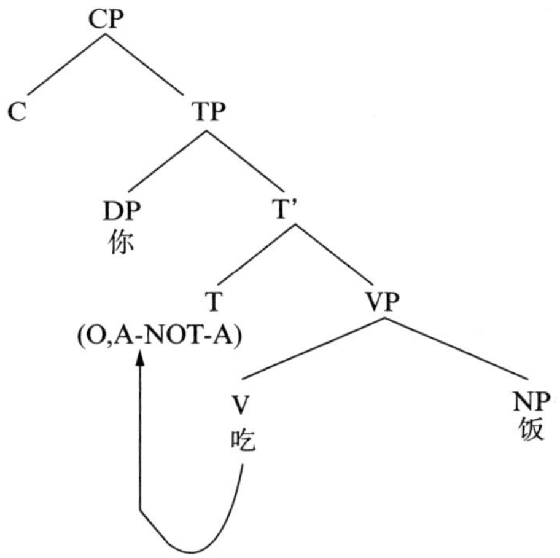

图 4　V 不 VP 句法树

因此,二者口语度语体等级为:VP 不 VP>V 不 VP。

3.3 树图首尾律下的"'VP 不/没 VP'类"及"VP 吗"口语度的差异分析

下文通过树图首尾律说明"VP 不""VP 吗""VP 不 V"与"VP 不 VP""V 不 VP"之间存有语体差异,并进一步论证"VP 不"与"VP 吗"的语体差异。

3.3.1 "VP 不""VP 吗""VP 不 V"与"VP 不 VP""V 不 VP"的语体差异

在"'VP 不/没 VP'类"中,又可以细分为"VP 不/没 VP""VP 不/没 V""VP 不/没""V 不/没 VP"四种小类,它们出现在包孕句中的句法合法性不一致,举例如下:

(31) 他们吃不吃饭关你什么事!

(32) 他们吃饭不吃饭关你什么事!

(33) *他们吃饭不吃关你什么事!

(34) *他们吃饭不关你什么事!

(35) *他们吃饭吗关你什么事!

(36) 举不举行联欢晚会要看老师的安排。

(37) 举行不举行联欢晚会要看老师的安排。

(38) *举行联欢晚会不要看老师的安排。

(39) *举行联欢晚会不举行要看老师的安排。

(40) *举行联欢晚会吗要看老师的安排。

(41) 这比买卖能不能做关键在于你会不会砍价。

(42) 这比买卖能不能做关键在于你会砍价不会砍价。

(43) *这比买卖能不能做关键在于你会砍价不会。

(44) *这比买卖能不能做关键在于你会砍价不。

（45）＊这比买卖能不能做关键在于你会砍价吗。

可以看出，“VP 不 V”“VP 不”“VP 吗”无法出现在上述三组包孕句中，而“VP 不 VP”“V 不 VP”可以出现在包孕句中。能否出现在包孕句中和语体有何关系？“VP 不 VP”“V 不 VP”能出现在包孕句中，说明该结构并非在树图首/尾端；反之“VP 不 V”“VP 不”“VP 吗”结构因其自身带有句调素而无法内嵌于包孕句中。句调素 C 在树图的首端，根据冯胜利、刘丽媛（2020）提出的“树图首尾律”，树图首尾两端的成分均具有口语属性。另外，据王迟（2018）指出，“VP 不 V”中的后一个“V”并入否定词“不”，并共同移位至 CP 层，“VP 不”中的否定词“不”同样也移位至 CP 层。据此，“VP 不 V”“VP 不”“VP 吗”的口语程度比“VP 不 VP”“V 不 VP”的口语程度高。

所以，上述结构口语语体度序列为：VP 吗、VP 不、VP 不 V>VP 不 VP、V 不 VP。

3.3.2 “VP 不”与“VP 吗”的语体差异

由上可知，“VP 不”是“‘VP 不/没 VP’类”结构中口语程度最高的，那么如果能证明正反问句中口语化程度最高的“VP 不”的口语化程度低于“VP 吗”问，我们就可以说“VP 吗”问的口语化程度高于“‘VP 不/没 VP’类”正反问。事实也正是如此。据刘丽媛（2019）对前人研究的介绍，一般疑问句的语气词“吗”来源于否定词“无”，而这里的“无”是正反问句的“VP 无”，所以可说“VP 吗”来自正反问句“VP 无”，即“VP 吗”的演变过程为：正反问的“VP 无”→一般疑问句的“VP 无”……——一般疑问句的“VP 吗”，所以说“VP 吗”来源于正反问句。随后，刘丽媛（2019）进一步从句法、韵律和语义多角度论证在古代汉语中，正反问的“VP 无”如何在韵律的作用下变为一般疑问句的“VP 无”。作者也进一步指出古代汉语的正反问“VP 无”

到一般疑问句的“VP 无”的转变，造成其韵律格局的转变，从偏向陈述调变为偏向疑问调。“无”从否定词变为一个表疑问的句调素，从超音段句调转变为音段语气词句调素。虽然在现代汉语中“无”还是一个否定词，但是由“无”演变来的一般疑问语气词“吗”形成的“VP 吗”与现代汉语正反问句的“VP 不”依然存在上述由正反问的“VP 无”到一般疑问的“VP 无”的韵律特征。“VP 不”中的疑问焦点在前，句末以超音段的降调作为句调素，而“VP 吗”以音段成分“吗”作为句调素。根据树图首尾律，相对有句调素在句末标识疑问的“VP 吗”，“VP 不”相对口语程度低。

刘丽媛(2019)指出：冯胜利(2019)在当面指导论文时指出“正反问句和一般疑问句的句调不同，二者的句调素并非都标识疑问。具言之，正反问在句法上是由两个句子合并、删略而来，而删略的两个句子是陈述句，在韵律上仍具有陈述句的句调特征，边界调应与陈述句更为贴近，具有下降趋势，而非疑问句的升调”。而一般疑问句反之，句调素在句末标识疑问。这一论断也得到实验语音学的证明。阎锦婷、王萍、石锋(2014)使用实验语言学的方法证明正反问句中的疑问焦点“V 不 V”调域的分布位置高，……而焦点后的句末调域上/下线骤然下降，跨度压缩；“V 不 V”形式起表达疑问语气的关键作用，疑问语调的作用相对减弱。与“V 吗”问中的句末高语调形成强烈反差。也就是说在“V 不 V”问句中，处于句末的疑问语调的疑问语气被减弱，而主要由“V 不 V”承担其疑问功能。

根据树图首尾律，我们可以推断当树图末端的 VO 一致时，树图首端的“C_0”越口语，整个结构越口语，反之不太口语。“VP 不”与“VP 吗”的末端一致，而首端的句调边界不同。“VP 不”的句调素以超音段形式标识句末边界，C_0 位置是陈述调；“V 吗”的句调素以音段形式“吗”呈现，且是疑问调的音段化表现，标记疑问。“吗”作为一个典型的疑问语气词,交互性强,口语性强。而“VP 不”以陈述调结尾,C 位置的口语性相对“吗”不明显。因此就这两个结构而言,“VP 吗”比“VP 不”的口语性更强,即 VP 吗>VP 不。

3.4 “‘VP 不/没 VP’类”正反问与“VP 吗”的口语度递减序列

上文体原子分析所得口语等级度如下:(1)单调律:VP 不>VP 不 V>VP 不 VP;(2)离核律:VP 不 VP >V 不 VP;(3)树图首尾律:VP 吗、VP 不、VP 不 V >VP 不 VP、V 不 VP ;(4)树图首尾律:V 吗>VP 不。

所以口语度递减序列为:VP 吗>VP 不>VP 不 V >VP 不 VP>V 不 VP。

即:

口语度低 ——————————→ 口语度高

V 不 VP　　VP 不 VP　　VP 不 V　　VP 不　　VP 吗

4 “是否 VP”与“‘VP 不/没 VP’类”语体对立的体原子分析

上文已经指出,“是否 VP”原本为庄典体,由于高频致俗律向着正式体转变。如果“是否 VP”为正式体,那么其必然同具有口语体属性的“‘VP 不/没 VP’类”格式存在语体对立。本文通过体原子及二者的不同语法表现来说明“是否 VP”与“‘VP 不/没 VP’类”之间的语体对立情况。

4.1 短弱律

冯胜利、刘丽媛(2020)指出“缩短或减弱语音单位的标准长度或强度的结果,均具口语的属性”。上文提到,“VP 不/没 VP”如“考试不考试”,由于核心重音的要求,“考试不考试”中的“不考试”必须弱读,且“不”也由于韵律的压制变成一个轻读的形式,具有短弱的特征,是短弱律作用的结果,为非正式体。“是否 VP”中的“是否”是一个标准的韵律词,是一个音足调实的双音词形式,且其后 VP 一般也是双音节成分,不具有短弱的特征,是正式体。

4.2 时空律

4.2.1 “是否 VP”与“‘VP 不/没 VP’类”的时空特征差异

a. “是否 VP”可以出现在标题中,而“‘VP 不/没 VP’类”不可以出现在标题中。比如:

(46)《少儿班是否违背教育本质?》

(47) *《少儿班违不违背教育本质?》

(48)《见义勇为致被救助者受伤,是否担责?》

(49) *《见义勇为致被救助者受伤,担不担责?》

b. “$V_{双}$和$V_{双}$”进入“是否 VP”的合法与进入“‘VP 不/没 VP’类”的非法。

“$V_{双}$和$V_{双}$”是正式体结构,在下列句子中,“是否$V_{双}$和$V_{双}$”不能换作“$V_{双}$不$V_{双}$”。

(50) 是否认同并支持本次合作。

(51) *认不认同并支不支持本次合作。

(52) 我是否拒绝和背叛了她,我是否仍欠她什么,我是否有罪……

(53) *我拒没拒绝和背没背叛了她,我仍欠不欠她什么,我是否有罪。

c. “是否 VP”可以进入“将”字句，而“VP 不/没 VP”不进入“将”字句。

（54）教育部最近决定改革普通高中毕业会考制度，同时改变多年来要求全国各地统一举行会考的作法，而将是否举行会考的决策权下放给各省、自治区、直辖市的教育行政部门。

（55）＊教育部最近决定改革普通高中毕业会考制度，同时改变多年来要求全国各地统一举行会考的作法，而将举不举行会考的决策权下放给各省、自治区、直辖市的教育行政部门。

（56）《国家考古遗址公园评定细则》也将是否开展公共考古活动、是否面向公众进行考古科普教育活动列为重要的考量标准。

（57）＊《国家考古遗址公园评定细则》也将开不开展公共考古活动、是否面向公众进行考古科普教育活动列为重要的考量标准。

4.2.2 时空律下的“是否 VP”与“‘VP 不/没 VP’类”

“时空律”主要是指交际的时空，交际距离越近，时空度越低，越具体；反之越抽象、泛化。Feng（2015）、冯胜利（2016）将时空度分为具时空、泛时空、超时空、虚时空；分别与语体的非正式体、正式体、庄典体、文艺体相对应。时空律可以从语言成分的时空标记及语义义素的时空性来看，即冯胜利、刘丽媛（2020）所言“时空义素别体”及“语法时空别体”。

上文所述，“是否 VP”可以出现在标题当中，而“‘VP 不/没 VP’类”无法出现在标题中，这与语体的时空律有关。王永娜、冯胜利（2015）指出“标题是正文内容的概括，概括不容具体。因此，标题具有‘非具时空’的特征”。标题追求简明，抽象化程度相对较高，是非具体的，所以其时空性必然具有泛时空性，“是否 VP”能够进入标题中正印证了这一结构的泛时空性，即是一个正式体。而“‘VP 不/没 VP’类”无法进入标题也说明“‘VP 不/没 VP’类”的时空性较强，具体化程度高,具时空强,是一个非正式体。

另外,上文还提到“V 双和 V 双”可以进入“是否 V”当中,但无法进入“‘VP 不/没 VP’类”结构中。王永娜(2016: 38-39)指出“将两个动作行为并列,消除了动作或事件之间的时间关系或空间关系”,同时也“将动词独立构成句子时所具有的可以将动作或事件具体化的时间、处所、具体的方式、结果等绝大部分修饰成分都消除掉了”。所以,“V 双和 V 双”具有泛时空性,属于正式体范畴,而“是否 VP”中允许该结构进入,“‘VP 不/没 VP’类”中排斥该结构的进入,说明“‘VP 不/没 VP’类”具有[+具体]义,是具时空;而“是否 VP”具有[+抽象]义,是泛时空。

关于“是否 VP”可以进入“将”字句,而“‘VP 不/没 VP’类”无法进入“将”字句,也可以从时空度的角度来看。陶红印(1999)认为“将”是一个文言词,有较浓的文言色彩。所以从时空度来看,“将”在时空度中处于超时空,但又因为“将”的使用频率较高,所以“将”正从庄典的语体向正式的语体转变,“将”出现在正式体的情况也较多,所以也用于“是否 V”中,比如“将是否参加志愿活动作为入围标准”成立,而“将参没参加过志愿活动作为入围标准”中的“将”无法成立。“是否 VP”与“‘VP 不/没 VP’类”进入“将”字句的合法与非法体现了二者的语体对立,由此反映出语体对句法的制约作用,这也进一步证明了“语体不同,语法不同”。

4.3 单双音节对应律

根据冯胜利、刘丽媛(2020),单双音节对应律是指“汉语单双音节对应之词,单音节具有口语性,双音节均具有正式性”。所以,当动词语义相同时,双音动词是正式体,相对抽象,具有泛时空性;而单音动词相对具体,具有具时空性。比如马文津(2019)指出“挖掘”的义素为[从里面+取出+东西],“挖”的义素为[用工具或手+从物体的表面+向里+用力+取出+东西],“挖”的义素更为具体,动作性强,具有具时空性,而“挖掘”反之。双音动词与单音动词是正式体与非正式体的对立,双音动词出现在正式体环境中,单音动词出现在非正式体环境中。也就是说具有正式体特征的成分与双音动词搭配,具有非正式体特征的成分与单音动词搭配。而双音动词可以出现在“是否 VP”这一结构中,说明这一结构为正式体,单音动词出现在“‘VP不/没 VP’类”中,说明其为非正式体。比如:

(58) 种不种　＊种不种植　　挖不挖　　＊挖不挖掘

(59) ＊是否种　是否种植　　＊是否挖　　是否挖掘

(60) 是否挖掘出了某一领域潜在的出版资源?

(61) ＊是不是挖掘出了某一领域潜在的出版资源?

具有正式性的双音动词与“是否 VP”搭配,说明“是否 VP”的正式性;具有口语性的单音动词与“VP 不/没 VP”搭配,说明该结构的口语性。

“是否 VP”与“‘VP 不/没 VP’类”中“V”的单双音节对立还可以从“形式动词”来看。“加以”“给予”等形式动词都是合偶双音词,具有正式体特征,它们无法进入“‘VP 不/没 VP’类”,但可以进入“是否 VP”式。比如“是否加以惩罚?”“＊加不加以惩罚”。这也进一步印证“是否 VP”的正式性与“‘VP 不/没 VP’类”的非正式性。

4.4　成分追加律

“是否 VP”与“‘VP 不/没 VP’类”在表示追加成分时存在对立,比如:

(62) 老子有的是钱,老子买房不是暂住,是常住北京,知不知道?

(63) ＊老子有的是钱,老子买房不是暂住,是常住北京,是否知道?

（64）这时，早已不耐烦的人群中啪地飞来一只军帽，正好打在我怀里："喂，头头！别光坐在那儿啦！到底干不干哪？

（65）＊这时，早已不耐烦的人群中啪地飞来一只军帽，正好打在我怀里："喂，头头！别光坐在那儿啦！到底是否干哪？"

（66）而且我们明天就要送去印刷了，怕时间不够了，你写写，行不行？

（67）＊而且我们明天就要送去印刷了，怕时间不够了，你写写，是否行？

（68）雨翔装便道："你是——Susan，是不是？"

（69）＊雨翔装便道："你是——Susan，是否是？"①

冯胜利、刘丽媛（2020）指出成分追加律："在句末进行的句法成分追加或者复说的运作，均具口语体属性"。比如"来了吗，你哥哥""走了吧，大概"②中"你哥哥"与"大概"是表示追加的成分，位于句子的句末，这些成分可以前移，比如"你哥哥来了吗""大概走了吧"，去掉后不影响句子的完句。成分的追加是对前文所述内容的补充或者是对言者主观意志的补充。在例（62）中"知不知道"表示一种成分的追加，也可以移到句首，具有口语属性，是非正式体。例（63）中可以看出由于成分追加是非正式体的特征，而"是否 V"排斥出现在句末作为追加成分，说明该结构为正式体。

由上可知，不同结构语体的对立所含体原子不尽相同，不同的体原子可以创造具有不同语体功能的句法结构。

5　结语

本文对"VP 吗""'VP 不/没 VP'类""是否 VP"三类疑问结构进行语体差异成因的分析。使用 18 个体原子当中的单调律、树图首尾

① 例（66）、例（67）、例（68）、例（69）改编自邵敬敏（2012）。

② 语例转引自陆俭明（1980：616）。

律、古今律、离核律、短弱律、单双音节对应律、时空律、成分追加律说明其语体属性差异的来源及对立情况。其中,单调律、树图首尾律、古今律分别决定了"'VP 不/没 VP'类""VP 吗""是否 VP"的语体属性,即"'VP 不/没 VP'类""VP 吗"为口语体,"是否 VP"为庄典体而转变为正式体。另外,根据单调律、树图首尾律及离核律三个体原子说明"V 不 VP""VP 不 VP""VP 不 V""VP 不""VP 吗"这五种结构的口语度呈递增趋势。根据短弱律、单双音节对应律、时空律、成分追加律说明"是否 VP"与"'VP 不/没 VP'类"的语体之间是对立的。

参考文献

冯胜利. 2000. 汉语韵律句法学. 上海:上海教育出版社.

冯胜利. 2006. 汉语书面用语初编. 北京:北京语言大学出版社.

冯胜利. 2010. 论语体的机制及其语法属性. 中国语文,(5):400-412,479.

冯胜利. 2015. 声调、语调与汉语句末语气词. //北京大学语言研究中心《语言学论丛》编委会编. 语言学论丛(第五十一辑). 北京:商务印书馆:52-79.

冯胜利. 2016. 骈文韵律与超时空语法——以《芜城赋》为例. 岭南学报,(2):189-219.

冯胜利. 2017. 汉语句法、重音、语调相互作用的语法效应. 语言教学与研究,(3):1-17.

冯胜利. 2018a. 汉语语体语法概论. 北京:北京语言大学出版社.

冯胜利. 2018b. 从语音、语义、词法和句法看语体语法的系统性. //冯胜利,施春宏主编. 汉语语体语法新探,上海:中西书局.

冯胜利,刘丽媛. 2020. 论语体语法的生物原理与生成机制//北京师范大学民俗典籍文字研究中心编. 民俗典籍文字研究(第二十六辑). 北京:商务印书馆:76-103.

冯胜利. 2020. 2020 年秋季语体语法学授课教案. 北京:北京语言大学.

黄正德. 1988. 汉语正反问句的模组语法. 中国语文,(4):247-264.

刘海咏. 2014. 转换生成语法框架下的汉语正反问句的生成. 语言学研究,(1): 42-59.

刘丽媛. 2019. 韵律结构与古汉语的句法演变. 香港中文大学博士论文。

刘清平,储泽祥. 2009. "是否是"的多角度考察. 湖南师范大学社会科学学报,38(6): 97-100.

刘月华. 1987. 用"吗"的是非问句与正反问句用法比较. //中国社会科学院语言研究所现代汉语研究室编. 句型和动词. 北京: 语文出版社.

刘跃. 2009. 副词"是否"的语法过程. 天府新论,(S1): 250-251.

陆俭明. 1980. 汉语口语句法里的易位现象. 中国语文,(1): 616-631.

吕叔湘. 1992. 通过对比研究语法. 语言教学与研究,(2): 4-18.

马文津. 2019. 单双音节动作动词的义素与语体对应关系研究. 香港中文大学博士论文。

邵敬敏,朱彦. 2002. "是不是 VP"问句的肯定性倾向及其类型学意义. 世界汉语教学,(3): 23-36.

邵敬敏. 2012. 是非问内部类型的比较以及"疑惑"的细化. 世界汉语教学,26(3): 347-356.

宋艳欣. 2018. 语料库视角观照下汉语 VP-neg-VP 式反复问句的形成与发展. 渤海大学学报,40(1): 31-36.

陶红印. 1999. 试论语体分类的语法学意义. 当代语言学,(3): 15-24,61.

田源,徐杰. 2016. 汉语方言中"可 VP"及相关问句的句法分析. 华中学术,(4): 176-184.

王迟. 2018. 现代汉语正反问句句法的韵律限制. 香港中文大学博士论文。

王永娜,冯胜利. 2015. 论"当""在"的语体差异——兼谈具时空、泛时空与超时空的语体属性. 世界汉语教学,(3): 310-324.

王永娜. 2016. 汉语书面正式语体语法的泛时空化特征研究. 北京: 中国社会科学出版社.

吴福祥. 1997. 从"VP-neg"式反复问句的分化谈语气词"麽"的产生. 中国语文,(1): 44-54.

徐杰,田源.2013."A 不 AB"与"AB 不 A"两种反复问句的统一处理及相关的句法问题.当代语言学,(4):379-392,500.

徐杰.2001.普遍语法原则与汉语语法现象.北京:北京大学出版社.

阎锦婷,王萍,石锋.2014.普通话疑问标记复用的声学实验——以正反疑问句为例.语言教学与研究,(5):97-102.

杨桦.1996.关于"是否(是不是)VP"的若干特征.乐山师专学报,(2):21-25.

杨玉玲.2020."A 不 AB"的定量研究.北华大学学报,21(4):1-7,150,165.

周延松.2010."是否"的语法化及其与"是不是""是否是"的功能差异.长春师范学院学报,29(7):89-93.

Feng Shengli. 1995. *Prosodic Structure and Prosodically Constrained Syntax in Chinese*. Ph. D. dissertation. University of Pennsylvania.

Feng Shengli. 1997. Prosodic Structure and Compound Words in Classical Chinese. //Jerome L. (ed.) *New Approaches to Chinese Word Formation*. Packard, Berlin, New York: De Gruyter Mouton, 2011: 197-260.

Feng Shengli. 2003. Prosodically Constrained Postverbal PPs in Mandarin Chinese. *Linguistics*, 41(6): 1085-1122.

Feng Shengli. Ash H. 2015. Parallel Prose and Spatiotemporal Freedom: A Case for Creative Syntax in "Wucheng fu". *Journal of Chinese Literature and Culture*,2(2).

Feng Shengli. 2017. *A Cartographical Account of Prosodic Syntax in Chinese*. //司富珍主编.句法制图研究.北京:中国社会科学出版社.

体原子“单调律”的句型改造作用

——以现代汉语紧缩句为例*

杨卉婷

摘　要　文章以现代汉语紧缩句为例探究了单调律这一体原子的句型改造作用，即在口语体中缩短复句的标准长度（含韵律的“紧”与句法的“缩”），将其改造为紧缩句。文章用韵律语法理论论证了汉语口语体交际中使用紧缩句的必然性；用语体语法理论论证了紧缩句、复句作为语距形式分别与口语体、正式体的功能同生并存；由此证明了提出的现代汉语紧缩句紧缩规则，进而指出了紧缩度与单调律下的句型改造过程之间的同步关系。最后核验了紧缩句-复句语体错位分布现象，证实其符合紧缩规则与语体语法理论预测。文章证实了单调律作为体原子在创造语距形式和语体语法中的重要作用，丰富了对韵律语法、语体语法、形式句法三者关系的认识，再次证明“三足语法”是人类语言中普遍存在的语法框架。

关键词　单调律　体原子　紧缩句　语体语法　一句一调　形式—功能对生律

---

*　本文撰写得到冯胜利教授的悉心指导，施向东教授、王用源副教授、冯卉副教授、朱生玉老师、王永娜副教授、王丽娟副教授、胡丛欢老师、骆健飞老师、张又文老师等专家以及审稿人也提供了许多帮助和建议，在此谨致谢忱。

1 引言

首先请看现代汉语紧缩句与其对应的复句之间的关系：

(1) a.(口语体紧缩句)在哪儿都要好好儿工作。

b.(口语体复句)(表强调时)不管你在哪儿,你都要好好儿工作。

c.(正式体复句)无论身在何处,均须担当历史责任。

d. *(正式体紧缩句)身在何处均须担当历史责任。

(2) a.(口语体紧缩句)做不到就罚他。

b.(口语体复句)(违反紧缩条件时)如果他做不到,我们无论如何一定罚他。

c.(正式体复句)如果他无法达标,我们就对他加以惩罚。

d. ??(正式体紧缩句)无法达标就对他加以惩罚。

(3)(在正式体中"引用"的庄典体成分)思危方能居安。

(4)(在正式体中"引用"的口语体紧缩句)困难再多也一定要把这件大事办成办好。

从以上例句中我们可以发现两组现象,并就此提出三个问题:第一,据a组和d组的对立(同时参照c组),口语体复句在自然情况下必须以紧缩的形式出现,而正式体复句在自然情况下必须以不紧缩形式出现(即以复句形式出现),这种句型的差异是什么原因决定的?现代汉语紧缩句的紧缩规则为何?第二,决定问题一的原因是否证明着汉语有两种语法规则?第三,但据b组和例(3)、例(4)的情况(同时参照a组和c组),口语体中也有不紧缩的现象、正式体中也有紧缩的现象,这是什么原因决定的?是否对问题一和问题二的原则构成挑战?

自刘复(1920/2009)最早论及紧缩现象与金兆梓(1922/1983:161-162)明确提出"复句有可以凝缩之法"以来,现代汉语紧缩句的研究已有百年历史。前人研究从“紧”和“缩”的角度分别给出定义，如黄伯荣、廖序东(2017：142)认为“‘紧’是紧凑，指语气上紧，隔开分句的语音停顿没有了；‘缩’是缩减，指结构上有些词语被压缩掉了”等。关于紧缩句的句型定位，有意义角度的复句说(刘复 1920/2009；金兆梓 1922/1983；王力 1954/2011；向若 1958/1987；赵元任 1968/1979/2001；黄伯荣，廖序东 2017 等)，形式角度的单句说(丁勉哉 1957；朱德熙 1984；葛清林 1995；于默 1996 等)，过渡的中间类型说(邢向东 1988；玉柱 1991；张斌 2002 等)，三足鼎立说(陈书仪 1985；刘天堂 2002；陈兆福 2002 等)四种；四种观点各有侧重，但仍无法解决紧缩句本质属性的问题。关于紧缩句特点的研究基本都指出了“中间没有语音停顿”和“缩略掉了一些成分”两个显著特点，如赵元任(1968/1979/2001：70)的“句中无停顿可能”、朱德熙(1984：48)的“只有一个主语……一般没有语音停顿”等。如开篇的几组对立所示，紧缩句的语体分布及紧缩原因、动机未能引起研究者足够的重视——早期文献中有一定提及，如金兆梓(1922/1983：161-162)的“凝缩之法”、胡裕树(1981/1995：372)的“精练紧凑”、邢福义(2002/2014：238)的“为了语句的凝练”都体现了“凝练”的观点；江蓝生(2007)、王红明(2007)、赵雅青(2014)、朱红(2019)等都以“语言的经济性”为主要决定原因展开详细论述。“凝练”“经济性”的看法存在两个问题：第一，什么程度的凝练和经济才达到紧缩句的标准，即“多凝练才叫凝练”“多经济才算经济”？如果说问题一可以通过连续统的列举加以解决(如陈颖 2005；刘洁 2010 等的研究)，那么问题二更为关键：如何解释为何正式体的复句不能紧缩？经济性是语言的普遍要求，我们并不能断言正式体交际中不存在语言经济性的作用。

关于紧缩句定义、句型、特点的研究之所以众说纷纭，主要在于没有明确论证出“口语体中为何必须紧缩、正式体中为何必须不紧缩”，也没有揭示出紧缩句的规则。冯胜利(2017)曾讨论了汉语管辖型核心重音排斥动词并列及其与汉语句调相互作用所产生的句法和语体效应，提出现代汉语口语“一句一调”的韵律属性及对现代汉语紧缩句的句型改造，这是本文的研究基础。冯胜利、刘丽媛(2020)指出“单调律”作为一种语距定律(体原子)所创造出的语体语法的结构和形式：“缩短句法单位的标准长度以满足‘一句一动一调’的运作结果，均具口语的属性。如‘紧缩句’和‘意合法’等。”这是本文将采用的分析工具。

邢福义(2002/2014：238)认为“紧缩句是复句的单句化变形。分句与分句之间，本来有句间承接停顿；然而，有时为了语句的凝练，句间承接停顿被取消，书面上不出现逗号，于是产生凝合联结的状态，形成了形式简短的紧缩句。一个紧缩句近似一个单句，单独使用时可以作为单句看待……如果需要对紧缩句进行分析，就要指明它所包含的复句关系”。冯胜利(2017)在韵律语法和语体语法理论视角下指出：“汉语……因为并列 VP 遭到排斥，句调与核心重音融合在一起(故曰句调重音)，‘两立语调’非有特殊要求(表示强调或对立)而不自然，所以紧缩便成了一种自然的结果。”本文基于以上两位学者的观点，对紧缩句界定如下：

(5) 紧缩句(Contracted Sentences)：汉语中在口语体语法“一句一动一调”韵律要求的作用下失去复句中间语调、缩短复句的标准长度以体现口语体属性的单句形式。

本研究以现代汉语中的紧缩句为研究对象，提出现代汉语紧缩句的生成规则并探究单调律这一体原子在其句型改造中发挥的作用；分别从韵律语法与语体语法理论角度加以证明，并证明实践中发现的语体错位的“例外”也是我们理论能够预测并解决的，从而丰富对韵律语法、语体语法、形式句法三者关系的认识。

本研究的语料来源有三：紧缩句句例来源于前人相关文献中的句例和少部分自省句例；考察口语体交际语料中出现的复句"例外"时选自王朔长篇小说《我是你爸爸》中的人物对话，对话及其必要的句内语境[①]共约 8 万字；考察正式体交际语料中出现的紧缩句"例外"时选取 2016—2020 年的国务院"政府工作报告"五篇，共约 9.15 万字。

2 现代汉语紧缩句的紧缩规则

2.1 紧缩规则

本文拟出了现代汉语紧缩句的紧缩规则，表述为(6)：

(6) $[_{CP} C [_{ConjP1} [_{Conj1'} [_{ConjP2}\ Conj_2\ TP_2] [_{Conj1'}\ Conj_1\ TP_1]]]]] \rightarrow [_{CP}\ C\ [_{TP1} [_{T1'}\ TP_2\ T_{1'}]]]]$ / A. "一句一调"且 B. 两语调短语中心语上的附接语(adjunction)不超过 1 个(关联副词除外)、不含嵌套结构 且 C. 减缩关联连词后语义逻辑关系不变

(6)可具体阐释为：由从句 $ConjP_2$ 修饰主句 $Conj_1$' 生成的、由两个语调短语组成的复句 CP，在一定条件下紧缩为从句 TP_2 修饰主句 T_1' 生成的、仅有一个语调短语(即句调短语)的紧缩句 CP。"→"标识的就是紧缩这一"句型改造"的过程。

上述条件可分为三层：首层 A 是必须满足的韵律条件，也是其生成的首要机制，即汉语口语体语法的韵律要求"一句一调"，同时是

---

① "必要的句内语境"指引出或补充该对话内容的语境，用于判断此处交际关系中的"人、事、地、意"，语境内容主要是与该对话处于一句话之内的。如(下画线标识)："你怎么不吭声了？你不是有理么？"<u>这位于优势地位的中年妇女奚落着那个孩子，</u>"刚才的凶劲儿到哪儿去了？有理应该理直气壮嘛"。

体原子“单调律”的应用,这是汉语的自然条件。第二层 B 是必须满足的单位尺寸条件,即两个语调短语的中心语上的附接语数量均不能超过 1(可以是 1 个或 0 个),更不能含有复杂的嵌套结构;但其中起连接语义作用的关联副词不计入,如下例(7)、例(10)、例(11)两语调短语均没有中心语上的附接语,例(8)中“再”是前一语调短语谓语中心语上的 1 个附接语(“也”是关联副词,不计入),例(9)中的“得”是后一语调短语谓语中心语上的 1 个附接语,符合要求。第三层 C 是必须满足的语义条件,由于紧缩后句义的逻辑关系没有改变(下文 2.2 节论证),且关联连词需要被减缩掉,因此只有减缩关联连词后语义逻辑关系没有发生改变的句子才可进行紧缩,如下例(7)、例(10)、例(11)表示假设关系、例(8)表示让步关系、例(9)表示条件关系,减缩掉关联连词“如果”“那么”“即使”后其逻辑关系仍然存在且没有变化。

(7) (如果你有力气,那么你就搬吧。)→有力气你就搬吧。(转引自严戎庚 1980)

(8) (即使洞<u>再</u>深点,我也不怕。)→<u>再</u>深点我也不怕。(孙犁《荷花淀》)

(9) 驴子句:(他要<u>什么</u>,我就<u>得</u>给他<u>什么</u>。)→他要<u>什么</u>就<u>得</u>给他<u>什么</u>。(转引自刘天堂 2002)

(10) (如果没有你,那么就没有我。)→哦,萍,<u>没有你就没有我</u>。(曹禺《雷雨》)

(11) (如果你们要答应,那么你们就答应。)→<u>你们答应就答应</u>,不答应,我们一直罢工到底。(曹禺《雷雨》)

2.2 紧缩规则中的语义条件论证

上述规则中的紧缩过程将在第 4 节中详细论述,条件中的 A 语音条件将在第 3 节中详细论述,B 尺寸条件是根据本文考察的紧缩句句例归纳出的,本节论证 C 语义条件。

上文提到现代汉语紧缩句的语义(句义)与其紧缩之前的复句句义相同,这里界定的语义相同并非"完全等义",而是一种"粗的相同",指逻辑语义关系没有发生变化,没有从一种变为另一种。这与界定同义词的同时仍可从多个角度辨析词义细微差别的考虑是一样的;但与同义词界定不同的是,紧缩句句义对复句句义有着直接的继承关系,只是在紧缩过程中发生了一定变化。赵雅青(2018)将现代汉语紧缩句的语义判断标准阐释为"表达的是一种逻辑语义关系,相当于构成复句的分句与分句合起来的意义";但同时认为"紧缩句紧缩项之间的语义依存程度较复句的分句之间来说更高";皇甫素飞(2015)指出"随着结构的紧缩,其语义和主观感情色彩也不断加强,发生了主观化、情态化的诸多变化"。

回到紧缩规则的语义条件 C 上,我们可知:由于紧缩前后句子的语义逻辑关系没有改变,因此只有减缩掉关联连词后语义逻辑关系没有改变的句子才有资格发生紧缩,如上节的例(7)—例(11)。

3 现代汉语紧缩句生成的首要机制性条件

根据现代汉语紧缩句的生成规则(6),其中首要的也是促使其生成的机制性条件,就是韵律语法视角下的汉语口语体语法"一句一动一调"的韵律要求与语体语法视角下的单调律"体原子"的使用。本节对二者分别展开论述并阐释之间的联系。

3.1 现代汉语紧缩句生成的韵律机制

由紧缩句定义(5)可知,现代汉语紧缩句在韵律上的显著特征是中间没有语调,即"失去了原复句的中间语调",这是对"没有停顿""取消停顿"等认识(胡裕树 1981/1995;黄伯荣,廖序东 2017)的深化："取消停顿"是表面的语音现象，其本质是"失去语调"。

王洪君、李榕（2014）将"感知上同为强度较大的韵律边界（一般所说的'停顿'）"分为两类："一类是末字韵母有较大的延长，但没有无声段或只有很短的无声段"，简称"延"或"延宕"；"另一类是末字韵母缩短加长无声段"，简称"停"或"停断"。冯胜利（2017）在此基础上指出"王氏的停断可以理解为传统的'止句调'，而其延宕就是'待续调'"；并就此区分了语调和句调："由延宕语音特征构成的待续调"是语调，"由停断语音特征构成的止句调"是句调，句调是表意义的。邢福义（1996：301）认为"复句一旦构成，其中的小句便不再是独立的一个一个单句，而是共同组成复句的一个一个分句……一个复句，其构成部分不管是多少个分句，都在整个复句的末尾才出现一个终止性停顿"。这里的"终止性停顿"显然就是"止句调"，即"句调"。诚如朱德熙（1982/2017：23）所说："我们说复句是由单句组成的，这只是一种方便的说法。从理论上说，组成复句的单句（即分句）既然只是句子的一部分，那它们本身就不能再算句子了。"因此：复句在成为复句之时，便只有一个句调了，其中的小句或称分句作为整个复句的组成部分，实质上已经失去了"句"的地位，超音段成分句调也"降级"为语调。

在形式句法中，一个句子是一个 CP，其中的标句词 C（complementizer）是一个句子之所以成为句子、能够用于交际的最后的关键一步。冯胜利（2015a，2017）以"一句一调"为原理，指出句子中起到标句作用的是句调素（intoneme，表现为句调或句末语气词），"它是与交际对象直面交流信息的一种工具（如提问、确认、允诺等）"（冯胜利 2020a）；杨洋、郑礼珊（2019）在冯胜利（2015a）的基础上用实验证实了韵律（即句调素）的标句作用。

由此，一个复句只有一个句调，也即只有一个句调短语；其中小句之间的“韵律边界”是语调,即一个复句可以有多个语调短语。紧缩句的句型改造结果是失去了小句之间的语调,整句成为一个语调短语(同时是一个句调短语,语调与句调重合)。

冯胜利(2017)讨论了“汉语管辖式核心重音排斥动词并列及其与汉语句调相互作用所产生的句法和语体效应”,论证了汉语口语体语法的韵律要求是“一句一调”,进而推出“一调一动”。他的逻辑推论过程可以表述为例(12)、例(13)的形式:

(12) ∵ 一个句子只有一个核心重音;

∵ 句子中句调范域与核心重音范域对应,且句调必须在动词指派的重音范域里实现;

∴ 一个句子只有一个句调(止句调)。

(13) ∵ 每个句子有一个句调;

∵ 每个句子有一个核心重音,若每个核心重音均由动词指派给其补述语;

∴ 每个句调只含一个动词(谓语)。

因此,“因为并列 VP 遭到排斥,句调与核心重音融合在一起(故曰句调重音),‘两立语调’非有特殊要求(表示强调或对立)而不自然,所以紧缩便成了一种自然的结果”(冯胜利 2017)。紧缩句生成的韵律机制由此得证。

3.2 现代汉语紧缩句生成的语体机制[①]

紧缩句是“句法类语距形式”与“调素类语距形式”(冯胜利,刘丽媛 2020)合一的产物。紧缩句的定义(5)中两次提到“口语体”,

① 此处的“机制”与 3.2.1 小标题中的“机制”所指不同:此处的语体机制是与韵律机制相对应的,用于生产紧缩句,即句型改造;而“体原子”作为语体语法的生成机制,是创造语体语法结构和形式的基本单位。

一是“口语体语法的要求”，二是“体现口语体属性”；其中前者是“语距定律（体原子）”这一生成机制起作用的结果，后者是“形式—功能对生律”这一语体语法的语法原理所体现的。以下分别阐释。

3.2.1 语距定律（体原子）的生成机制

体原子就是语距定律①，是语体语法的生成机制，“决定和创造了各式各样的语体语法的结构和形式”（即语距形式）（冯胜利，刘丽媛 2020）。紧缩句的形成过程是使用“单调律”这一体原子的结果，即紧缩句是在“单调律”作用下生成的。

“单调律”表述为（14）：

（14）单调律：缩短句法单位的标准长度以满足“一句一动一调”的运作结果，均具口语的属性。如“紧缩句”和“意合法”等（冯胜利，刘丽媛 2020）。

可以看出，单调律定义中涉及的“‘一句一动一调’的运作”正是 3.1 节所论证的韵律要求。因此，单调律是实践汉语口语体语法韵律要求的过程中所使用的手段；而“缩短句法单位的标准长度”即是其所经历的韵律和句法步骤，将在第 4 节详述。

此外，“语体语法发现的重要规律是‘语体不同，语法也异’”（冯胜利 2020b），因此口语体语法与正式体语法的要求不同，具体到汉语核心重音、谓语动词和句调三者的关系时，即反映为“一句一动一调”的“三合一”要求。“三合一”具体表现为：“一句一动”指一个句子、一个主要谓语动词，是句法要求；“一调”指包含核心重音的语调只有一个，一个句子只有一个交际功能，分别是韵律要求和交际要求。（冯胜利 2020a）由此预测可知：第一，汉语“正式体语体语法应

① “‘体原子’和‘语距定律’所指为同一个对象，唯命名和使用角度不同而已：从语距属性的普遍性的角度名之为‘定律（语距定律）’；从其基元属性和最小单位的角度名之为‘体原子’。”（冯胜利，刘丽媛 2020）

该允许 VP&VP”(冯胜利 2017)(即一句内有并列的两个 VP),见例(15);第二,汉语正式体语体语法应该允许一句内有不止一个语调短语,且此时语调边界不能删略,见例(16):

(15) *(口语体)买和看了一本书。

(正式体)购买和阅读了一部经典专著。(预测例句引自冯胜利 2017)

(16) (正式体)无论身在何处,均须担当历史责任。

*(正式体)身在何处均须担当历史责任。

预测二即从语体语法理论的角度证实了汉语正式体语法中不会出现紧缩句的事实,并给出了原因。

3.2.2 “形式—功能对生律”的语体语法原理

“语体本身没有语法结构”(冯胜利,刘丽媛 2020),“语体的语法属性来自‘特定形式天然所具的特定功能’”(冯胜利 2020b),通过句法与韵律共同派生的语法结构来体现其语体功能。“句法每生成一个形式(句法+韵律),交际基因(或体原子)系统便赋予该交际形式一个相应的语体功能”。(冯胜利,刘丽媛 2020)

因此,当紧缩句这个句法形式和语距形式一产生,我们体内的交际基因和单调律的体原子便赋予这个形式(即紧缩句本身)以口语体的属性,这种口语体属性是与紧缩句的句法结构和韵律结构同时产生、同时存在的,伴随着我们的交际而发挥口语体的功能作用,这种“形式”与“功能”的“对生”即是语体语法的语法原理在现代汉语紧缩句中的体现。

3.3 韵律机制与语体机制的联系

由 3.1 与 3.2 可知,韵律机制即汉语口语体语法“一句一动一调”的要求与语体机制中的“单调律”这一体原子,实际上在现代汉语紧缩句的生成中代表着同一个条件和过程，只是分别从韵律语法角度和语体语法角度定义和展开。谈及二者之间的区别，则“一句一动一调”是根本要求，而“单调律”是达成这一要求的手段和方法。因此现代汉语紧缩句的紧缩规则(6)中的首要机制条件 A 将上述的韵律机制与“单调律”合并表述为“一句一调”。同时语体机制中的“形式—功能对生律”贯穿紧缩过程始终，使紧缩句拥有了能供交际的口语体属性。以上关系也证明了形式句法、韵律音法、语体语法三者构成了人类语言“三足语法”的框架。(冯胜利，刘丽媛 2020)

4 紧缩度与现代汉语紧缩句的句法生成

本节拟出紧缩度的连续统并据此指出一些情况下“缩”的限制条件，而后梳理出在韵律制约下紧缩句“紧”和“缩”的句法生成过程。

4.1 紧缩度(紧缩的等级)与现代汉语紧缩句的分类

由于紧缩句是由复句改造而来的，这一过程中就存在紧缩的程度、等级的问题，陈颖(2005)、江蓝生(2007)、王红明(2007)、刘洁(2010)等均曾拟出连续统分析紧缩句的紧缩度。

在分析紧缩度前，我们须先将紧缩句分为两小句主语相同与不同两大类。

首先看小句两主语相同的一类：主语相同(同指)时，可以拟出如例(17)的连续统：

(17) Ⅰ：如果你$_i$ 有力气，那么你$_i$ 就搬吧。

Ⅱ：(如果)你$_i$ 有力气你$_i$ 就搬吧。

Ⅲ：你$_i$ 有力气 pro$_i$ 就搬吧。/pro$_i$ 有力气你$_i$ 就搬吧。

Ⅳ：有力气就搬吧。

其中Ⅰ是复句,Ⅱ—Ⅳ是紧缩句,紧缩度逐渐增高;依据“形式—功能对生律”,口语性也逐渐增强。“紧缩”的过程,必须既有韵律决定下的“紧”,也有句法上的“缩”,因此只要满足了“紧”和“缩”这两步,就具备了紧缩句的身份,如Ⅱ已经是紧缩句。由Ⅰ到Ⅱ,韵律上在“一句一动一调”要求下失去中间语调,句法上首先减缩了语义较弱的关联连词(一个或一对);由Ⅱ到Ⅲ,句法上减缩了前一个小句或后一个小句的主语;由Ⅲ到Ⅳ,减缩全部主语。

再看两小句主语不同的一类:此时可拟出如下的连续统:

(18) Ⅰ:即使他$_i$ 生气,我$_j$ 也不怕。

Ⅱ:他$_i$ 生气我$_j$ 也不怕。

Ⅲ:* pro$_i$ 生气我$_j$ 也不怕。/ * 他$_i$ 生气 pro$_j$ 也不怕。

Ⅳ:? pro$_i$ 生气 pro$_j$ 也不怕。

表面上的连续统构成与两主语相同的情况一致,但其中Ⅲ的两句都是不合法的句子。依照 Huang(1982:365)的“The Pro-drop Principle”[见例(19)],主句的 pro 本应与从句的“我”同指,从句的 pro 也应与主句的“他”同指,这与“两句主语不同”的大前提矛盾,因此两个句子均不合法。在此基础上,Ⅳ句接受度不高且有歧义,难以表达完整的原复句义。

(19) The Pro-drop Principle: A pro must be identified by its closest subject. (Huang 1982: 365)

因此,当复句的两小句主语不相同时,紧缩度不能低于“Ⅱ”,即句法上只能“缩”去关联连词,不能再进一步“缩”去任一主语,否则会造成不合法或歧义现象。

4.2 现代汉语紧缩句的句法生成过程

依照紧缩句的定义(5)和“单调律”的定义(14),从结构上来看,紧缩句是在复句的基础上通过句法运作，即句型改造生成的，结果是“缩短了标准长度”。因此，探究紧缩句的结构必须从复句开始。

当代形式句法学认同将汉语的复句实现在一个句法树内（Huang 1982；何元建 2011；邓思颖 2019；Pan & Paul 2018 等）。Huang（1982）将句间连词视做更高的小句的标句词 C（Huang 表述为“COMP”）①；何元建（2011：334）和邓思颖（2019：248-250）均将联合复句的关联词视作连词 Conj、偏正复句的关联词视作标句词 C，其中邓思颖（2019）认为从属小句（subordinate clause）是主句的附接语，何元建（2011）认为其是指定语，不过二者“在本质上是一致的”（邓思颖 2019）；王永娜（2019）将关联词中的连词分析为 ConjP 的中心语 $Conj^0$，她的分析符合《现代汉语词典》第 7 版中对关联连词词类的划分，且符合以上各家对从句地位的判定。

胡裕树（1981/1995：405）认为“紧缩句……是由偏正复句通过紧缩得到，不来自于联合复句②。”本文着眼于结构形式标准而非语义标准进行分类，将复句分为小句关系不平等的复句和小句关系平等的复句两大类。从理论和实例出发，将两小句关系不平等的复句都归为可以紧缩的类，其中除了传统意义上的“偏正复句（条件复句、假设复句、因果复句、目的复句、转折复句）”外，还应包括“联合复句”中的顺承复句、递进复句等。由于小句关系不平等的复句本质上是从句修饰主句，这样的复句结构为紧缩的句型改造提供了前提。而理论上，小句关系平等的复句表并列、对举或选择等关系（即冯胜

① 原文为：What are sometimes called conjunctions or sentence-connectives may be analyzed also COMP forming a higher clause（or PP）……

② 各大现代汉语教材对偏正复句、联合复句的内部成员划分不尽相同，在此暂不对二者的语义标准做严格区分；但这与我们根据结构形式标准将复句划分为“小句关系不平等的复句”和“小句关系平等的复句”不冲突。

利(2017)提到的"两立语调"成立的"特殊要求(表示强调或对立)"中的"对立"这种情况),小句之间没有结构上的从属关系,无法分析为有主从关系的单句结构,因此没有紧缩的句法条件。①

因此,本文按照 3.1 节所述冯胜利(2015a,2017)的观点,将句中句调素(intoneme)视作标句词 C;按照王永娜(2019)的观点,将句中关联连词视作 Conj;参考邓思颖(2019: 249)的观点,将从句视作修饰主句的附接语。

综上,现代汉语紧缩句是在体原子"单调律"作用下,由小句关系不平等的复句——一个 CP(其中 C 是句调素、从句是 ConjP 且做主句的附接语)通过句型改造生成的。具体而言,以上文所述连续统(17)为蓝本,Ⅰ到Ⅱ是韵律上失去中间语调("紧"),句法上从句由 $ConjP_2$ 简化为 TP_2、主句由 $Conj_1$'(此时减缩了关联连词)简化为 T1'("缩")的过程;Ⅱ到Ⅲ到Ⅳ是一步步减缩主语("缩")的过程。

图 1—图 3 是在韵律-句法层级对应模式(参冯胜利 2017;冯胜利,施春宏 2021)下的紧缩过程的图示[以句(17)为例],即规则(6)的图示。

5 预测核验及结语

开篇即指出,在紧缩句语体自然分布,即"口语体交际中复句必须紧缩、正式体交际中复句不能紧缩"的理论规则下,实践时仍然会发现口语体中出现复句、正式体中出现紧缩句的用例。因此我们利

① 理论上如此,但实际交际中,若小句关系平等的复句较短,且中间语调待续时间较短,则会产生如下效果:"你是叫我打怕了还是装孙子?""我想干什么不干什么……"(王朔《我是你爸爸》)这种用例在韵律上有类似"紧"的效应,但在句法、语义上都与我们所定义的紧缩句不同,因此不视为紧缩句。

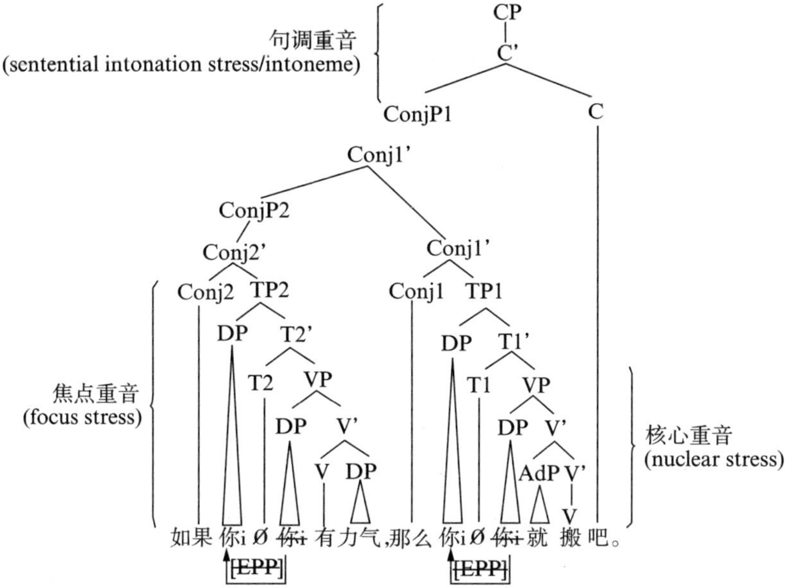

图 1　复句"如果你有力气,那么你就搬吧"句法结构图

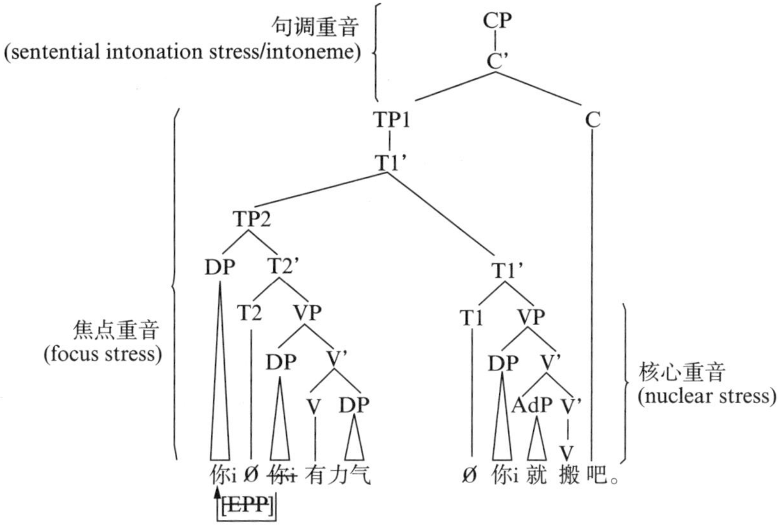

图 2　紧缩句"你有力气你就搬吧"句法结构图

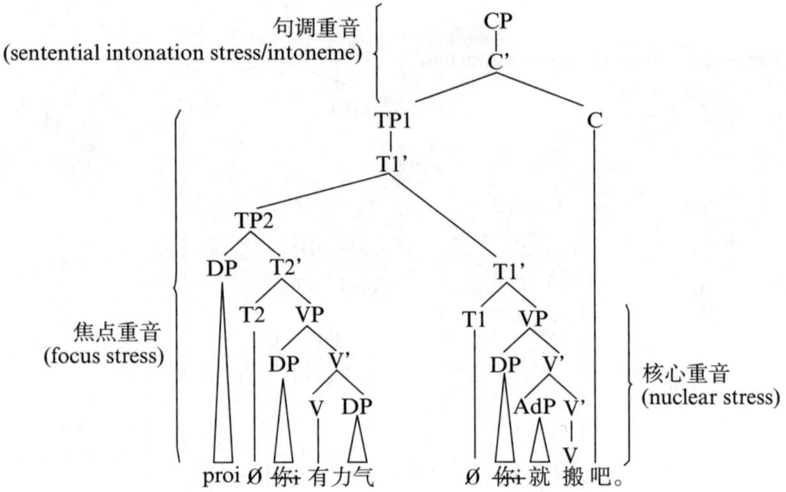

图 3　紧缩句“有力气就搬吧”句法结构图

用预测与核验的研究方法,考察两类似乎可以看做紧缩句语体分布例外的情况,并论证其没有对本文提出的紧缩规则构成挑战,而恰是有力的论据。

5.1　预测与核验:紧缩句语体分布错位的例外现象处理

5.1.1　正式体交际中出现的紧缩句

本文穷尽考察约 9.15 万字的 2016—2020 年五篇国务院《政府工作报告》,得出紧缩句共计 10 句,每年均有 1 至 3 句出现。具体情况分为两种:

首先,对语体鉴定标准即“对象、内容、场所、态度”四要素(冯胜利 2015b)进行分别考察发现,“对象”和“场所”两个最主要的要素在使用紧缩句与否的语境中没有变化(对象仍是全国人大代表与全国政协委员、场所仍是该报告的会场人民大会堂),而“内容”和“态度”二者在使用紧缩句的语境中发生了些许改变:如内容中以形象的“端牢饭碗”借代解决群众的粮食问题［见例(20)，下画线标出的是紧缩句，下同］、使用了情感较为充沛的诚恳态度引起听众共鸣［如例(21)］、使用具体数据和程度词表明“保就业、惠民生”的周全考虑［如例(22)］，这均是拉近与广大人民之间的距离的刻意需要：

(20) 14亿中国人的饭碗，我们有能力也务必牢牢端在自己手中。(2020年国务院《政府工作报告》，下文简称“某年”)

(21) 我们要切实让市场主体特别是小微企业有明显减税降费感受，坚决兑现对企业和社会的承诺，困难再多也一定要把这件大事办成办好。(2019年)

(22) 稳增长主要是为了保就业、惠民生，有6.5%—7%的增速就能够实现比较充分的就业。(2016年)

因此可以认为，第一种在正式语体中出现的紧缩句不是正式体复句的紧缩，而恰恰是根据交际需要暂时拉近交际距离的产物；虽然部分使用的仍然是正式体词汇，但实际上是“引用”的口语体紧缩句。

第二种则是有4个例句“引用”或“化用”了古代汉语中的典雅体紧缩句［如例(26)、例(27)］，其目的并非拉近而是拉高距离，为报告内容整体增添了历史厚重感和文学艺术性，因而有时被新闻媒体誉为“金句”(杞县电视台 2019)。这类典雅体成分的使用，由于是“援古入今”，必然携带着庄典色彩(冯胜利 2018：49)，无法体现为口语体属性，因此是在现代汉语正式体语料中“引用”的典雅体成分，也非现代汉语正式体紧缩句。

(23) 思危方能居安。在充分肯定成绩的同时，要清醒看到我国发展面临的问题和挑战。(2019年)

(24) 发展如逆水行舟，不进则退。必须毫不动摇坚持以经济建设为中心，推动科学发展，妥善应对风险挑战，使中国经济这艘巨轮破浪远航。(2016年)

5.1.2 口语体交际中出现的复句

我们穷尽8万字王朔长篇小说《我是你爸爸》的人物对话及其必要句内语境,考察出复句共186句。其中具体情况分为两种,一是原本不能紧缩的复句(小句关系平等的复句)18句;二是原本可以紧缩却没有紧缩的复句(小句关系不平等的复句)168句。以下详述。

小句关系平等的复句包括表示并列、对举、平等选择等关系,如前文4.2节所述,其语义平等,句法上也无法体现为从属关系,因此不能紧缩。如例(25)、例(26):

(25)对的就是对的,错的就是错的。(王朔《我是你爸爸》,下同)

(26)我们不是跟你来商量的,而是已经决定了,只是把这个决定通知你。

而小句关系不平等的复句本应紧缩,却没有紧缩,可见它们违反了某个或某些紧缩规则中的条件。其中语音(韵律)条件A是汉语口语体语法的自然要求,不可能违反;以下分为违反条件B、违反条件C、其他特殊情况三小类详述。

违反条件B,至少其中一个中心语上的附接语超过1,或是内含嵌套结构,给紧缩带来困难,如[例(27)a,下画线标出的是本条所述对象,下同],"我向你提出的"和"那"都是名词中心语"三条"的附接语,总数为2,无法紧缩;且"我向你提出的"是复杂的嵌套结构,因此若去掉这一附接语,只留下简单的"那",则完全可以紧缩,如例(27)b;或者将附接语全部去掉,紧缩更加方便[①],如例(27)c:

(27)a."只要你不答应我向你提出的那三条,我就不吃饭!"

---

① 当依次删去两个附接语时,句义实际上发生了很大的变化(因为附接语往往可能是语义的焦点——感谢审稿专家提示)。因而此处只是使用减少附接语数量以达到小于等于1的手段来证实紧缩规则并进行核验,这也从反面证明了:当为了语义的完整而不能删去(大于1的)附接语时,紧缩这一操作就会受到阻碍。

b. 你不答应那三条我就不吃饭!

c. 你不答应我(就)不吃饭!

违反条件C,减缩关联连词后语义逻辑关系改变了,无法保持复句原义,因此无法紧缩,如例(28)a是假设关系,若去掉关联连词变成例(28)b,则语义逻辑上自然变为了顺承关系或并列关系,此时若紧缩便不合法;而此时添加一至两个关联副词"(要是)""就",可还原出原始的假设关系,完成紧缩,如例(28)c。这也是在规则B中将关联副词排除在计算附接语数量范围之外的原因——关联副词有时在表达和保持逻辑关系中的作用是必不可少的。

(28) a. 如果你承认自己无理,那我允许你揍我。

b. 你承认自己无理,我允许你揍我。→ * 你承认自己无理我允许你揍我。

c. 比较:你(要是)承认自己无理我就允许你揍我。

其他特殊情况:其一,与5.1.1所述相反,为引用了正式体、庄典体甚至文艺体整句,以引起重视或制造幽默效果等,此时不能紧缩,如例(29);其二,前后两小句不线性邻接或中间有插入成分,因有阻挡无法紧缩,如例(30);其三,若原句是二重复句(甚至多重复句),一般不紧缩,如例(31),除非是固定结构(如"爱V不V"等,参杨卉婷(2021)];其四,后一句是事后追补语[Afterthought,参Chao(1968/2011:154-155)、赵元任(丁邦新译 1980:71),并参胡丛欢(2019)、林晓燕(2020)],此时后一句是说出前一句后才想到、补充出的,"追加补充新信息……带追补调"(林晓燕 2020),没有时间和机会进行紧缩,如例(32);其五,中间小句与其后的小句关系更紧密,无法与前一小句发生紧缩,如例(33);其六,原复句的从句中有强调焦点,但紧缩后的紧缩句中重新产生的强调焦点不足以表达原有的强调作用,则只能仍然采用复句表达强烈的强调(此时并非不能紧缩,而是紧缩后的句子无法表达足够的强调效应),即冯胜利(2017)提到的"两立语调"成立的"特殊要求(表示强调或对立)"中的"强调"这种情况——此时复句中重读的是焦点敏感算子,如例(34),又如例(1)b(重复在下)。

(29) 不管你接不接任,我是决意引退,挂印而去。(说话人要"退"的是"父亲"这一角色)(下画线标识引用的文艺体整句)

(30) 一家之内要没个规矩,不分尊卑长幼,那还不乱了套?(下画线标识插入小句)

(31) 这要是我儿子,我打死他都不心疼。(下画线标识二重复句的后一部分,这部分已经紧缩)

(32) 我车在路上坏了,又叫不着出租车。(下画线标识事后追补语)

(33) 我一说她,她就回嘴:你瞧人家马锐的爸爸。(下画线标识关系紧密的小句)

(34) 即使你了解了全部事实,你也没法得出正确的结论。(强调时)(下画线标识重读的焦点敏感算子)

(1) b. 不管你在哪儿,你都要好好儿工作。(强调时)(下划线标识重读的焦点敏感算子)

5.2 结语

本文探究了单调律这一体原子在现代汉语句型改造中发挥的作用,即在口语体中缩短复句的标准长度(包括韵律上的"紧"与句法上的"缩"),将其改造为紧缩句。从韵律语法理论出发,本文论证了汉语口语体交际中使用紧缩句的必然性;从语体语法理论出发,论证了紧缩句的语距形式与口语体的功能同生并存、复句的语距形式与正式体的功能同生并存。由此本文证明了提出的现代汉语紧缩句紧缩规则,进而指出了紧缩度与韵律制约和单调律应用下的紧缩句生成过程之间的同步关系。最后核验了实践中发现的紧缩句-复句的语体错位分布现象，证实它们并非例外，而是符合本文的紧缩规则与语体语法理论预测的。

本文在理论上的意义主要有三：第一，指出了紧缩句生成的根本原因和紧缩规则；第二，证实了单调律作为体原子在创造语距形式和语体语法中的重要作用；第三，丰富了对韵律语法、语体语法、形式句法三者关系的认识，再次证明“三足语法”（冯胜利、刘丽媛，2020）是人类语言中普遍存在的语法框架。

参考文献

陈书仪. 1985. 紧缩句蠡测. 思维与智慧，(2)：31-33.

陈颖. 2005. 紧缩句的有标关联和无标关联. 华中科技大学硕士学位论文.

陈兆福. 2002. 紧缩句论略. 临沂师范学院学报，(1)：99-104.

邓思颖. 2019. 形式汉语句法学（第二版）. 上海：上海教育出版社.

丁勉哉. 1957. 谈复句的紧缩. 中国语文，(12)：15-19.

冯胜利. 2015a. 声调、语调与汉语的句末语气. //北京大学语言研究中心《语言学论丛》编委会编. 语言学论丛（第五十一辑）. 北京：商务印书馆：52-79.

冯胜利. 2015b. 语体语法的逻辑体系及语体特征的鉴定. 汉语应用语言学研究，(1)：1-21.

冯胜利. 2017. 汉语句法、重音、语调相互作用的语法效应. 语言教学与研究，(3)：1-17.

冯胜利. 2018. 汉语语体语法概论. 北京：北京语言大学出版社.

冯胜利. 2020a. 2020 年秋语体语法学授课教案. 北京：北京语言大学.

冯胜利. 2020b. 语体语法的新进展——体原子的发现. 中文学术研讨会·语言研究的新探索，北京：中国政法大学，11. 14.

冯胜利，刘丽媛. 2020. 论语体语法的生物原理与生成机制. //北京师范大学民俗典籍文字研究中心. 民俗典籍文字研究（第二十六辑）. 北京：商务印书馆：76-103.

冯胜利，施春宏. 2021. 韵律语法学的构建历程、理论框架与学理意义. 语言科学，(1)：38-59.

葛清林. 1995. 对紧缩句应慎提紧缩. 佳木斯师专学报，(3)：43-45.

何元建. 2011. 现代汉语生成语法. 北京：北京大学出版社.

黄伯荣，廖序东. 2017. 现代汉语（增订六版）下册. 北京：高等教育出版社.

皇甫素飞. 2015. "爱 X 不 X"类紧缩构式群的承继系统及其语用动因. 当代修辞学，(6)：79-90.

胡丛欢. 2019. 现代汉语韵律黏附现象分析——以"重复"为例. 语体语法专题系列研讨会. 北京：北京语言大学.

胡裕树. 1981/1995. 现代汉语（重订本）. 上海：上海教育出版社.

江蓝生. 2007. 同谓双小句的省缩与句法创新. 中国语文，(6)：483-493，575.

金兆梓. 1922/1983. 国文法之研究. 北京：商务印书馆.

林晓燕. 2020. 汉语口语的"重复"及"追加"现象再分析——句重音及"一句一调"的句法效应/2020 年秋语体语法学课程报告及手稿. 北京：北京语言大学，12. 22.

刘复. 1920/2009. 中国文法通论//钱玄同、刘复、罗常培. 老北大讲义：说文部首、中国文法通论、汉语音韵学导论. 长春：时代文艺出版社.

刘洁. 2010.《语法等级大纲》中的紧缩复句. 华中科技大学硕士学位论文.

刘天堂. 2002. 汉语紧缩句探析. 四川师范学院学报，(1)：32-34.

杞县电视台. 2019. 收藏！总理工作报告的金句都在这儿. https：//www. sohu. com/a/299270349_697000？sec＝wd. 03. 05.

王洪君，李榕. 2014. 论汉语语篇的基本单位和流水句的成因. //北京大学语言研究中心《语言学论丛》编委会编. 语言学论丛（第四十九辑）. 北京：商务印书馆：11-40，350-351.

王红明. 2007. 紧缩句研究. 吉林大学硕士学位论文.

王力. 1954/2011. 中国现代语法. 北京：商务印书馆.

王永娜. 2019. 汉语连词的语体功能和韵律机制. 第六届韵律语法研究国际研讨会. 重庆：西南大学.

向若. 1958/1987. 紧缩句. 上海：上海教育出版社.
邢福义. 1996. 汉语语法学. 长春：东北师范大学出版社.
邢福义. 2002/2014. 汉语语法二百问. 北京：商务印书馆.
邢向东. 1988. 紧缩句与单、复句划分. 语文学刊,(5)：6-8,5.
杨卉婷. 待刊. “爱 V 不 V”类紧缩形式句法简化的韵律特征和语体机制. 韵律语法研究.
杨洋,郑礼珊. 2019. 汉语韵律的标句作用及其实验研究. 韵律语法研究,(1)：65-82.
严戎庚. 1980. 试论单句和复句的划界. 新疆大学学报,(4)：101-108.
于默. 1996. 紧缩句三论. 丝路学刊,(2)：24-26.
玉柱. 1991. 谈谈紧缩句. 逻辑与语言学习,(5)：44-45.
张斌. 2002. 新编现代汉语. 上海：复旦大学出版社.
赵雅青. 2014. 历时视角下的汉语有标紧缩句及其紧缩机制. 华中师范大学博士学位论文.
赵雅青. 2018. 现代汉语紧缩句的判断标准. 通化师范学院学报,39(3)：74-79.
赵元任. 1968,1979/2001. 汉语口语语法. 吕叔湘译. 北京：商务印书馆.
赵元任. 1980. 中国话的文法. 丁邦新译. 香港：中文大学出版社.
朱德熙. 1982/2017. 语法讲义. 北京：商务印书馆.
朱德熙. 1984. 语法 · 修辞 · 作文. 上海：上海教育出版社.
朱红. 2019. 现代汉语假设关系紧缩句研究. 吉林大学博士学位论文.
Chao Y R(赵元任). 1968/2011. *A Grammar of Spoken Chinese*. Los Angeles：California University Press.
Huang C-T J(黄正德). 1982. *Logical Relations in Chinese and the Theory of Grammar*. Ph. D. dissertation, University of MIT.
Pan V J(潘俊楠), Paul W. 2018. The Syntax of Complex Sentences in Mandarin Chinese：A Comprehensive Overview with Analyses. *The Syntax of Complex Sentences in Chinese. Special issue of Linguistic Analysis*, 42 (1-2)：63-161.

| 第五章 |

“句-重复”与体原子分析法

【编者按】 一个结构,形式句法学可以用不同的方法和理路来剖析和解释。于是有所谓 alternative analysis, better analysis 等概念的产生。“一构多解”在生成语法中比比皆是,这是该理论系统性的表现及其运作健康的表征。语体语法也不例外,我们在本章看到的就是“一个结构/语体而分解不同”的典型案例——标志着语体语法“一构多解”性研究的开始;这也是促进该学科健康发展的动力所在。

现代汉语韵律黏附现象的“体原子”分析法

——以“重复”为例*

胡丛欢

摘　要　文章讨论汉语口语里通过句子重复实现对命题“强调”的特殊现象。首先根据“体原子(Register Atomic)”分析法(如“长短律”“融合律”“形式—功能对生律”“齐整律”等规则)解释了为什么该类重复现象具有口语体特征的语体属性。通过对大量语言事实的分析,厘清了这种重复现象的语法属性,发现它是一种以句子作为宿主生成的韵律黏附运作。进而提出在该类句子生成的过程中,发生了核心重音和焦点重音互斥的运作,最终激活韵律语法中“韵律整饬(Prosodic Reorganization)”的运作。然后从韵律的角度指出该黏附现象属前黏附运作,黏附成分的韵律需遵循音体原子“融合律”的要求必“轻”(故整体长度需小于宿主)。文章通过语体韵律的规则阐释了该类重复现象的生成机制及其语法特征。

关键词　重复　强调　重音互斥　韵律黏附　口语体

* 本文在写作过程中,得到导师冯胜利以及施春宏、王丽娟、王永娜、汪昌松,特别是刘丽媛老师的帮助与支持,在此谨表由衷的感谢。本文纰漏错误之处,皆为笔者负责。

1 问题的提出与再分析

孟琮(1982)在《口语里的一种重复——兼谈"易位"》一文中提到"口语里有一种重复现象,即一个句子,往往是开头的部分在句末又重复出现一次",例如:

(1) 你跟我嚷什么 你?

X Xa

(2) 这回猜对了这回?

(3) 早晨下雪了早晨。(孟琮 1982)

孟琮(1982)认为这是一种重复现象,上例中"X"代表被重复的部分,"Xa"代表重复的部分,构成"Xa"的主要是代词,包括人称代词和指示代词,这种重复起表示语气的作用。本文认同孟琮先生关于重复的观点,但是本文认为这并不是对词或者句中某个成分的重复,因为如果是对句中词或某个单独成分的重复,那么我们无法解释为什么不重复句中的谓语动词和宾语?① 请看:

(4) 我都吃完饭了我。

(5) 我都吃完饭了我都。

(6) 我都吃完饭了都。

(7) *我都吃完饭了吃。

(8) *我都吃完饭了饭。

(9) *我都吃完饭了吃完饭了。

从以上例(4)—例(9)我们发现,可以重复的成分有主语代词、状语副词,甚至主语和状语可以一起重复,但是不能重复句中的动词、宾语及整个谓宾结构(VP),这是为什么呢? 孟琮(1982)及后来

① 感谢刘丽媛老师给笔者指出这个问题。

的研究都没有发现这种现象，即使后来又有学者发现了动宾的不可重复性（唐文珊 2018），亦没有给予解释。因此，这个问题至今仍然还有未解之谜。

如果不是词或句中某个成分的重复，那么是什么重复呢？本文的观点是：这类现象是句子的重复，是对命题的重复，对命题的重复要表达的语法意义是"强调"。① 什么是"强调"，我们认为：表达"强调"的方法，一般来说有两种。

第一，添加焦点重音。例如"我都吃了三个苹果了"这个句子，可以通过强调句子的各个成分达到强调的目的。例如：

（10）我都吃了三个苹果了。——不是"他都吃了三个苹果了"。

（11）我都吃了三个苹果了。——不是"我都买了三个苹果了"。

（12）我都吃了三个苹果了。——不是"我都吃了四个苹果了"。

（13）我都吃了三个苹果了。——不是"我都吃了三个香蕉了"。

以上例子表明，可以通过句中焦点的方式，重读所要强调的成分，对句中任何成分进行强调。

第二，重复。韩荔华（1994）将"重复"定义为："重复，是指在一个句子结构内部，同一成分（包括同形和不同形的）在同一语法位置或不同语法位置上重复出现的句法格式。"李悦娥（2000）指出，重复的同一形式在不同的语境中起着不同的作用，而不同的形式可以起到同样的作用。按照重复语言的形式、功能及其分布，可将其分为如下几类：（1）强调性重复；（2）交流性重复；（3）交际性重复。强调性重复是指：讲话人对前边的部分话语或个别词语进行重复，以起到强调，引人注意的作用。我们以谓语的重复为例分析，谓语的重复不是指谓语动词在形态上的重叠形式，而是指谓语的重复出现形

① 该观点是笔者在导师冯胜利指导下及与师姐刘丽媛讨论中获得启发而得出的，特此致谢。

式,例如:

(14) 你呀,幼稚啊,幼稚!

(15) 你磨叨,磨叨! 我不比你烦。

(16) 你们吵,吵,吵! 把房子吵塌了! (韩荔华 1994)

以上谓语重复的例子,带有强烈的感情色彩,对谓语的重复,表达了对动作、行为的"强调"。同理,如果对"命题"进行强调,应该也有两种方式,但为什么对命题进行强调却只有重复一种方式呢? 因为如果想要对整个命题/句子进行强调的话,就要对整个句子加重音,即句中每个成分都带上重音,例如:

(17) 我都吃了三个苹果了。

全句加上焦点重音,就会生成:

(18) *我都吃了三个苹果了。

例(18)是非法的,该句不是正常用于交际的句子,而是计算机说出的句子。因此,若对整个句子进行强调,就只能对整个命题进行重复,也就是说两遍。例如一个基础句子:

(19) 我吃完饭了。

对其进行强调,把原句子重复一次,就生成:

(20) 我吃完饭了我吃完饭了。(预设义: 你就不要再让我吃了)

上面句子的重复确实达到了"强调"的效果,但日常生活中我们不会说出这样的句子,而为什么不说的原因在于句子的重复违反了"句调限定律"(冯胜利 2017)①,即: 一个句调不能包含两个(或以

① 冯胜利(2017)在阐释"句调限定律"的内在逻辑是: 因为每个句子有一个句调(全句的句调,不是大句中零句的语调),因为每个句子有(且只有)一个重音(NSR),任何一个核心重音都是由句子最后一个谓语动词所指派(无论是零动词、状态动词还是一般行为动词)。因此,每个句调只能包含一个谓语。

上)的动词谓语。① 所以从该原则出发,后一重复小句的 VP 成分一定要删除,其操作是:

(21) 我都吃完饭了,我都~~吃完饭了~~。——我都吃完饭了我都。

根据“句调限定律”引发的 VP 删除操作,就生成了本文要讨论的语言现象。这一运作过程有几点需要加以说明。一是一句话只能有一个句调和一个核心重音;二是句子如果重复,两个小句的句调都变成了语调②,两个句子才可以共享一个句调。如果两个小句重复以后各自的核心重音成分都还在,这就违背了“句调限定律”。三是为了生成合法的句子,那么就要删除其中一个小句的核心重音范域。那么为什么不删除前一小句的 VP 而删除重复小句的 VP 呢? 因为前一小句是“基式”,表达整个命题完整的句法语义和语音形式,因此不能删除基式的 VP 成分,而且如果删除基式的 VP 成分生成的句子也不合法,例如“ * 我都我都吃完饭了”,这不是一个合法的句子,这一系列的“重复-删除”操作,其实是一个涉及句法、重音和语调相互作用的过程,关于重音的问题,下文我们还会再谈。从语言事实出发,重复小句的 VP 删除后,会遗留以下五种类型的重复成分③。

第一类:句法上是 X^0 成分,如:

光杆代词(D^0):(22) 你跟我嚷什么你?

(23) 这儿是谁的这儿。

光杆名词(N^0):(24) 小张儿怎么还没露面呀小张儿。

第二类:句法上是附加语 X' 成分,如:

① 马宝鹏(2019)在讨论现代汉语句调对谓词性并列结构的制约一文中,进一步论证了“句调”和“核心重音”的问题。

② 关于“句调”和“语调”的问题,可参考冯胜利(2017)的研究。

③ 例(22)—例(50)选自孟琮(1982)。

1. 动词短语的附加语(V')

A.(25)衣服都给你裁好了都。

(26)你简直都糊涂了简直。

(27)你就等着倒霉吧就。

B.(28)你也太不懂事了你也。

(29)你都多大岁数了你都?

2. 限定词短语的附加语(D')

(30)我这脑袋都叫他搅乱了我这。

(31)这儿衣服是谁的这儿?

(32)他们/这个亲热劲儿就别提了这个。

第三类:句法上是 XP 成分,如:

1. 动词短语(VP):

(33)种花儿是最有意思的种花儿。

(34)打扑克最没劲了打扑克。

2. 限定词短语(DP):

(35)我这洗澡呢我这。

(36)那个好办呀那个。

3. 方位词短语(LP):

(37)那边儿人少那边儿。

4. 名词短语(NP):

(38)今儿早晨还真够热的今儿早晨。

5. 数量词短语(ClP):

(39)这顿饭算闹着了这顿饭。①

(40)刚才那两块钱是谁的刚才那两块钱?

6. 否定词短语(NegP):

---

① “闹着”是“合算、占便宜”的意思。

（41）这不找倒霉吗/这不？

（42）这不是找倒霉吗/这不是？

第四类，包孕句结构，如：

（43）你说/这个脏不脏/你说这个！

（44）饿得/我头晕眼花的/饿得我。

（45）大伙儿乐得/肚子都疼了/大伙儿乐得。

（46）这是/谁说话呀/这是？

（47）你这是/怎么回事呀/你这是？

第五类，不规则重复，如：

（48）您上哪啊您这是？

（49）这何必呢这是？

（50）那至于吗那个？

以上，我们从句法角度总结了 VP 删除以后留下的成分，据分析可知，这些成分最小的是词，最大的是短语。此外，这些重复的成分，有两个比较突出的特征，一是代词比重比较大，二是有“儿化”的现象。据以上分析，本文提出：因为对命题进行重复以达到强调的目的，不可避免地带来命题重复以后违反“句调限定律”的结果，因此必须对后一小句的 VP 成分进行删除，于是出现了我们上面看到的和所要讨论的语言现象。注意，这些现象是韵律规则和焦点重音相互作用而生成的，因为该现象包含了一个非常重要的汉语核心重音和焦点重音互动的问题。

2 重音互斥与韵律整饬

Feng（1995）在分析[V-NP-D/FP]（＊看电影三次）、[V Pro D/FP]（打了他三次）、[V NP PP]（＊买一本书在书店）、[V PP D/FP]（＊睡在小床上三次）等结构的非法是由于违背核心重音规则时，提出韵律语法系统的自我调节的问题，亦即：为了拯救非法的句子使其合法，韵律语法系统需要采取一系列的方法对句子结构进行变形，前者是韵律冲突/重音互斥（Prosodic Conflict），后者是韵律整饬（Prosodic Reorganization）。冯胜利（2000：66-72）专门讨论了这两种现象，指出：由于句子是靠句法生成的，因此，对一个句子的韵律结构来说，它不止有韵律层面上诸多规则的参与和协调，而且有它们和句法规则之间的相互接触与协调，故当诸多方面的规则在一个句子里实现的时候，就会发生接触、出现摩擦，若协调不好，就会产生韵律冲突，韵律冲突指来自韵律规则之间的相互矛盾，其定义见下：

韵律冲突（冯胜利 2000：66）

树形结构中 α 与 β 两个姊妹节点，如规则 X 需［α β］为轻重格式，而规则 Y 却使之为重轻格式，则两不能成，［α β］必被删除。

当然，这些韵律上相互冲突的句法结构可以通过韵律激活句法操作来“拯救”，从而使之成为合法的句子，因此就有了“韵律整饬原则”，定义见下：

韵律整饬原则（冯胜利 2000：69）

如果 α 与 β 两个姊妹节在韵律的规则系统中互相抵触，那么这两个节点必须加以整饬才能存在。

Feng（1995）、冯胜利（2000，2013）为了解决韵律冲突，而提出的韵律整饬原则有：

复制：* 打电话三次→打电话打三次；

删除：* 种植树→种树/植树；

附加：* 把眼瞪→把眼一瞪；

移位：电话，他打了____三次；

贴附（cliticization）与并入（incorproation）：* 书放了在桌子上→书放在了桌子上；

变形：* 他学了中文三年→他学了三年中文。

回到本研究上来，本文正是通过韵律整饬原则中的“贴附(黏附)”原则来解决重音互斥的问题。所不同者，我们揭示的现象是句层面的贴附/黏附，应该说是韵律整饬的拓展和发展。我们通过对上文后一重复小句的VP删除操作，生成了本文所要讨论的对象，为方便起见，重复如下：

(51) 我都吃完饭了，我都~~吃完饭了~~。

a. 我都吃完饭了我都。

b. 我都吃完饭了我。

c. 我都吃完饭了都。

根据“句调限定律”规则删除重复小句的VP后，从原理上应该生成例(51)a这个句子，但是我们发现，VP删除以后，同时生成了例(51)b—例(51)c都合法但却不同的例子，不仅有以上遗留主语和副词的例子，据我们的研究，还有介词短语遗留的例子，比如：

(51) d. 他们在公园开晚会呢在公园。

因此，此处产生一个问题，即：句子重复以后要进行VP删除操作，那么为什么会留下来不同的成分呢？这些被留下来的成分有什么不同的功能？即“我都吃完饭了我”“我都吃完饭了都”和“他们在公园开晚会呢在公园”中，分别重复了主语、副词和介词短语三个不同的成分，这些不同的成分有什么不同的功能或者指向吗？

关于这个问题，本文的观点是：句子的重复是第一次强调，遗留成分的不同是第二次强调(即：强调中的强调)，由于强调的成分不同，所以删除以后留下的成分不同。例如：

(52) 我都吃完饭了我。(你就不要再让我吃饭了。)

强调的是动作的发出者，即主语“我”，表明“我”已经吃完饭了，“我”不需要再吃饭了。

(53) 我都吃完饭了都。(你就不要再让我吃饭了。)

强调的是动作、行为、事件“已经”完成，不必再进行第二次的重复。

（54）他们在公园开晚会呢在公园。

强调的是动作发生的“地点”，即“在公园”。

（55）今儿早晨刚给花浇的水今儿早晨。（这才中午不用再浇水了。）

强调动作发生的“时间”，即“今儿早晨”，表示从动作发生到现在时间很短。

综上所述，因为要对命题进行强调，故对整个句子进行重复，但句子重复违反了“句调限定律”，于是对重复小句的 VP 成分进行删除。由于强调的成分不同，故遗留下的重复成分也不同，因此整个“重复—删除”操作是强调中包含更深层强调的过程。经过本文的分析，我们看到：本类重复现象并不是简单的、表面上对句子的某个成分的重复，而是经过复杂的句法运作生成的。

分析至此，我们的论证又引发了一个非常重要的问题，即核心重音和焦点重音的关系问题。冯胜利（2013：62-64）提出：核心重音代表的是一个句子在没有任何焦点的情况下重音的支配情况。正是如此，核心重音又被称为普通重音。核心重音并非汉语独有①，但根据冯胜利的研究，汉语的核心重音赋有自己的特点，亦即“管约式核心重音”（Government-based Nuclear Stress Rule，简称“G-NSR”）（Feng 2003，2015，2019；冯胜利 2000，2005，2013，2015b），其具体定义如下：

管约式核心重音（G-NSR）

给定两个姊妹节点 C1 和 C2，若 C1 和 C2 为选择次序（selectionally ordered），则选择次序位置较低的且被选择者（selector）管辖（govern）的那个成分较凸显（prominent）。

① 关于其他语言的核心重音的研究，可以参考 Zubizarreta（1988）的研究。

根据管约式核心重音，在无特殊焦点的情况下，汉语中较为凸显的成分接受核心重音，在例(56)中，动词“喜欢”和“语言学”为姊妹节点，且“语言学”被动词“学习”所管辖，这样“语言学”较为凸显而获得核心重音。

(56) 我喜欢语言学。

但是，当句中出现焦点重音的时候，冯胜利(2013：64)提出，由于焦点是通过重音形式实现并表现出来的，所以句子带上特殊焦点重音以后，焦点后成分的发音量都因凸显焦点重音而全部降低，在这种情况下，普通重音便让位于局部焦点重音，如例(57)。

(57) 他<u>是</u>喜欢语言学。

例(57)中加入焦点重音“是”以后，整个句子的重音就转移到“是”上，原来获得核心重音的“语言学”发音也变得相对较轻。由此表明，在一个句子中，如果焦点重音和核心重音共存，一定会发生重音冲突，并且核心重音会让位于焦点重音。

再回到本文的研究上来，据例(52)—例(55)的分析，句末重复成分的作用是“强调”，而“强调”是为表达焦点“信息”。根据Zubizarreta (1998：38)提出的“焦点韵律相关原则”(见下)，一个语法位置是新信息的焦点，该位置就要相应地得到重音。因此，“强调”产生焦点重音，是人类语言的一般规则。但是，当这些重复成分位于核心重音之后(亦即核心重音+焦点重音)的时候，显然，这是为核心重音所不容的，因此产生核心重音与焦点重音的相互冲突或“互斥”(stress clash)，如例(58)：

(58) 我们都<u>吃完饭</u>了<u>我们</u>。

↓　　　↓

核心重音　焦点重音

从例(58)可知，“吃完饭”已经实现了核心重音，而重复成分“我们”

要实现焦点重音,因此就会发生核心重音和焦点重音互斥的情况,据上文分析可知,在这种情况下,核心重音要让位于焦点重音,但是语言事实表明,位于句末的重复成分要轻读,而且从上文对句末重复成分的分类可知,位于句末的重复成分以代词占比较大,其次还有儿化,我们知道,代词是韵律隐形成分,是天生的弱读成分,根据冯胜利(2013:200)的观察,从轻到重可以得到以下等级排列,代词<定指名词<几个 N<两三个 N<数量名词,代词最轻,“定指名词”一般轻读,但是不如代词那么轻,因此就会出现矛盾,句末的重复成分是焦点,焦点要重读,但是句末的重复成分是天生的弱读成分,不能承担重音。而根据 Zubizarreta(1998:38)提出的“焦点韵律相关原则”(Focus Prosody Correspondence Principle,简称“FPCP”),即:

Focus Prosody Correspondence Principle (FPCP)

The F-marked constituent of a phrase must contain the rhythmically most prominent word in that phrase.

根据 Zubizarreta 的研究,“语段中焦点标记的成分必须包含语段中节奏最凸显的词”,因此为了解决本文这种矛盾的情况,此处可通过韵律整饬(Prosodic Reorganization),使焦点重音和核心重音合二为一,共同接受句末成分的焦点重音,即前一小句中的核心重音被句末的焦点重音覆盖掉,跟句末的焦点成分一起实现焦点重音,如:

(59)我们都吃完饭了我们。

↓

焦点重音

以上通过韵律整饬,使焦点重音和核心重音合二为一,解决了汉语中重音互斥的问题,关于汉语核心重音让位于焦点重音的研究,还可参考冯胜利(2013:64)、汪昌松(2017)、王迟(2017)、刘丽媛(2019)等。无独有偶,在西班牙语中,也有类似重音合并的现象,

Zubizarreta(1998：125-126)在讨论西班牙语的 VOS 结构的顺序时，曾讨论过一类现象，例如：

(60) a. Maria me regalo la botella de vino. (SVO)

Maria to-me gave the bottle of wine.

b. Me regalo Maria botella de vino. (VSO) [原文例(73)]

c. Me regalo la bottella de vino {Maria} (VOS) [原文例(76)]

例(60)a、例(60)b 都是没有带任何焦点的句子，其核心重音落在句末 vino 上，但是当强调句子的焦点重音，如主语 Maria 时，为避免焦点重音与核心重音冲突，因此将主语移至核心重音处，与核心重音一起接受重音，如例(60)c，这样便解决了焦点重音与核心重音互斥的问题。采用韵律整饬的操作，解决了三大问题：一是实现了句末重复成分表示“强调”而携带焦点重音的问题；二是解决了核心重音要让位于焦点重音的问题；三是解决了重复成分是弱读成分不能重读的问题。“韵律整饬”相对来说比较理想的解决了这些问题。但还有四点需要单独说明。

第一，上文已经指出，因为“句调”和“核心重音”的关系，一定要删除重复小句的动词短语(VP)，然而例(33)、例(34)中被留下的成分都是动词短语，一是“种花儿”，一是“打扑克”，有人可能会疑惑，动词短语不是要删除吗？为什么此处留下的是动词短语呢？因为例(33)、例(34)中留下的虽然是动词短语，但是该动词短语是主语，并不处在核心重音的位置，即“种花儿”“打扑克”并不是核心重音发生的范域，故不影响核心重音和句调之间的关系，换而言之，必须删除的是后一重复小句的谓宾成分，主语是动词短语是完全没问题的。

第二，现代汉语中还有一种“V 什么 V”的格式，例如：

(61) 根本没人愿意出面儿，还商量什么商量？

（62）吃什么吃呀？都搁了八天了，还能吃吗？

（63）今天的官司你服不服？

——服什么服啊？

（64）都老成这样了，还穿什么穿[①]？

以上例（61）—例（64）的例子，看起来也是动词的重复，这是否是本文讨论的VP必须删除的反例呢？

其实，以上例子，与本文讨论的现象并不一样，这是一种特殊的句法结构，根据邵敬敏、赵秀凤（1989），蔡维天（2011，2015），汪昌松（2017）的研究，"什么"有非典型疑问词的用法，汪昌松（2017）的研究指出，"V什么V"中的"什么"是一个表否定的道义模态词，它带有焦点重音，"V什么V"整体上表达一种"否定"意义，即"不要V"，因此，"V什么V"这种现象与本文讨论的并不是同类现象[②]，特此说明。

第三，上文分析句末重复成分的类型时，例（48）—例（50）是不规则重复，例子重复如下：

（65）您上哪啊您这是？

（66）这何必呢这是？

（67）那至于吗那个？

以上例（65）—例（67）的句子，读者也许会质疑，上面的例子是重复吗？如果是重复的话，应该生成"您上哪啊您"的形式，分析例（65）—例（67）发现，非常有意思的一点是，上面不规则重复位于句末的重复成分要比位于句首被重复的成分"长"，即"您—您这是""这—这是""那—那个"，为什么会出现这类不规则重复呢？本文的观点是：重复小句的"基式"其实是"您（这是）上哪啊"，由于口语体

① 例（61）—例（64）选自孟琮（1982）

② "V什么V"这个结构，涉及"核心重音"和"焦点重音"交互作用的问题，具体的解决方案可参看汪昌松（2017）的研究，本文在此处就不再多赘述。

的性质，发生了“省略”，因此上例中“您(∅)上哪啊”其实是包含了一个“空范畴”(empty categories)[1]的不完整的句子。但是为什么“重复-删除”操作发生以后，省略的空成分又“现身”了呢？正是因为焦点重音实现的需要，促发了被省略成分的现身，因为句末承受焦点重音的成分“您”“这”“那”是韵律隐形成分[2]，是韵律上的绝对轻成分，因此自身无法承担焦点重音，在这种情况下，就促使原来的“空成分”被迫现身，加重句末重复成分的韵律重量，更好的实现承担焦点重音的功能。

第四，从对语言事实的分析可知，并不是所有的句末重复成分都是“代词”等韵律隐形成分，例如例(51)e 重复如例(68)：

(68) 他们在公园开晚会呢在公园。

从例(68)可知，句末的重复成分是介词短语，如果将句末的介词短语“在公园”音实调足的读出来，就必须跟前面的句子有较大的间隔，如例(69)：

(69) 他们在公园开晚会呢，在公园！

从例(69)可知，这并不是本文要讨论的例子，根据实际语感和语言事实出发，句末的介词短语确实不是音实调足的，并且跟前面的 VP 成分“开晚会”并没有长时间间隔。[3] 那么该如何解释句末介词短语的韵律性质呢？Zubizarreta(1998：46)在论述“Defocalized Phrases”[4]时，提出“对于核心重音来说，只有焦点标记的成分才是可见的”，即对于核心重音来说，脱焦的成分都是韵律不可见的，对于上

---

① 空范畴(empty categories)是指有语法和语义特征，但是没有语音形式，又叫零成分(null constituents)关于“空范畴”可参考 Radford(2014)的第四章。

② 关于“韵律隐形成分”可参考冯胜利(2013：52，200)。

③ 孟琮(1982：176)指出“句末重复成分与前面相邻音节的停顿的长度不超过音节与音节之间的长度”。

④ 原文是：Defocalized constituents are metrically invisible for the NSR in English and German.

例(68)来说,核心重音范域“开晚会”之外的其他所有成分都是韵律不可见的,那么句末的介词短语也是韵律上不可见的,因此句末的介词短语必须“轻读”,于是这就涉及我们下面要讨论的另一个问题,即:句末重复成分的韵律性质是韵律黏附成分,它贴附在宿主身上,正是因为句末的重复成分不能“重”,所以才能黏着。

3 句末重复成分的韵律性质

通过本文第一部分对语言事实的总结分析,发现可以位于句末的重复成分可以是 X^0、X'、XP 成分,此处提出了另一个问题,即该如何给句末重复成分定性呢?孟琮(1982)指出重复成分具有如下特点:

① 一般只出现在句尾。

② 一般只出现一次。

③ 不承担句子的重音。

④ 语音上和前面相邻的音节连接较紧,一般来说,不出现一个大于音节间停顿的停顿。

根据以上特征,关于句末的重复成分,孟文讨论了三种情况,第一种重复的 Xa 是句子,第二种 Xa 是被重复成分 X 的同位语成分,这两种观点孟文都直接否定了,第三种是 Xa 成分相当于语气成分,对于第三种分析孟文是认可的。[①]然而,本文并不认可孟文将遗留成分分析为语气成分的观点,因为句末的重复成分并不起语气的作用。首先,句末的重复成分可以和语气词共现且不增加语气意义;其次,删除句末的重复充分并不影响句子的语气,如:

① 具体情况可参看孟琮(1982:177)的具体论述和分析。

（70）a. 你说什么呢？

b. 你说什么呢你？

（71）a. 这何必呢这！

b. 这何必呢！

例（70）a 没有重复成分，例（70）b 添加了重复的主语“你”，如果按照孟文将重复成分定位为“语气”成分，那么例（70）b 应该比例（70）a 多一层语气，现代汉语可以有多个语气词共现的情况，如“了吧”“的呢”“呢吗”等，两三个语气词连用会实现不同的语气意义，但是从实际的语感分析可知，例（70）b 虽然多了重复成分“你”，但是与例（70）a 相比，并未增强任何语气意义。同理，例（71）a、例（71）b 是删除了重复成分“这”，仍然没有改变全句是“感叹”语气基调。由此可知，句末重复成分的有无，一是不影响句子的合法性；二是不影响句子的语气，即句末重复成分并不真正发挥语气词的功能。孟琮（1982）认为用句末 Xa 的句子一般总是表达比较强烈的语气，其实这种强烈的语气就是本文所说的“强调”，因为句末重复成分承载“焦点”的功能，导致从语感上说，句末重复成分的有无会影响句子的语气。

根据孟琮先生对重复部分特征的分析，本文认为，句尾的重复成分，从韵律形态的角度分析，是一种韵律黏附成分（Prosodic Clitic，简称 PC），该黏附成分是一个韵律单位，最小是一个韵律黏附词，即 prosodic clitic X^0，最大是一个韵律黏附短语，即 prosodic clitic XP，此处讨论的韵律黏附短语跟现在已有的韵律层级系统中的韵律短语（prosodic phrase）并不相同。据冯胜利（2013：88）的研究，韵律黏附成分在韵律层级系统中处于韵律词和韵律短语的中间层级，之所以会在韵律层级系统中单独分出“韵律黏附”层，是因为“韵律黏附”成分有自己独特的性质，既不同于韵律词也不同于韵律短语。Crystal

(1980: 64)将黏附成分定义为"像单词但是在正常话语中不能独立存在的形式…"①,即"clitic"是自己不能独立存在的一种韵律成分。换言之,"clitic"一定要"依靠"(to lean)其宿主(host)存在。② 这一点就与韵律词及韵律短语有本质的区别,所以虽然韵律黏附成分可以是短语,但是并不等同于韵律短语。根据现有的研究可知,韵律黏附情况有词法黏附和句法黏附两种,现代汉语中韵律句法的黏附成分如"-着、-了、-过""的、地、得"等,词法黏附如:"it is-it's""he has-he's""let us-let's"等。根据前人的研究,韵律黏附可以分为前黏附和后黏附两种。前黏附就是宿主在前,黏附成分跟在宿主后面,如英语的"it is-it's、he has-he's",汉语中的"学校的/桌子"中的"的"要黏附在"学校"上等;后黏附就是宿主位于黏附成分之后,黏附成分贴在宿主上,如英语的例子"Kelly hasn't seen us, has she?"该例中的"has"后黏附在宿主"she"上。综合前人的研究成果及本文分析的语言现象,现可重新对韵律黏附成分分类,根据宿主(host)性质的不同,可以将其分为三类,即:

一是宿主是词,即上文提到的词法黏附;

二是宿主是短语,即上文提到的句法黏附;

三是宿主是句子,即本文提到的语言现象,我们将其命名为:Cliticization of XP(短语黏附化)③。

本文提出的"Cliticization of XP"经由句子重复,去掉重复句子的

---

① 原文是: a form which resembles a word, but which cannot stand on its own as a normal utterance...

② 关于"clitic"的研究,可参 Nespor 和 Vogel(1986)、Pijper 和 Sanderman(1994)、Booij(1996)等。

③ 关于"Cliticization"(韵律黏附/贴附)的研究,请参 Feng(1995)关于"Wh-Clitics"的研究,其后冯胜利(2000: 71)关于[V+PP]结构,如"放在""挂在""开到"等句法结构必须是一个词汇形式的研究中也有论述。

核心重音部分后遗留下来的。其操作过程如下：

首先，重复。通过句子的重复达到对“命题”进行强调的目的，但是重复以后只能有一个核心（head），因此重复以后必须要重新组织句子。

其次，删除。去掉重复小句的整个核心重音范域。

再次，缩减。由于二次强调的要求，对句子进行再缩减。

最后，生成。将剩下的成分整体上变成一个黏附成分，韵律上要求必须轻读。

以上整个过程就叫：Cliticization of XP。即：

我都吃完饭了我都吃完饭了。（重复）

↓

我都吃完饭了我都~~吃完饭了~~。（VP 删除）

↓

缩减/黏附（缩减）

↓

我都吃完饭了我。（生成）

我都吃完饭了都。

我都吃完饭了我都。

以上“重复-删除-黏附”的操作，是对以整个句子作为宿主发生韵律黏附情况的分析。综上，我们已经对韵律黏附成分进行了分类，也分析了整个生成过程，下面分析该类黏附成分的韵律属性。

关于韵律黏附，前人多是从韵律、音系的研究出发，还停留在词和短语的层面，但是本文已经将韵律黏附的研究上升到句子层面，至此，我们初步总结了句子层面的韵律黏附成分的基本特征：

第一，从黏附方向上看，只能是前黏附。

第二，从韵律轻重上看，只能是“轻”成分。

本文在总结黏附成分的类型时已经说明，虽然黏附成分的类型比较多，但是代词和儿化的占比比较突出，冯胜利（2013：52、200）讨论“韵律隐形”成分时指出“定指成分一般不重读”，代词都是定指成分，在不考虑焦点重音的情况下，代词、儿化都轻读，因此，由韵律隐形成分实现的韵律黏附成分必然也轻读。除了韵律隐形成分，从本文的例子可知，韵律黏附成分还有介词短语等，因此，该如何解释这些韵律上本不轻读的成分呢？关于韵律层面“长短”“轻重”的分析，本文认为还有一点需再明确，即绝对的“长短”“轻重”与相对的“长短”“轻重”的问题。关于韵律黏附成分的“长短”“轻重”，我们已经做出了较为充分的讨论，在“你跟我嚷什么你”这个例子中“你”是绝对的“短”和“轻”，但是“我们在公园开晚会呢在公园”中的“在公园”就是相对的“短”和“轻”。这种相对性来源于跟其宿主的对比，黏附成分一定要比宿主相对“短”和“轻”，所以在“刚才那两块钱是谁的刚才那两块钱”这个例子中，黏附成分已经是一个六音节的比较大的短语了，但仍然也合法。这就是为什么有些重复成分可以承担焦点重音却没有承担的原因。

第三，从韵律长短看，黏附成分既可以是 X^0 成分，也可以是 XP 成分。但是此处需要说明的是，韵律黏附成分一定比宿主小，这个“小”是指长度短于宿主，即韵律黏附成分绝对不能等同于宿主。

综上所述，韵律黏附成分是由句子重复再删除生成的，韵律黏附成分的功能是为了实现命题的“强调”，随后我们又对韵律黏附成分进行分类，讨论其韵律属性，分析生成过程，最后总结了韵律黏附成分的基本特征。下面从语体的角度解释为什么韵律黏附成分具有“口语体”的属性。

4 韵律黏附成分的语体属性分析

孟琮(1982)明确指出,本文所讨论的现象,是口语体的一种现象,但是并没有说明为什么这种现象是口语体?该类现象背后蕴含的语体原理或机制是什么?本文根据最近发展的体原子理论(参冯胜利,刘丽媛 2020),认为这是语距定律(即“体原子”)中的“长短律”“融合律”的作用,它使带有韵律黏附成分的句子整体上呈现口语体的特征。冯胜利(2015a: 42-43)指出:口说的句子长短不一,参差不齐,故而称之为“长短律”。顾名思义,它是一种有长有短,大小不一的韵律形式,其定义为:

长短律(口语节律的基本特征):根据口语中的自然节律而形成的话语形式。(参冯胜利 2015a: 43)

根据冯胜利的研究,长短律的韵律特征有:

(a) 字数不等

(b) 轻重不一

(c) 缓急有差

(d) 虚实相间

(e) 骈散交替

(f) 没有格律

“长短律”的提出说明了口语话语形式的节律特征,即在一串自然语流中,有的句子长,有的句子短,因此参差不齐,形成口语体的特征。结合本文的研究,虽然句末的重复成分已经是黏附成分,与整个被重复小句黏附成一个完整的句子,从形式上看,这跟“长短律”的适用对象并不一致,但本质上,在黏附发生之前,VP 删除之后,仍然符合“长短律”的特征,因此致使整个黏附发生之后表现出口语体特征。

根据长短律的定义及特征,结合上文对韵律黏附成分韵律"轻重""长短"的分析,可知是"长短律"中的特征(a)、(b)在发挥作用。分析见下:

你跟我嚷什么,你跟我嚷什么。[underlie form of reduplication of sentence]
　　　①　　　　②

↓

Cliticization

你跟我嚷什么你。(字数不等——长短律)
　　长　　　短

你跟我嚷什么你。(轻重不一——轻重律)
　　重　　　轻

你跟我嚷什么你。(二句合为一句——融合律)

据上可知,句末黏附成分跟宿主相比,又轻又短,这是根据"长短律""轻重律"对韵律黏附成分的语体属性分析。

不仅如此,李艳惠、冯胜利(2015)在分析汉语数量名结构"一"字省略的韵律条件时,提出了一条口语规律:语音融合。在体原子分析法中(冯胜利,刘丽媛 2020)定义为语距定律的"融合律"。就"一"的省略而言,则是两个邻接的语法单位在韵律压力下发生融合(fusion)或删除(deletion),成为一个音节的运作,是为口语形式。例如"买一本书"融合为"买本书""买一书"等口语体形式。就本研究而言,句法重复生成两个小句,后又经过"VP 删除",进而"融合"成为一个句子。句子融合虽体现了韵律的特征,但是却只能在口语条件下发生,换言之,凡融合而生的句子/成分均具口语性。因此"融合律"便成为语体语法理论中重要的语距定律之一。

结合上文的分析,如果韵律黏附是口语体语法的现象,那么正式体语法是否也有这种现象?如果有,它是否也如口语一样经历"重复-删除-黏附”的操作？如果没有，正式体该如何表达对“命题”的强调？另外，我们发现口语体的轻重模式是[重轻]式，那么正式体的“轻重”模式是什么呢？

针对以上问题，下面专门对正式体情况进行实际操作分析，验证语言事实，以“我们都来了”为例，详见例(72)。

(72) a. 我们都来了。

b. 我们都来了我们。

c. 我们都来了都。

d. 我们都来了我们都。

现将例(72)进行正式体转换，按照 cliticization 的规则，生成同样韵律黏附成分的例子，见例(73)。

(73) a. 各国领导均已抵达。

*b. 各国领导均已抵达各国领导。

*c. 各国领导均已抵达均。

*d. 各国领导均已抵达各国领导均。①

据例(73)的语言事实发现，正式体句子确实不能有“重复-删除-黏附”的操作，因为在同等操作下生成的句子都非法。由此观之，句子重复再黏附的情况，只适用于口语体。语言事实告诉我们，这是“形式—功能对生律(Innateness of Form-Function Correspondence)”在发挥作用。冯胜利(2012，2018)，冯胜利、刘丽媛(2020)关于“形式—功能对生律”的研究指出“不同的语言形式，表达不同的功能”。本文讨论的这种黏附形式，是表达口语体用法的功能。另据例(73)，正式体的轻重模式是怎样的呢？口语体是[重轻]式，正式体是不是也是[重轻]式呢？

根据上文对韵律黏附成分的特征分析，例(73)中位于句尾的黏

① 例句出自冯胜利 2019 年语体语法课堂教学。

附成分的“长度”确实比宿主(即整个句子)要短,字数也少于宿主,但为什么不能“轻”呢?我们在分析韵律黏附成分是“轻”成分的时候指出,因为前一小句已经有了核心重音范域,因此出现在核心重音范域以外的成分,是韵律上的隐形成分,例如代词,或者整体上能“轻读”的成分,例如“介词短语”,因为只有这样才能“黏附”。但是回看例(73)中的非法的例子 b—d 可知,首先“各国领导”“均”“各国领导均”不是韵律上的隐形成分;其次整体都不能轻读,即凡是能发生韵律黏附的一定是轻成分,或者可以进行“去重”的操作,但是“均”“皆”“各国领导”等都不能去“重”。由此表明,在正式体里应该没有韵律黏附,即便正式体句子也符合“前长后短”的形式,但后短的成分“轻”不了,因此与口语体的[重轻]式不同,正式体的轻重表现应该是“后重”式。

这里,我们又发现有下面的例子:

(74) 再见了大别山,再见了大别山。

你牵去我的一颗心,我要把你铭记心头。

再见了乡亲们,再见了乡亲们。

大别山养育了我,我要把你铭记在心头。

(75) 啊,再见吧老兵,啊,再见吧老兵。

留下天各一方的思念,带上你的人生。①

以上例子似乎和本文讨论的情况正相反。它们是句子的重复吗?例(74)、例(75)确实是句子的重复,但并不是口语体中的例子,而是选自歌曲,而且这两首歌都属于军旅歌曲,气势较轩昂。虽然“音乐”不完全等于“诗歌”,但二者具有共通处,即诗歌具有“音乐性”,例如《诗经》中的《雅》和《颂》很多都是庙堂音乐的歌词。根据

① 例(74)出自歌曲《再见了大别山》;例(75)出自歌曲《再见吧,老兵》。

冯胜利(2015：39)的研究,诗歌的形式遵从“齐整律”,诗之所以为诗的因素有很多,但其形式的本质即节律上的齐整律,定义如下：

齐整律(诗歌第一要律)

提炼口语的节律而形成的齐整有序的话语形式。

由此可知,从“齐整律”视角看,诗歌必然要全句重复,而对于诗歌/歌曲的重复是否违反“句调限定律”而要删除重复小句 VP 的问题,我们认为由于诗歌/歌曲具有超时空的特征,且是艺术表现的形式,故不再受“句调限定律”的制约,而有其自身的韵律模式。诗歌/歌曲跟正式体还不一样,口语体和正式体是基于“调距”的原理产生的语体表现,但诗歌/歌曲是文体/艺术体,所以诗歌的表现不能代表正式体。

5 结语

本文从讨论口语中的一种重复现象出发,确定了该类重复现象的功能是通过句子重复实现对命题的“强调”。首先,从句法上看,因为句子的重复违反了“句调限定律”,于是引发了重复小句的 VP 删除运作。其次,因为位于句末后面的重复成分实现强调的功能,因此在句末焦点的位置引发了核心重音与焦点重音互斥的矛盾。本文采用“韵律整饬”将这一矛盾解决。从韵律上看,通过对语言事实的分析,发现句末重复成分是一种以句子作为宿主的韵律黏附现象;又从韵律的角度,分析了韵律黏附成分的韵律特征。最后根据语体语法的“体原子”理论,应用“长短律”“融合律”“形式—功能对生律”以及“齐整律”等体原子,阐释了该类重复现象表现出口语体特征的原因,并解释了它们在艺术体存在的理由。

参考文献

蔡维天. 2011. 从“这话如何说起”说起//北京大学语言研究中心《语言学论丛》编委会编. 语言学论丛(第四十三辑). 北京：商务印书馆.

蔡维天. 2015. 从宏观到微观——汉语语法的生成视野. 北京：商务印书馆.

冯胜利. 2000. 汉语韵律句法学. 上海：上海教育出版社.

冯胜利. 2005. 汉语韵律语法研究. 北京：北京大学出版社.

冯胜利. 2012. 语体语法：“形式—功能对应律”的语言探索. 当代修辞学,(6)：3-12.

冯胜利. 2013. 韵律句法学(增订本). 北京：商务印书馆.

冯胜利. 2015a. 汉语韵律诗体学论稿. 北京：商务印书馆.

冯胜利. 2015b. 汉语韵律语法新探. 上海：中西书局.

冯胜利. 2017. 汉语句法、重音、语调相互作用的语法效应. 语言教学与研究,(3)：1-17.

冯胜利. 2018. 汉语语体语法概论. 北京：北京语言大学出版社.

冯胜利,刘丽媛. 2020. 论语体语法的生物原理与生成机制. //北京师范大学民俗典籍文字研究中心编. 民俗典籍文字研究(第二十六辑). 北京：商务印书馆：76-103.

韩荔华. 1994. 论重复. 语言教学与研究,(3)：71-80.

李悦娥. 2000. 话语中的重复结构探析. 外语与外语教学,(11)：5-7,34.

李艳惠,冯胜利. 2015. “一”字省略的韵律条件. 语言科学,(1)：1-12.

刘丽媛. 2019. 拷贝结构产生的深层机制——句法、韵律的相互作用. 古汉语研究,(4)：75-86,104.

马宝鹏. 2019. 现代汉语中句调对谓词性并列结构的制约——基于英、汉语对比的研究. 北京语言大学博士学位论文.

邵敬敏,赵秀凤. 1989. “什么”非疑问用法研究. 语言教学与研究,(1)：26-40.

孟琮. 1982. 口语里的一种重复——兼谈“易位”. 中国语文,(3)：174-178,204.

邵敬敏,赵秀凤. 1989. “什么”非疑问用法研究. 语言教学与研究,(1)：26-40.

唐文珊. 2018. 粤语韵律句法与核心重音规则. 香港中文大学博士学位论文.

汪昌松. 2017. 韵律句法交互作用下的汉语非典型疑问词研究——以“V 什么(V) /(NP)”中的“什么”为例. 韵律语法研究,(1): 73-100.

王迟. 2017. 韵律对汉语知识结构谓语动词的制约. 韵律语法研究,(1): 101-135.

Booij G. 1996. Cliticization as Prosodic Integration: The Case of Dutch, *The Linguistic Review* 13: 219-242

David C. 1980. *A First Dictionary of Linguistics and Phonetics*. Boulder, CO: Westview.

Feng Shengli. 1995. *Prosodic Structure and Prosodically Constrained Syntax in Chinese*. Ph. D. dissertation, University of Pennsylvania.

Feng Shengli. 2003. Prosodically Constrained PPs in Mandarin Chinese. *Linguistics* 6: 1085-1122.

Feng Shengli. 2015. On Nuclear Stress Rule in Chinese. *Cognitive Linguistic Studies* 2(1): 1-23.

Feng Shengli. 2019. *Prosodic Syntax in Chinese Theory and Facts*. New York: Routlege.

Nespor M, Vogel I. 1986. *Prosodic phonology*. Dordrecht: Foris.

Pijper J R, Sanderman A A, 1994. On the Perceptual Strength of Prosodic Boundaries and its Relation to Suppersegmental Cues, *Journal Acoustic of Society of America*, 96(4): 2037-2047.

Radford A. 2004. *Minimalist Syntax: Exploring the structure of English*, Cambridge : Cambridge University Press.

Zubizarreta M L. 1998. *Prosody, Focus and Word Order*. Cambridge, MA: MIT Press.

音体原子(单调律)分析下的"重复"与"追加"现象*

林晓燕

摘　要　文章根据韵律句法及语体语法理论重新考察汉语学界广泛讨论的口语中的倒装、易位、重复、追加、延伸现象,并区别归类为"重复"与"追加"两种现象,主要分析"重复句"的句法生成过程,指出汉语"一句一调律"对其句法生成过程中的制约作用,同时对比讨论"追加句",具体结论如下:(1)"重复句"实则为事件焦点短语(EFP),通过 CP 重叠、移位以核查[EF]特征,在"一句一调"作用下,经核心重音、句调归一及 X_0 贴附操作后形成一个单句;韵律上,"重复句"只有一个重音,前后部分没有间歇且韵律落差悬殊;单调律(音体原子)创造的"重复句"语距形式均具口语性;(2)"追加句"为两个语义关联的小句并列,前后部分存在间歇,两小句各有其重音,后一小句为追补调,因而成分追加律决定其具有口语属性。

关键词　音体原子　单调律　"一句一调"　"重复句"　"追加句"

* 本文承蒙冯胜利老师多次悉心指导,启发笔者的深入研究;此外,此文研究受到了胡丛欢老师(2019)的极大启发,在写作中也得到了王丽娟老师的帮助,以及审稿人对本文提出的修改建议,在此谨致谢忱。本文若仍有错漏,实为笔者一人之责。

1 语言现象及问题提出

陆俭明(1980)指出在汉语口语里,如主语和谓语、修饰语和中心语、述语和宾语等常常可以灵活互易位置,这种现象称为易位句,如例(1)—例(6)。陆镜光(2004)提到类似例(7)—例(10)的现象与例(1)—例(6)现象有密切关系,但在前人文献中对例(1)—例(10)的现象有不同的名称,如"倒装说"(黎锦熙 1924;赵元任 1980)、"重复说"(孟琮 1982)、"追加说"(陈建民 1984)、"追补说"(史有为 1985/1992)和"延伸说"(陆镜光 2004)。另外,冯胜利(2009:114)将句末这些读得非常轻的句法成分称为"界外成分"(emargination)。名称的不同,实则表明学者对此现象的概念界定、句法结构及其韵律特征的研究存在争议。

(1) 要睡了我①。

(2) 到家了吧他大概。

(3) 我妈妈回来了从四川。

(4) 寒假去广州我提议。

(5) 啤酒吧喝点儿。

(6) 她去公园了带了孩子。

(7) 我在外边儿吃了我。

(8) 那我就试试吧那就。

(9) 那个男的跳楼摔死了,那男的土匪。

(10) 他不来了,因为下雨了。

---

① 下划线字体部分为前人文献中的"倒装/重复/追加/延伸"部分,注意例(1)—例(8)取消前后部分之间的逗号,不同于例(9)—例(10),具体见下文分析。例(1)、例(10)选自赵元任(1980:39,62),例(2)—例(6)选自陆俭明(1980),例(7)—例(8)选自孟琮(1982),例(9)选自张燕春(2001)。

例(1)、例(6)的后一部分(下划线部分)可以为主语、主语+状语、介宾短语、动词短语等,前后两部分并无重复的内容,且似乎可以被复原为正常语序的句子,是为易位句(陆俭明,1980);而例(7)、例(8)前后有部分内容重复,不能复原,孟琮(1982)称为重复句;而例(9)、例(10)前后部分内容并无重复,也不能复原,但语义上存在一定的联系,陆镜光(2004)认为例(9)是一种延伸现象,而赵元任(1980:62)指出例(10)后一部分为追补语。

赵元任(1980:39)提到倒装句[如例(1)]可以通过把主语重复一遍变成例(11),以作为一种重复提示。显然,赵先生认为例(1)与例(11)句子有相关性,也潜在地说明上述的例(1)—例(6)与例(7)—例(8)的相关性。

(11) 我要睡了我。

如若从前后部分的韵律表现来看,根据陆俭明(1980)对易位句、孟琮(1982)对重复句的描述,例(1)—例(8)前后部分之间并无停顿,语句重音在前一部分,后一部分则轻读,前后对比犹如"高山"接"平地"①之差别。但例(9)、例(10)前后部分存在间歇,张燕春(2001)通过语音实验指出后一部分音节不轻读,振幅与正常音节相同,音节时长没有相应缩短。据此,本文将例(1)—例(8)归为"重复句"[用双引号区别于前人文献,表层结构如例(12)所示②],亦即包括了前人所说的倒装/易位句及重复句,例(9)、例(10)则为真正的"追加句"[结构如例(13)所示],用于追加补充信息,带有追加调。

(12) "重复句":[TP+(SFP)]$_{CP}$+XP

---

① "高山"与"平地"的比喻来自陆俭明(1980)。

② TP为句子主体部分,含有重音或焦点,XP为句末弱读成分,例句中标为小字号,CP为标句短语,SFP为句末语气词(sentence final particle),可有可无,如在焦点句中可无,"你干什么呢?-我打篮球我。"

(13) “追加句”：［TP+(SFP)］$_{CP}$+ CP

上述两种现象的韵律结构与句法结构都不同，其生成过程分别如何？为何学者们尝试对这两种现象进行统一的解释？其共同的特征是什么？本文主要从韵律句法学及语体语法学视角，探讨“重复句”“追加句”的异与同。第二部分首先回顾前人文献对“重复句”“追加句”句法及韵律结构的研究，并指出其分析中的不足；第三部分从韵律句法学视角，主要分析“重复句”句法生成过程与韵律制约条件，同时对比分析“追加句”的句法与韵律结构；第四部分从语体语法学理论探讨“重复句”“追加句”的口语属性；第五部分为结语。

2 “重复”与“追加”现象研究回顾

2.1 句法结构研究概况

前人文献关于“重复”“追加”现象句法结构生成的分析，主要存在三种不同的观点。“易位”或“倒装”涉及的是句法结构的移位，因此统称为“移位说[①]”。陆俭明(1980)认为易位句是将正常结构中的两个直接成分进行易位，但究竟是中心语后置还是非中心语前置，陆先生并未给出一个固定的说法。也有学者从生成语法学角度研究，提出了两种截然不同的移位方向假设，有学者提出“右置(right dislocation)”的说法，如 Bougerie(1998)认为这种追补现象是后移(postposed)，且大部分后移成分往往跟语气和情态的表达有关。但右移位操作并不常见，且即使是向右移位，Packard(1986)指出其右移部分有时候并不是一个成分(constituent)，比如例(2)中“他大概”，因此 Packard 提出“左移位(left movement)”，即将焦点/新信息部分提到句子的前面加以突出，左

① 参考陆镜光(2004)。

移位动机是为了凸显移到句首的新信息或焦点。但该文并没有提供一个具体的移位方案。本文认为,即使在CP下设立一个焦点短语(FP),那该如何生成相应的表层结构?如例(1),如果底层结构为(14),“$[_{T'}$ 要睡]”与“$[_{C}$ 了]”以何种成分(constituent)合并跨过TP层上移到FP层?显然,这种操作并不可行。

(14) $[_{CP}[_{FP}[_{F}\ \ [_{TP}$ 我$[_{T'}$ 要$[_{VP}$ 睡$]]]$了$]]]$

另外,基于汉语标句词短语CP的“核心词C在前”(“head-initial”)的前提假设,Cheung(2009)指出这种“错位(dislocation)”是将原本在IP内的带有焦点的XP(β)向上移至高于SP(语气助词,sentence particle)的焦点短语(FocP)的指示语(Specifier)位置,即通过移位来核查FOC_0上的焦点特征,其图示如下(15)。

(15)

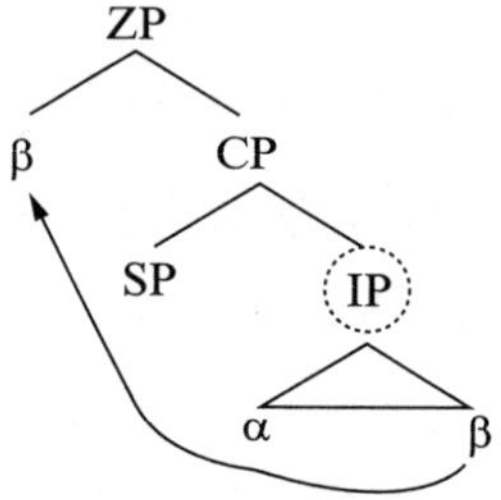

但是,这种分析也存在问题:首先,关于汉语CP的核心词C在前在后的问题,学界有不同的看法。Cheung(2009)的左移位操作的前提为汉语的CP是“核心词在前”的短语,汉语的句调和语气词是句调素C的两个变体(冯胜利 2015,2020a①),在句尾实现,而Cheung(2009)提出的“核心词C在前”的假设忽视了汉语事实。此外,其

① 引自冯胜利(2020a):句调素(=语调和交际语义结合的独立单位)是用句调表达疑问、肯定等讯息的交际手段,位于标句词短语(CP)核心词C_0的位置。句调和句末语气词是句调素的两种变体。

"左移位"操作也无法解释某些现象,如例(3)"我妈妈回来了从四川",如若根据上述左移位操作,则是由"我妈妈回来了"向左上升至 FocP 的 Spec 位置以核查焦点特征的结果,但 IP 中的"从四川"为何不跟着移位,却能留在原地?该文中并未解释此类现象。至此,目前的"移位说"并不能很好地解释上述例(1)—例(8)类句子的生成过程。

第二种分析为"重复说"。孟琮(1982)认为后一部分是开头部分在句末又重复出现一次[如例(7)、例(8)],这种重复句与易位句有密切关系,当后面重复部分与前面部分无相同内容时,相当于陆文提到的易位句。史有为(1985/1992)在此基础上将该结构分析为"双结构追补紧缩句",即"双语义结构"实现为语法平面上的一个"前后不相等的双语法结构单句",其文中提到"去图书馆我现在"的生成过程如例(16)所示,前一个省略了非核心成分,后一个省略了核心成分(括号内是省略部分)。但是这种平行结构的复制操作,其动因是什么?为何进行删除操作?同为并列的双结构句,为何后一句不能有句末语气词?这些问题上述文献并没有进一步阐释。

(16) a. (我)(现在)去图书馆。

b. 我现在(去)(图书馆)。

a+b:

c. 去图书馆我现在。

第三种观点是"延伸说",陆镜光(2004)认为上述现象应分析为两个部分,[主体句+(后续语)]=[句子]。邓思颖(2018)赞同陆镜光(2004)的"延伸说",并从形式句法学的角度,将主体句与后续语分析为联合结构,用连词(功能词)F 将前后两部分组成连词短语 FP [如(17)所示],FP 的指定语是主体句,F 的补足语(complement)是后续语。

(17)

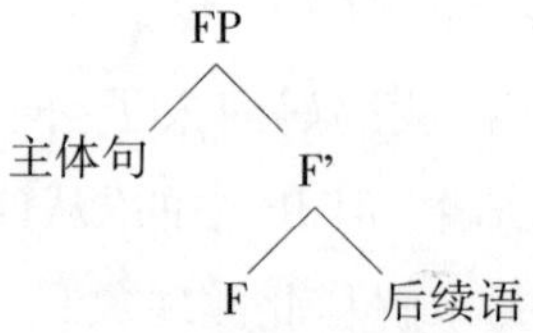

虽可以同时解释上述例(1)—例(10)所有句子最后生成的表层形式,但是这种分析同样存在问题。首先,这种分析没有区分本文的“重复句”及“追加句”,没有看到二者在句法生成及韵律模式上的不同;第二,邓思颖(2018)用连词将前后部分相连,这种分析隐含的观点是前后部分处于一种并列地位①;第三,没有进一步分析主体句与后续语是什么句法范畴:是两个 CP 相连,还是 TP 与 TP,抑或者是别的范畴?另外,该文也没有进一步研究其省略操作如何进行。

综上,上述的移位、重复、延伸分析,都无法揭示“重复”及“追加”的底层结构及其生成路径。本文认为只有将上述现象分为“重复句”与“追加句”,才能捋清其句法结构及生成机制。

2.2 韵律特征研究概况

大多数学者认为上述现象的语句重音在前一部分,而后一部分读得又轻又快,如赵元任(1980)、陆俭明(1980)、朱德熙(1982)、孟琮(1982),陆俭明(1980)关于易位句的特点可以概括为:(1)语句重音、意义重心始终在前置成分上,后移成分永远不能成为强调的对象;(2)句末语气词位置在前置部分;(3)前后部分中间无语音停顿,后移部分整个轻读且说得比较快,前后有音强音弱的差别。冯胜利(2009:114)从韵律语法学视角指出这种句尾携带的追加成分,为

① 邓思颖老师在给笔者的电子邮件中答复道:“我认为主体句和后续语的性质不应该相同,地位是不平等的;把 F 当作连词看待的话,前后并连语的短语理论上应该一样。”因此,该并列结构的理论假设似乎存在前后矛盾之处。

界外成分,即出现在重音范域之外的成分需轻读。由上述文献得出:(1) 焦点位置"在前不在后";(2) 韵律上"前强后弱";(3) 全句只有一个句调。

但陈建民(1984)、张燕春(2001)、陆镜光(2004)指出有些句子的句尾部分可以重读,如例(18)中的"您";有的前后部分可以是两个小句,前后都可带语气词,如例(19)。又如例(10),前后小句为因果关系。

(18) 六十几啦,您?

(19) 得了吧,你呀!

(20) 你根本你没赢过①。

既然韵律表现不同,相应地也应是不同的句法结构,上述研究现象需要进一步分类。首先,当后一部分存在焦点时,如例(18),"您"为疑问焦点,因此其携带的焦点重音征服前面部分的核心重音,成为该句的语句重音,但并非本文的"重复句"。另外,当两小句组合成复句,后一小句为追补小句时,如例(10),赵元任(1980)指出,带有原因或理由的前一小句带有终句调,而后一小句的头几个字需加快读,否则为另外一个句子。由此看来,追加部分有其自身的追加调。关于例(19),根据 Feng(1995,2003)提出的汉语的核心重音规则是一种基于管辖关系的核心重音规则,及冯胜利(2017)的"一句一调律"(即一个句子只有一个句调)推知,例(19)为两个小句,每个小句都带各自的重音及句调。史有为(2017)认为例(20)为半截句,后一部分属于句子的主干,因此,例(20)与上述例(1)—例(10)、例(18)、例(19)的性质不同,非本文所讨论的现象。

综上,本文认为上述学者讨论的前后部分无间歇且有明显"音强

---

① 例(18)、例(19)选自陈建民(1984);例(20)选自孟琮(1982)。

音弱”区别的句子为“重复句”；而前后部分有间歇且都可分别携带重音、句调的现象为“追加句”。

3 “重复”“追加”现象再分析

3.1 “重复句”的归类依据

前人文献中讨论的倒装/易位句[如例(21)A类]、重复句[如例(21)B类]，本文统一归为“重复句”，其原因在于：首先，韵律上，虽例(21)的A类和B类句子的前部分存在有无XP的区别，但两类句子中的CP与后面的XP之间并无间歇，XP读得轻且快，前后韵律对比明显，如例(22)中的“我”“都”“我都”在句末全为轻音。其次，语义上，在例(22)语境下，该句表达的是凸显“已经写完作业”这件事，因此无论是采用A类或是B类形式，都能实现强调事件的作用。第三，在句法结构上，例(22)a、例(22)b类句的XP成分不能是主谓结构中的任何成分，因此例(22)a_4、例(22)a_5、例(22)b_4、例(22)b_5非法。无论是韵律、语义或是句法上，此二类都有其相通之处，因而本文统称为“重复句”。

(21) A类：[... +(SFP)]$_{CP}$+ XP

a. [都写完作业了]$_{CP}$[我]$_{XP}$。

B类：[...XP... + (SFP)]$_{CP}$+ XP

b. [我都写完作业了]$_{CP}$[我]$_{XP}$。

(22) 语境：弟弟想要看动画片，妈妈不让，弟弟拍拍胸脯说①：

我都写完作业了。

① 需注意的是，此处的语境设置为整个事件作为焦点时的情况，因此例(22)a_4、例(22)a_5、例(22)b_4、例(22)b_5均不合法。如果为局部焦点，如回答“你作业都写完了吗”或“你都写完了什么?”等问题时，例(22)a_4、例(22)a_5合法。

a_1. 我写完作业了<u>都</u>。

a_2. 都写完作业了<u>我</u>。

a_3. 写完作业了<u>我都</u>。

a_4. ＊我都写完了<u>作业</u>。

a_5. ＊作业<u>我都写完了</u>。

b_1. 我都写完作业了<u>都</u>。

b_2. 我都写完作业了<u>我</u>。

b_3. 我都写完作业了<u>我都</u>。

b_4. ＊我都写完作业了<u>写完作业了</u>。

b_5. ＊我都写完作业了<u>作业</u>。

3.2 "重复句"句法生成及韵律制约条件

为何称为"重复句",重复的是什么？胡丛欢(2019)指出如例(22)b_1—例(22)b_3类句子是对句子的重复,是命题的重复,其重复所要表达的语法意义是"强调",并通过重复原句子,达到凸显焦点的效果。本文赞同胡丛欢(2019)的观点,并认为上述"重复句"[例(21)A、例(21)B类]都是对整个事件的强调①,并通过重复/重叠(reduplication)句子CP达到强调事件的效果。进一步说,在语义上,这些句子并非强调某一局部信息,而是带有一个全句焦点,对"已经做完作业"事件进行强调。

那么,如果上述假设成立,则会有以下问题:

1. 重叠/复制(copy)CP操作如何起到凸显全句焦点的作用?

2. CP重叠操作的约束/制约条件是什么?

3. CP重叠之后,又如何生成上述A、B两类句子?

① 关于"该类现象是对整个事件的强调,是两个句子的重复"的观点受到导师冯胜利教授的启发。

首先，汉语句中的焦点一般可以通过韵律（如重音）、词汇（焦点算子，如语气副词“可、都、还”等）、句法（如“是”字句、“连”字句）等手段加以标记，如例（23）b_1、例（23）b_2。但这些手段只能对局部焦点进行强调/凸显，却无法对整个句子/事件进行强调。

（23）a. 谁写完了作业？

b_1. [弟弟]$_F$ 写完了作业。（加重“弟弟”）

b_2. 是[弟弟]$_F$ 写完了作业。

唐文珊（2018）在分析粤语的长被动句时指出，当长被动句要强调事件时，承载强调焦点的成分必然会与自然焦点重合，该文认为粤语的长被动句利用重复复指代词来表达强调。因此，重复/重叠操作可以作为强调焦点的一种手段。世界大多数语言可以通过重叠构词或构形，如通过形态重叠构成新词，或通过句法单位重叠表达一种新的语法意义，如表示人称、数、增强比较、程度变化、动词的体等。汉语的句法单位可以通过重叠表示语法意义，如名词（NP）、量词（ClP）重叠表示“每一”义，形容词（AP）重叠强调“量的变化”①，动词（V_0）重叠表示“时、量的变化”义②，那 VP 或更大的单位 CP 能否重叠来表达一种语法意义？

Ghomeshi 等（2004）提到英语口语中有一种对比焦点重叠（Contrastive Focus Reduplication，简称 CR）结构，如例（24）所示，既可以重叠一个词（X_0），也可以重叠一个短语（XP），这种重叠多出现在疑问、否定或对比焦点句中，通过重叠，隐含了从典型意义与其他意

① 如李泉（2006）认为单音节形容词重叠的语法意义即表示“量的增加”，正向形容词的重叠表示正向增量，反向形容词的重叠表示反向增量。

② 需注意的是，王永娜（2010）指出汉语中表短时体的动词重叠是在韵律的作用下由[V+[一V]]$_{VP}$ 经过句法运作产生。

义的对比中，凸显其典型意义的含义。[①] 如例（24）a 中的“SALAD-salad”特指“green salad”；例（24）b 中的“LIVING-TOGETHER -living-together”特指“living together as roommates”。

（24） a. I'll make the tuna salad and you make the SALAD[②]-salad.

b. Well, we're only LIVING-TOGETHER-living-together.

Ghomeshi 等（2004）基于最简方案的核心词移位（Head Movement）理论，提出对比焦点短语 CRP 中的功能核心词 CR 上有一个强 EPP 特征，即［P/E/S[③] contract］特征，但该节点上没有语音形式。因此，需要吸引邻接的补述语 XP 到 CR 节点下进行特征核查，如例（25）所示。

（25）

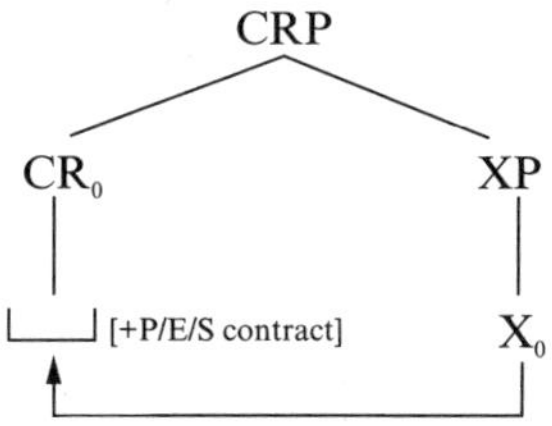

（Ghomeshi *et al.* 2004）

与 Ghomeshi 等（2004）认为这种重叠属于形态重叠（Morphological Reduplication）的观点不同，Kimper（2008）将 CR_0 分析为一种句法重叠（Syntactic Reduplication），原因在于其重叠的成分可以为一个词，也可以是大于词的成分，并指出该句法重叠与形态重叠一样，带有一个

① 原文为：CR（Constructive Reduplication）is used as one way to clarify such situations, by specifying a prototypical denotation of the lexical item in contrast to a potentially looser or more specialized reading.

② Ghomeshi 等（2004）指出重叠式的焦点重音（focus accent）在重叠式的第一个，因此用大写表示。

③ 其中，P 表示“PROTOTYPICAL”特征，E 表示“EXTREME”特征，S 表示“SALIENT”特征。

表达特殊意义的抽象重叠语素(abstract reduplicative morpheme)①,而移位则是为了核查这一重叠语素的特征,且两个复本(copy)不受线性序列约束,都可以保留。

借鉴上述学者的思想,本文认为"重复句"实则为一个事件焦点短语(Event Focus Phrase,简称 EFP),功能词 EF_0 的补述语为 CP,EFP 存在一个事件焦点,因此在 EF_0 位置存在一个[事件焦点]特征([EVENT FOCUS],简称 EF),但由于该节点下并无语音形式的成分,因而需要通过将 CP 复制并移到其指定语 Spec 位置进行特征核查,如例(26)所示。

(26)
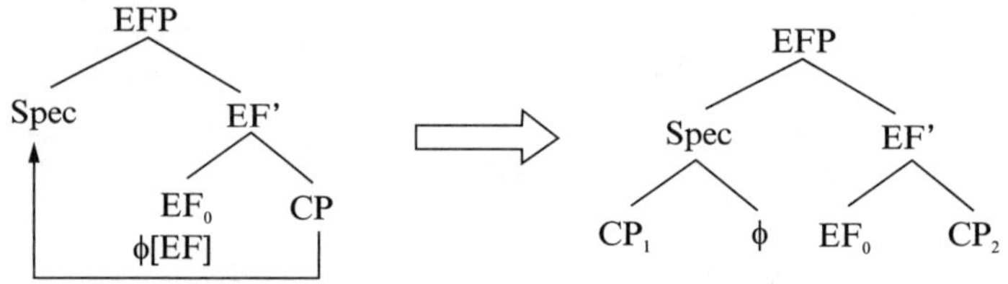

那么 CP 重叠的约束条件是什么?最终生成表层的 EFP 为何不能是两个 CP 完全重叠,而是进行部分删略?为何后一部分的 XP 不能是谓语动词或宾语,且 XP 也不能带句调/句末语气词?冯胜利(2017)提出汉语的句调限定律(也称"一句一调律"),即"一个句调不能包含两个(或以上)的动词谓语",其推导的逻辑表达式为:

∵ a. 每个句子有一个句调

b. 每个句子有一个核心重音(NSR)

① 原文为:I analyze multiple-copy spellout as instances of Syntactic Reduplication. That is, multiple copies can be pronounced when repetition of the copied constituent expresses a specific meaning, carried by an abstract reduplicative morpheme. The reduplicative morpheme merges with a raised copy derivationally rather than inflectionally, which renders it opaque to linearization — the two copies arrive at linearization as distinct, permitting multiple-copy spellout.

若每个核心重音均由一个动词指派(G-NSR)

∴ 每个句调只含一个动词(谓语)

据此,本文认为,CP 重叠操作后,EFP 受到汉语韵律("一句一调")的制约,即 EFP 内不能同时保留两个核心重音范域内成分及两个句调,因此需要对重叠生成的两个 CP 进行句法及语音上的部分删略操作。那么,删除哪个 CP 中的谓语动词及句调?我们认为重叠并向上移位的 CP_1 承载焦点(即事件焦点实现范域为 CP_1),因而需删除非焦点处 CP_2 的 NS 及 C_2。其操作如例(27)。

(27) a. 核查[EF]特征	重叠、移位	[$_{CP1}$ 我都写完作业了][$_{CP2}$ 我都写完作业了]
		NS_1　　　NS_2
	↓	↓
b. 核心重音归一	韵律删除 NS_2	[$_{CP1}$ 我都写完作业了][$_{CP2}$ 我都~~写完作业~~了]
句调归一	韵律删除 C_2	[$_{CP1}$ 我都写完作业了][~~$_{CP2}$~~ 我都　　了]
(可选)根据具体语境	删除 CP_1 部分成分	[$_{CP1}$ ~~我都~~写完作业了][$_{XP}$ 我都]
	↓	
c. Spellout→PF 层	XP 韵律减弱	c_1. [$_{CP}$ 写完作业了][$_{XP}$ 我都]
		c_2. [$_{CP}$ 我都写完作业了][$_{XP}$ 我都]

第一,为了核查[EF]特征,重叠基式 CP 并移位至 EFP 的 Spec 上进行核查;第二,为最终实现为"一调"句(一个句调的句子),根据"一句一调律",需要将第二个 CP 中的 VP(NS 范域)及 C(句调/句末语气词)删除,其中可选操作是根据具体语境,选择删除 CP_1 中非 NS 范域的成分;第三,XP 韵律减弱,即轻读或弱读 XP,最终生成[例(27)c_1、例(27)c_2]。

参考 Feng(2009)的韵律与句法界面运作模型(A Model of Interaction between Prosody and Syntax),我们将上述运作过程的模型呈现如图 1:

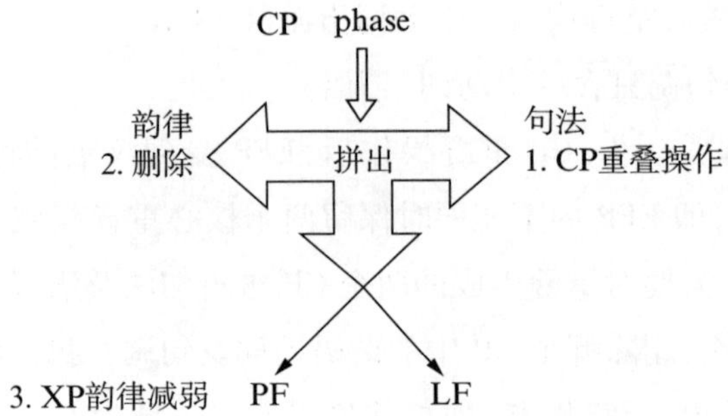

图 1 “重复句”的生成运作过程模型

3.3 “重复句”中 XP 的句法、韵律属性

在进行重叠、删略等操作后，最终生成的“重复句”，其句末 XP 的句法及韵律属性是什么？胡丛欢（2019）认为句尾遗留的 XP 由于不承担句子重音，且韵律上与前句无间歇、XP 需轻读，因此 XP 为韵律上的黏附成分（prosodic clitic），其最小是一个韵律黏附词（prosodic clitic X_0），最大为一个韵律黏附短语（prosodic clitic XP）。由于其韵律的黏附性，无法独立，因而需要向前贴附于其宿主（host）CP 上，但该文并未指出 XP 具体贴附的位置。

本文认为，在删除 CP_2 中的 VP 与句调 C 后，XP 无法依附原在的 CP 单位，且该 XP 本身不能携带重音，因此我们初步假设，将该 XP 重新分析为 X_0，向前贴附于 C_0，并重新分析为一个复杂的 C_0，在句末集体轻读，其句法操作如例（28）。

需要明确的是，X_0 的宿主是句调素 C_0，根据冯胜利（2015，2020a），句调素有两个变体——句调及句末语气词，因此，如果 CP_1 没有句末语气词（音段形式），XP 则以音段形式填补句调素 C 的位置。如例（4）“寒假去广州我提议”，XP“我提议”出现在陈述句句调素 C_0 上。另外，虽然 X_0 在句法上贴附于 C，但在韵律上，X_0 并不能像句末出现多个语气词时存在连音合并现象，如“啦（了+啊）”“喽（了+哦）”，在 X_0 与 C 之间仍有边界①，因此不能进行连音合并操作。

（28）

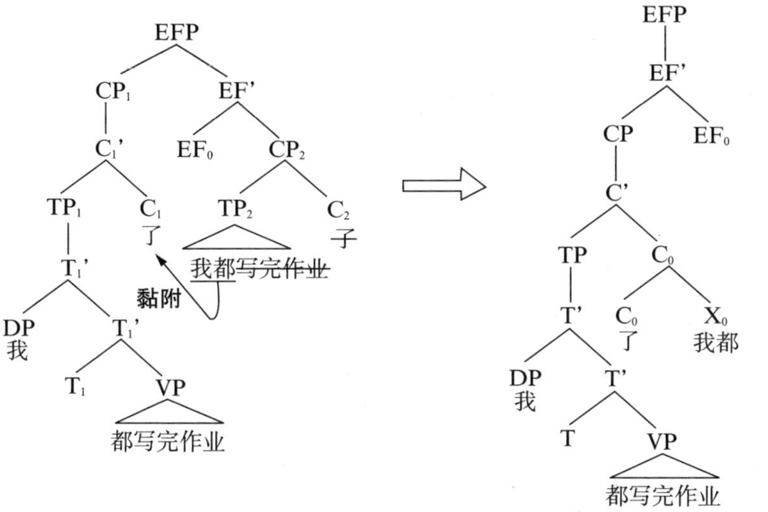

我们也注意到，如上例（5）［重复如例（29）b］，该句的 XP（即重新分析为 X_0）处是弱读的动词短语。上文推导时提到 X_0 不能为谓语动词或宾语，此处应该进一步阐释为“重复句”中的 X_0 不能携带任何重音与句调②。例（29）b 中的 X_0 并非携带重音的动词短语，此例一般用于问答句中，即［如例（30）］DP 为问答焦点时，CP_1 中非焦点处的 VP 可以被删略；而在 CP_2 中，焦点 DP 则不能出现，非焦点的动补短语能保留，最后生成例（29）b。这也证明一个句子不仅只能有一

① X_0 与 C 之间存在边界，本文认为可能与 X_0 有关，X_0 并非功能词，其自身仍带有某种补充意义，如“寒假去广州我提议”，由于前一 CP 删除了主语及非 NS 范域的动词，而 X_0 中该主语及动词未被删除，可作为其补充的已知信息。

② 如果 X_0 携带焦点重音，如例（18），该句为局部焦点句，而非本文讨论的事件焦点短语 EFP，即“重复句”。

个核心重音，在焦点句（对比焦点除外）中，也只能有一个焦点重音。

（29）a. 你想喝点儿什么？

b. $[_{CP}[_{VP}V[_{DP}$啤酒]]]$[_{C_0}$吧$[_{X_0}$喝点儿]]]

（30）$[_{CP1}$~~喝点儿~~啤酒吧]$[_{CP2}$喝点儿~~啤酒吧~~]

问答焦点

3.4 “追加句”的句法生成

与“重复句”不同的是，韵律上，“追加句”前后部分存在停顿，后一部分可以重读；结构上，由两个语义上有关联的成分组成。“追加句”前一部分必须为一个携带完整句调的小句；后一部分的句法成分可以为携带重音的名词性短语（NP/DP/NumP 等），如例（31）；可以是动词性短语（VP），如例（32）；或是携带句调的小句（CP），如例（33）①。例（33）的句法结构为两个 CP 并列，用连词“&”连接组成并列短语（&P），句法树形图如例（34）所示：

（31）那个男的跳楼摔死了，那男的土匪。

（32）求他多打几下，使劲儿。②

（33）他不来了，因为下雨了。

（34）

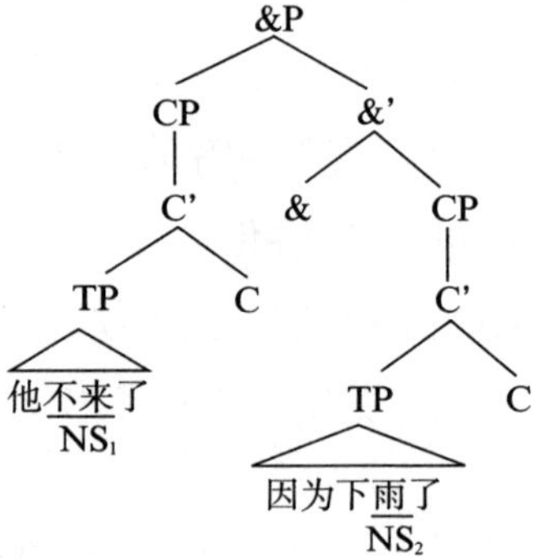

① 由于本文内容限制，关于“追加句”的句法结构类型、韵律结构等问题，可另文再进行深入细致的研究。

② 该例选自陈建民（1984）。

语义上“追加句”的后一部分所要追加补充的是新信息，是对听话者有用的信息。因此，体现在韵律上则不能轻读：这些追加部分要么自身携带焦点重音，如例(31)中“那男的土匪”，要么处于独立的小句中，如例(33)为表原因的句子，自身可以携带核心重音，都独立于前一小句 CP。因此，这种现象为真正的“追加”(Afterthought)现象，需区别于上文的“重复”现象。

4　体原子创造的“重复”“追加”语距形式

上文指出“重复句”与“追加句”的生成机制及韵律表现不同，为两类不同的现象。为何前人文献中尝试对其做统一的解释(如陆镜光 2004；邓思颖 2018)？原因在于此二类现象均属口语体，是直接交际时所使用的句子①。下文我们从语体语法学的角度探讨其口语属性是如何产生的。

冯胜利(2020b)指出，冯胜利、刘丽媛(2020)将以往语法的语体现象、类别和属性的描写工作成果，总结为语体语法的生成性机制，该文提出十八种语距定律②，这些定律是语体语法系统中的体原子，是形式—功能对生机制派生出来的，决定和创造各式各样的语体语法结构和形式。“重复句”“追加句”的口语体属性也是体原子直接/

① 如赵元任(1980：40)听到女儿说：“黑猫吃，黑猫。”又如孟琮(1982)指出其文中出现的重复格式是口语中的现象；陆镜光(2004)则在日常会话的言语交际中研究“延伸句”，由此说明，上述两种现象都为口语交际的产物。

② 冯胜利、刘丽媛(2020：脚注 40)：“体原子”和“语距定律”所指为同一个对象，唯命名和使用角度不同而已：从语距属性的普遍性的角度名之为“定律”(语距定律)；从其基元属性和最小单位的角度名之为“体原子”。冯胜利(2020a)进一步归类为：音体原子(音值高低律、长短律-平衡律、短弱律、悬差律、融合律、单双音节对应律、嵌偶律、合偶律、韵律形态律、单调律)；句体原子(离核律、树距律、树图首尾律)；时体原子(古今律、时空律、超距律、高频致俗律、成分追加律)。

交互作用的结果。

4.1 “重复句”口语性的生成机制

前文中推导了“重复句”的句法生成过程：其底层为事件焦点短语(EFP)，为了核查[EF]特征，将其补述语 CP 复制并进行移位。但在拼出(spellout)之前受到汉语句调限定律的约束，必须删除后一 CP 的核心重音及句调 C 才能产出合法的句子。另外，句末 XP 成分由于无法独立，只能贴附在前一个 CP 的句调素 C_0 上。冯胜利、刘丽媛(2020)指出句法每生成一个形式(句法+韵律)，交际基因(或体原子)系统便赋予该交际形式一个相应的语体功能。而“重复句”经过句法及韵律操作后生成，该形式也随之被体原子赋予相应的语体功能，其分析如下：

(35) [$_{CP}$[$_{TP}$[$_{DP}$ 我][$_{T'}$ 都[$_{VP}$[$_{V}$ 写完][$_{DP}$ <u>作业</u>][$_{C_0}$ 了 <u>我都</u>~~写完作业子~~]]]]]

NS　②　①

①=单调律；　②=悬差律

首先，单调律(音体原子之一)是通过缩短句法单位的标准长度以满足“一句一动一调”①的运作结果，产生的形式均具口语的属性。(冯胜利，刘丽媛 2020)“重复句”的生成过程受到“一句一调”的制约；而在语体语法理论中，则是体原子(单调律)对该语距形式的改造作用，即对复制后的 CP 进行句调及核心重音归一处理，改造后的这种缩短句法单位长度的形式只能是口语体，而不能是正式体。

另外，最终生成的“重复句”，其前后部分存在音强音弱的区别，陆俭明(1980)提到的韵律差别犹如“高山”与“平地”，即句尾 C_0($C+X_0$)与其前 TP，前后节律落差极大，是悬差律的表现。冯胜利、刘丽

① 冯胜利(2017)的“一句一调律”在冯胜利、刘丽媛(2020)中表述为“一句一动一调”。

媛(2020)指出悬差律是"相差一半(或以上)的两个韵律单位的组合",悬差律是制造口语天然的体原子,因而"重复句"只在口语中,不能出现在正式的场合。如胡丛欢(2019)所举的例(36)a—例(36)c,例(37)同样在正式体中也非法。

(36) a. 各国领导均已抵达。

b. ＊各国领导均已抵达各国领导。

c. ＊各国领导均已抵达各国领导均已。

(37) ＊均已抵达各国领导。

综上,单调律对重复句的句型改造起决定性作用,而悬差律则赋予其韵律形式,最终产生的语距形式具有口语属性,这也是体原子交互作用的结果,使其区别于正式体的语法结构及韵律特征。

4.2 "追加句"口语性的生成机制

"追加句"为两个语义相关的成分组成,后一部分为追加补充新信息。冯胜利、刘丽媛(2020)指出在句末进行的句法成分追加或者复说的运作,为成分追加律。如若根据上述定义,本文探讨的"重复句""追加句"都可以粗略看做是一种追加现象,但二者的句法生成以及韵律表现都不同,因此,"成分追加律"所创造的语距形式类型需进一步细分。如同样出现在CP后面的XP,如例(12)、例(13)的结构[修改为例(38)、例(39)],如若只看到"追加"的表象,而不从其生成机制、韵律表现上加以区别,则会混淆二者的性质。

(38)"重复句":$[\text{TP}+(\text{SFP})]_{\text{CP}}+\underline{\text{XP}}$

(39)"追加句":$[\text{TP}+(\text{SFP})]_{\text{CP1}}+\text{XP}$①

本文明确指出"追加句"为真正的追补新信息的追加现象。在韵

① 由上文3.4小节可知,"追加句"后一部分的范畴可以为NP、VP、CP等,因而用XP表示。其与(38)的不同在于,(39)"追加句"中的XP不可轻读。

律上，相对前一小句，追加部分相对弱一些，因而其句调称为追加句调。这种追加调也只能出现在口语体中，不能为正式体所采用，如例（40）所示，正式体中不能使用追加调来补充信息。

（40）＊北京及周边地区出现交通堵塞现象，因为连日来的暴雪天气，道路积雪。

5　结语

本文根据句法生成机制及韵律特征的区别，将前人文献中的倒装、易位、重复、延伸、追加等现象，重新归类为"重复""追加"现象。从韵律句法理论，指出"重复句"（EFP）的生成过程受到汉语"一句一调律"的制约；在语体语法理论中则是体原子（单调律、悬差律）的交互作用，最后生成单一句调，且前后韵律相差悬殊、具有口语性的句子。而"追加句"实则由两个小句的句群单位形成，各句都可携带重音，后一小句为追加句调，其口语属性是成分追加律作用的结果。另外，"重复句"的生成机制（核心重音归一、句调归一）反过来可以证明音体原子（单调律）对汉语句子改造具有普遍的制约作用。

参考文献

陈建民. 1984. 汉语口语里的追加现象. 语法研究和探索，（2）：521-532.
邓思颖. 2018. 延伸句的句法分析. 语言教学与研究，（3）：48-57.
冯胜利. 2009. 汉语的韵律、词法与句法（修订版）. 北京：北京大学出版社.
冯胜利. 2015. 声调、语调与汉语的句末语气. 语言学论丛，（1）：52-79.
冯胜利. 2017. 汉语句法、重音、语调相互作用的语法效应. 语言教学与研究，（3）：1-17.
冯胜利. 2020a. 2020 秋季语体语法授课教案，北京：北京语言大学.
冯胜利. 2020b. 语体语法的新进展——体原子的发现. 中文学术研讨会语言研究

的新探索. 北京：中国政法大学中文系,[2020-11-14].
冯胜利,刘丽媛. 2020. 论语体语法的生物原理与生成机制. //北京师范大学民俗典籍文字研究中心编. 民俗典籍文字研究(第二十六辑). 北京：商务印书馆：94-121.
胡丛欢. 2019. 现代汉语韵律黏附现象分析——以“重复”为例. 语体语法专题系列研讨会. 北京：北京语言大学,[2019-12-6].
李泉. 2006. 单音形容词重叠的形式和语法意义. 对外汉语研究：141-150.
陆俭明. 1980. 汉语口语句法里的易位现象. 中国语文,(1)：616-631.
陆镜光. 2004. 说延伸句//中国社会科学院语言研究所,《中国语文》编辑部编. 庆祝《中国语文》创刊 50 周年学术论文集. 北京：商务印书馆.
陆俭明. 1980. 汉语口语句法里的易位现象. 中国语文,(1)：616-631.
黎锦熙. 1924. 新著国语文法. 北京：商务印书馆.
孟琮. 1982. 口语里的一种重复——兼谈“易位”. 中国语文,(3)：174-178.
史有为. 1985/1992. 一种口语句子模式的再探讨——“倒装”“易位”“重复”“追补”合议. //史有为. 呼唤柔性——汉语语法差异. 海口：海南出版社. 161-178.
史有为. 2017. 认识“话尾巴”——兼议“句子碎片”. 语言教学与研究,(1)：57-67.
唐文珊. 2018. 韵律制约的被动句复指代词. 韵律语法研究,(2)：52-80.
王永娜. 2010. 汉语表短时体的动词重叠的韵律机制和语体动因. (4)：65-75.
张燕春. 2001. 易位句中的语音问题. 汉语学习,(4)：23-28.
赵元任. 1968/1980. 中国话的文法. 丁邦新译. 香港：中文大学出版社.
朱德熙. 1982. 语法讲义,北京：商务印书馆.
Bougerie D. 1998. Expanding the Scope of the Sentence-final Position: Postposed Modals in Cantonese. //Matthews S. (ed). *Studies in Cantonese Linguistics*. Hong Kong: Linguistic Society of Hong Kong. 133-146.
Chueng. 2009. Dislocation Focus Construction in Chinese. *Journal of East Asian Linguistics* 18(3): 197-332.
Feng Shengli. 1995. Prosodic Structure and Prosodically Constrained Syntax in Chinese. Ph. D. dissertation, University of Pennsylvania.

Feng Shengli. 2003. Prosodically Constrained Postverbal PPs in Mandarin Chinese. *Linguistics* 41(6): 1085-1122.

Feng Shengli. 2009. A Theoretical Exploration of Prosodic Syntax in Chinese. *Linguistic Forum* (*YuyanxueLuncong*)./ Feng Shengli. 2020. A Theoretical Exploration of Prosodic Syntax. *yuyanxue luncong* 39: 201-241.

Ghomeshi J, Jackenoff R, Rosen N, Russell K. 2004. Contrastive Focus Reduplication in English (the Salad-salad Paper). *Natural Language & Linguistic Theory* 22: 307-357.

Kimper W. 2008. Syntactic Reduplication and the Spellout of Movement Chains. Unpublished Manuscript, University of Massachusetts, Amherst. Available at https://personalpages.manchester.ac.uk/staff/wendell.kimper/syntactic_reduplication.pdf.

Packard J I. 1986. A Left-dislocation Analysis of 'Afterthought' Sentences in Peking Mandarin. *Journal of the Chinese Language Teachers' Association* 21(3): 1-12.

下编　应用篇

| 第六章 |

体原子在“百工行类”中的语法作用

【编者按】 语体语法是人类语言交际的法则。交际无时不在，语体也无处不有；语体无处不有，语法也无所不异。故“百工行类”各有其体，也因之而各有其语。本章论文所开辟者，正是研究构造“百工语体”中“百工体原子”的一缕先涓细流，其汪洋恣肆，则有待来者矣！

刑事犯罪中“V_2+N_2+H”类现象及相关结构受语体语法中体原子制约的研究*

莫永茹

摘　要　文章重新审视了汉语含动复合词的生成规则。一般认为汉语存在“V_1+N_1+H”(碎纸机)和“N_2+V_2+H”(纸张粉碎机)结构,而不存在“V_2+N_2+H”(＊粉碎纸张机)结构。文章发现,在刑事犯罪中的表述中,大量使用“V_2+N_2+H”(贩卖毒品罪)等现象,并认为这类现象的出现与时空性有关。文章基于语体语法最新提出的体原子理论,使用“树图首尾律”“单双音节对应律”“离核律”和“时空律”,统一解释了含动复合词中的单双音节和语序问题,并指出“具时空性”和“泛时空性”是造成其对立的主要原因。

关键词　含动复合词　时空性　体原子　单双音节对应律　离核律

＊　在本文的写作和修改过程中,导师骆健飞给予了指导和帮助,审稿人为本文提出了宝贵的修改意见,谨此深致谢忱。

1 引言

在以往的研究中，一般认为含动复合词存在如下对立①：

(1) a. V_1+N_1+H：碎纸机、养马厂

b. * N_1+V_1+H：*纸碎机、*马养厂

c. * V_2+N_2+H：*粉碎纸张机、*饲养军马场

d. N_2+V_2+H：纸张粉碎机、军马饲养场

关于这类现象的解释很多，有的学者运用“辅重”理论解释(Duanmu 1997)，有的学者运用“音步组向冲突”理论解释(冯胜利 2004)，有的学者运用“动词移位”理论解释(顾阳，沈阳 2001；周韧 2006)，还有的学者从“动词音步相邻”和“自然音步限制”两个条件出发，生成了上文例(1)a、例(1)d 等，排除了例(1)b、例(1)c 等(裴雨来，邱金萍 2015)。总体来说，无论学界使用哪种限定规则与理论解释，均可达成一定共识，即：上文中例(1)a、例(1)d 是合法的，例(1)b、例(1)c 是不合法的。针对偶尔出现的例外现象，学者们也并未予以较多关注。

在本文研究中，我们以刑事犯罪文本为研究对象，考察了大量刑法犯罪和刑法罪名中的表述，发现大量的“例外”现象，即例(1)c 中的“V_2+N_2+H”现象，如下面的例子：

---

① 本文使用大写的 N、V 来表示词类，H 表示这类含动复合词的核心成分，数字 1、2 表示音节数，小写的 n 表示音节数量不定。比如：

V1+N1+H，即“单音节动词+单音节名词+核心成分”，比如“碎纸机”。

N2+V2+H，即“双音节名词+双音节动词+核心成分”，比如“纸张粉碎机”。

Vn+N2+H(n>2)，即“多音节动词+双音节名词+核心成分”，比如“生产销售假药罪”。

V2+Nn+H(n>2)，即“双音节动词+多音节名词+核心成分”，比如“倒卖车票船票罪”。以此类推。

（2）a. 1998 年 10 月，我站在庄严的法庭上用颤抖的双手接过沉重的判决书，才知道还有 160 万元没有收回。这时我才明白，自己犯的是挪用公款罪。（BCC 语料库）

b. 上海市第一中级人民法院日前以走私文物罪判处外籍人华某有期徒刑 3 年，罚金 3 万元；走私的 8 件“贵州龙”古生物化石予以没收，违法所得予以追缴。（《文汇报》2005－08－09）

c. 一审法院认为因该批假药尚未进入销售渠道，没有对他人造成实质危害，故未构成生产、销售假药罪。（《文汇报》2002－10－28）

在例（2）中的各例，都采用了“V_2+N_2+H”的格式，其中例（2）c 采取了“$V_2+V_2+N_2+H$”的格式，也算作例（1）c 的一个变例。

因此，在本文的研究中，我们首先穷尽性地考察了《刑法典》中的所有罪名，观察这些罪名的构词成分，然后在 BCC 语料库中检索相对应的使用环境和频率，据此指出这类构词方式的生成规律。

《刑法典》中具有“含动复合词”特征的罪名命名类型共有如下几种①：

（3）a. V_1+N_1+罪：8 个。（如：放火罪、洗钱罪、抗税罪、逃税罪）

b. V_2+N_2+罪：34 个。（如：分裂国家罪、走私假币罪、走私文物罪、伪造货币罪、挪用公款罪、倒卖文物罪、盗伐林木罪）

c. $Vn+N_2$+罪（n>2）：10 个。（如：生产、销售假药罪，出售、购买、运输假币罪，走私、贩卖、运输、制造毒品罪）

d. V_2+N_n+罪（n>2）：6 个。（如：劫持船只、汽车罪，倒卖车票、船票罪，拐卖妇女、儿童罪）

e. $Vn+Nn$+罪（n>2）：1 个。（如：窝藏、转移、隐瞒毒品、毒赃罪）

f. N_n+V_1+罪：1 个。（如：传染病菌种、毒种扩散罪）

同时，在使用中，也存在“N_2+V_2+罪”的格式。如：

---

① 具体数据和条目详见附件 1。

(4) a. 前拳击中量级世界冠军、哥伦比亚的鲁·塞瓦略斯已经被一个美国联邦大陪审团指控犯有毒品走私罪。(CCL 语料库)

b. 经过近一年的调查,西班牙司法部门指控该组织在西班牙犯有行骗罪、非法集会罪、非法行医罪、盗窃罪、毒品走私罪和残害他人健康罪。目前西班牙加泰罗尼亚地区最高法院已将此案的审理工作从巴塞罗那省法庭转到附近的塔拉戈纳省法庭进行。(《人民日报》2001-02-21)

c. 这一行为事实上或者感情上已使这些饮食处于不能原来的目的上再供使用的状态,因而符合器物损坏罪的要件。(BCC 语料库)

在罪名的表述中,以"罪"为中心语,在 BCC 语料库中检索中心语与"挪用、侵犯、伪造"等 164 个与犯罪相关的双音节动词的搭配使用情况,检索出共 2 284 次的使用量,其中正序体即"V_2+N_2+罪"有 2 270 次(约 99.39%),倒序体即"N_2+V_2+罪"仅有 14 次(约 0.61%)。

通过对以上类型的观察,刑法犯罪中的含动复合词可以简单地概括为表 1 中的规律。

表 1　刑事犯罪中含动复合词的类型与数量(n>2)①

	V_1+N_1	N_1+V_1	V_2+N_2	N_2+V_2	V_n+N_2	V_2+N_n	V_n+N_n	N_n+V_1
合法性	+	−	+	+	+	+	+	+
数量	少	无	多	少	少	少	少	少

通过对语料的考察,我们以冯胜利、刘丽媛(2020)四个体原子理论(时空律、树图首尾律、单双音节对应率、离核律)为支撑,运用了"时空性"原则来解决如上问题。时空性原则(冯胜利 2010;王永娜

① 此表格中各个类型含动复合词的中心语均为"罪"。本表所列内容并非在刑法典中,而是实际语料中的使用。

2010)在2015年被用于解决汉语中的语体问题,在后来的研究中也被广泛提及(冯胜利 2015;王永娜,冯胜利 2015;骆健飞 2017,2020;马文津 2019等)。这一分析可以有效促进时空性对汉语的韵律构词、句法操作方面的深入讨论。

本文第2节主要评鉴前人在研究含动复合词生成方面的成果及不足,第3节将详细说明我们的观点,第4节为这种观点做出相应的理论解释。

2 前人有关含动复合词的研究及其不足

2.1 辅重论(Duanmu 1997)

"辅重"是Duanmu(1997)提出的处理方案,具体内容可概括如下:

(5) a. 左重:复合词重音在最左边的成分上;

b. 两拍步:两个音节组成一个音步,单音节只有在后有停顿时可独立组成音步,否则并入临近的音步;

c. 辅重:各层结构的辅助成分重,中心成分轻,如定语重于中心语,宾语重于述语。但"辅重"在单音步内无效;

d. 多轮循环:有语法结构的复合词和短语按语法结构的层次多轮次地施用上述规则;

e. 直接成分合格:复合词的直接构成成分必须是合格的。

我们先严格按照Duanmu提出的原则操作。根据"左重"原则,每个双音节复合词都是左重[①],那么"纸张"中的"纸"应重于"张",

① 关于汉语双音节词的重音,学界有不同看法;有的学者认为是左重,有的学者认为是右重,或根据词的不同构造决定词重音的表现,如王晶、王理嘉(1993),王志洁、冯胜利(2006),王洪君(2008)等。尽管如此,这里为了正常运作Duanmu的诸项原则,暂时不参与词重音问题的讨论之中,认定作者的结论是正确的。

“粉碎”中的“粉”应重于“碎”,因此,“纸张”和“粉碎”内部的轻重结构应该标为“sw”①。再看“辅重”原则。“纸张”和“粉碎”构成了述宾关系,根据辅重原则,宾语重于述语,因此作为宾语的“纸张”一定重于作为述语的“粉碎”。

我们用以上操作方式检验“纸张粉碎机”和“粉碎纸张机”(因为此处的最小对立对为“粉碎纸张”和“纸张粉碎”,因此在图 1 中,省去了“机”一层的重音结构,以便更加突出所要对比的内容):

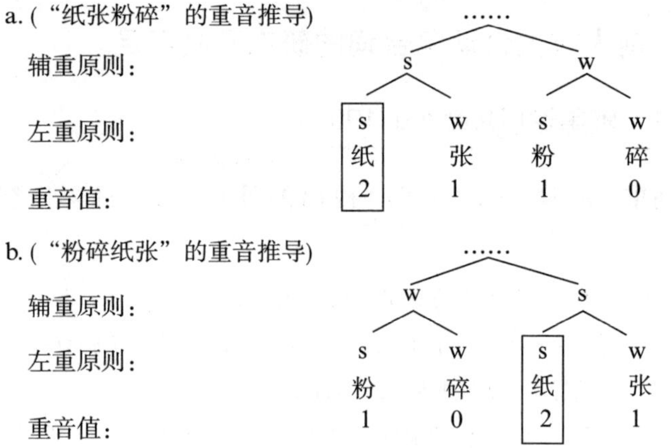

图 1 辅重和左重原则下的重音推导②

通过以上操作可以发现,“纸张粉碎”的生成结构,首音节获得了最重的重音,“粉碎纸张”的结构中,第三音节获得了最重的重音。根据(5)a 规则,复合词重音在最左边的成分上,那么“粉碎纸张机”的重音就理应落在最左边的“粉”上,但是根据图(1)b 的推导结果,主

① 图中 s 表示重音(strong),w 表示轻音(weak)。

② 这里参考 Metrical Phonology 的重音推导模式(Liberman 1975; Liberman & Prince 1977)。在每一层中标注相对轻重音,最终的重音值为每一层轻重值的累积。比如某节点在上层分别得到了 s、s、w,那么它的重音值就是 2,如果是 w、w、w,那么重音值就是 0。最终重音值数据最大的,得到整个结构的主重音。

重音却落到了第三音节“纸”上,因此发生了重音冲突,导致此结构无法生成。

按照 Duanmu(1997)的理论预测,因为重音冲突,无法生成“V_2+N_2+H”结构,但在我们观察到的语料中,刑事犯罪类的含动复合词大量使用该结构,与 Duanmu 的预测不符,因此其生成一定具有其他因素和规律的制约。

2.2 音步组向理论(冯胜利 2004)

“音步组向”理论的具体内容可以表述为:

(6) a. [宾+动+名]的组合是构词形式;

b. 构词形式一律是左起音步(→);

c. 动宾短语的音步组向均从右起(←);

d. [1+1]型音节组合是无向音步。

根据音步组向理论,可以推导出“粉碎纸张机”不合法而“纸张粉碎机”合法,其道理是:

(7) [[粉碎纸张] 机]

[←动宾短语音步组向]

[构词音步组向→]

*[构词音步组向→ 冲突 ←动宾短语音步组向]

“粉碎纸张机”非法的原因就是:构词规则与短语规则彼此冲突。因为如果它是一个名词,那就必须采取构词形式右向音步。然而,“粉碎纸张”是动宾形式,动宾短语音步必须左向。

音步组向理论同样可以解释为何“碎纸机”合法而“纸碎机”不合法。根据(6)d 原则,[1+1]型的音节组合是无向音步。“碎纸”在句法上虽属动宾,但在音步的组向上则为无向音步,因此在充当构词成分时不会与整体右向的词汇音步抵触相悖。如果“碎纸机”已然满足整个系统的要求或已被赋予"右向值",那么倒置宾语的理由和动机便不复存在。无疑,没有促发因素的运作前置宾语将为整个系统所排斥。由此可见,"碎纸机"的合法性及其缺乏易位动机的"*纸碎机",都在上述理论的预定之中。

使用该研究成果重新审视本文的用例,可以发现其很好地解释了"放火罪、洗钱罪、抗税罪"一类"V_1+N_1+H"的罪名现象,也可以解释"毒品走私罪、器物损坏罪"等"N_2+V_2+H"的现象,却无法预测大量出现的"$V_n+N_n+H(n\geqslant2)$"的现象。当然,作者在文中也指出,"总之,规律之外总有反例,而其所以如此,则需另题研究"(冯胜利 2004)。这些不符合规律的例证,也成了本文研究的起点。

2.3 动词音步相邻原则

裴雨来、邱金萍(2015)的"动词音步相邻"规则可以表述为:

(8) 汉语含动复合词 N、V 音节数量与其顺序的共变规则

#...V...#+H:与 H 相邻的音步,必须包含 V,或由 V(V 的一部分)实现。

作者认为,当 V 是单音节时,V_1 与 N_1 组合所实现的音步"$\#V_1+N_1\#$"[如"碎纸(机)"]直接与 H 相邻,这已经满足了"动词音步相邻"要求,所以不需任何移位,由此直接生成"V_1+N_1+H"类型含动复合词。

而当 V 是双音节或多音节时,底层形式[[V+N]+H]中,$V_n(n\geqslant2)$本身实现为一个或多个音步,由于 N 的分隔,由 V(V 的一部分)实现的音步不能与 H 相邻,所以 V 必须经历与英语"重型名词移位(Heavy NP Shift)"类似的音系层移位,移到 N 与 H 中间,才能满足"动词音步相邻"的要求,于是生成了"$N_n(n\geqslant2)+V_n(n\geqslant2)+H$"类型含动复合词。

以上分析说明了"N_1+V_1+H"(*纸碎机)、"V_2+N_2+H"(*粉碎纸张机)两种类型复合词不存在的原因。两种类型的底层都是[[V+

N]+H],当 V 与 N 都是单音节时,V_1+N_1 构成音步,直接与 H 相邻,没有将 N_1 前移的动因,所以“N_1+V_1+H”不合法;当 V 与 N 都是双音节时,与 H 相邻的音步不含 V,必须移位来满足“动词音步相邻”,所以没移位的“V_2+N_2+H”不合法。

根据“动词音步相邻”原则,作者对如下现象及其原因做了分类:

表 2　动词音步相邻原则预测的语言现象及其解释①

类型	示例	音步相邻	名词移位
V_1+N_1+H	碎纸机、修车厂、洗碗工	+	0
N_1+V_1+H	* 纸碎机、* 车修厂、* 碗洗工	+	-
V_2+N_2+H	* 粉碎纸张机、* 修理汽车厂、* 清洗碗碟工	-	0
N_2+V_2+H	纸张粉碎机、汽车修理厂、碗碟清洗工	+	+
V_n+N_n+H ($n\geq 2$)②	* 预防控制疾病站 * 修复自然环境网	-	0
N_n+V_n+H ($n\geq 2$)③	疾病预防控制站 自然环境修复网	+	+

作者的推导结果同样排除了“V_n+N_n+H”类结构,但作者在文末也指出,汉语中确实存在如下现象:

(9) a. 制造谣言者

b. 贩卖毒品罪

c. 拐卖妇女儿童罪

① 表格中“+”表示满足这一限制的要求,“-”表示不满足这一限制的要求。在“名词移位”一栏,“0”表示没有移位发生;“+/-”均表示有移位发生,其中“+”表示进行了正确的移位操作,“-”表示进行了错误的移位操作。

② 此处 n 不能同时为 2。

③ 此处 n 不能同时为 2。

裴雨来、邱金萍(2015)指出,“(9)中各例的中心语形式很固定,不能变化,‘者’‘罪’等都不能以其他任何意义相近的词替换,这类似于词缀”,作者认为,正是这类类似于词缀的中心语影响了含动复合词的生成,导致这些复合词不必遵守“音步相邻”的要求,从而得到了例(9)的输出形式。

对于此类现象,何元建(2004)也曾尝试给出解释。作者还曾指出“谣言制造者/制造谣言者”,“计算机操作者/操作计算机者”等两可形式并不相同,存在表义的区别,前者通常指一类人,后者则可指某个人。总之,这类复合词较为特别,其生成过程与上文回顾的各项规则并不相同。

冯胜利(2015)比较了“毒品贩卖者”和“贩卖毒品者”的区别,作者认为前者表示类型,后者表示个案。作者同时指出,“有人认为‘贩卖毒品者’是上面公式的反例,但实际上,正如何元建(2004)指出的:‘毒品贩卖者们’可以说,但是‘ * 贩卖毒品者们’不合法,这说明‘贩卖毒品者’不是反例,而是特例。”

纵观以上学者的解释,我们认为仍然存在如下问题:

1. 裴雨来等认为“中心语很固定”,一般都是类词缀。首先,作者所举的例子中包括“工、厂、者、罪”等存在“V_2+N_2+H”的说法,因此它们属于类词缀;而同时“场、厂、器、机”等不存在“V_2+N_2+H”的说法,按理就不属于类词缀。但是这两类词在结构、语义和功能上有类似之处,为何前者就是类词缀,后者就不属于类词缀?我们很难给出操作性的界定。况且本身“类词缀”的说法也很难加以鉴定,难以确切鉴定出哪些属于类词缀,哪些不属于,也就很难鉴定出哪些中心语存在“V_2+N_2+H”的说法,哪些不存在上述说法。

另外,一些类似的构词还存在双音节 H 的现象,比如“劫持人质事件、军火走私罪名”“事件、罪名”,这类中心语更不能归为“类词缀”中。

2. 何元建、冯胜利等的研究，都认为“V_2+N_2+H”的构词较为特别，属于特例。然而在我们的研究中，仅以“罪”作为中心语进行检索，就发现了 60 余个例证，在语料库中有 1 500 余次的使用量。如果扩大中心语的检索范围，我们可以检索出更多的用例。以“发生火灾地区、宣传思想工作、拐卖儿童案、升降国旗仪式”四种说法为例，在 BCC 语料库中共检索出 4 143 个用例，这些成批量的用例，背后很可能存在特定的生成机制。因此我们认为，不宜将它们作为“特例”处理，而是应在已有的理论框架内，探索更多的生成规则和限制条件，挖掘其背后的理论依据。

3 时空性与“V_2+N_2+H”的关系研究

在刑事案件中，含动复合词的三种形式都出现较多次，如例(10)所示：

(10) a. V_1+N_1+H：运毒罪、贩毒罪、弃婴罪

b. V_2+N_2+H：运输毒品罪、贩卖毒品罪、遗弃婴儿罪

c. N_2+V_2+H：毒品运输罪、毒品贩卖罪、婴儿遗弃罪

但是在实际使用中，它们的使用语境却有所不同，比较例(11)a、例(11)b 两句：

(11) a. 李绍菊于 1988 年到 1998 年 10 余年间，先后 23 次单独或纠集、指使他人大肆进行走私毒品犯罪，将海洛因 13.5 万克、鸦片 1.2 万多克、吗啡 8 000 多克从缅甸偷运至我国云南省，向他人赊销，云南省高级人民法院终审维持一审原判，以走私毒品罪判处李绍菊死刑，并处没收人民币 50 万元。(V_2+N_2+H)(《人民日报》2001－06－25)

b. 前拳王被控走私毒品，美国迈阿密地方司法部门十日宣布，前拳击中量级世界冠军、哥伦比亚的鲁·塞瓦略斯已经被一个美国联邦大陪审团指控犯有毒品走私罪。(N_2+V_2+H)(CCL 语料库)

在例(11)a 中，出现了人物、时间、地点、罪因、罪果五个事件要素，而在例(12)b 中仅出现人物、时间两个事件要素。又如例(12)的对比：

（12）a. 据报道，21 日凌晨 2 时 40 分左右，普天间美军基地第 36 海军航空部所属上等兵无故将停在马路上的一辆摩托车推倒，造成消音器损坏，被警方以损坏器物罪逮捕。（V_2+N_2+H）（CCL 语料库）

b. 大审认为，这一行为事实上或者感情上已使这些器物①处于不能在原来的目的上再供使用的状态，因而符合器物损坏罪的要件，即认为将上述行为解释为“毁坏器物”没有超过扩张解释的界限。（N_2+V_2+H）（BCC 语料库）

在例(12)a 中，出现了时间、地点、罪因三个事件要素，例(12)b 中使用倒序结构的“器物损坏罪”不表示某一具体的犯罪事件，而是指代抽象的犯罪现象。

下面我们就详细观察这三类结构的时空属性，并逐一进行比较。

3.1 V_1+N_1+H 与 V_2+N_2+H 的时空性比较

我们以“贩毒罪”和“贩卖毒品罪”为例，看下面的例句：

（13）a. 当天，马文忠与赵群力商量后，又背着马凤花从她藏匿海洛因的皮箱里取出 690 克海洛因交给赵群力贩卖。警方于当天抓获了马凤花、马文忠、赵群力等人，并在马凤花的住处查获尚未卖出的海洛因 6 200 余克。上海市第二中级人民法院于去年 7 月 28 日一审以贩毒罪判处马凤花、马文忠两人死刑，剥夺政治权利终身，并处没收财产人民币 5 万元。（V_1+N_1+H）（《文汇报》2000－06－27）

b. 去年 10 月，柬埔寨警方将 38 岁的中国台湾人刘永富和 45 岁的柬埔寨人基坦抓获，并在他们的住处缴获 35 公斤毒品，其中绝大多数为海洛因，价值约 1 000 万美元。金边法庭以贩毒罪判处刘永富有

① 此处原文为“饮食”，由于不符合语境，这里根据上下文语境修改为“器物”，特此说明。

期徒刑20年，基坦有期徒刑18年，并各判罚金5 000万瑞尔（约合12 500美元）。（V_1+N_1+H）（《文汇报》2005－08－09）

在以上两例中，分别出现了“时间、地点、人物、毒品数量、判罪因果”等要素，时空要素非常详尽、具体。

再看“贩卖毒品罪”。

（14）a. 在这类案件中，买卖双方不仅没有共同贩毒的故意，而且没有共同贩毒的行为，卖方通过售卖毒品完成了贩毒的过程，买方因为收买毒品并且有贩毒的目的才构成贩卖毒品罪。这是两个不同的犯罪构成，是两个不同的犯罪，不能作为共同犯罪来处理。（V_2+N_2+H）（BCC语料库）

b. 现在法律将贩卖毒品罪中获取毒品的方式界定为“以贩卖为目的非法收买毒品”，是否意味着以贩卖为目的用其他方法获得毒品就不构成贩卖毒品罪呢？这个定义是否失之过窄呢？（V_2+N_2+H）（BCC语料库）

在“V_2+N_2+H”中，虽然也出现了一些时空要素（如因果、人物）等，但其类型远不如“V_1+N_1+H”的时空类型丰富，数量也不及单音节的结构。具体数据如表3和图2所示。

表3　V_1+N_1+H与V_2+N_2+H的时空类型与数量①

	时间	地点	人物	数量	因果
贩毒罪（33）	15（45%）	15（45%）	18（54%）	5（15%）	18（54%）
贩卖毒品罪（101）	26（25%）	25（24%）	36（35%）	16（12%）	32（31%）

① 统计数据方法：在BCC语料库中搜索“贩毒罪”，除去“贩毒罪犯”“贩毒罪名”等语料，共发现33条有效语料，对所显示的语料中是否出现贩毒时间、贩毒地点、贩卖者、贩卖毒品数量以及因贩毒所承担的后果五个事件要素进行统计，将出现上述事件要素的语料数分别列于表格。为便于做更直观的比较，我们将出现该事件要素的语料占所统计的语料的比重一并列在表中。本文其他百分比均使用同一方法计算得出。

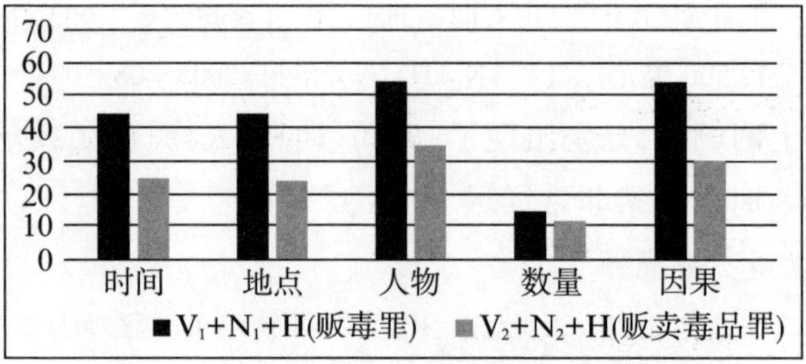

图 2　V_1+N_1+H 与 V_2+N_2+H 的时空性比较①

3.2　V_2+N_2+H 与 N_2+V_2+H 的时空性比较

上文比较了不同音节数量构词与时空性的关系，本节将 V 和 N 全部限定在双音节上，比较它们在时空属性上的差异，先看下面的例句。

走私毒品案：

（15）a. 莆田“2·17”特大走私毒品案已成功告破，共缴获毒品海洛因 1 519 克、冰毒 9 562 克，抓获台湾籍犯罪嫌疑人两名。（V_2+N_2+H）（《福建日报》2006－04－07）

b. 海关现场和厦门市公安局经化验确认为毒品海洛因，共计 4 185.2 克。厦门市中级人民法院于 2001 年 3 月依法对李毓璋走私毒品案作出一审判决，判处其死刑，剥夺政治权利终身。（V_2+N_2+H）（《人民日报》2002－07－04 ）

毒品走私案：

（16）a. 驾驶员直到接到传票或者罚款单时，才会领教到微芯片的“厉害”。除此之外，微芯片还能协助警方侦破窃车案，甚至毒品走私案。这项安装微芯片监视器的计划被称为“老大哥”。（N_2+V_2+H）（《都市快讯》2003－08－27）

---

① 本文图 2—图 5 中纵坐标显示的数字为横坐标所表示事件要素的语料占所统计语料的比重。

b. 你们知道来的客人是什么人？是冒着九死一生刚刚破获一起特大毒品走私案的英雄。人家追捕罪犯追了几千公里追到咱们这个城市，抛家弃子，连命都不要了，咱们还不该好好招待招待人家吗！（N_2+V_2+H）（BCC 语料库）

在例（15）和例（16）各例中，虽然二者都没有单音节组配结构的时空性那么丰富、具体，但如果比较二者的时空性，也可以发现“V_2+N_2+H”高于“N_2+V_2+H”结构。我们分析了它们的时空类型和数量，验证了如上假设，如表 4 和图 3 所示。

表 4　V_2+N_2+H 与 N_2+V_2+H 的时空类型与数量

	时间	地点	人物	毒品数量	罪果
走私毒品案（30）	25（83%）	27（90%）	26（88%）	19（63%）	18（60%）
毒品走私案（62）	33（52%）	38（61%）	26（42%）	37（60%）	5（8%）

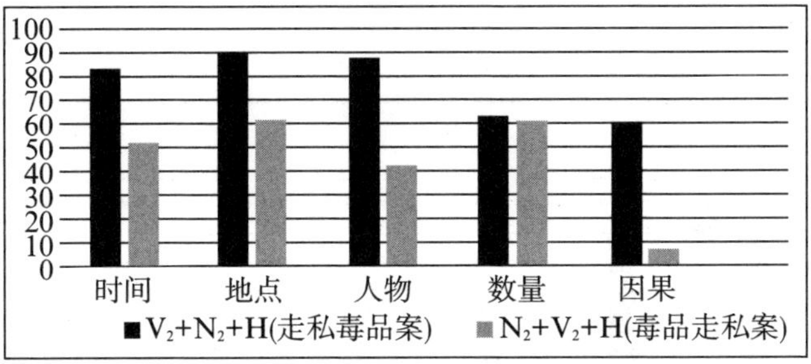

图 3　V_2+N_2+H 与 N_2+V_2+H 的时空性比较

3.3　$V_2+N_n+H(n>2)$ 与 $N_n+V_2+H(n>2)$ 的时空性比较

上文讨论了含动复合词中单双音节组配的对立，实际上，即使其中的N或V超过了双音节，只要其符合韵律模板，同样可以生成，那么其时空表现与双音节有一定的一致性。我们以“V_2+N_n+H”（n>2）与“N_n+V_2+H”（n>2）为例进行对比。

（17）建宁县公安局针对农村社会治安新动向，开展打击盗窃机动车辆的专项行动。至7月底止，全县共破获盗窃摩托车案17起，追缴摩托车25辆，为群众挽回损失12.5万元。（V_2+N_n+H（n>2））（《福建日报》1994-08-28）

（18）泸州论坛泸州市合江县警方破获系列跨省摩托车盗窃案。（N_n+V_2+H（n>2））（BCC语料库）

通过对比发现，此类时空表现与上类相似，正序体的时空性同样高于倒序体，如表5和图4所示。

表5　V_2+N_n+H（n≥2）与N_n+V_2+H（n>2）的时空类型与数量

	时间	地点	人物	数量	因果
N盗窃案（73）	32（44%）	36（49%）	15（21%）	13（18%）	6（8%）
盗窃N案（36）	30（83%）	28（78%）	19（53%）	20（56%）	8（22%）

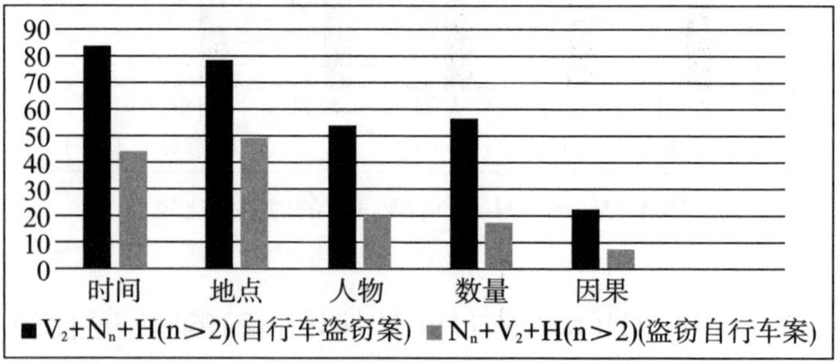

图4　V2+N_n+H（n>2）与N_n+V2+H（n>2）的时空性比较

3.4 $V_2+N_2+H_2$ 与 $N_2+V_2+H_2$ 的时空性比较

本小节考察当中心语为双音节时的表现（H=2），我们以“劫持人质事件”和“人质劫持事件”为例。

（19）a. 9月21日下午，俄罗斯南方度假城市索契附近的拉扎列夫斯卡亚镇发生一起劫持人质事件。当天下午1时许，4名蒙面、手持枪械的壮汉劫持了6名建筑工人，躲进当地的一家旅馆。（$V_2+N_2+H_2$）（《文汇报》2000-09-22）

b. 当天上午4名蒙面武装歹徒闯入暹粒市一所私立国际学校，将约70名师生扣作人质，其中大多为不足10岁的外国儿童。这次劫持人质事件持续5个多小时，4名歹徒全部被捕，但一名加拿大男孩遭歹徒杀害。（$V_2+N_2+H_2$）（《文汇报》2005-06-17）

（20）a. 该报女记者金·墨菲因报道俄罗斯别斯兰人质劫持事件表现出色而与《新闻日报》编辑德勒·奥罗杰德同获国际新闻报道奖，后者因在卢旺达大屠杀10周年系列报道中表现出色获奖。（$N_2+V_2+H_2$）（《文汇报》2005-04-06）

b. 今天爆出公民取款人被劫匪持枪击毙、钱财被抢事件；不久前，南京爆出大巴车人质劫持事件，狙击手还开枪误伤人质；之前，还有惊动了国民党的砍伐梧桐树事件。（$N_2+V_2+H_2$）（BCC语料库）

表6 $V_2+N_2+H_2$ 与 $N_2+V_2+H_2$ 的时空类型与数量

	时间	地点	劫持人质者	被劫持者
劫持人质事件（88）	71（85%）	78（89%）	51（58%）	39（44%）
人质劫持事件（20）	9（45%）	9（45%）	3（15%）	3（15%）

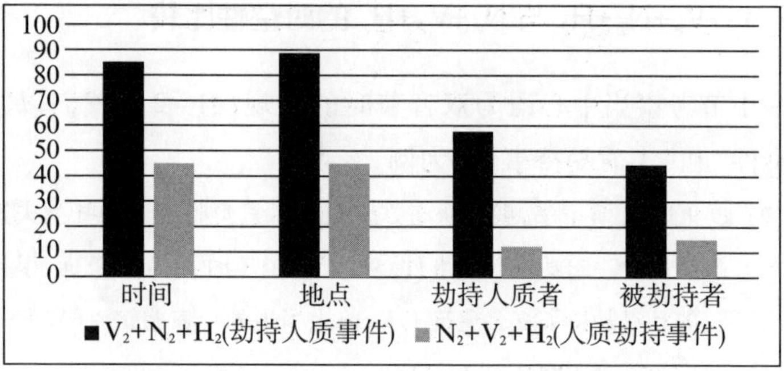

图 5　$V_2+N_2+H_2$ 与 $N_2+V_2+H_2$ 的时空性比较

4　时空性差异与含动复合词关系的理论解释

通观上文的分析,含动复合词主要出现了三种结构,它们又对应了不同的时空性和语体属性,其时空属性可以有如下序列:

(21) a. V_1+N_1+H: 时空性非常具体,时空要素数量多、内容丰富;

b. V_2+N_2+H: 有一定的时空要素,多为关涉到的原因、目的等内容;

c. N_2+V_2+H: 时空性很弱,具备的时空要素较少,基本表示事件、概念。

对于以上规律,我们认为可以用"树图首尾律""单双音节对应律""离核律"和"时空律"加以解释。

先看树图首尾律。冯胜利(2017),冯胜利、刘丽媛(2020)都指出,树图首尾两端,即首端 CP 之 C 和底端 VP 之 VO,均具口语属性。具体说来,本文研究的"放火、洗钱、贩毒、运毒"等动宾组合,即属于树图最底层(VP 层)的运作层面,因此具备口语性,由其组合而成的 V_1+N_1+H 结构,也同样赋有口语性。口语体天生又具备了丰富的时空要素(冯胜利 2010;王永娜,冯胜利 2015;马文津 2019;骆健飞

2020 等)，因此 V_1+N_1+H 与“具时空性”和“口语性”具有天然的对应关系。(如下图 6a 所示)

单双音节对应律：汉语单双音节对应之词，单音节具口语性，双音节均具正式性(冯胜利，刘丽媛 2020)。对比：

(22) 贩毒——贩卖毒品　　买书——购买图书　　种菜——种植蔬菜

这类短语中，虽然二者都处于树图的最底层(VP 层)，但是由于韵律的调整，使得双音节的动宾结构具备了正式体的属性，在时空要素上也相应减少了一部分，不像单音节搭配那样具体。(如下图 6b 所示)

离核律：结构上离核心词越远越正式(冯胜利，刘丽媛 2020)比如我们一般所说的 VO 结构，具有口语体的特征。但是如果将 O 进行移位，使之远离核心词 V，那么移位以后的结构就具备了正式体的特征。以下转引冯胜利(2018：62)对《孟子》中两句意义相同而语体不同的话语的分析进行说明：

(23) a. 许子必种粟而后食乎？(《孟子·滕文公上》)

b. 所食之粟，伯夷之所树与？抑亦盗跖之所树与？(《孟子·滕文公下》)

以上两例中的“粟”不仅可以“种”，而且可以“树”。不只如此，说“种”的时候，“粟”在其后(常规动宾)，而说“树”的时候，“粟”在其前[宾语提前，属于泛时空化的手段之一(参王永娜 2010)]。再仔细看，前者是对话，属于日常对话体范围；后者则带有严肃论证意味，属论说体范畴。对话叙事体是非正式的，而说理论证体则属正式的。(冯胜利 2018：62)因此这里可以说，同是“种植粟米”的话，一次说成口语的“种粟而后食”，一次说成正式体的“所食之粟……所种”，其中不只是用词(“种”与“树”)的不同，更是移位造成的语体不同。原型动宾(VO)具备口语体属性，而移位后，由于 O 远离了核心词 V，因此根据离核律的预测，理应具备正式体属性。(如下图 6c

所示）

最后是时空律。马文津（2019）提出“时空义素别体”的概念，下面我们引用马文中所举词汇例子进行说明：

|挖|［口］=［用工具或手+从物体的表面+向里+用力+取出+东西］义素合集；

|挖掘|［正］=［从里面+取出+东西］义素合集。

冯胜利、刘丽媛（2020）总结时空律为：时空标记越少，或具有时空要素的语言单位所含“时空素”越少，则越正式，反之亦然。本文考察与犯罪相关的含动复合词所在的句子，发现不同的含动复合词包含的时空要素不同，其所体现的时空性也不同。详见上文［例（21）a、例（21）b、例（21）c］。

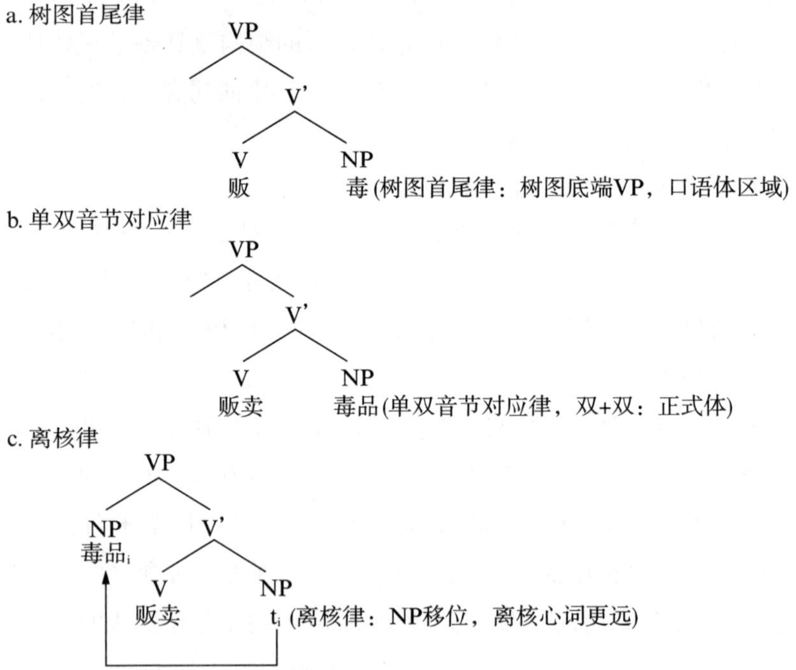

图 6　体原子定律下含动复合词的语体分析

据此，我们在裴雨来、邱金萍（2015）预测的表格基础上，结合动作性、时空性、名词移位以及语体属性等方面，重新分析了含动复合词的生成和限制规则，如表 7 所示。

表 7　含动复合词的结构与时空性之间的对应关系①

类型	示例	动作性	时空性	名词移位	语体属性
V_1+N_1+H	运毒罪、贩毒案、弃婴罪	具体动作	具时空性	无需移位	口语体
N_1+V_1+H	*毒运罪、*毒贩案、*婴弃罪			错误移位	
V_n+N_n+H （n≥2）	运输毒品罪（V_2+N_2+H）、生产销售假药罪（V_4+N_2+H）、拐卖妇女儿童罪（V_2+N_4+H）	抽象行为	泛时空性 A	无需移位	正式体 A
N_n+V_n+H （n≥2）	毒品运输罪（N_2+V_2+H）、假药生产销售罪（N_2+V_4+H）、妇女儿童拐卖罪（N_4+V_2+H）	事件名称	泛时空性 B	移位别体	正式体 B

5　结语

“V_2+N_2+H”作为含动复合词“OVH”构词规则的例外，在法律领域中广泛存在，对此董秀芳（2016：144）曾做出解释，她认为“之所以在法律领域允许这样的复合词存在，可以做以下解释：有些罪名很长，内容复杂，如果采用 OV 形式就会造成理解上的困难，所以就直接采用了动宾语序。出于统一形式的需要，所有包含动宾结构的罪名就都采用了动宾语序”。我们认为这里有两个问题，下面分别论述。

① 表 7 中“A”表示该特征较弱，“B”表示该特征较强。

首先,罪名的长短、内容的复杂性并不是决定采取动宾语序的根本原因。根据本文的分析,不管罪名长短、内容复杂与否,在实际语料中均存在 VO 和 OV 两种结构形式,如:

(24) 运输毒品罪、贩卖毒品罪、遗弃婴儿罪
毒品运输罪、毒品贩卖罪、婴儿遗弃罪
生产销售假药罪、拐卖妇女儿童罪
假药生产销售罪、妇女儿童拐卖罪

以上例子均是广泛出现于语料库中的用例,无论是双音节的"运输毒品 vs. 毒品运输"罪,还是多音节的"生产销售假药 vs. 假药生产销售"罪、"拐卖妇女儿童 vs. 妇女儿童拐卖"罪等,均未表现出因罪名长短、内容复杂性来决定正序抑或倒序的原则,而且两种表达方式(正序 vs. 倒序)均未造成任何理解上的困难。无论是在新闻报刊,还是在法庭判词中,均能用于正常表达和交际。因此董文指出的"有些罪名很长、内容复杂,OV 形式造成理解上的困难"之说并不成立。

第二,在法律罪名中,并不是出于统一形式的需要,而采取动宾语序的表达。根据前文的分析,我们已经发现了在不同的交际场合和时空要素下,VOH 和 OVH 有着不同的表现。选用哪种语序方式是由交际时空所决定的(详见上文分析的时间、空间、人物、数量、罪因、罪果等事件要素),而不是人为统一的形式,不是人为规定必须使用 VOH 形式结构来表达罪名。因此,董文所说的第二条原因,也无法解释法律罪名中的这种特例现象。

根据本文的分析,"泛时空性"是实现"OVH"结构的核心原因。然而,传统公认的不合法的"＊饲养军马场、＊修理汽车厂"是由于使用文体的不同(亦即法律罪行的时空义素)而用于指代事物及其概念的正式体中,因此使用 OVH 语序的体原子。这从另一个角度说明法律罪行的文体由于凸显犯罪事件的细节和复杂性,不仅包括了罪因、罪果,

相关涉事人员等信息，而且在上下文中一般还会关涉到时间、地点、数量等具体的时空信息，因此，“V_2+N_2+H”结构在特定“法律罪行”文体中大量出现。如果上面的分析正确的话，我们可以总结出三条规则：

1. 动作或行为（时空要素）丰富具体的语体形式不具离核律和树距律倒序动机，因而表现出很强的具时空性。

2. 抽象的事物、行为、事件等概念化语体对应 OVH 离核律和树距律，因而表现出强泛时空性。

3. 若某一含动复合词被高频使用在时空性强弱不同的语境中，也相应表现出正序（具时空）、倒序（泛时空）两种不同的选择。

本文从时空性的角度出发，在罪行文体中对含动复合词的动宾正序现象做了新的解释，认为罪名领域要求更强的时空性使相关事实具体化，加之中心语的固定性，更易于叙事概念化的运作，在原有分析大量解释 OVH 构词规则的基础上，对传统分析中认为是“例外”的用例，做出了语体语法的重新解释。

原有分析主要从汉语的韵律、轻重、音步走向等角度出发，从韵律理论上排除了“V_2+N_2+H”类结构，认为其违反了汉语韵律句法中的基本原则（具体分析见上文 2.1—2.3 节）。但同时，学者根据“例外”（“谣言制造者/制造谣言者”等）也尝试从各种角度予以解释（如“类词缀、类属与个体的关系”等），但均未做大规模、穷尽性地观察、得出更具体而普遍的语体规律和语体解释。本文通过穷尽观察法律文体中的“V_2+O_2+H”类语言现象，发现了时空性的不同与其语序之间的对应关系，根据时空性的强弱对“V_1+N_1+H、V_2+N_2+H、N_2+V_2+H”等结构进行了时空性排序，将其出现的语体环境与选用的结构之间做了对应关系的分析，运用树图首尾律、单双音节对应律和离核律等体原子分析了不同结构生成方式和规则，将传统分析中认为是“例外”的用例从语体语法上做出了解释。

参考文献

董秀芳. 2016. 汉语的词库与词法(第二版). 北京：北京大学出版社.

冯胜利. 2004. 动宾倒置与韵律构词法. 语言科学，(3)：12-20.

冯胜利. 2010. 论语体的机制及其语法属性. 中国语文，(5)：400-412，479.

冯胜利. 2015. 语体语法的逻辑体系及语体特征的鉴定. 汉语应用语言学研究，(5)：1-21.

冯胜利. 2017. 汉语句法、重音、语调相互作用的语法效应. 语言教学与研究，(3)：1-17.

冯胜利. 2018. 语体语法概论. 北京：北京语言大学出版社.

冯胜利，刘丽媛. 2020. 论语体语法的生物原理与生成机制. //北京师范大学民俗典籍文字研究中心编. 民俗典籍文字研究(第二十六辑). 北京：商务印书馆：77-103.

顾阳，沈阳. 2001. 汉语合成复合词的构造过程. 中国语文，(2)：122-133.

何元建. 2004. 回环理论与汉语构词法. 当代语言学，(3)：223-235，285.

骆健飞. 2017. 论单双音节动词带宾的句法差异及其语体特征. 语言教学与研究，(1)：14-24.

骆健飞. 2020. 汉语单双音节对应动词的时空义素研究——以“手”部动词为例. 汉语学习，(3)：92-101.

马文津. 2019. 单双音节动作动词的义素与语体对应关系研究. 香港中文大学博士学位论文.

裴雨来，邱金萍. 2015. 韵律影响汉语含动复合词生成研究. *Journal of Chinese linguistic* 43：586-604.

王洪君. 2008. 语言的层面与“字本位”的不同层面. 语言教学与研究，(3)：1-11.

王晶，王理嘉. 1993. 普通话多音节词音节时长分布模式. 中国语文，(2)：112-116.

王永娜. 2010. 汉语表短时体的动词重叠的韵律机制和语体动因. 汉语学习，(4)：65-75.

王永娜,冯胜利. 2015. 论“当”“在”的语体差异——兼谈具时空、泛时空与超时空的语体属性. 世界汉语教学,(3):310-324.

王志洁,冯胜利. 2006. 声调对比法与北京话双音组的重音类型. 语言科学,(1):3-22.

周韧. 2006. 共性与个性下的汉语动宾饰名复合词研究. 中国语文,(4):301-312,383.

Duanmu S. 1997. Phonologically Motivated Word Order Movement Evidence from Chinese Compounds. *Studies in the Linguistic Science* 27: 49-77.

Liberman M. 1975. *The Intonational System of English.* Ph. D. dissertation University of MIT, Cambridge.

Liberman M, Prince A. 1977. On Stress and Linguistic Rhythm. *Linguistic Inquiry* 2: 249-336.

附录:

本次研究中将《刑法典》及2021年2月22日最高人民法院审判委员会第1 832次会议、2021年2月26日最高人民检察院第十三届检察委员会第六十三次会议通过的《最高人民法院、最高人民检察院关于执行〈中华人民共和国刑法〉确定罪名的补充规定(七)》中的含有动宾关系的68个罪名归为以下几类:

a. V_1+N_1+罪:资敌罪　放火罪　决水罪　贪污罪　逃汇罪　洗钱罪　逃税罪　抗税罪　袭警罪(9个)

b. V_2+N_2+罪:背叛国家罪　分裂国家罪　走私假币罪　走私文物罪　走私废物罪　虚假出资罪　抽逃出资罪　伪造货币罪　变造货币罪　挪用资金罪　挪用公款罪　虚开发票罪　假冒专利罪　逃避商检罪　猥亵儿童罪　破坏军婚罪　拐骗儿童罪　妨害公务罪　开设赌场罪　组织越狱罪　偷越国(边)境罪　倒卖文物罪　污染环境罪

盗伐林木罪　滥伐林木罪　组织卖淫罪　强迫卖淫罪　传播性病罪　介绍贿赂罪　滥用职权罪　放纵走私罪　逃离部队罪　虐待部属罪　虐待俘虏罪(34 个)

c. V_n+N_2+罪：生产、销售、提供假药罪　生产、销售、提供劣药罪　走私武器、弹药罪　出售、购买、运输假币罪　持有、使用假币罪　打击报复证人罪　走私、贩卖、运输、制造毒品罪　引诱、容留、介绍卖淫罪　隐瞒、谎报军情罪　拒传、假传军令罪(10 个)

d. V_2+N_n+罪：劫持船只、汽车罪　倒卖车票、船票罪　拐卖妇女、儿童罪　侮辱国旗、国徽、国歌罪　破坏集会、游行、示威罪　破坏界碑、界桩罪　催收非法债务罪　侵害英雄烈士名誉、荣誉罪　危害珍贵、濒危野生动物罪　破坏自然保护地罪　危害国家重点保护植物罪　妨害兴奋剂管理罪(12 个)

e. V_n+N_n+罪：窝藏、转移、隐瞒毒品、毒赃罪　组织参与国(境)外赌博罪(2 个)

f. N_n+V_1+罪：传染病菌种、毒种扩散罪(1 个)

体原子视角下店铺名称的韵律语体语法研究*

冯耀艺

摘　要　文章从语体语法中体原子视角研究店铺名称的韵律及句法结构与语体的对应关系。文章发现：当代店铺名称的句法结构、韵律结构及语体属性跟它们表达的事物之间具有很强的对应性，综而言之有三：（1）平衡的、偏正式结构与正式的大型店铺名称相对应；（2）非平衡、近距型树距结构与非正式的小型店铺名称相对应；（3）古今律庄典体结构则主用于文化底蕴深厚、典雅型店铺名称之中。文章最后认为：店铺名称的语法及韵律结构、语体功能与店铺本身的属性体现“形式—功能对生律”这一普遍的语体语法生物原理。

关键词　店铺名称　语法结构　韵律结构　体原子　形式—功能对生律

1　引言

冯胜利（2012）在语体语法的“形式—功能对应律”中指出，不同的语法结构具有不同的语体形式和功能，形式和功能之间可以具有

*　本文在写作过程中曾受导师骆健飞老师的指导，并得到了冯胜利教授、王丽娟老师、刘丽媛老师、林晓燕学姐给出的宝贵建议，敬此致谢。若有错漏，实为笔者之责。

相互对应的本性，这在词汇、词组、结构以及韵律等方面均有体现。冯胜利、刘丽媛（2020）提出人类交际中的一条潜在规律，即“形式—功能对生律”，即“语言形式与其交往功能在人类生理的系统里相应而生的交际本能”。然而，本文发现，在店铺名称中，不仅店名的结构和语体之间存在对应关系，店铺名称的结构、语体特征与店铺本身也可以具有对应关系。例如“明德书店”“国瑞购物中心”，此类结构相对两个节律单位长短一致且音足调实，在韵律上符合平衡律的特征，具备正式体的特点，而这种结构也多对应于书店、茶楼、大型购物中心等正式的大型店铺；而“脑馋粉儿”“来个烧饼”等此类非平衡结构具备非正式体诙谐、轻松的特征，这样的结构多对应于小吃店、奶茶店等非正式的小型店铺。据此可以推论：不仅语法结构与语体功能之间具有相互对应的本性，结构、语体跟具体事物之间也具有天生的对应关系。

关于标牌用语以及店铺名称的过往研究，前人有过不少探索。Landry 和 Bourhis（1997）提出，“公共路标、广告牌、街道名、地名、商铺名、政府建筑的公共标识等上面的语言，共同构成了某一地区或城市群的语言景观”。具体到店铺名称，任志萍（2004）对 1 000 多个店名进行了分析，揭示了店名的音节特点，即以四到六个音节的黄金格为主要命名方式；殷俊（2009）从元音、音节、声调三个方面对扬州店名进行了研究，揭示了社会跟语言文化的共变关系；许红晴（2009）从表示本性、表示温馨、表示吉祥好运这几个方面分析了广州市餐饮业的店铺名称；张杨等（2015）通过对店铺名称的研究发现，大多数店铺采用偏正式店名，同时虚词和体词的出现频率比较低，大多为名词性词语的直接组合。

以上研究从多个角度分析了店铺名称的结构及相关信息，取得了诸多研究成果，但同时也存在如下问题：

首先，前人对于店名的研究多从社会语言学的角度出发，侧重于文化、心理因素对店铺命名的影响，忽略了语言机制本身的作用，缺乏语言学方面的探索。

另外，对于店铺结构形式的分析也只侧重于表面现象的描写，极少从韵律的角度探讨韵律形式跟店名之间的关系，也没有从语体的角度出发考察店铺名称的结构。

基于以上不足之处，本文将从语体语法的角度出发，以语体语法的形式—功能对生律、语距形式为理论基础，以北京市店铺名称为研究材料，系统、全面地探讨店铺名称的结构、语体和事物之间的对应关系。

2 北京市店铺名称结构的分类及语体鉴定

2.1 店铺名称的归纳及分类

本文通过实地调查和网络调查相结合的方式，对北京市几大商圈进行调查，收集到1 500个北京市店铺名称。由于本文以研究店铺名称的韵律特征及构词结构为主要目的，因此暂时忽略"Rum & Gum Bar""K · POP · Fan"等字母入词的现象。通过对这些店名结构进行初步筛查，最终选取结构明确、不含特殊符号以及外来词语的店铺名称1 260个。

通过对店铺名称的归纳整理，本文将店铺按照服务项目分为以下十五类：小吃快餐、大型商场、酒店、书店、影城、游戏娱乐、茶馆、面包烘焙、奶茶店、美发美甲、便利商店、文艺场所、学习培训、运动健身、民宿青旅。每一类通过抽样调查的方式随机抽取了50个店名结构用于研究分析，并根据其韵律结构进行了归纳整理，具体分类请参考附录。

2.2 店铺名称结构的语体鉴定方式

冯胜利(2015)提出“交际时空”和“语法时空”两种语体鉴定原则,若采用“人、事、地、意”的交际时空鉴定法,由于店铺名称本身不是用于面对面交际的,因此无法用“人、事、地、意”来鉴别;若采用语法时空鉴定法,大部分结构如“四眼仔车仔面”“百香林西点”“双喜小铺”缺乏语法系统中与时空性有关的标记形式,且作为一类名称,也不适合用时空性衡量。因此,鉴于店铺名称这类结构的特殊性,本文从冯胜利、刘丽媛(2020)提出的体原子出发,根据体原子构造的结构与语体的关系,主要从韵律、词汇的角度对店铺名称结构的语体特征进行了鉴定。下文将分别从店铺名称的韵律结构、语法结构,以及古语词和嵌偶词的使用情况出发,考察正式语体、非正式语体、庄典体在不同店铺中的分布情况,以此来探讨结构、语体、事物之间的对应关系。

3 店铺名称的韵律结构特点与语体的对应关系

3.1 韵律结构与语体的对应关系

通过分析发现,店铺名称的韵律结构主要由五种体原子构造而成,分别为:平衡律、长短律、音值高低律(高音)和短弱律。其中,由平衡律构造出的结构具备正式体的语体特征,由长短律、短弱律以及音值高低律(高音)构造出的结构具备非正式的语体特征,下面将分别进行论述。

3.1.1 韵律结构与正式语体的对应关系

王丽娟(2018)在考察汉语旁格述宾结构时指出,平衡律表现为"音步+音步"([f+f])的平衡式组配模式;冯胜利(2020)进一步指出汉语正式语体的节律规则是以音步为单位,组成[(Fσσ)w(Fσσ)s]相对凸显结构,从而实现正式语体的平衡律,即正式体的节律成分是音步,不是音节①。另外,冯胜利、刘丽媛(2020)再次对平衡律进行了界定,即"相对的两个节律单位如长短一致,则具正式性"。以上研究表明,音节组配方式以及节律单位的长短与语体之间具有对应性,节律单位长短一致的"音步+音步"式韵律结构具有正式体特征,关于正式体音节以及韵律单位的组配方式请参见图1②:

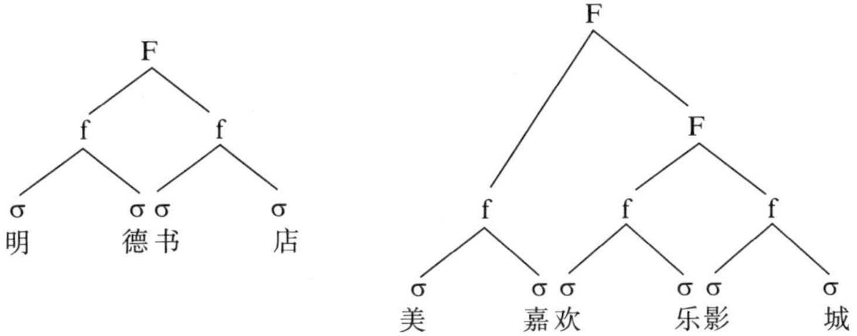

图1　正式体的音节及韵律单位组配方式

如图所示,"明德书店""美嘉欢乐影城"的韵律组配方式均为"音步+音步",且两个单位长短相对一致,符合正式体的规则。通过

---

① 以上内容引自冯胜利《论汉语正式体节律与词重音》,复旦大学现代语言学研究院主办"复旦现代语言学论坛(三)",2020年6月29日。

② 为了表述方便,"σ"表示单音节,"σσ"表示双音节;"f"和"F"均表示音步(foot),其中"f"表示由两个音节构成的标准音步,"F"表示f与f组合构成的更大单位(如韵律词/韵律短语);"s"表示重音(stress)。冯胜利、王丽娟(2018:47)提到,重音一般指的是音强,现在常常用来指语言中的某个成分词、短语、句子等中的音节比另一个成分中的音节更突出(prominent),"w"表示轻音(weak form),一般指在词内或句内受其轻重格式影响而读得较轻、较短、较低的音节。

以上理论对于平衡律的分析,并结合店铺名称的结构特点,我们可以得知:单音节、双音节[①]、三音节、五音节的店名结构均不符合"音步+音步"的组配方式,不具备正式体特征,且由于六音节以上的正式体店名结构占比极小,可忽略不计,因此在考察正式体韵律结构时,我们选取了四音节和六音节中最为典型的正式体韵律结构进行考察,即由平衡律构造的[2+2]和[2+[2+2]]的韵律结构。

3.1.2 韵律结构与非正式语体的对应关系

冯胜利、刘丽媛(2020)指出,"相对的两个节律单位如长短不一,则为长短律",长短律(口语节律的基本特征)是根据口语中的自然节律而形成的话语形式,如"改改""改一下""变变""变一下"等,是跟"进行改写"和"加以改变"这种平衡律相对的节律形式,因而由长短律构造的结构具有非正式体的特征,体现在店铺名称中如"寿奶茶""京月绿豆饼""南大门米糕"等。

以上两类体原子所创造的结构是从节律单位的长短进行的划分,从音值的角度来看,元音高低对立也具有语距性,"凡高细表亲昵,低粗表悲惘",即"音值高低律",例如英语口语中的昵称"Jimmy、Tony、Joey、Amy、mommy、daddy"等,均为高元音/i/。(冯胜利,刘丽媛 2020)在不少店铺名称中,由于出现"儿化"现象使音值升高,高调又可以表示亲密(朱晓农 2004),因此带有儿化的店铺名称则具有拉近距离的功能,从而使其具备口语体的特征,例如"八十八粉儿""犟婶儿鸡架"等,所以本文将音值高低律中的"高音"作为衡量店铺名称中非正式体特征的体原子之一。

---

① 需要注意的是,"音节+音节"的双音节结构未必为非正式体,因为嵌偶单音词组单成双之后的嵌偶韵律词虽然是双音节,但根据冯胜利、刘丽媛(2020)中的"嵌偶律",此类结构具备正式性/庄典性,因此这里的"双音节"不包括嵌偶结构。

另外，店铺名称中还出现了不少轻读以及轻声现象，如“来个烧饼”“椰子水”等，根据冯胜利、刘丽媛（2020）所述，此类轻读或轻声结构均由“短弱律”构造而成，即“缩短或减弱语音单位的长短”，而此类结构依然具备非正式体特征。

总之，平衡律构造的结构具备正式体特征，长短律、短弱律、音值高低律（高音）构造的韵律结构均具备非正式体特征。接下来我们将通过考察正式和非正式韵律结构在店铺名称中的分布情况来研究店铺名称的韵律结构特点与语体的对应关系。

3.2 正式体韵律结构在店铺名称中的分布

通过对 15 类店铺的考察，我们从中选取了分布数量最多的五类店铺和分布数量最少的五类店铺，省略了中间项，以便更加直观地观察其中的差异，具体数据如表 1 和图 2 所示：

表 1 正式体结构在店名中的分布情况

	书店	酒店	影城	商场	茶楼	面包烘焙	奶茶店	小吃	游戏娱乐	民宿
[2+2]	34	17	17	26	30	10	9	6	6	2
[2+[2+2]]	6	22	20	10	6	4	2	4	0	3
合计	40	39	37	36	36	14	11	10	6	5

从以上图表中可以发现，正式体韵律结构分布数量最多的依次为书店、酒店、影城、商场、茶楼，例如“中信书店”“诺金酒店”“万达影城”“天虹百货”“清溪茶舍”等，其中书店分布数量最多，高达 40 个，这五类店铺均属于比较正式、大型的店铺。相比之下，分布数量最少的依次为民宿、游戏娱乐场所、小吃店、奶茶店、面包店，民宿分布数量最少，只有 5 个，而这五类店铺均具有非正式、规模较小的特

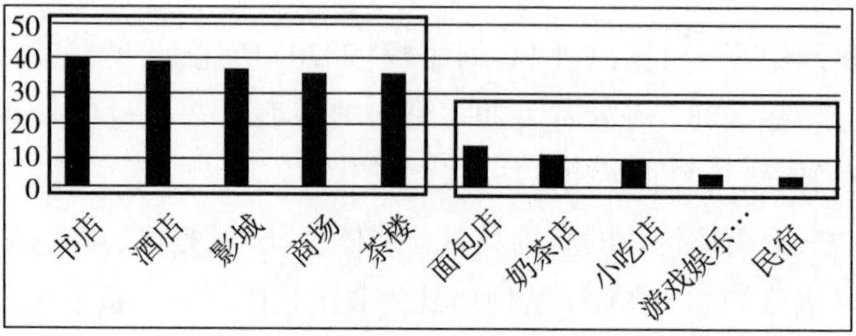

图 2　正式体结构在店名中的分布差异示意图

点。据此可以认为：在平衡律体原子作用下的［2+2］和［2+［2+2］］韵律结构跟比较正式、大型的店铺具有一定的对应性。

表 2　正式语体、结构与事物的对应关系表

语体形式	体原子	韵律结构	事物类型	举例
正式体	平衡律	［2+2］	正式的大型店铺	明德书店、国贸商城
		［2+［2+2］］	正式的大型店铺	美嘉欢乐影城、国瑞购物中心

这可以为本文的假设提供一方面依据，接下来我们将从非正式体韵律结构的角度来考察其在店名中的分布情况。

3.3　非正式体韵律结构在店铺名称中的分布

根据上文所述，长短律、短弱律、音值高低律（高音）几种体原子所构造的韵律结构具有非正式体特征。在此基础上，我们对店铺名称中的非正式韵律结构进行了考察，由于其结构比较复杂，因此对它们进行了梳理和归纳：韵律结构表现为［1+2］、［2+1］、［2+3］、［3+2］的归为长短律创造的结构，若出现轻声现象，则归为短弱律创造的结构，不再属于长短律一类，若出现儿化现象，则归为音值高低律（高

音)所创造的结构。具体分类如表3所示:

表3　非正式体韵律结构的分类统计表

语体形式	体原子	韵律结构	举例
非正式体	长短律①	[1+2]	和密室、寿奶茶
		[2+1]	小气茶、黄氏许
		[3+2]	南大门米糕、黑天鹅蛋糕
		[2+3]	京月绿豆饼、奇葩减压馆
	短弱律	轻声	来个烧饼、乐乐茶、椰子水
	音值高低律(高音)	儿化	苏皮儿烫、鸦儿李记、八十八粉儿

3.3.1　长短律、短弱律、音值高低律(高音)在不同店名中的分布情况

由于以上三种体原子所创造的语距形式均具备非正式体特征,因此在考察非正式体韵律结构时计算了三者的总数,具体数据可见表4和图3:

表4　非平衡结构在店名中的分布情况

	游戏娱乐	小吃店	民宿	奶茶店	面包烘焙	商场	影城	酒店	书店	茶馆
短弱律	18	13	20	18	12	1	0	0	0	0
长短律	24	18	9	14	18	7	8	6	3	3

① 由于韵律结构为[1+1]、[3+3]、[1+4]、[4+1]的店铺名称极少,同时大多数店铺名称不超过6音节,因此这里只对表格中所列出的几种韵律结构进行了统计。

（续表）

	游戏娱乐	小吃店	民宿	奶茶店	面包烘焙	商场	影城	酒店	书店	茶馆
音值高低律(高音)	2	7	8	1	0	0	0	0	0	0
合计	44	38	37	33	30	8	8	6	3	3

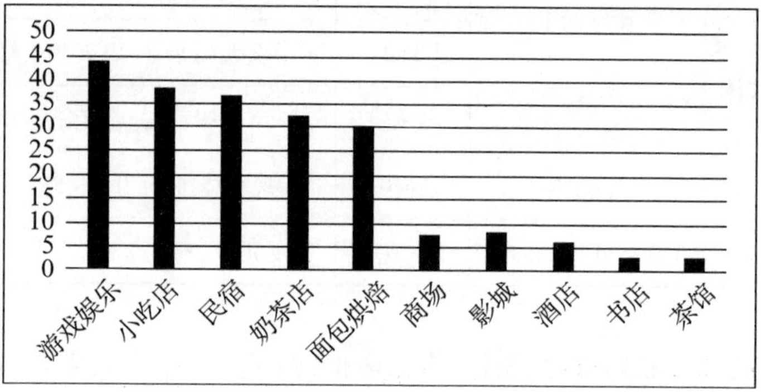

图 3　非平衡结构在店名中的分布差异示意图

从表 4 和图 3 可以看出，非平衡结构主要分布于游戏娱乐场所、小吃店、民宿、奶茶店、面包店中，如“老炮儿轰趴”“宫门口馒头”“尚院儿民宿”“谢谢茶”“面包会有的”等，其中游戏娱乐场所分布数量最多，有 44 个，而此类店铺均具备非正式的特征。在书店、茶馆等比较正式的店铺中，非平衡结构分布较少。同时，我们还发现，短弱律和音值高低律（高音）在影城、酒店、书店、茶馆中出现的数量为 0，由于这两类语距定律适用于创造俗谐、轻快、非正式场合的口语体，因此在以上几种大型、正式的店铺名称中极少出现这两种体原子的作用。据此可以推断，在长短律、短弱律、音值高低律（高音）体原子作用下的韵律结构具有非正式体的特征，而这样的结构和语体与非正式的小型店铺具有一定的对应性。

3.3.2 不同类型非正式店铺的结构特点

通过对这几类非正式店铺结构的考察，我们发现在构造非平衡结构的手段方面，不同店铺有不同的特殊表现：

首先，在小吃店和民宿的店名结构中，儿化现象出现的频率较高，如“犟婶儿鸡架”“苏皮儿烫”“八十八粉儿”“鸦儿李记”“蜜桃儿亲子民宿”“尚院儿民宿”“豌豆尖儿青年旅舍”等。黄伯荣、廖序东（2017：89）在《现代汉语》中指出，儿化可以表示细小、轻松、喜爱的感情色彩，朱晓农（2004）认为，儿化既有“小称”义，又可以表示“亲切”的含义，而小吃店和民宿又恰恰符合这种小、轻松、亲切的特征（拉近距离）。因此，这种带有儿化的、表示非正式体的结构与小吃店、民宿这种具有非正式属性的店铺是相对应的，这也可以体现出结构、语体跟事物之间的对应关系。

另外，在民宿的店名结构中，轻声以及轻读现象出现频率较高，具体表现为结构助词“的”以及表示人的叠音词，如“石玖的院”“苗苗的民宿”“璐璐民宿”“丹丹和她的猫们”“姥姥家小院”等。因此，短弱律在构造民宿这类店铺名称的结构时发挥了重要作用。

综上所述，从韵律结构方面来看，在平衡律作用下的韵律结构具有正式体的特征，这样正式的结构和语体跟正式的大型店铺具有对应性；而在短弱律、长短律、音值高低律（高音）作用下的非平衡韵律结构具有非正式体的特征，这样的结构和语体跟非正式的小型店铺具有对应性。

4 店铺名称的语法结构特点与语体的对应关系

上文探讨了店铺名称的韵律结构和语体的对应关系，接下来我们将考察正式语体和非正式语体的店铺名称在语法结构方面的不同特点，从而将韵律结构、语法结构跟语体和事物统一起来。

通过初步观察可以发现，在店铺名称的语法结构中，绝大部分为偏正结构，除此之外，还包括少量的主谓、动宾、联合等结构，至于这几类语法结构在不同语体店名结构中是如何分布的，我们对此进行了统计，相关数据可见表5：

表5　不同语体店名的语法结构类型统计表

	偏正	主谓(宾)	动宾	联合
正式体	186(98.9%)	1(0.55%)	1(0.55%)	0
非正式体	157(86.3%)	13(7.1%)	11(6%)	1(0.5%)

通过表5可以发现，在[2+2]和[2+[2+2]]这样的正式体平衡结构中，绝大多数为偏正结构，占平衡结构总数的98.9%，只有极少数为非偏正结构，分别为“春风习习”和“知天下”。而在非正式体店名结构中，偏正式结构依然最多，占86.3%，这是作为表指称的名词性结构的正常表现，但是除偏正外，有相当一部分采用了主谓和动宾这样的动词性结构，占总数的13.2%。那么为什么会在店铺名称这种表示指称的结构里出现主谓和动宾的形式呢？冯胜利(2000)提到不受双音节限制的短语构成复合词的特例，如“蚂蚁上树”，冯胜利、刘丽媛(2020)提出的构词类语距形式，如“溜肉片”“涮羊肉”“西红柿炒鸡蛋”“蚂蚁上树”等主谓、动宾结构，是使用造句的形式构造了名词，而这样的名词具备口语属性，也只出现在菜名等特殊结构里。同时，根据冯胜利、刘丽媛(2020)提出的“树图首尾律”，首尾两极的语距属性均为近距交际，而动宾结构①位于树形图底端，因此具有口语属性。同理，这里的“脑馋粉儿”“欺负酸奶”“奶茶嫁给粉”“遇见奶牛”等依然采用了主谓或

① 并非所有动宾结构都具有口语性，若符合“音步+音步”平衡律的特征，则属于远距(正式体)的表达，如“阅读报纸”。(冯胜利、刘丽媛 2020)

动宾这两种构造名词的方式，也同样具备口语属性，而此类结构绝大多数出现在了奶茶店、小吃店等非正式的店名中。

从店名的语法结构来看，在店铺名称中，无论是正式语体还是非正式语体，偏正结构均占绝大部分，但是主谓、动宾等结构几乎只出现在奶茶、民宿、面包等非正式店铺中，正式的大型店铺几乎只采用了偏正式结构。据此可以推断，店铺名称的语法结构和语体跟事物之间也存在对应关系。

既然偏正式结构跟正式体店铺相对应，那么为什么在非正式店名里也出现了大量偏正式结构呢？首先，店铺名称作为一种标牌用语，其实是口语体之外的一种体，无论是正式还是非正式，第一步都需要跟口语拉开距离，而 86.3%及以上的偏正式结构就可以满足这一点。其次，在店铺名称这种特殊的语用环境内部，依然有正式和口语之分，在 86.2%的基础上继续增加偏正式结构，则可以进一步拉开与口语的距离，使之趋向正式；而采用主谓、动宾等语法手段则可以拉近与口语的距离，以表现在正式体里面的口语性。

结合上文已论证的店铺名称的韵律结构与语体的对应关系，可以得到本文的研究假设：店铺名称的结构、语体跟事物之间具有对应性。采用韵律上平衡的、偏正式结构大多与正式的大型店铺相对应，采用韵律上非平衡、近距型树距结构大多与小型的非正式的店铺相对应。

5　店铺名称的词汇结构特点与语体的对应关系

上文分别从店铺名称的韵律结构和语法结构两方面分析了结构、语体、事物之间的对应关系。根据冯胜利(2005)提出的词汇来源与口语的距离排列顺序，古代词语>外来词语>方言词语>口语词语，来源于古代词语的词汇在拉开与口语的距离时，产生的效应较大，因此我们在分析庄典体在不同店名结构中的分布情况时,对其内部的韵律结构和语法结构不做考察。例如,“潇湘阁”的韵律结构是[2+1],按照上文所述应当归为非正式体的长短律,但是由于古语词的使用,依然把它归入庄典体一类,因此本章只从古语词以及嵌偶词两方面进行了考察。

5.1 古语词、嵌偶词在店名中的分布情况

古语词是现代汉语中仍使用的那部分古代汉语词语,如“之”“也”;而嵌偶词指的是“必须嵌入双音节模型才能使用的词”(冯胜利 2006: 5),如“佳”“校”,二者均具备庄典体的语体特征,因此我们通过考察古语词和嵌偶词在不同店名中的分布情况来探讨店铺名称与庄典语体的对应关系,具体分布情况可见表 6 和图 4:

表 6 古语词、嵌偶词在店名中的分布情况

	茶馆	文艺场所	书店	民宿	面包烘焙	奶茶店	商场	影城	小吃店	游戏娱乐
古语词	11	14	7	3	3	1	0	0	0	0
嵌偶词	6	0	6	0	0	0	0	0	0	0
合计	17	14	13	3	3	1	0	0	0	0

从表 6 和图 4 可以看出,古语词和嵌偶词集中分布于茶馆、文艺场所(画室、琴馆等)以及书店的店名中,如“京师品阁”“静思书轩”“云岫茶苑”“不羡小院”等,在商场、影城、小吃店、游戏娱乐等店铺中均没有出现。书店、茶馆、文艺场所这三类店铺均具备庄重典雅、文化底蕴深厚的特征,这与庄典体的语体特征是相对应的。据此可知,由古今律构造的结构具备庄典体的特征,这样的结构和语体与庄重、典雅的店铺具有对应性,这也可以为结构、语体、事物的对应关系提供一方面依据。

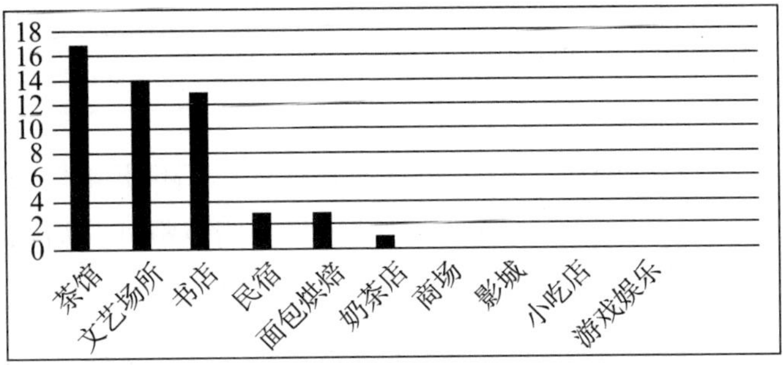

图 4　古语词、嵌偶词在店名中的分布差异示意图

5.2　店铺名称中常见的古语词类型

通过考察我们发现，在具有庄典体特征的店铺名称结构中，以下几类古语词出现频率较高，这几类古语词均具有表示“场所”的义项：

a. 苑：养禽兽植树木的地方，后来多指帝王游乐打猎的场所。《史记·高祖本纪》：“诸故秦苑囿园池，皆令人得田之。”

b. 轩：有栏杆的长廊；有窗的小室。《项脊轩志》：“余自束发读书轩中。”

c. 斋：房舍，多指书房、学舍。《陶侃》：“（侃）辄朝运百甓于斋外，暮运于斋内。”

d. 阁：一种小楼。《柳毅传》：“始见台阁相向，门户千万。”《阿房宫赋》：“五步一楼，十步一阁。”

收藏书籍或供佛的地方。《汉书·扬雄传》：“时雄校书天禄阁上。”

藏物的小房间。《项脊轩志》：“项脊轩，旧南阁子也。”

e. 坊：店铺。孟元老《东京梦华录》：“各有茶坊酒店。”

这些表示“场所”的古语词的使用，不仅满足了店铺本身作为场所的需要，同时也使某些结构具备了庄典体的特征。

总之，在店铺名称的结构中，无论是正式体、非正式体结构，还是庄典体结构，它们本身的结构及其表现出来的语体特征，都跟店铺本身的属性存在着对应关系。

6　结语

通过前文分析，我们可以发现，不仅店名的结构和语体之间存在天生的对应关系，店铺名称的结构所具有的语体特征与店铺本身的属性也存在着对应关系，如表 7 所示：

表 7　店铺名称的语体、结构与事物的对应关系表

语体形式	体原子	韵律结构	事物类型	举例
正式体	平衡律	［2+2］	正式的大型店铺	明德书店
		［2+［2+2］］	正式的大型店铺	美嘉欢乐影城
	长短律	［2+1］	非正式的小型店铺	球球奶
		［1+2］	非正式的小型店铺	一点点
		［3+2］	非正式的小型店铺	南大门米糕
		［2+3］	非正式的小型店铺	京月绿豆饼
	短弱律	轻声	非正式的小型店铺	奶奶的美食
	音值高低律（高音）	儿化	非正式的小型店铺	苏皮儿烫
庄典体	古今律		有文化底蕴、历史悠久的店铺	聚茗轩

本文从语体语法的角度出发，考察了店铺名称的结构、语体与事物之间的对应关系，跟以往对于店铺名称的研究相比具有一定的创新性。同时本文对店铺的命名具有借鉴意义，正所谓“量体裁衣”，不同类型的店铺可以根据其服务项目以及经营的商品种类，选取符合店铺定位的结构和语体进行命名，以提高店铺命名的科学性。

参考文献

冯胜利. 2000. 汉语双音化的历史来源,现代中国语研究,(1):123-138.

冯胜利. 2005. 论汉语书面语语法的形成与模式. 汉语教学学刊,(1):18-49.

冯胜利. 2006. 汉语书面用语初编. 北京:北京语言大学出版社.

冯胜利. 2012. 语体语法:"形式—功能对应律"的语言探索. 当代修辞学,(6):3-12.

冯胜利. 2015. 语体语法的逻辑体系及语体特征的鉴定. 汉语应用语言学研究,(4):1-21.

冯胜利. 2018. 语体语法概论. 北京:北京语言大学出版社.

冯胜利. 2020. 论汉语正式体节律与词重音. 复旦大学现代语言学研究院主办"复旦现代语言学论坛(三)"[2020-6-29].

冯胜利,刘丽媛. 2020. 论语体语法的生物原理与生成机制. //北京师范大学民俗典籍文字研究中心编. 民俗典籍文字研究(第二十六辑). 北京:商务印书馆:76-103.

冯胜利,王丽娟. 2018. 汉语韵律语法教程. 北京:北京大学出版社,2018.

黄伯荣,廖序东. 2017. 现代汉语(增订六版). 北京:高等教育出版社.

任志萍. 2004. 中餐馆店名的语言及文化特点分析. 修辞学习,(1):72-73.

王丽娟. 2018. 汉语旁格述宾结构的语体鉴定及其语法机制. 语言教学与研究,(6):58-69.

许红晴. 2009. 广州餐馆名语言分析. 梧州学院学报,(2):77-80.

殷俊. 2009. 扬州店名的社会语言学考察. 扬州大学硕士学位论文.

朱晓农. 2004. 亲密与高调——对小称调、女国音、美眉等语言现象的生物学解释,当代语言学,(3):193-222,285.

张杨,崔永锋,冯达. 2015. 大庆市商业店铺名称语言特征分析. 大庆社会科学,(10):97-99.

Landry R, Bourhis R. 1997. Linguistic Landscape and Ethnolinguistic Vitality: An Empirical Study. *Journal of Language and Social Psychology* 16(1):23-49.

附录：店铺名称的分类统计表

店铺类型	语体特征	体原子	店铺名称
1. 面包烘焙类店铺	正式体	平衡律	和平菓局，黛汀烘焙，古点面包，广淼老铺，绿季法式甜品，捷信牛奶甜品世家，仙豆菓夫，三元梅园，味从山海，巴黎贝甜，山川麦时，赵记传承，元古本店，布歌东京，双喜老铺，青初抹茶，原麦山丘。
	非正式体	长短律	百香林西点，私人做法甜品店，黄氏许，德南面包房，沪溪河桃酥，好利来，青山研究所，大教堂蛋糕，新侨三宝乐面包店，栗记麦香坊，蜜儿烘焙工坊，南大门米糕，安妮法式甜品，京月绿豆饼，港记手工蛋糕，黑天鹅蛋糕。
		短弱律	吃一个梨子，吉姆大师傅，牛姥姥牛奶酪，鲍师傅，小樽洋果子铺，爸爸糖手工吐司，小姐千层甜品，富华饽饽铺，面包会有的。
		音值高低律	
	庄典体	客从何处来，多乐之日，法兰之吻蛋糕。	
2. 游戏娱乐类店铺	正式体	平衡律	三熊主义，动漫达人，沉浸世界，周末轰趴，回声轰趴，弹力星球。
	非正式体	长短律	趣玩萌兔体验馆，三太子沉浸式国潮密室，玩乐桌游吧，量子攻略游戏体验中心，超大扭蛋机，双子星电玩大魔王桌游吧，空气工厂蹦床馆，和密室，萌溪俱乐部，自由人电玩，奇葩减压馆，风云再起游乐汇，大玩家，嗨翻竞技主题公园，夜幕浸入式超级密

（续表）

店铺类型	语体特征	体原子	店铺名称
2. 游戏娱乐类店铺	非正式体	长短律	室，京城十号院轰趴体验馆，樱菓推理馆，黑白喵桌游吧，出山剧本推理社，异次元密室，气味视觉照相馆，沉浸剧情体验馆。
		短弱律	唱吧麦颂，疯狂的脑洞，我要抓娃娃，娃娃攻略，毛毛棋牌室，唱吧不是吧，蓝胖子密室剧本桌游馆，我超蚌的，影子契约桌游吧，乐翻了蹦床公园，宝藏格子轰趴馆，吃一个桃子，小浣熊的花花草草，向往的生活，叶子棋牌室，咕咕的店，狐狸轰趴馆，死胡同推理。
		音值高低律	老炮儿轰趴，主角儿轰趴馆。
	庄典体		
3. 小吃快餐类店铺	正式体	平衡律	昌顺马记小吃，天桥郭记灌肠，鸡鸣汤包，小六酱肉，老胡灌饼，铃木食堂，洪记白水羊头，索家羊肉泡馍，河沿肉饼，饺真水饺。
	非正式体	长短律	堂堂小伙夫，忠友麻辣烫，新成炸酱面，水平有限柳州螺蛳粉，何路德冰糖葫芦，阿芮烤鸡爪，姚记肚包肉，永顺炸鸡店，喜家德虾仁水饺，嘉和一品粥，土瓦鸡，切糕许牛街小吃，小宝麻辣烫，小札牛肉干。
		短弱律	门框胡同百年卤煮，老回回小吃，姥姥家春饼店，宫门口馒头，重山钵钵，奶奶的美食，金谷园饺子馆，来个烧饼，蛋先生爆蛋吐司，骆驼泉烤包子，大华煎饼，要得鲜江湖菜，西安贾三包子，小付煎饼，墨香菜煎饼，无声臭豆腐，犟骨头排骨饭。

（续表）

店铺类型	语体特征	体原子	店铺名称
3. 小吃快餐类店铺	非正式体	音值高低律	脑馋粉儿,点吧点儿红油抄手,到底儿米线,鸦儿李记,八十八粉儿,尹三豆汁,犟婶儿鸡架,苏皮儿烫。
	庄典体		
4. 民宿青旅类店铺	正式体	平衡律	一待民宿,阳光青年旅舍,一瓢民宿。
	非正式体	长短律	诗与远方艺术青年旅舍,暖心青春驿站,好再来青旅,花果山青年旅舍,小熊自助式青年旅舍,山外小院民宿,六道口青年民宿,潘家园,北京天佑青年公寓,汇多客私汤小院,老马回乡精品民宿,宽沟里民宿,小井农家院。
		短弱律	静的民宿,炜炜的民宿,梦露明的民宿,苗苗的民宿,笔尖上的流年,曦曦家的民宿,丹丹和她的猫们,姥姥家小院,桃子公寓,桔子家庭旅社,人参娃娃休闲小院,北京圈子国际青年旅舍,石玖的院,盒子空间,璐璐民宿,小橘子青年民宿,我的小窝青年旅舍,我想去看看青年旅舍,北京大橙子青年旅舍,麦子的光芒民宿。
		音值高低律	沐玄儿青年旅舍,有院以后,北京来这儿青年旅舍,叠院儿胡同旅社,北京蜜桃儿亲子民宿,豌豆尖儿青年旅舍,小巷儿国际青年旅舍,尚院儿民宿,呼吸小院儿民宿。
	庄典体	星星之家,旅者之家,乐乎城市青年社区,大隐于世民宿。	

（续表）

<table>
<tr><th>店铺类型</th><th>语体特征</th><th>体原子</th><th>店铺名称</th></tr>
<tr><td rowspan="5">5. 奶茶饮品类店铺</td><td>正式体</td><td>平衡律</td><td>捷信牛奶甜品，爵记原叶奶茶，蛋壳茶饮，光洛奶茶，鹿野茶事，兰熊鲜奶，吃茶三千，芒果很黄，素匠泰茶，小摘堂茶，豆田喜事。</td></tr>
<tr><td rowspan="3">非正式体</td><td>长短律</td><td>一点点，奶茶托儿所，奶茶嫁给粉，书亦烧仙草，一方台湾水果茶，鹿角巷，茶千岁，寿奶茶，哞哞小花牛鲜奶屋，匠煮茶。</td></tr>
<tr><td>短弱律</td><td>乐乐茶，椰子水，球球奶，快乐柠檬，叶子与茶，夏小么的么么茶，谢谢茶，茶大爷，奈雪的茶，茶嘛菓道饮品奶茶店，遇见奶牛，欺负酸奶，我的茶，付小姐在成都，沪上阿姨，翠翠茶屋，本宫的茶，牛乃奶奶，两只椰子，三个臭啤匠。</td></tr>
<tr><td>音值高低律</td><td>有范儿柯达鸭公社，得意点。</td></tr>
<tr><td>庄典体</td><td colspan="2">茶也运也。</td></tr>
<tr><td>6. 大型商场</td><td>正式体</td><td>平衡律</td><td>荟聚中心，蓝色港湾，长楹天街，国贸商城，王府中環，世纪金源购物中心，万达广场，世贸天阶，龙德广场，汉光百货，北京悦荟，金地广场，华贸购物中心，银泰百货，通盈中心，融科天地，大族广场，嘉里中心，宜家家居，凯时广场，翠微百货，双安商场，强佑商厦，京果商厦，天虹百货，新奥购物中心，迪佳广场，康健宝盛广场，悦茂购物中心，新华百货，燕莎友谊商城，贵友大厦，环球贸易中心，华创生活广场，中发百旺商城，国瑞购物中心，金堂购物中心。</td></tr>
</table>

（续表）

店铺类型	语体特征	体原子	店铺名称
6. 大型商场	非正式体	长短律	合生汇，朝阳大悦城，西单大悦城，颐提港，新中关购物中心，新世界百货，北京坊，三里屯太古里，侨福芳草地购物中心，五彩城，伊藤洋华堂，东方新天地。
		短弱律	老佛爷百货。
		音值高低律	
	庄典体		
7. 酒店	正式体	平衡律	玫瑰温泉酒店，北京福泉酒店，北京瑰丽酒店，璞瑄酒店，天毓山庄，诺金酒店，汉庭优佳酒店，全季酒店，海德温泉酒店，南宫温泉庄园，励骏酒店，稻香湖景酒店，水晶主题酒店，景里酒店，怡亨酒店，岳阳大厦，希岸酒店，美泉宫饭店，泰富酒店，北京友谊宾馆，昆泰嘉华酒店，如家酒店，骏马国际酒店，锡华商务酒店，益泉花园酒店，福庭酒店，西山温泉酒店，稻香湖景酒店，颐和安缦酒店，中信金陵酒店，百花山社，万达文华酒店，瑜舍酒店，新青海喜来登酒店，盘古七星酒店，富力万丽酒店，望海山庄，辽宁大厦，天伦王朝酒店，星空水镇度假别墅，东方君悦酒店，曲水兰亭度假酒店。
	非正式体	长短律	云峰山童话书屋，北京香格里拉饭店，北京希尔顿逸林酒店，向东方花园国际酒店，北京王府井文华东方酒店。

（续表）

店铺类型	语体特征	体原子	店铺名称
7. 酒店	非正式体	短弱律	
		音值高低律	
	庄典体	爱悦之城主题酒店，在之禾度假酒店，锦江之星。	
8. 茶馆	正式体	平衡律	林溪茶舍，逐鹿茶楼，一亩茶舍，五和伴茶，清溪茶社，千山茶仓，汉宫茶楼，观味茶香，密茶空间，春秋茶楼，水鑫茶楼，禅茶一味，贤叶茶舍，古道茶缘，天宁书院，泰和茶人会馆，一承茶舍，老舍茶馆，滋生小院，月溪香林，安澜茶院，竹里小院，拾年茶馆，水印茶舍，尚雅天和茶苑，仙园水艺茶楼，憩园雅闲茶楼。
	非正式体	长短律	山山有念茶舍，新净雅茶社，吴裕泰茶庄。
		短弱律	
		音值高低律	
	庄典体	沐梅茶社，沐春秋茶院，依云轩茶楼，不羡小院，云岫茶苑，涵庭茶苑，瀚茗轩茶楼，露雨轩茶楼，茶缘坊茶舍，兰亭茗续茶社，竟陵水茶苑，隐溪阁茶馆，八宜茶舍，汲古阁茶苑，避风阁茶楼，登科茶府，明慧茶院。	
9. 书店	正式体	平衡律	驹然书舍，中信书店，紫荆书咖，豆瓣书店，参差书店，彼岸书店，雨枫书馆，樊登书店，一定书屋，正阳书局，明德书店，十月时光书店，三联韬奋书店，阳光麦粒书社，模范书局，单向空间，北京图书大厦，国图书店，中关村图书大厦，建设书局，春风习习，桃

（续表）

店铺类型	语体特征	体原子	店铺名称
9. 书店	正式体		园书馆，井观书房，由新书店，南锣书店，伯鸿书店，大庆朗读，荟读空间，新华书店，恭和书苑，雍和书庭。
	非正式体	长短律	多抓鱼书店，西西弗书店，观天下，北国风书店。
		短弱律	一个书店。
		音值高低律	
	庄典体	钟书阁，郦架轩，陶然书苑，梧桐书坊，京师品阁，布衣古书局，全民畅读书店，佳作书局，易知书社，良才书房，良阅城市书房，静思书轩，大有书馆。	
10. 影城	正式体	平衡律	嘉华国际影城，新华国际影城，美嘉欢乐影城，金逸影城，耀莱成龙影城，朗克影城，深影国际影城，万达影城，完美世界影城，华影国际影城，华夏影城，星星影城，东融国际影城，活力天宝国际影城，鲁信影城，保利国际影城，魔影国际影城，英嘉影城，晟嘉国际影城，传奇奢华影城，寰影影城，中影星美国际影城，博纳国际影城，珠影耳东传奇影城，苏宁影城，三克影院，沃美影城，橙天嘉禾影城，唐阁影城，大地影院，莱纳金鹰影院，搜秀影城，星典影城，大料国际影城，奥兰环球影城，海淀剧院，中传国际影城，中都影城，明星时代影城，青春光线电影院，熙望国际影城。
	非正式体	长短律	太平洋影城，天幕新彩云国际影城，横店电影城，首都电影院，百老汇影城，卢米埃影城，百丽宫影城，英皇电影院。

（续表）

店铺类型	语体特征	体原子	店铺名称
10. 影城	非正式体	短弱律	
		音值高低律	
	庄典体		
11. 美发美甲类店铺	正式体	平衡律	紫齐百合美甲，瑞森造型，爱秀造型，丽欧形象，简法造型，派斯造型，时尚殿堂，匠领造型，佑米造型，靡颜造型，审美造型，尚佳美发造型，吉木造型，爱丽美甲美睫，雅尚造型，烫染沙龙，莎莎美甲，时尚殿堂，卓森美甲，木北造型，秋子日式美甲美睫，指熙美甲美睫，东方名剪，形象革命，动感接发，付军剪艺。
	非正式体	长短律	唯甲汇水浦造型，沃沙龙烫发专家，这就是生活，十分有型剪发，尚百分造型，遇见你日式美甲美睫，十分有型形象工作室，悦指间美甲，日式烫染专门店，博蕾发艺工作室，熙公主美甲美睫，你很漂亮。
		短弱律	眉毛的修养，懒吧美造社，大屋理发馆，全国明星旗舰店，星客多，咔嚓造型工作室，俊俊美甲美睫，叶子美甲美睫，眉毛先生，眉毛工厂，韦恩先生男士理发馆。
		音值高低律	
	庄典体		
12. 运动健身类店铺	正式体	平衡律	筋膜形体康复，顽铁健身，青籁优体，汉跃健身，格斗学院，优享健身，蜂房舞汇，四海游泳健身会所，奥美氧舱

（续表）

店铺类型	语体特征	体原子	店铺名称
12. 运动健身类店铺	正式体	平衡律	运动中心,国航国际活动中心,马奈游泳健身会所。昊朗游泳健身会所,美树瑜伽,无限运动空间,斜杠生活,改变工厂健身搏击,汗水工厂,琢城健身,正心瑜伽,新生健身,云水禅心,派立游泳健身会所,英睿健身,律动健身,放纵运动,香蕉攀岩,互燃健身,运动康复医学中心,每刻健身工作室,志清运动中心,星城街舞,卡莫瑜伽。
	非正式体	长短律	炼工场,火星健身工作室,黑草坪,身体实验室,南梦弓射箭俱乐部,超菲特健身工作室,优莱芸建设游泳馆,郡王府游泳馆,萤火虫健身,青山运动猿综合馆,中田健身工作室,光猪圈健身,新港卡丁车,唯朗健身俱乐部,五彩冰酷运动中心。
		短弱律	能量空间见识,超级猩猩健身。
		音值高低律	
	庄典体		
13. 学习培训类店铺	正式体	平衡律	翰文教育,完美英语,厚海原版英语,八人行英语,凯特语言中心,学习谷日语培训,英孚教育成人英语,美妆时代化妆培训,奇梅花艺插花培训,悦活尚东调酒课室,弘佳国际教育,华信智原教育,韵乐艺术培训,中公教育,优加青少英语,莱茵春天,高思教育,百特英语,阅微教育,潇潇声乐培训,海文考研,凯特语言中心,懿欣舞蹈培训,优贝少儿足球,梦阶艺术培训,学大教育,蓝鳍游泳培训,育明教育,优胜教育。

（续表）

<table>
<tr><th>店铺类型</th><th>语体特征</th><th>体原子</th><th>店铺名称</th></tr>
<tr><td rowspan="4">13. 学习培训类店铺</td><td rowspan="3">非正式体</td><td>长短律</td><td>新东方，新航道，琴明悦音乐培训，学为贵，幸福里音乐培训，空中机器人编程，奥佳游泳培训班，白鲸自习室，陈中跆拳道，无声梦呓自习室，乐旅程，圆梦吉他屋，火星人培训俱乐部，育博远教育，迈克打击乐，远航篮球俱乐部，能动英语屋，慧更思教育艺摄影课堂。</td></tr>
<tr><td>短弱律</td><td>桔子树艺术教育。</td></tr>
<tr><td>音值高低律</td><td></td></tr>
<tr><td>庄典体</td><td colspan="2">梵高之路。</td></tr>
<tr><td rowspan="4">14. 文艺场所</td><td>正式体</td><td>平衡律</td><td>红弦琴馆，静雅书院，华夏笔迹书院，信马画室，西五艺术中心，波斯文化艺术中心，青青画舍，清美屹立画室，颐文书苑，天空艺术，韩景画室，自助画室，颐和琴社古琴传习，拂云书社，承化书院，水墨京华书画，凤梧书院，静雅书院，哪比画室，有间画舍，古心画室，原色拾光，同或绘馆，黑白时空画室。</td></tr>
<tr><td rowspan="3">非正式体</td><td>长短律</td><td>山中天艺术中心，风向标画室，丁小树美术画室，墨韵兰亭书画院，喜墨人书画，京书房国学艺术学堂，长祯国术馆，茉莉堂书画培训，艺家美术馆，红砖美术馆，合艺术中心。</td></tr>
<tr><td>短弱律</td><td>画匣子工作室。</td></tr>
<tr><td>音值高低律</td><td></td></tr>
</table>

（续表）

店铺类型	语体特征	体原子	店铺名称
14. 文艺场所	庄典体	梵高之路,墨之语书画工作室,水墨轩书法工作室,闲来吾室古琴馆,京筝琴苑,一书阁,艺轩音乐私塾,博文轩,古行斋书画,艺音阁琴行,丹桂林书画阁,菖蒲阁书院,悟真阁,宝盈轩书画工作室。	
15. 便利商店	正式体	平衡律	明亮文具商店,和润生鲜超市,友谊超市,清东商店,汇贤商店,优购超市,福阳超市,华堂超市,绿地优选,清华澜园超市,大方百货商店,天堂超市,季明商店,精致超市,华堂超市。永辉超市,创新办公超市,盲盒小屋,地质菜店,果然爱你,华欣超市。
	非正式体	长短律	便利蜂,全时便利店,京东便利店,超市发,唯美便利店,全家便利店,珍便利生活超市,捷玛特超市,今时联超市,罗森便利店,好邻居,京客隆,仁合美超市,卜蜂莲花,幸福荣耀超市,快客,美廉美超市,物美便利店,大润发,童年小卖部,解忧杂货铺,耳东杂货铺,老柯杂货铺,老北京兔爷店,九木杂物社,百果园,果多美。
		短弱律	舌尖上的童年。
		音值高低律	多点便利。
	庄典体		

双音节赞誉类词的体原子分析和教学建议*

于　璐

摘　要　在HSK1—4级的词汇列表中，出现了多个双音节赞誉类词。由于它们的释义、句法功能、句法结构都存在重合部分，留学生习得时易发生混淆、出现偏误。文章基于语体语法最新提出的体原子理论，从双音节赞誉词的句法特征、化欧属性等方面入手，考量“表扬、夸奖、赞扬、赞美、称赞”这五者的正式度，得出正式度“赞美>赞扬>称赞>表扬>夸奖”这一结论；并试图在“三一语法”的指导下，设计出五者极端、典型的情景，从而为教学服务，简化教学过程，同时也力图为对外汉语的同义词教学提供参考意见。

关键词　双音节赞誉类词　语体语法　体原子　教学建议

1　引言

程美珍《汉语病句辨析九百例》（1997）一书对外国人在学习汉语的过程中普遍存在的典型病句进行了分析，其中第二章词法方面常见的错误有417例，约有三分之一的例句涉及同义词使用错误的问题。目前学界对同义词的界定尚存分歧，黄伯荣、廖序东（2013：

* 本文在写作过程中得到了冯胜利教授的多次指导，在此表示衷心感谢。也感谢审稿人的校正和修改。文中若仍有思考不周之处，概由笔者负责。

232）在《现代汉语（增订五版）上册》中对同义词的定义是意义相同、相近的一组词。但究竟是意义相同、意义相近还是所指对象相同的词可称为同义词，众说纷纭。义近说代表张世禄（1981）提出，同义词中很少有意义绝对相同的，有的是它们所表示概念内容上的差异，有的是风格、感情色彩的不同。本文以义近说为研究基础，赞同没有真正意义相同的词，只要意义相近就属于同义词。以双音节赞誉类词为例，《现代汉语词典》第 7 版中，“表扬”释为“对好人好事公开赞美”；“夸奖”释为“称赞”；“赞扬”释为“称赞、表扬”；“赞美”释为“称赞、颂扬”；“称赞”释为“称颂、赞美”。可以看出，五者的释义存在交叠，这对习得者来说极易混淆。根据《汉语水平词汇与汉字等级大纲（修订本）》，这五个词出现的等级均在 HSK1—4 级（见表 1），会相继出现在汉语学习的初级阶段。

表 1　双音节赞誉词在 HSK 中出现的等级列表

表扬	甲	HSK1
称赞	乙	HSK2
赞扬	丙	HSK3
赞美	丙	HSK3
夸奖	丁	HSK4

而在 HSK 动态作文语料库中，我们通过语料检索考察留学生对这类词的使用情况时，也发现存在种种偏误，因此将五者做出区分是十分必要的。

* 我曾学过别的宗教，也都表扬生命。

* 我特意写了一封感谢信，表扬老张同志这种拾金不昧的精神。

* 老板也因此很满意我的表现，常常都称赞我帮他赚了那么多钱。

＊母亲做的饭不但我家里人喜欢吃，而且我们的朋友也赞美她做的饭。

＊中国文化很丰富，非常有意思，所以学习这些我赞扬中国。

语体语法学是一门新生学科，冯胜利、刘丽媛(2020)在以往研究基础上，全面总结并深入发掘其理论构件之生物原理及生成机制，指出交际距离是语体原理，形式—功能对生律为语法原理，语距定律(体原子)为生成机制，构成本体语法语体的三维体系是口语体、正式体和庄典体。冯胜利(2018：135)提出，语体范畴是相对的，没有正式就没有非正式，没有俗常就没有庄典，因此引发出"等级"(正式度)的概念。本文的研究思路是在句法结构、句法功能相同或者相似的情况下，从语体语法角度出发，考量出双音节赞誉类词的正式度排序，为其他类别的同义词辨析教学提供参考意见。

需要注意的是，除了这五个双音节赞誉词外，在HSK3级中还出现了丙级词"夸"，本文没有将"夸"纳入研究范围的原因有二：第一，根据语体语法理论，人类语法是形式、韵律、语体"三足鼎立"的语法框架(见图1)。可见语体与韵律关系紧密，为了保持研究对象的统一性，因此将研究对象定为双音节赞誉类词。第二，根据冯胜利、刘丽媛(2020)提出的单双音节对应律，汉语单双音节对应之词，单音节具有口语性，而双音节具有正式性，因此"夸"较"夸奖"而言，口语色彩鲜明，我们已然可以得出"夸"正式度低于"夸奖"的结论。

2　不同语料中双音节赞誉类词出现的频率对比

冯胜利、刘丽媛(2020)提出了高频致俗律，即语言单位的使用频率越高越口语。那么这五者的正式度与HSK大纲的等级划分是否

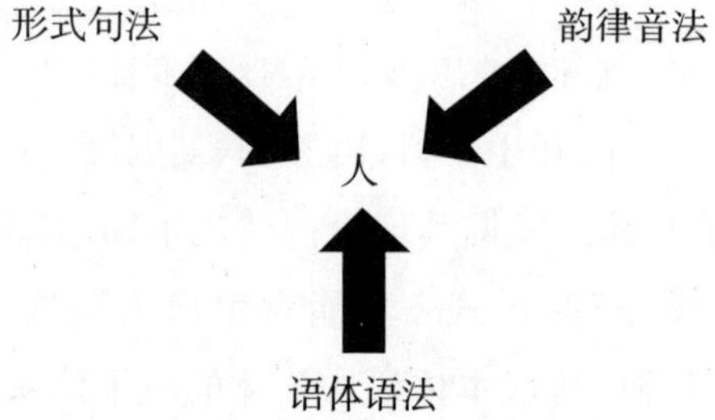

图 1　人类语言"三足语法"模型①

契合？五者语体特征有哪些具体的区别和差异？针对这些问题，笔者将基于语料进行佐证。崔希亮（2020）指出，正式语体的句子长度通常比非正式语体长。并且通过对 BCC 语料库的统计，测量了不同语料的句子长度（见表 2），印证了《人民日报》以新闻语料为主，正式程度较高。

表 2　不同类型语料的平均句子长度对比②

《人民日报》语料	18.8 音节
国内外文学作品语料	9.5 音节
微博语料	10.6 音节

本文在此基础上将《人民日报》视为正式语料，与古汉语语料一起作为书面语语料，将对话语料和相声小品语料作为口语语料。且语料正式度为：古汉语语料>《人民日报》>对话>相声小品。除相声小品语料来自 CCL 语料库外，其他三种语料均来源于 BCC 语料库。

① 原图见冯胜利、刘丽媛《论语体语法的生物原理与生成机制》（2020）。
② 原表见崔希亮《正式语体和非正式语体的分野》（2020）。

表 3　双音节赞誉类词在不同类型语料中的分布

双音节赞誉类词	《人民日报》语料	古汉语语料	对话语料	相声小品
表扬	1 230	1 156	6 113	7
夸奖	201	598	10 155	14
称赞	4 107	7 847	1 037	4
赞扬	4 172	1 872	711	1
赞美	907	1 757	4 341	0

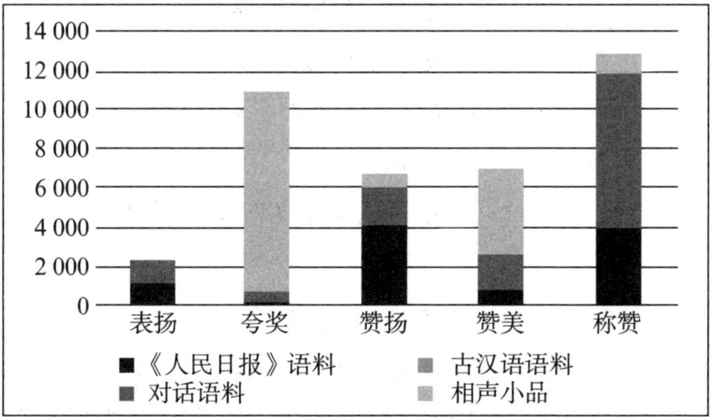

图 2　双音节赞誉类词在不同语料中的使用频次对比

根据图表显示,双音节赞誉类词在《人民日报》语料和古汉语语料中呈现的特征相近,“赞扬”和“称赞”均高于“表扬”“夸奖”和“赞美”,但这两类语料中的“表扬”“夸奖”和“赞美”呈现不同的特点。在《人民日报》语料中,“表扬”>“赞美”>“夸奖”;在古汉语语料中,“赞美”>“表扬”>“夸奖”。对话语料与前两者的特点相反,“夸奖”使用频率最高,其次是“表扬”“赞美”“称赞”,使用频率最小的是“赞扬”。CCL 语料库中的相声小品语料属于口语体,其表现特征与对话语料相似,使用频率表现为：夸奖>表扬>称赞>赞扬>赞美。冯胜利(2010)提出,语体是直接交际的产物,语体的“体”应当是说话者和听话者在交际时产生和遵循的原则和规律。冯胜利(2018：2)将语体语法的定义进一步阐述为,具语距功能的语法形式或规则。而语距功能会随着语言形式的使用频率发生转变。使用频率高的语言形式更能为人们熟悉,语距自然更加靠近、亲密,具有俗常属性,反之亦然。通过对语料的对比分析,我们可以看到五者差别较为明显,其中《人民日报》和古汉语语料特征类似,对话语料和相声小品语料特征类似,综合整体,我们认为五者正式度的排序为：称赞>赞扬>赞美>表扬>夸奖。但是由于语料库存在局限性,不能由此直接将五者正式度的关系盖棺定论。我们将尝试通过不同体原子对五者做出进一步分析和印证。

3 双音节赞誉类词的句法特征

冯胜利(2012)在《语体语法：形式—功能对应律的语言探索》中提出形式—功能对应律[①]是语体语法的理论基础,是语体研究的终极目标和鉴别标准。根据冯胜利和刘丽媛(2020)提出的语体语法最新体系,体原子可以派生出无限可能的“形能一体”的多样形式,创造出不同的语距形式。在形式—功能对应律的理论指导下,我们从体原子的角度先对双音节赞誉类词的句法特征进行考察。

3.1 宾语特征

冯胜利(2015)指出单双音节的论元结构是不同的,单、双音节的对立表现为低阶轻动词[v用](表工具、手段)和高阶轻动词([v为]

① 冯胜利、刘丽媛(2020)将“形式—功能对应律”修订为“形式—功能对生律”。

表原因、目标）之间的句法对立。那么我们可以将双音节赞誉类词的树图展示为图 3（以“赞美”为例）：

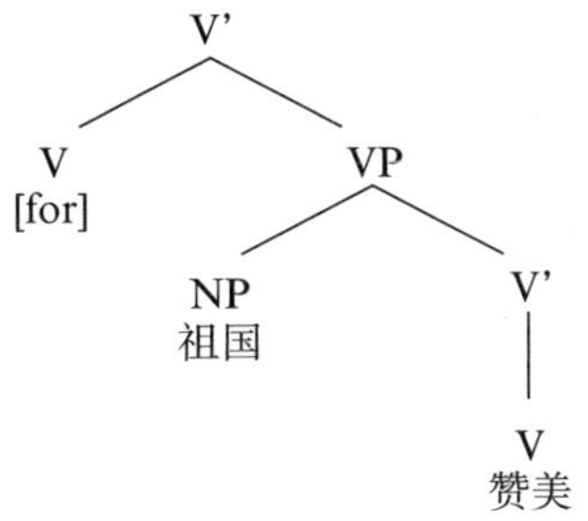

图 3

作为双音节赞誉词，五者都可以进入此树图，层级相同的情况下，语体变量为 NP，即动词宾语。双音节赞誉类词都可以充当句子的谓语成分，与宾语构成动宾结构，那么我们先以宾语为探针，观察这类词的语体属性。

图 4①“表扬”搭配宾语

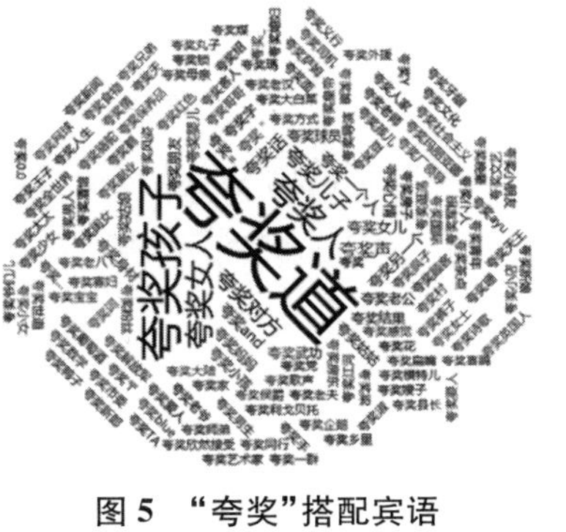

图 5　“夸奖”搭配宾语

① 图 4—图 8 来自 BCC 语料库，通过词性检索“动词 V+名词 N”得出词云，以“夸奖”为例，检索“夸奖 N”，会出现“夸奖道”“表扬信”等形式，笔者在语料分析时已做出人工筛选。

图 6 “称赞”搭配宾语

图 7 “赞扬”搭配宾语

图 8 “赞美”搭配宾语

冯胜利(2015)提出“交际时空鉴定法”，认为语法系统能够表现出“时空标记”和“语体属性”的对应关系。并指出语体鉴别的原则之一就是交际中的时与空。

表 4 时空标记与语体属性对应表

时空度	具时空	泛时空	虚时空	超时空
语体度	口语	正式	庄典	文艺

冯胜利(2012)提到，决定交际时距离的高下、远近，或者说决定交际时关系是正式还是随意，是庄重典雅还是通俗随便，要看以下四

点基本要素的具体情况：(a) 谈话内容；(b) 场合；(c) 对象；(d) 态度。并于 2018 年在《语体语法概论》中将对象、场合、内容、态度简称为“人、地、事、意”。通过对动词宾语的对比分析，我们发现：

表 5　双音节赞誉类词宾语的时空性列表

	人	意
俗常	人、孩子、女人	亲近
正式	人民、解放军、主席	尊重
庄典	上帝、神、圣母	敬畏

“夸奖、表扬”的宾语符合俗常性；“赞扬”的对象可为“人民、主席、解放军”，具有正式性；而“赞美”具有明显的庄典体特征，用来歌颂“上帝、神、圣母”等。“称赞”在带宾时的使用情况较为特殊，通过词云我们可以看到，“称赞”带宾的用法在数据上表现得十分微弱。在能够带宾的情况下，“称赞”带宾可以表示“称赞女人”“称赞儿子”这类亲近语意，也可以表示“称赞祖国”“称赞解放军”这类尊重语意。冯胜利(2018：83)指出，正式体与庄典体是相对的。那么我们通过带宾情况来初探这五个词的正式度排序。(俗常性宾语到庄典性宾语的过渡并没有鲜明的分水岭，正式度程度从上往下递进。)

俗常性宾语：夸奖儿子、表扬儿子、称赞儿子、*赞扬儿子、*赞美儿子
*夸奖好人好事、表扬好人好事、？称赞好人好事、*赞扬好人好事、*赞美好人好事
正式性宾语：*夸奖人民、*表扬人民、称赞人民、赞扬人民、赞美人民
*夸奖社会主义、*表扬社会主义、？称赞社会主义、赞扬社会主义、赞美社会主义
庄典性宾语：*夸奖上帝、*表扬上帝、*称赞上帝、*赞扬上帝、赞美上帝

根据分析,我们可以得出下列拉距方向示意图,详见图 9:

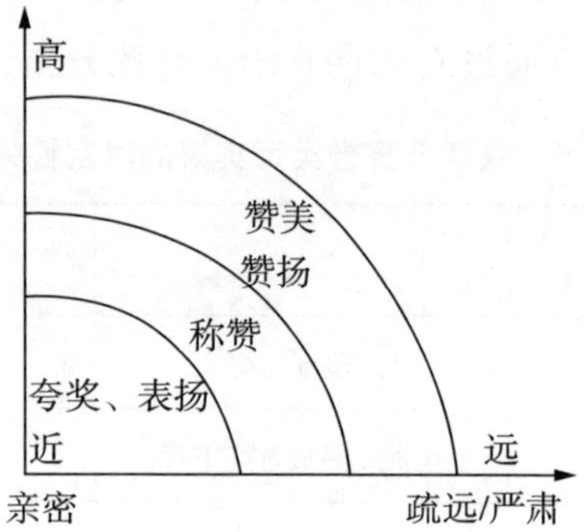

图 9　拉距方向示意图

3.2　描写性状语修饰双音节赞誉类词的使用情况

为了尽量降低理性意义不同带来的干扰,我们选取四个描写性状语,这四个描写性状语都与动词中心词构成直接语义指向,通过对比描写性状语的正式度来验证动词中心词的语体特征:

a. 大大(地)V: 大大夸奖、大大表扬、大大称赞、＊大大赞扬、? 大大赞美

b. 狠狠(地)V: 狠狠夸奖、狠狠表扬、＊狠狠称赞、＊狠狠赞扬、＊狠狠赞美

c. 高度(地)V: ＊高度夸奖、高度表扬、高度称赞、高度赞扬、高度赞美

d. 倍加 V: ＊倍加夸奖、＊倍加表扬、倍加称赞、倍加赞扬、倍加赞美

冯胜利、刘丽媛(2020)提出短弱律,即缩短或减弱语音单位的标准长度或强度的结果,具有口语属性。"大大""狠狠"叠音后出现第二音节弱化的结果,具有口语性。"高度""倍加"作为状语,仅可修饰双音节动词,如"高度认识、高度评价、高度重视""倍加关怀、倍加小心、倍加珍惜"。这符合冯胜利、刘丽媛(2020)提出的合偶律原则,即"句法自由,但需嵌入复合音部方可使用的双音节成分,具有正式性"。那么从搭配情况我们可以看出,"夸奖""表扬"与"大大"

"狠狠"可以自由匹配,口语属性明显;"称赞"无法受"狠狠"修饰,但是可以进入"高度 V""倍加 V"结构,正式度高于"夸奖"和"表扬";"赞扬"和"赞美"正式度最高,可以自由进入"高度 V""倍加 V"结构,但是基本无法受"大大""狠狠"修饰。

在对描写性状语进行对比的过程中,我们还发现一组有趣的语料(箭头方向指向可接受度高的一方):

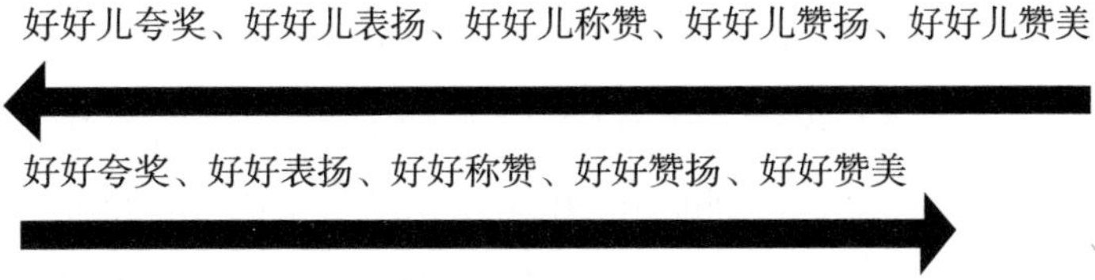

冯胜利(2012)在谈到语体要素组配时,指出儿化只用于口语而不用于其他语体。"夸奖""表扬"与"好好儿"搭配时可接受程度更高;反之,"赞扬""赞美"与"好好"搭配更可被接受,这也进一步印证我们对五者正式度排序的判断。

3.3 双音节赞誉类词带完结义补语的使用情况

表 6 双音节赞誉类词带补语"完"的使用情况表

双音节赞誉类词	V 完
表扬	8
夸奖	1
称赞	0
赞扬	0
赞美	0

a. V个没完/不停：夸奖个没完/不停、表扬个没完/不停、*称赞个没完/不停、*赞扬个没完/不停、*赞美个没完/不停

b. V不绝：*夸奖不绝、*表扬不绝、称赞不绝、*赞扬不绝、赞美不绝

c. V不已：？夸奖不已、*表扬不已、称赞不已、赞扬不已、赞美不已

冯胜利、刘丽媛(2020)提出古今律，认为古语今用具有庄典性或正式性。崔希亮(2020)指出语体的正式度与语体的古今层次有关，有些语言形式在非正式体中出现较为频繁，但是正式语体中出现较少。“V个没完/不停”“V不绝”和“V不已”作为完结义补语都表示动作不断绝、动作的延续和连续。其中“V个没完/不停”仅可用于口语中，属于俗常体。根据冯胜利、刘丽媛(2020)提出的平衡律，相对的两个节律单位长短一致则具正式性；并且“V不绝”“V不已”中的动词需为复合音部，构成四字格结构，因此这两种形式都属于正式体。我们可以很清楚看到“夸奖”“表扬”可以进入“V个没完/不停”结构，口语属性明显；反之“称赞”“赞扬”“赞美”可进入四字格结构，具有正式性。

3.4　是否可重叠或进入“V一下儿”“值得……”“予以/给予……”结构

表7　双音节赞誉类词进入给定结构情况表

双音节赞誉类词	VV	V一下儿	值得……	予以/给予……
表扬	79	457	418	472
夸奖	13	17	38	1
称赞	0	0	426	12
赞扬	1	20	316	51
赞美	1	33	115	14

冯胜利、施春宏(2018: 14)在《从语言的不同属性看语体语法的系统性》一文中提到轻重对立的语体功能，并列出两种整齐的对应形式: 左重——口语、俗常；右重——正式、庄重。按照这一理论，“VV、V 一下儿”节律长短不一，呈现左重特点，均具有口语体属性，而“值得……、予以/给予……”节律长短相同，呈现右重特点，均具有正式体属性。通过对动词重叠、“V 一下儿”和“值得……、予以/给予……”结构进行对比，我们发现除“表扬”外，其他四个赞誉词都符合我们最初的预测，即“表扬、夸奖”较之于“称赞、赞美、赞扬”更为口语。而“表扬”的正式度高于“夸奖”，进入“双+双”结构后，表现出来了比“称赞、赞美、赞扬”更为明显的正式性特征。在统计结果中，我们也发现，“称赞”完全不能进入“V 一下儿”和“VV”结构。我们都知道，“V 一下儿”和“VV”运用于口语中，可以用来调节时量和动量，表示轻松、舒缓的感觉。“称赞”一词始见于六朝，最早出现于《全梁文》中，“无胜我者，既得称赞叹?”，并多次出现在当时的佛经中，可见“称赞”出现伊始便具有鲜明的正式体特征；与“夸奖”“表扬”相比，“称赞”也可用于四字格结构，如“交口称赞、称赞不已、拍手称赞”等，正式度高于“夸奖”和“表扬”。

4 双音节赞誉类词的化欧程度对比

崔希亮(2020)指出，欧化程度高低也是衡量正式语体和非正式语体的一条重要标准。贺阳(2008)认为出现欧化现象是为了满足语体分化要求，正式语体的欧化程度高，反之非正式语体出现的欧化程度低。冯胜利(2015)提出，欧化无论是词汇还是句法，均可以看作语体机制区别正式与口语时所用诸多手段之一种。后又从语体语法角度提出并进一步阐释了“化欧”这一说法，认为印欧语进入汉语是顺应汉语语言发展机制的需要，是由我们主动“引西体为中用”，这也更符合语言发展的实际路径①。化欧程度与语体息息相关，正式度与化欧程度成正向比。

王力先生（1943/1985：88-89）在《中国现代语法》中提到，“被动式所述，若对主语而言，必须是不如意或者不奢望的事，如受祸，受欺骗，受损害或引起不力的结果”。但随着欧化现象的出现，“被”字句出现了更为广泛的使用环境。可见，被动句式可以作为化欧程度的一个重要参考。那么我们来考察一下双音节赞誉类词在被动用法下的使用情况：

表 8　双音节赞誉类词被动用法情况表

双音节赞誉类词	被……	受（到）……	遭到……	合计
表扬	225	367	15	607
夸奖	68	25	0	93
称赞	96	130	0	226
赞扬	30	128	0	158
赞美	79	53	0	132

从语料库数据来看，五者的正式程度为：表扬>称赞>赞扬>赞美>夸奖。有意思的是，“表扬”在被动句式中的灵活度远大于其他词，“遭到……”结构中，只有“表扬”合法，且 15 条语料全部来自于微博语料，具有明显口语性。这与化欧程度的结论正好相反，是什么机制在起作用呢？“表扬”一词语出《汉书·苏武传》：“上思股

① 冯胜利于 2020 年秋北京语言大学语体语法课程中谈及“化欧”这一说法，并做出阐释。

肱之美,乃图画其人於麒麟阁……皆有功德,知名当世,是以表而扬之。”最早合体出现是在《宋书·隐逸传·王弘之》:“圣明司契,载德惟新,垂鑑仄微,表扬隐介,默语仰风,荒遐倾首。”此时,“表扬”出现在传记中,属于正式体。CCL 语料库中,“表扬”古汉语中的语料有 114 条,其中 68 条来自于明清以及民国小说。可见随着语言的发展,“表扬”的语体特征已经向口语体转变。这也与现代汉语语料中的数据相呼应,表明在高频致俗律的作用下,“表扬”的语体兼有正式与俗常的特点。

5 教学建议

“三一语法”这一理论是冯胜利于 1998 年在哈佛大学提出的,后由冯胜利、施春宏合作完成《三一语法:结构·功能·语境——初中级汉语语法点教学指南》(2011)一书。冯胜利、施春宏(2011)“三一语法”包括三个维度,即句子的形式结构、结构的功能作用、功能的典型语境。其中典型语境是最具特色的部分,在提炼典型语境时应该注意语言点出现的语体。

三一语法
- 形式结构——“是什么”
- 功能作用——“干什么”
- 典型语境——“在哪儿干”
  - 正式——非正式
  - 典雅——俗常

图 10 “三一语法”示意图①

“三一语法”的三个维度在教学中都应该被充分考虑与设计,而从语体语法的角度出发,典型语境与之关系最为密切相关。基于这

① 原图见冯胜利、施春宏(2011)。

五个词都是双音节动词,且可用作名词,在句法结构中都可做谓语、宾语,并且功能都用于对对象的肯定和赞许,那么我们尝试在“三一语法”理论的指导下,将着眼点放在典型语境上,力图设计出双音节赞誉类词的最典型、最极端的语境,让习得者明确五者的区别,从而简化教学过程。

冯胜利(2018: 86)指出,语体语法中影响交际关系的四要素是:人、事、地、意。根据上文分析结果,我们依据四要素的不同,来设计教学环节中的典型语境。

5.1 俗常:表扬 VS 夸奖

二者均可用于亲近语境:“表扬、夸奖”都具口语性,二者能够交叠的情况较多,多用于对象亲近的具时空语境中,如“父母教育子女、老师赞许学生”等,场所可以是家、班级、社团等,赞许的对象都较为具体。但就语距关系而言,“夸奖”较“表扬”更加亲密。“夸奖”涉及的对象可以是长辈与小辈的关系、上下级关系,也可以是无明显等级差别的人。“表扬”虽可用于口语性语境,但是提出者与接受者之间多有身份高低差别,且倾向于上级对下级予以赞许。试比较:

(1) a. 财主夸奖儿子聪明过人,让他写个请柬,请姓万的客人来家里喝酒。(《人民日报》1996)

b. ? 财主表扬儿子聪明过人,让他写个请柬,请姓万的客人来家里喝酒。

(2) a. 闽南人夸奖姑娘长得好看,都说她长得“水”。(《福建日报》2008-03-30)

b. * 闽南人表扬姑娘长得好看,都说她长得“水”。

(3) a. 企业董事长不仅在大会上表扬车间主任做得正确,还号召各级干部向他学习。(《人民日报》1995)

b. * 车间工人表扬车间主任做得正确,要向他学习。

因此，教学中可以设计这样的情景，帮助习得者理解二者的差别：

表 9 “表扬”与“夸奖”教学语境的区别示例

	表扬	夸奖
意	表亲近	
事	大卫考了一百分。	
人	老师	同学们
地	教室里	
例句	这次考试大卫考了 100 分，老师表扬了他。	这次考试大卫考了 100 分，同学们都夸奖他聪明、努力。
对比例句	这次考试大卫考了 100 分，老师表扬了他，同学们也夸奖他聪明、努力。	

	表扬	夸奖
意	表亲近	
事	丈夫的工作	
人	老板	太太
地	公司里	家里、邻里
例句	丈夫在公司受到了表扬。	太太在邻居面前夸奖了丈夫。
对比例句	听到丈夫在公司受到了表扬，太太在邻居面前也好好夸奖了他。	

5.2 正式：表扬 VS 称赞

除了“夸奖”以外，其余四词都具有正式性特点。根据上文结论，

"表扬、称赞、赞扬、赞美"的正式度逐个递增。那么体现在语距中,人、事、地、意都有明显差别。

具时空中,"表扬"的"场合"变化是它在口语体和正式体中变换的一个重要变量。"表扬"的提出者和接受者仍然存在身份高低差别,场合可以是"学校、家庭",此时具口语体属性;也可以是"公司、企业单位",此时具正式体属性,涉及对象仍然是具体的。除带宾外,"表扬"也可用于文件、文书、优秀团体的命名,如"表扬信、表扬涵、表扬通知单、表扬单位"等。

(4) a. 该市管部门每天都能收到表扬出租车司机助人为乐、拾金不昧的电话。(科技文献)

b. 省邮电部门被评为"党报党刊发行工作表扬单位"。(《福建日报》1992-09-29)

与"表扬"不同,"称赞"的发出者可以是鲜明的下级对上级的关系,根据冯胜利(2015,2018:86-88)提出的语体鉴定标准,从交际的时与空角度分析,下级对上级话语表达的方式、场合都更为谨慎,因此就语距而言,"称赞"大于"表扬";从语法的时与空角度分析,口语体和正式体分别具有"具时空"和"泛时空"的特征,称赞的受事既可以是具体的,如"称赞医疗队员""称赞志愿者",也可以是抽象的,如"称赞爱情的力量""称赞祖国变化",从语法的时空义素上观察,"称赞"的正式度也大于"表扬"试比较:

(5) a. 沿途百姓无不称赞陛下英明神武。(《长歌击剑录》2003)

b. *沿途百姓无不表扬陛下英明神武。

(6) a. 职工们无不称赞企业党建工作抓到实处。(科技文献)

b. *职工们无不表扬企业党建工作抓到实处。

为了放大这二者的区别,我们为教学设计了可供参考的极端语境:

表 10 “称赞”的极端语境表

	称赞(极端语境：突出下级对上级的夸赞)	
意	表尊重	
事	政府办了好事。	医院环境舒适、服务周到。
人	人民	病人
地	正式场合	
例句	人民称赞政府办了一件大好事。	病人称赞医院环境舒适、服务周到。
对比例句	＊人民表扬政府办了一件大好事。 ＊病人表扬医院环境舒适、服务周到。	

5.3 庄典：赞美 VS 赞扬

通过上文语料，我们可以看出“赞扬”和“赞美”所涉及对象具有正式、庄典的属性，因此可以广泛用于泛时空、虚时空和超时空中，具有尊敬、敬畏的意味。“赞扬”的受事可以是具体的，但更倾向于是抽象的。当对象为具体时，语距明显远于“表扬”。“赞美”的对象在语料中以抽象的事物“神、圣母、生命”等居多，根据冯胜利、刘丽媛(2020)提出超距律原则，“赞美”赋予语距语感形式的美感成分更多，艺术效能更大，可以出现在文学作品的排比句中。

(7) a. 他发表了讲话，高度赞扬了 50 年来中国在各个领域取得的成就。(《人民日报》1999)

b. 埃米尔殿下赞扬两国之间牢固密切的友好合作关系。(《人民日报》1995)

(8) a. 老师表扬了这个孩子拾金不昧的事迹。(具时空，身份存在差异，语距较近)(自拟)

b. 演出结束后，江泽民赞扬孩子们演得好。(具时空，但身份差距大，

语距较远)(《人民日报》1993)

c. 我们应该赞美孩子的思想和创造力。(泛时空,受事可为抽象事物)(微博)

(9) a. 我们赞美每一个美丽的生命。(微博)

b. 我们赞美命运的起起伏伏、赞美日月星辰、赞美这个时代……。(自拟)

我们尝试设计的教学典型语境和极端语境可以为:

表 11 “赞扬”的典型语境表

赞扬(典型语境:突出语距远、较“赞美”的受事更具体)		
意	表尊敬、敬畏	
事	中国为世界做出的努力	共产党人的精神
人	联合国	人民
地	正式场合	
例句	联合国<u>赞扬</u>中国为世界合作做出的努力。	人民<u>赞扬</u>共产党人的献身精神。
对比例句	人民<u>赞美</u>祖国。 * 人民<u>赞扬</u>祖国。 人民<u>赞扬</u>祖国 70 年来取得的巨大变化。 人民<u>赞美</u>共产党人。 * 人民<u>赞扬</u>共产党人。 人民<u>赞扬</u>共产党人的献身精神。	

表 12 “赞美”的极端语境表

赞美(极端语境:突出受事的美感和抽象性)		
意	表尊敬、敬畏	
事	孩子的思想	家乡巨变、人民生活美好
人	我们	书(作者)
地	正式场合	

（续表）

例句	我们更应该赞美孩子的思想，而不是外表。	这本书赞美了家乡的巨变和人民的美好生活。
对比例句	＊我们更应该赞扬孩子的思想，而不是外表。 ＊这本书赞扬了家乡的巨变和人民的美好生活。	

6 结语

本文通过测频、测时空性、测化欧程度，运用到短弱律、长短律 vs. 平衡律、合偶律、古今律、高频致俗律、超距律、树距律多个体原子，分析了“表扬、夸奖、赞扬、赞美、称赞”五个双音节赞誉类词的语体特征。在“形式—功能对应律”的指导下，我们从宾语特征、描写性状语修饰双音节赞誉类词的使用情况、双音节赞誉类词带表完结义补语的使用情况入手，多角度地对五者的句法特征进行了对比。从上文的论述中，我们可以得到双音节赞誉类词的正式度排列为：赞美>赞扬>称赞>表扬>夸奖。其中“赞美”属于庄典体，“赞扬”“称赞”属于正式体，“夸奖”（和“誇”）属于口语体，而“表扬”表现出了明显的通体特征，在口语语料和正式语料中出现的频次都较高，且在被动句式中的使用也较自由。在此基础上，我们在“三一语法”的指导下，根据语体差别，着眼于人、事、地、意的不同，为五者设计了极端、典型语境，帮助习得者明确它们之间的区别。当然，并不是所有同义词辨析都以语体语法角度出发为最佳，我们赞同从理性意义、表达色彩以及语法方面对同义词作全面分析，教学中的具体情况也需具体分析。本文的研究思路是在句法结构、句法功能相同或者相似的情况下，从语体角度出发，为其他类别的同义词辨析教学提供参考意见。

参考文献

崔希亮. 2020. 正式语体和非正式语体的分野. 汉字学报,(2):16-27.

程美珍. 1997. 汉语病句辨析九百例. 北京:华语教学出版社.

冯胜利. 2010. 论语体的机制及语法属性. 中国语文,(5):400-412,479.

冯胜利,施春宏. 2011. 论汉语教学中的"三一语法". 语言科学,(5):464-472.

冯胜利. 2012. 语体语法:"形式—功能对应律"的语言探索. 当代修辞学,(6):3-12.

冯胜利. 2015. 语体语法的逻辑体系及语体特征的鉴定. 汉语应用语言学研究,(0):1-21.

冯胜利. 2018. 汉语语体语法概论. 北京:北京语言大学出版社.

冯胜利,施春宏. 2018. 汉语语体语法新探. 上海:中西书局.

冯胜利,刘丽媛. 2020. 论语体语法的生物原理与生成机制. //北京师范大学民俗典籍文字研究中心编. 民俗典籍文字研究(第二十六辑). 北京:商务印书馆:76-103.

国家汉语水平考试委员会办公室考试中心. 2001. 汉语水平词汇与汉字等级大纲. 北京:经济科学出版社.

贺阳. 2008. 现代汉语欧化现象研究. 世界汉语教学,(4):16-31.

黄伯荣,廖序东. 2013. 现代汉语(增订五版). 北京:高等教育出版社.

王力. 1943/1985. 中国现代语法. 北京:商务印书馆.

张世禄. 1981."同义为训"与"同义并行复合词"的产生. 扬州师院学报,(3):1-5.

中国社会科学院语言研究所词典编辑室. 2016. 现代汉语词典(第7版). 北京:商务印书馆.

第七章

体原子在文学分析中的“构体”作用

【编者按】 本章虽然只收一篇论文,但仍然可以看出体原子在文学分析中的巨大作用,尤其是中国的古典文学。它告诉我们:一个以语体语法为基础的“‘语体’文学”的理论雏形,已是躁动于母腹中的一个婴儿。

唐代古、律诗体疑问句句末虚词的语体对立

——基于语体定律的唐诗语言分析*

卢俊霖

摘　要　文章从语体语法的角度，对唐代疑问句句末虚词"乎""欤""耶""那""不/否""未""无""摩/磨/麽/麼"在古、律体诗中的分布差异进行考察，发现正式度高的形式"无"多分布于律体诗中，口语性高的形式"乎""欤""耶""那"多分布于古体诗中，其他则没有表现出分布倾向性。进而论证古、律诗体的区别本质上是口语体和正式体语体之间的对立。诗歌中运用虚词不单是一种"以文为诗"的修辞术，同时也是语体语法规则运作的结果。

关键词　古体诗　律体诗　"树图首尾律"　句末虚词　以文为诗

1　问题的提出

古体诗和律体诗（又称近体诗）是汉语诗歌史上两类重要的诗体①。在语体上，古、律诗体呈现出明显的对立。明人谢榛《四溟诗

*　本文在冯胜利教授指导下完成，写作过程中蒙张健教授惠赐近著以作参考，又承陈远秀、刘丽媛、胡丛欢等同学与学者指教，特此鸣谢。行文纰漏之处，概由笔者负责。

①　唐诗如何分体、具体有多少体、分体标准是什么尚无定论。元稹《与乐天书》将唐诗分为"古讽、乐府、古体、新题乐府、律诗、律讽、悼亡、艳诗"等体，胡震亨《唐音癸签》将唐

话》论及：

《古诗十九首》，平平道出，且无用工字面，若秀才对朋友说家常话，略不作意。如"客从远方来，寄我双鲤鱼。呼童烹鲤鱼，中有尺素书"是也。及登甲科，学说官话，便作腔子，昂然非复在家之时。若陈思王"游鱼潜绿水，翔鸟薄天飞""始出严霜结，今来白露晞"是也。此作平仄妥帖，声调铿锵，诵之不免腔子出焉。魏晋诗家常话与官话相半，迨齐梁，开口俱是官话。官话使力，家常话省力；官话勉然，家常话自然。夫学古不及，则流于浅俗矣。今之工于近体者，唯恐官话不专，腔子不大，此所以泥乎盛唐，卒不能超越魏晋而追两汉也。（谢榛 1983：1178-1179）

虽然文论史上已经注意到古体诗和律体诗在语言系统的区别，即家常话和官话的对立；但对区别的解释仅仅着眼于日常语言（everyday language）与文学语言（literary language）的差异，即属于修辞手段的差异。（张健 2021）过去对诗歌语言的关注也是聚焦于语言的修辞性和语言形式美感（如王力 2015；蒋绍愚 2008；王锳 1999；竺家宁 2001；曹逢甫 2004；梅祖麟，高友工 2013 等），并不涉及语言系统本身，更不涉及语体系统的差异。由之，如何证明古、律诗体存在语体差异，这在汉语诗歌史、诗体学上仍是一个值得深究的重要问题。

冯胜利（2019），冯胜利、刘丽媛（2020），冯胜利、施春宏（2021）

诗分为"往体（即古体）、近体、歌行"三类。另一方面，判定一首诗属于古体还是律体，也有争议。如清代沈德潜《唐诗别裁集》中，将孟浩然《晚泊浔阳望香炉峰》一诗既归入五古、又列为五律；论《白帝城最高楼》为："句法古体，对法律体。"可见判断并非易事（感谢张健教授提醒笔者注意这一点）。本文取采用蒋绍愚（2008：4-15）的观点，把唐诗大略分作古体与近体两类，把乐府和歌行均视为"广义的古体诗"。同时，本文对具体诗歌的诗体判定，依据"全唐诗分析系统"（http://www.chinabooktrading.com/tang/）的标注，不再单独讨论。"全唐诗分析系统"系统是由北京大学数据分析研究中心和北京欣诺格科技有限公司联合研制，共收录唐代五、七言古体诗 19998 首，五、七言律体诗 27 924 首，总计 47 922 首。

从“平平仄仄”属于正式体“双步平衡律”的角度提出，律体诗是正式体语体规则运作的结果，古体诗相对而言属于口语体。换句话说，古、律诗体二分本质上就是口语体与正式体的语体对立。

本文即从语体语法最新发展的体原子理论（冯胜利，刘丽媛2020）入手，考察疑问句句末虚词在唐代古、律体诗歌中分布差异，从句法的角度上进一步论证古、律诗体的区别为口语体和正式体的对立，是原子定体运作的结果。

2 唐诗中的虚词研究以及语体语法的体原子分析

正式进入讨论之前，本节先简要回顾前人对唐诗中虚词运用的研究，进而探讨本文可以努力的方向；然后介绍本文所采取的语体语法学理论以及体原子分析。

2.1 前人研究

过去讨论唐代诗歌中的虚词系统，往往和“以文为诗”这一诗学命题相联系，将之作为艺术手段加以讨论。葛兆光（1999：204-205）指出，以虚字入诗是使诗歌语言“陌生化”的手段之一，是诗人“有心立异”的结果：

在他们的律诗里，行文自然如古诗的句子开始出现了；在他们的诗句中，过去整饬有序、节奏分明的句式开始松动变形了；在松动变形的句子中，过去被严格剔除的“语助”之词又渗入了，不合平仄的“拗字”也出现了；而在句与句之间，意脉也开始畅通连贯了。像律诗中的……“城尖径仄旌旆愁，独立缥缈之飞楼”、“杖藜叹世者谁焉，泣血迸空回白头”（以上杜甫诗），古诗中的“古人称逝矣，吾道卜终焉”、“去矣英雄事，荒哉割据心”（以上杜甫诗），“破屋数间而已矣”、“从不面诛未晚耳”、“忽忽乎余未知生之为乐也”（以上韩愈诗）……这些形如散文或口语的诗句使读惯了词藻典雅、节奏整齐的诗句的人感到别扭……

葛先生以古、律体诗句为例,说明如何利用散文、口语的诗句,制造陌生化效果。对古、律诗体中的虚词运用进行修辞视角上的统一解释。

刘洋(2016)谈论诗歌中的语气助词,也从填充音节、延宕节奏、丰富诗歌层次的角度加以分析语气词的修辞效果。

从修辞的角度讨论"以文为诗",意味着"以文为诗"是作者主观的言语行为,不受文体等客观因素限制,忽视了虚词在诗体分布上的系统性,没有系统的结构关系层面的分析。但事实上,学者们也观察到,诗歌中虚词的使用会受到诗体的限制。

钱锺书(2001:174)指出:"荆公五七古善用语助,有以文为诗、浑灏古茂之致,此秘尤得昌黎之传。"钱锺书先生论王安石(荆公)诗用语助时,点明了诗体差异,专论五、七古体诗,这也说明"以文为诗"不是一个绝对主观的修辞行为。

程千帆(1990:218)也观察到,韩愈以文为诗,只存在于其古诗,尤其是七言古诗中:"就形式论,古诗近于古文,而律绝诗近于骈文。因此,以文为诗,古诗接受古文的影响易,而律、绝接受古文的影响,即使不是不可能,也很困难。"然而,为何古诗在形式上接近古文、律诗在形式上接近骈文;什么样的形式契合于古体诗与古文、什么样的形式契合于律体诗与骈文;程先生并没有给出学理上的说明。

王力(2015:523)总结了不同诗体中的形式差异,指出:

古体诗中常见,而近体诗中罕见者。

1. 连介词"与、而、以、且、之、于"等。

2. 代词"其、之、彼、所、者、然、尔"等。

3. 副词语"一何、何其、勿复、忽复、忽已、日已、虽云、忽如、无乃"等。

4. 语气词"也、矣、乎、耳"等。

5.《诗经》中的虚字"言、云、载、聿、匪、惟"等。

为什么会有这样的分布差异，王力先生没有做出回答，只是简单地归纳描写。此外，句末虚词“无”却在唐代诗歌中大量使用。蒋绍愚(2008：105)指出：“语气词在唐诗中(特别是近体诗中)一般是不用的(新产生的疑问语气词‘无’除外)。”为什么“无”会成为例外？“无”的使用在近体诗和古体诗中是否有不同？蒋先生没有进一步说明。

通过对前人研究的简要回顾，我们发现，要系统地讨论诗歌中的虚词，就必须从分体的角度加以考察：既要区分不同诗体中形式分布差异，还要区分不同形式的语体差异，否则就无法解释为什么某些形式只能(或更多地)出现在某类诗体中。

2.2 语体语法的新进展：体原子

如何鉴定不同形式之间，或者同一形式不同功能之间的语体差异？这涉及当代语体语法最新的体原子理论。

语体语法是以调节语距为机能、以“形式—功能对生律”为原理的形式语法的一个分支(冯胜利 2010，2017，2018；冯胜利，施春宏 2018)。冯胜利、刘丽媛(2020)进一步发现了18组具有原子属性的语体定律，包括：

1. 音体原子(10个)：音值高低律、平衡律 vs. 长短律、短弱律、悬差律、融合律、单双音节对应律、嵌偶律、合偶律、韵律形态律、单调律。

2. 句体原子(3个)：离核律、树距律、树图首尾律。

3. 时体原子(5个)：古今律、时空律、高频致俗律、成分追加律、超距律。

具有原子性质的语体定律揭示了某些形式和功能之间必然的共生关系，即一些形式天生就代表某种功能；这是语体语法的重要原理“形式—功能对生律”。反映了语体语法理论“语体不同、语法不同”的核心观念。(冯胜利 2012；冯胜利，刘丽媛 2020)

从逻辑的角度看，上述语体定律是关于语体的普遍陈述(general statement)，可以表述为逻辑三段论中的大前提(major premise)。换句话说，有了上述定律，我们可以对诗歌中的一些形式做如下语体甄别，以“离核律”为例(冯胜利，刘丽媛 2020)：

大前提：凡对立形式中，结构上离核心词越远越正式。

小前提：“军马饲养场”和“养马场”这组对立形式中，“军马”离动词中心语“饲养”远。

推论：所以“军马饲养场”的相对于“养马场”更为正式。

另一方面，除了语法形式外，文体也会受到语体的影响。文体不是直接用来交际的，所以文体本质上和语体有所区别，但是语体却是文体产生的源泉，比如叙述故事一般都用非正式的语体，论证时多与正式语体结伴而行。(冯胜利 2010，2011)冯胜利(2014)分析指出，《诗经》三分风、雅、颂就是语体的俗、正、典三分机制的产物。袁愫(2019，2020)对《诗经》语言形式的研究，也证实了《诗经》语体三分的观点。刘丽媛、冯胜利(2020)从语体代降的角度，预测了汉语文体的演进。这是语体的造体功能在文学上的体现。(冯胜利，刘丽媛 2020)

综上，不仅语法形式会受到语体机制的影响，文体也会受到语体机制的影响。本文即利用语体定律，对诗歌中虚词系统的不同结构加以语体甄别，再结合虚词在不同古、律诗体中的分布差异，揭示其背后的语体机制，探讨语体对诗体的作用。

3 唐代古、律中的是非问和正反问

本节考察 7 个虚词“乎”“欤”“耶”“那”“不/否”“未”“无”在疑问句句末的使用情况，及其在唐代古、律体诗歌中的分布差异，进而讨论其分布差异背后的语体原因。

3.1 分布的差异

“乎”“欤”“耶”在上古汉语中就是典型的疑问语气词，虽然在唐代使用范围萎缩，但仍有使用（李小军 2013：202）。“那”初现于南北朝时期，并在唐代以后使用增多（李小军 2013：182）。

“不/否”“未”“无”源于否定副词。其中，“不”和“否”之间为同音异体字的关系。在中古音系中，二者同为非母尤韵开口三等字；另一方面，“不”虽然也有两套入声的反切（非母物韵、帮母没韵）；但是在诗歌中，句末否定词“不”通常和尤母字或相邻的侯母字（均为流摄字）押韵。[①] 如：

（1）正西望长安，下见江水流。寄言向江水，汝意忆侬不？（李白《秋浦歌十七首》）

（2）任向洛阳称傲吏，苦教河上领诸侯。石渠甘对图书老，关外杨公安稳不？（刘禹锡《和令狐相公言怀寄河中杨少尹》）

例（1）中，韵脚“流”属于尤母，例（2）韵脚“侯”属于侯母，均为流摄字。可见，“不”在句末押韵时，和“否”的声韵地位相当。所以我们把二者放在一起讨论。

唐代古、律诗歌中，上述7类虚词均可出现在疑问句句末。如：

（3）a. 白发多生矣，青山可住乎？（杜荀鹤《将归山逢友人》）

b. 非凡非圣复若乎？不强分别圣情孤。（契此《歌四》）

（4）a. 省分辄自媿，岂为不遇耶？（白居易《答故人》）

b. 归来未及问生涯，先问江南物在耶？（白居易《问江南物》）

（5）a. 摆头笑且言，我岂不足欤？（韩愈《别赵子》）

b. 放纵是谁之过欤？效尤戮仆愧前史。（韩愈《寄卢仝》）

---

① 中古音系参考东方语言学网站中古音查询系统：http://www.eastling.org/。

（6）谁知彭泽意，更觅步兵那？（王绩《赠学仙者》）

（7）a. 海棠花在否？侧卧卷帘看。（韩偓《懒起》）

b. 他日更思衰老否，七年相伴琢诗言。（齐己《送休师归长沙宁觐》）

c. 今朝不尽醉，知有明朝不？（白居易《效陶潜体诗十六首》）

d. 玉堂旧阁多珍玩，可作西斋润笔不？（李瀚《留题座主和凝旧阁》）

（8）a. 西京安稳未？不见一人来。（杜甫《早花》）

b. 蜀魂寂寞有伴未？几夜瘴花开木棉。（李商隐《燕台四首　夏》）

（9）a. 晚来天欲雪，能饮一杯无？（白居易《答刘十九》）

b. 妆罢低声问夫婿，画眉深浅入时无？（朱庆馀《近试上张籍水部》）

我们根据《全唐诗分析系统》中 47 922 首检索唐代七古、七律中两种疑问结构的分布情况，统计如表 1 所示：

表 1　“乎”“欤”“耶”“那”“不/否”“未”“无”的分布

诗体	乎	欤	耶	那	总计	不/否	未	无
五古	8	4	3	4	9	65	1	20
七古	1	1	2	0	4	20	1	10
五律	0	0	0	0	0	43	4	27
七律	0	0	1	0	1	73	1	114
古体	9	5	5	4	23	85	2	30
	0.045%	0.025%	0.025%	0.02%	0.115%	0.43%	0.01%	00.15%
律体	0	0	1	0	1	116	5	141
	0	0	0.003%	0	0.003%	0.415	0.018%	0.505

通过表 1 我们发现，在唐代古体、律体诗歌的疑问句中，上述 7 类语气词表现出如下三种分布类型：

第一，语气词“乎”“欤”“耶”“那”基本上只出现于古体诗的疑问句中，共出现 23 例，占唐代五、七古体诗总数的 0. 115%；而在律体诗中仅出现 1 例，即白居易《问江南物》[例(4)b]，仅占唐代五、七律体诗总数的 0. 003%。古体诗占比是律体诗的 38. 3 倍，分布差异显著。

第二，疑问句句末虚词“不/否”，既可以出现在古体诗中，共 85 例，占比 0. 43%；也可以出现在律体诗中，共 116 例，占比 0. 42%；在诗体上没有分布差异。

第三，疑问句句末虚词“无”，倾向于分布于律体诗中，共出现 141 例，占比 0. 5%；相比之下，在古体诗中出现较少，仅 30 例，占比 0. 15%；律体诗占比是古体诗的 3 倍，分布差异较为显著。

从上述分布类型，我们可以把疑问句句末虚词分为三类：倾向分布于古体诗的“乎”“欤”“耶”“那”，倾向分布于律体诗的“无”，以及没有分布倾向的“不/否”。①

问题随之而来：为什么“乎”“欤”“耶”“那”和“无”在不同诗体中的分布有所不同？为什么同为否定词来源的“无”和“否/不”，前者有分布倾向，后者没有分布倾向？下节尝试回答这两个问题。

3.2 语体解释

“乎”“欤”“耶”“那”和“无”在诗体上的分布差异，原因是二者在结构上有所不同。它们虽然都是功能词煞尾，但是句法位置不同。

以语气词“乎”“欤”“耶”“那”结尾的问句，是典型的是非问句。在结构上，语气词占据标句短语(CP，Complementizer phrase)的中心语位置。以例(3)a 为例，其句法结构如下例(10)：

① 类似在诗体上没有分布的还有“未”，但是“未”的出现频次太少了，可以忽略不计。

(10) 青山可住乎?

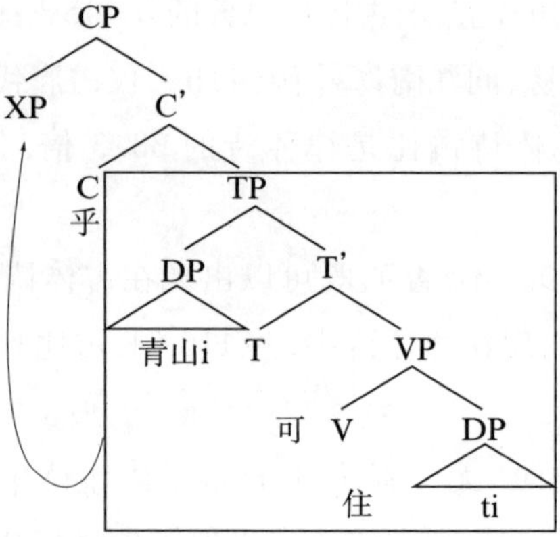

例(10)中,疑问语气词"乎"是标句短语的中心语。

疑问句句末虚词"无"句法性质有待讨论。有学者把句末的"无"统一视为语气词(王力 1980: 450-452;伍华 1987);也有学者认为"无"身兼否定词、语气词两类(太田辰夫 1987: 328-330;吴福祥 1997;孙锡信 1999: 50-60;杨永龙 2003;刘丽媛 2019)。

本文同意后一种观点,认为唐代的"无"并没有完全虚化,因为当时还存在例(11)的用法:

(11) 帝唤司马迁向前想(相)[$_{CP}$ 陵母妻子面上有死色无]。(《敦煌变文集》) (语料引自吴福祥,1997)

例(11)中的"无"如果是语气词,它只能出现在主句,而不能进入内嵌子句中,作为动词"想"宾语的一部分。所以,并不能说唐代的句末虚词"无"一定是语气词,其存在两解结构。(参看刘丽媛 2019)作为两解结构,例(9)a"能饮一杯无"既可以解读为疑问语气词:"能饮一杯吗?"也可以解读为正反问句:"能饮一杯无能饮一杯?"因此,正反问结构是引发否定词"无"发生语法化的句法环境。

与是非问句不同,正反问句,句末否定词占据否定短语(NegP,

Negative Phrase)的中心语位置,处于 CP 层之下的 TP 层。它经过语音上的删略而在表层结构中处于语句末尾位置。我们以例(9)a 为例,其结构如下(12)①:

(12) 能饮一杯无?

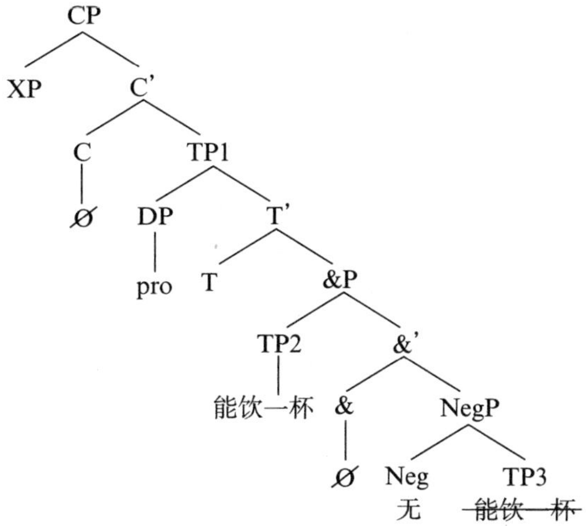

在结构(12)中,TP2"能饮一杯"和 NegP"无能饮一杯"由一个空的并列连词连接。经过同音删略,TP3 不出现在表层结构中。

对比结构(10)和(12)可知,句末语气词"乎""欤""耶""那"和句末否定词"无"句法位置有高低之别,正反问句末否定词"否"的句法位置高于 VP,低于 TP,而语气词"乎"则是在 TP 之上的 CP 层中。

冯胜利、刘丽媛(2020)提出"树图首尾律"(tree structure)这一恒定语体定律,是言在树图首尾两端,即首端 CP 之 C 和底端 VP 之 VO,均具口语属性。并指出,首尾两极的语距属性均为近距交际,若

---

① 关于"VP-Neg"的句法结构有两种观点,一种观点认为它是独立生成的结构,如 Cheng 等(1996),Huang 等(2009)、刘海咏(2014);另一种观点认为"VP-Neg"结构产生于"VP-Neg-VP",如 Hsieh(2001)、Li(2006)、邓思颖(2016)、王迟(2018)、刘丽媛(2019)等。本文采取第二种分析方法,具体论证可参看邓思颖(2016)。

以之为远距（正式体）表达，则须经过换体运作，如用“A 不 A”取代“CP-吗”。

可见，这两种不同的句法结构之所以在诗体中有不同的分布倾向性，其背后是体原子运作的结果。句末语气词“乎”“耶”“欤”“那”倾向分布于古体诗中，而句末否定词“无”倾向分布于律体诗中，本质上是由两种结构的不同语体性质所决定的。以“无”结尾的正反问结构，比以语气词“乎”“耶”“欤”“那”结尾的是非问句结构，语体正式体较高。正式度高的正反问结构多分布于律体诗中，而口语度高的一般问结构主要分布于古体诗中，这本身正符合律体诗与古体诗之间的相对关系：律体诗正式程度高而古体诗口语性较高。口语程度高的语气词很少能进入律体诗，这也反映了语体对语言形式的筛选机制。①

4 解释与预测

前文从“树图首尾律”的角度，解释了不同形式与结构在不同诗体中的分布差异，指出正式度高的正反问结构（对应语法虚词为“无”）倾向于分布在具有正式体语体属性的律体诗；相反，口语性强的是非问结构（对应语法虚词为“乎”“耶”“欤”“那”）则倾向于分布在口语性强的古体诗中。本节利用语体原子，进一步对唐代古、律诗体中的疑问句句末虚词的分布做出解释与预测，以印证前文推断的

① “树图首尾律”还可以通过《诗经》中的语气词分布获得佐证。《诗经》中疑问语气词“乎”表示是非问一共出现 4 例，其中 3 例出现于《郑风·溱洧》，1 例出现于《小雅·常棣》，《大雅》和《颂》中则没有。原因是《诗经》中的《风》《小雅》口语性较强；而《大雅》《颂》则正式度更高。（冯胜利 2014；袁愫 2019，2020）感谢冯胜利教授为笔者指出这一点。

合理性。

4.1 推演一："无"的进一步虚化与"摩/磨/麽/麼"的诗体分布

根据"树图首尾律"，正反问结构语体上比是非问结构正式度高。我们可以推论：对一个可做正反问和是非问两解的结构"VP-Neg"，如果母语者偏向于做是非问解读，那么该结构的正式度就越低；反之，如果母语者偏向做正反问解读，那么该结构的正式度就越高。

通过前文的分析，"无"之所以倾向分布于律体诗中，是因为否定词"无"所处的正反问句法结构具有正式体的语体性质。如果当否定词"无"进一步向语气词虚化，那母语者对"VP-无"这个结构，就更倾向于解读为正式度低的是非问。据此，我们可以预测，句末否定词"无"的律体诗分布倾向也将会消失。

"无"由否定词向语气词虚化的标志之一是语音的弱化，反映在书写上则是被"摩""磨""麽"等字取代。（李小军 2013：210）如：

（13）a. 万事不如棋一局，雨堂闲夜许来麽？（韦庄《寄禅月大师》）

b. 绿鬓羞妥麽，红颊思夭偎。（杜牧《代人作》）

c. 不知陶靖节，还动此心麽？（李中《听蝉寄朐山孙明府》）

d. 为报颜公识我麽？我心唯只与天和。（姚岩杰《报颜标》）

我们可以检索唐代诗歌中句末语气词"摩/磨/麽/麼"的分布情况，加以验证，如下表 2 所示：

表 2 "摩/磨/麽/麼"的分布

诗体	五古	七古	五律	七律	古体	律体
摩/磨/麽/麼	3	4	6	6	7	12
	0.015%	0.020%	0.021%	0.021%	0.035%	0.043%

对比表1“无”的分布以及表2“摩/磨/麽/麼”可见：

第一，进一步虚化为语气词“摩/磨/麽/麼”使用数量减少，唐代古、律诗中“无”的总数为171例，而虚化的“摩/磨/麽/麼”总数只有19例。

第二，进一步虚化后的语气词“摩/磨/麽/麼”没有分布倾向，在古体诗中一共出现7次，占五、七言古体诗总数的0.035%；在律体诗中一共出现12次，占五、七言律体诗总数的0.043%；在诗体上没有分布差异。

上述统计结果正好符合本文的预测。一方面，“无”进一步虚化为语气词时，母语者对“VP-摩/磨/麽/麼”的解读，就更偏向于理解为是非问结构。因此，“VP-摩/磨/麽/麼”出现的频率和语气词“乎”“欤”“耶”“那”一样，非常之少。另一方面，语法化是一个长期的过程，对“VP-摩/磨/麽/麼”的正反问解读不会完全消失，所以，“摩/磨/麽/麼”也不完全等同于语气词“乎”“欤”“耶”“那”，也可以出现在律体诗中，但是数量很少，且没有明显的分布倾向。①

4.2 推演二：“否/不”诗体分布的解释

4.1小节对“VP-摩/磨/麽/麼”的分析，同样可以帮助我们预测句末虚词“否/不”的分布情况。如果“否/不”虚化程度比“无”要高，

① 需要指出的是，在带否定成分的“莫VP无”结构中，是典型的是非问，而不是正反问，结构中的“无”也是虚化了的语气词，不应该被解读为否定词（杨永龙 2003；刘丽媛 2019）。根据本文的分析，它应该为口语体。但是本文发现，“莫VP无”结构均在律体诗中出现：“寻常藜杖九衢里，莫是商山一皓无？”（贯休《遇道者》）“山僧未肯言根本，莫是银河漏泄无？”（曹松《山寺引泉》）然而，“Neg-VP-Neg”结构，在汉代就已经出现（“不VP不”，参看俞理明 2004）。根据“古今律”：古语今用，均具庄典性/正式。（冯胜利，刘丽媛 2020）所以“莫VP无”的正式度可以从“古今律”上获得解释，因此也可以出现在律体诗中。感谢冯胜利教授为笔者指出这一点。

那么母语者对"VP-否/不"的解读就更倾向于正式度低的是非问解读,那么"VP-否/不"同样会表现出无诗体倾向性的分布情况。

从历史文献中可见:"否/不"充当句末虚词的时间早于否定词"无",虚化时间也早于"无",虚化程度也高于"无"。

首先,反复问句的"VP-Neg"见于文献的时间可追溯到西周时期,先秦文献中的"VP-Neg"式主要由否定词"不""否"与动词构成,本时期"无"还不能进入"VP-Neg"式中,(裘锡圭 1988;吴福祥 1997)其例如下:

(14) a. 曰:"齐多知,而解此环不?"(《战国策·齐策》)

b. 子之持戟之士,一日而三失伍,则去之否乎?(《孟子·公孙丑下》)

(以上语料均引自吴福祥 1997)

其次,在汉魏六朝时期,出现"Neg-VP-否/不"结构,在这一结构中,后置否定词"否/不"开始虚化为语气词,(吴福祥 1997;俞理明 2004)而在这一时期"无"才开始进入"VP-Neg"句式。其例见下:

(15) a. 问:"眼耳未觉恶不?"(《世说新语·贤媛》)

b. 辄嗔云:"君得哀家梨,当复不蒸食不?"(《世说新语·轻诋》)

(16) a. 世间羸瘦,有剧我者无?(《贤愚经》卷一)

b. 不知彼有法无?(《佛说义足经下》)

(以上语料均引自吴福祥 1997)

最后,先秦时期否定副词"否"除了作为"称代性及应对用的否定词"(吕叔湘 1982:242-243),表示和前面的情况相反[如例(17)a];还可以充当状语,修饰动词,如例(17)b。到了唐代,"否"的副词功能丢失,主要用作称代性否定词,如例(17)c。

(17) a. 赴以名,则亦书之;不然,则否。(《左传·僖公二十三年》)

b. 苗民否用练。折则刑。(《墨子·尚同》)

c. 据险隘,塞险则胜;否,则败。(《通典》卷第一百五十九)

(语料来自 CCL 语料库)

"否"做状语功能的消失、句法功能的缩减,也是"否"虚化的表现。

从上可得,句末否定词"否/不"虚化程度要高于"无",但虚化程度又不完全彻底,仍然保留了部分否定词的意义和用法,不及完全虚化了的"摩/磨/麽/麼"。由之,当时的母语者对"VP-否/不"的解读,既不会偏向理解为是非问,也不偏向理解为正反问;因此,"VP-否/不"不会表现出诗体的分布倾向,而且出现的频率应该多于语气词。

如表1所见,"否/不"既可以出现在古体诗中,也可以出现在律体诗中,在诗体上没有分布差异。通过前文的分析,我们发现"无""否/不""摩/磨/麽/麼"以及"乎、欤、耶、那"在正式度上有程度的高低,这种正式度的高低也反映在它们的诗体分布倾向性上,如下表3所示:

表3　正式度与诗体分布

虚词	乎、欤、耶、那	摩/磨/麽/麼	否/不	无
性质	典型的语气词	虚化后的否定词	虚化中的否定词	虚化中的否定词
正式度	低	较低	较高	高
频数	少	少	多	多
分布	古体诗	无倾向	无倾向	律体诗

5　结语

本文通过考察疑问句末的语气词和否定副词在唐代古、律诗体中分布情况,探索唐代古、律诗体的语体对立。

在"树图首尾律"的作用下,以语气词"乎""欤""耶""那"结尾的是非问句,口语性相对较强;而以否定副词"无"结尾的正反问句,正式度相对较高。口语性高的是非问句多出现于古体诗中,正式度高的正反问句,多出现于律体诗中。

进而,本文证实了古、律诗体的差异本质上是原子定体及其相互作用的“造体”结果:古体诗是口语语体原子运作的结果,而律体诗是正式体原子运作的结果。

同时,从文学的角度看,过去我们常常把诗歌中虚词的运用看作是修辞技巧或者特殊句式。本文研究发现,这些所谓的修辞手段同时也会受到语体语法的影响:不同的句法结构会受到语体的选择和限制。本文的研究也为语体如何影响文体提供了案例分析。

参考文献

曹逢甫. 2004. 从语言学看文学:唐宋近体诗三论. 台北:“中央研究院”语言学研究所.

程千帆. 1990. 韩愈以文为诗说//张伯伟. 程千帆诗论选集. 太原:山西人民出版社:205-230.

邓思颖. 2016. 反复问句的联合结构分析. 现代外语,(6):742-750,872.

冯胜利. 2010. 论语体的机制及其语法属性. 中国语文,(5):400-412,479.

冯胜利. 2011. 语体语法及其文学功能. 当代修辞学,(4):1-13.

冯胜利. 2012. 语体语法:“形式—功能对应律”的语言探索. 当代修辞学,(6):3-12.

冯胜利. 2013. 汉语诗歌研究中的新工具与新方法. 文学遗产,(2):144-154.

冯胜利. 2014. 语体俗、正、典三分的历史见证:风、雅、颂. 语文研究,(2):1-10.

冯胜利. 2017. 从语音、语义、词法和句法看语体语法的系统性. 中国语学,(264):1-24.

冯胜利. 2018. 汉语语体语法概论. 北京:北京语言大学出版社.

冯胜利. 2019. 汉语韵律音系学:汉语的韵律与文学课堂讲义(2019 年春). 手稿.

冯胜利,刘丽媛. 2020. 论语体语法的生物原理与生成机制. //北京师范大学民俗典籍文字研究中心编. 民俗典籍文字研究(第二十六辑). 北京：商务印书馆：76-103.
冯胜利,施春宏. 2018. 论语体语法的基本原理、单位层级和语体系统. 世界汉语教学,(3)：302-325.
冯胜利,施春宏. 2021. 韵律语法学的构建历程、理论架构与学理意义. 语言科学,(1)：38-59.
高友工,梅祖麟. 2013. 唐诗三论：诗歌的结构主义批评. 李世跃,译. 北京：商务印书馆.
葛兆光. 1999. 汉字的魔方：中国古典诗歌语言学札记. 沈阳：辽宁教育出版社.
胡宪丽. 2010.《诗经》疑问句研究. 绥化学院学报,(3)：106-108.
蒋绍愚. 2008. 唐诗语言研究. 北京：语文出版社.
李小军. 2013. 先秦至唐五代语气词的衍生与演变. 北京：北京师范大学出版社.
吕叔湘. 1982. 中国文法要略. 北京：商务印书馆.
刘洋. 2016. 五言诗用"语助"论. 北京社会科学,(10)：23-30.
刘丽媛. 2019. 韵律结构与古汉语的句法演变. 香港中文大学博士学位论文.
刘丽媛,冯胜利. 2020.《黄侃日记》语体论初探. 汉语史学报,(1)：57-72.
刘海咏. 2014. 转换生成语法框架下的汉语正反问句的生成. 语言学研究,(1)：42-59.
钱锺书. 2001. 谈艺录. 北京：三联书店.
裘锡圭. 1988. 关于殷墟卜辞的命辞是否问句的考察. 中国语文,(1)：1-21.
沈德潜. 2013. 唐诗别裁集. 上海：上海古籍出版社.
孙锡信. 1999. 近代汉语语气词. 北京：语文出版社.
太田辰夫. 1987. 中国语历史文法. 蒋绍愚,徐昌华译. 北京：北京大学出版社.
王迟. 2018. 现代汉语正反问句句法的韵律限制. 香港中文大学博士学位论文.
王力. 1980. 汉语史稿. 北京：中华书局.
王力. 2015. 汉语诗律学. 北京：中华书局.
王锳. 1999. 古典诗词特殊句法举隅. 北京：新华出版社.
吴福祥. 1997. 从"VP-neg"式反复问句的分化谈语气词"麽"的产生. 中国语文,

(1)：44-54.

伍华. 1987. 论《祖堂集》中以“不、否、无、摩”收尾的问句. 中山大学学报，(4)：80-89.

谢榛. 1983. 四溟诗话卷三//丁福保. 历代诗话续编（下册）. 北京：中华书局. 1178-1179.

杨永龙. 2003. 句尾语气词“吗”的语法化过程. 语言科学，(1)：29-38.

俞理明. 2004. 从东汉文献看汉代句末否定词的词性//浙江大学汉语史研究中心. 汉语史学报（第四辑）. 上海：上海教育出版社.

袁愫. 2019. 诗经韵律语体研究. 香港中文大学博士学位论文.

袁愫. 2020.《诗经》四言重复式的韵律与语体. 韵律语法研究，(2)：185-200.

张健. 2021. 诗与说话：传统文评中的语体与诗体. 北京大学学报，(1)：72-84.

竺家宁. 2001. 语言风格与文学韵律. 台北：五南图书出版公司.

Cheng L-S L, Huang C-T J, Tang C-C J. 1996. Negative Particle Questions: A Dialectal Comparison. //James R B, Motapanyane V. (eds.) *Microparametric Syntax and Dialect Variation*. Amsterdam: John Benjamins publishing company: 41-78.

Huang C-T J, Li Y-H A, Li Y F. 2009. *The Syntax of Chinese*. New York: Cambridge University Press.

Hsieh M-L. 2001. *Form and Meaning: Negation and Question in Chinese*. Ph. D Dissertation, University of Southern California.

Li B. 2006. *Chinese Final Particles and the Syntax of the Periphery*. Ph. D Dissertation, Leiden University.

| 第八章 |

体原子在英文语体语法中的作用

【编者按】 语体语法是否具有普适性？本章论文即用该理论来分析英文语体语法的首次尝试，可谓用汉语语言学理论解释英文的一个先例。这一尝试的成功意味着语体语法的理论潜力——不只英文，人类其他语言也可据此分析。倘如此，语体语法将可为理解和分析人类语言提供一个方法，为普通语言学提供一种理论。

基于离核律体原子的“NP_1+of+NP_2”结构研究*

孙　鑫

摘　要　语体语法是近年来刚刚发展起来的一个学科，是由原理、机制及其应用构成的一个完整体系。体原子（语距定律）作为其生成机制，决定着各式各样的语体语法的结构和形式。迄今为止，根据汉语语距实例已经归纳出了 18 项体原子。文章旨在基于 18 项体原子中的离核律来探讨英文中“NP_1 + of + NP_2”结构的不同语距形式，进而揭示这些现象的内在体原子，从而证明离核律在英文中对不同语距形式仍具有很强的解释力，也为二语学习和教学提供新思路。文章将从句法结构出发，运用英语平衡语料库——美国 COCA 语料库（Corpus of Contemporary American English，全书以下简称 COCA 语料库），基于离核律来解释英文中的两种现象：其一，“NP_1 + of + NP_2”结构与“NP_1（'s）NP_2”结构在正式度上的差异，在 COCA 语料库中表现为英文母语者在 TV/MOVIE 类非正式语境中偏爱于“NP_1（'s）NP_2”结构。其二，基于 TV/MOVIE 语料与 ACADEMIC 语料的对比，在“NP_1 + of + NP_2”结构中，核心词与结构底端成分之间离核超过了六个词的距离只会出现在 ACADEMIC 这类

* 本文蒙冯胜利老师的悉心指导以及“体原子分析法”审稿人提出的宝贵意见，在不断修改中完善了本文的内容，强化了本文的论证，从而使论证有理有据，免去了很多疏忽遗漏。笔者在此表达诚挚的谢意！

正式语境中，而不会出现在TV/MOVIE类的非正式语境中，且这一差异会拉开学术写作中使用的正式体与影视作品中使用的非正式体的距离。文章基于上述两种现象，借用The British National Corpus 语料库(全书以下简称BNC语料库)的口语(SPOKEN)语料来深入分析离核多少与语体级别的关系，最终得出离核越多，语体越正式的结论，并基于“NP_1 + of + NP_2”结构，计算出了离核七个词及以上会构成仅在学术写作语境下使用的正式体结构，同时为二语学习和教学提供了新见解。

关键词 语体语法 体原子(语距定律) 离核律 “NP_1+of+NP_2”结构

1 引言

根据定义，语体是实现人类直接交际中最元始、最本质属性(亦即确定彼此之间关系和距离)的语言手段和机制(冯胜利 2011)，亦即交际需要调距，调距需要语言，语言本身就有交际上“体”的功能。交际发生在三维空间，因此语距也有亲疏远近、高低贵贱之分，构成一个三维语距体系。(冯胜利，刘丽媛 2020)语体语法则赋予语体以语法属性，语体不同则语法亦异。(冯胜利 2010)它以形式—功能对生律为其语法原理，以体原子(语距定律)为生成机制，构成语体语法的三维体系。(冯胜利，刘丽媛 2020)不同的语距形式由不同的体原子作为内在机制来操控。本文旨在通过离核律这项体原子来探讨英文中“NP_1+of+NP_2”名词短语结构表现出来的不同语距形式，从而说明离核律对英文中不同语距形式的解释力。

离核律指“结构上离核心词越远越正式”，属于句法体原子，因此本文将基于句法结构进行分析。例如，基于离核律分析“NP_1+of+NP_2”结构与“NP_1's NP_2”结构在正式度上的差异，两个结构的树形图如图 1 所示。a 为“NP_1+of+NP_2”的句法结构，b 为句法书中描述的“NP_1's NP_2”的句法结构。（Carnie 2013：210）

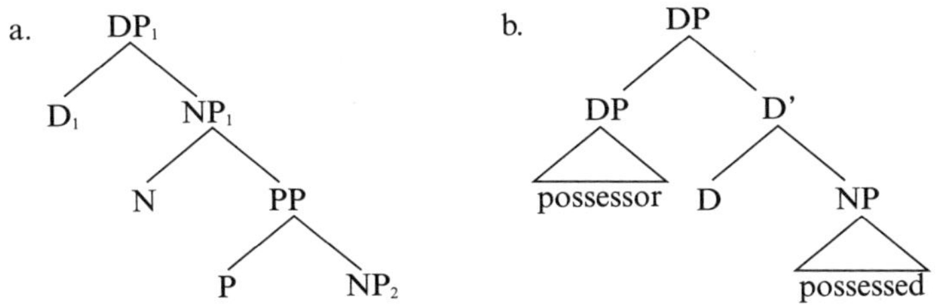

图 1

那么如何定义离核呢？冯胜利教授于 2020 年秋北京语言大学语体语法课程中曾谈及离核“远近”是就句法结构关系的管辖(govern)而言的。图 1a 中的核心词 D_1 与该结构的最底端成分 NP_2 存在着 C-统制(c-command)关系(管辖是 C-统制的一种)，因而存在着至少两个词的离核，如“the book of Danny”(图中的 NP_2 亦有可能为 DP_2，如“the bowl of the cat”，从而离核会变为三个词的距离)；而在图 1b 的“NP_1's NP_2”结构中，存在着两种情况。一为 DP(possessor)中存在 D，此时的核心 D 无法 C-统制底端 NP(如“the cat's bowl”)，不存在离核的情况，因而从句法结构上解释了“NP_1+of+NP_2”结构比“NP_1's NP_2”结构正式度高的原因；二为 DP 中没有 D，此时的核心为 DP(如“Danny's book”)，与结构底端成分构成了一个“'s”的离核，离核程度仍不及“NP_1+of+NP_2”结构，因而也解释了“NP_1+of+NP_2”结构比“NP_1's NP_2”结构正式度高的原因。

美国 COCA 语料库作为当今世界上最大的英语平衡语料库，涵盖了美国近 25 年的口语、小说、流行杂志、报纸和学术期刊五大类型的语料,且呈均匀平衡分布。(Mukherjee & Huber 2012: 30)在COCA语料库中,许多类别语料就正式性来说是混杂的,如SPOKEN类是口语语料,但其中包含大量国家新闻广播类较为正式的语境下产出的语料。因此,基于Biber(1988: 152)对于英语正式度的研究,即学术语篇(academic prose)包含着正式度最高的材料,而面对面的交谈(face-to-face conversations)、电话交谈(telephone conversations)等包含着正式度最低的材料,本文仅选择COCA语料库中正式性最低的TV/MOVIE类及正式性最高的ACADEMIC类进行讨论。TV/MOVIE类影视作品主要涉及人们的日常活动,大多是人物在一些非正式场合的谈话,亦即正式性较低的面对面交谈,如在家与家人的谈话,在公共场所与朋友的谈话,在购物时与店员的交谈。这些交谈可选择的主题似乎是无穷无尽的,但人物所选择的话语大多是贴切于非正式的日常交谈的,也不乏极少数正式场合的交谈。而ACADEMIC类学术期刊则是信息型文本,作者努力做出非个人的、客观的陈述或观察,对一些研究进行论证,因此使用的是较为正式的语言,其语言中不会出现日常家常聊天所用的非正式体,并且其中所用的正式体语言不会使用到TV/MOVIE类非正式的语境中,以此拉开了正式体与非正式体的距离。

本文行文安排如下:首先,基于离核律分析“NP_1+of+NP_2”结构与“NP_1('s) NP_2”结构在正式度上的差异,即,在“NP_1('s) NP_2”结构中,核心词与其底端成分不存在C-统制的关系因而不存在离核,或是核心词与其底端成分只有一个“'s”距离的离核,而在“NP_1+of+NP_2”结构中,存在着至少两个词的离核,因此解释了“NP_1+of+NP_2”结构比“NP_1('s) NP_2”结构正式度较高的原因,此外,运用美国COCA语料库对这一现象加以印证,也解释了为何英文母语者在TV/MOVIE类非正式语境中偏爱“NP_1('s) NP_2”结构。其次,基于COCA

语料库，本文将探究离核律造成的语体对立，即在“NP_1+of+NP_2”结构中，若 NP_2 是一个较长的 NP，核心词 D_1 与结构底端成分的离核超过了六个词的距离，其只会出现在 ACADEMIC 这类极正式的语境中，而不会出现在 TV/MOVIE 类的非正式语境中；且这种较长的 NP_2 可以单独出现在 TV/MOVIE 类的非正式语境中，只是不能出现在“NP_1+of”结构后，其原理正是体原子在决定着其结构和形式，同时印证了“NP_1+of+NP_2”结构与“NP('s) NP”结构正式度的差异正是离核律作用的结果，该探究也为二语学习提供了新思路。在此基础之上，本文亦使用了 BNC 语料库中的 SPOKEN 语料来探究离核多少与语体级别的对应性，并以此来划分出其正式度级别。

2 基于体原子的“NP_1+of+NP_2”结构研究

现有研究已经印证了离核律对汉语中不同语体现象的解释力，即结构上离核心词越远越正式。（冯胜利，刘丽媛 2020）至于其对英文中不同语体现象的解释力，本章将逐步给出英文中的例证。本章将分两部分进行探讨，一是用离核律来解释“NP_1+of+NP_2”结构与“NP_1('s) NP_2”结构正式度的差异。二是运用离核律解释“NP_1+of+NP_2”结构在英文中的语体对立现象，并基于语料库估算出其语体对立的临界点。

2.1 “NP_1+of+NP_2”结构与“NP_1('s) NP_2”结构正式度之差异

介词 of 在英文中的适用范围很广，可以用在形容词短语、名词短语、动词短语等不同结构中，表达各种各样的意义。“NP_1+of+NP_2”的名词短语结构可以表示所属关系，相当于表示所有格的形式“'s”。“NP_1's NP_2”结构和“NP_1+of+NP_2”两种结构是英文中用名词所有格来表示从属关系的两种结构，但“NP_1+of+NP_2”结构是更为正式的，如“Use of possessive OF with respect to an animate Landmark, particularly for individual humans or animals, is more formal — e. g. a car of mine[FML]① vs one of my cars; the bowl of the cat[FML] vs the cat's bowl; the remarks of the judges[FML] vs the judges' remarks”。（Lindstromberg 2010：209）此外，研究英语语法的著作也告诉我们，在书写与大学等相关的高级职位时往往不使用属格，“High positions of people associated with universities etc. tend to be written without using the genitive”（Wallwork 2013：15）；在正式场合应该使用“the+University+of”的形式，“Use the + university + of + town in formal situations (e. g. in prospectuses, on websites, in articles, in official documents)”（Wallwork 2013：15），以及与“the+university+of+town”形式对立的“town+university”是正式度较低的结构，“Use town+university when we see things from the student's point of view. This construction is less formal”。（Wallwork 2013：15）基于以上前人讨论过的现象，为何“NP_1+of+NP_2”结构与“NP_1('s) NP_2”结构在使用时会有正式度的差异，又为何在书写高级职位时不使用所有格以及在正式场合描述大学时不使用“town + university”的形式？体原子刚好可以为其提供答案。“NP_1+of+NP_2”结构与“NP_1('s) NP_2”结构之间的差异刚好是('s)与 of 的差别，二者的句法结构对比如图 2 所示（以“the bowl of the cat”与“the cat's bowl”为例）：

由图 2 可知，在“NP_1+of+NP_2”结构②中，整个结构的核心词是 D_1(the)，与该结构的底端成分 NP_2(cat)形成 C -统制的关系，从而距

① 上标“FML”为 formal 的缩写形式，表示该词组正式度更高，下同。

② 该结构中的 NP_1 与 NP_2 并非树形图中的 NP_1 与 NP_2，该结构中的 NP_1 与 NP_2 是在传统意义上包括树形图中的冠词在内的，相当于树形图中的 DP_1 和 DP_2，而树形图的结构是根据 X-bar theory 所做的，其对于名词所有格结构的研究有重要意义，下同。

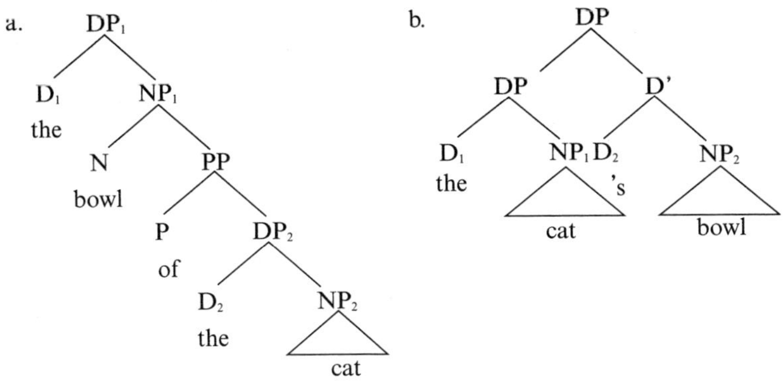

图 2

离核心词的距离是三个词的距离（若其他"NP_1+of+NP_2"结构中的 DP_2 不存在冠词 D_2，则只是一个 of 的距离，如 the bowl of mine），而在"NP_1('s) NP_2"结构中，要么是"NP_1+NP_2"的结构，NP_1 直接修饰 NP_2，不存在离核，如"Bologna University"；要么是"NP_1 's NP_2"结构，如图 2 中的 the cat's bowl，核心词 D_1(the) 无法 C-统制该结构的底端成分 NP_2(bowl)，因而不产生离核。需要指出的是，虽然在书写时"'s"附着在 NP_1 上，如 Anderson(2005：90) 曾描述"'s"是附着在 NP_1 上的一部分："the possessive marker in English attaches freely to heads and non-heads alike, provided only that their host be located at the right edge of the phrase"，但在句法结构上，"'s"为单独的成分 D_2，不是一个后缀，如在较长的 NP_1 结构中，"'s"出现在整个 NP_1 之后，是一个单独的成分，如在 the man standing over there's hat 中，不能将"'s"理解为单词 there 的后缀。（Carnie 2013：209）综上所述，"NP_1('s) NP_2"结构不存在离核或离核为一个"'s"的距离（如引言所提的"Danny's book"），而在"NP_1+of+NP_2"结构中，离核至少为两个词的距离，因而出现了"NP_1+of+NP_2"结构与"NP_1('s) NP_2"结构之间正

式度的差别。至于为什么书写与大学等相关的高级职位时不用所属格,如书中所提到的,“The Chancellor of the University of Cambridge”是正确的(correct),“University of Cambridge's chancellor”是罕见的(not common),以及“the Rector of the University of Coimbra”与“the University of Coimbra's Rector”的区别也是正确的(correct)和罕见的(not common)之分,(Wallwork 2013:15)其原因就是在书写时,关于职位与大学的词(如“university”“rector”)均是拉丁词源,根据古今律[①](冯胜利,刘丽媛 2020),它们已经具有正式体的特征,因此,只能使用正式度较高的“NP_1+of+NP_2”结构,而不是“NP_1('s) NP_2”结构。

以上探究表明了“NP_1+of+NP_2”的结构是比其对应的“NP_1('s) NP_2”形式正式的。赵秀凤(2004)在她的实证研究中也提到,“NP_1+of+NP_2”结构具有增强语体正值幅度作用。另外,名词化(Nominalization),是“指从其他某个词类形成名词的过程或指从一个底层小句得出一个名词短语的派生过程”(戴维·克里斯特尔 2000:240),已被证实为是英文正式语体的一大特征[②](Radovanovic 2001)。底层小句的名词化主要是指谓语动词的名词化,如“the performance of a jet”vs.“a jet performs”、“the knowledge of NP”vs.“know little about NP”等。而该类名词化短语结构更加正式的原因是什么?有学者从系统功能语言学的角度出发,指出“名词化结构代替一个个小句从而使单位小句的信息密集度增大,表达更多的内容”从而“实现特定的交际功能”。(王晋军 2003)本文认为除动词变为

① 古语今用,均具庄典性/正式。(冯胜利,刘丽媛 2020)

② 原文为:it is a general characteristic of nominalizations that they appear more often as a standard feature of some special functional styles/registers of language use, particularly of those like political, legal, administrative, journalistic, and scientific。

名词使其更加正式外，含有 of 的向心结构使核心词与结构底端成分构成 C-统制的关系，而且其核心词距离结构底端成分较远，因而使其结构更加正式。名词化短语结构与底层小句的句法结构对比如图 3 所示(以“the performance of a jet”与“a jet performs”为例)：

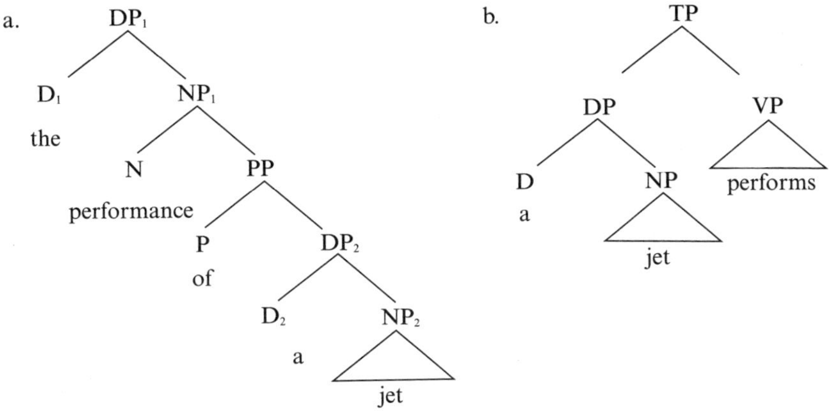

图 3

由图 3 可得，“NP_1+of+NP_2”结构中的核心词为 D_1，与其底端成分 NP_2 构成了 C-统制的关系，且二者在句法结构上的距离为 3 个词的距离。与此相反，底层小句中不存在核心词与底端成分的 C-统制关系，不存在离核，因此符合离核律的名词化短语结构更加正式。

基于前人提到的，当表所属时，“NP_1+of+NP_2”的结构要比其对立体“'s”结构更加正式，如：基于 COCA 语料库的 Chart 功能，分别检索“the drama of ＊①”与“＊'s drama”，将其结果绘制成表格如表 1 和表 2 所示：

---

① 此处＊表示的任意的词或短语，当其用括号(＊)标示在一个短语或句子开头时，表示该短语或句子非法。

表 1 “the drama of ＊”的检索结果

SECTION	ALL	BLOG	WEB	**TV/M**	SPOK	FIC	MAG	NEWS	ACAD
FREQUENCY	904	74	90	**21**	79	126	207	131	176
WORDS(M)	993	128.6	124.3	**128.1**	126.1	118.3	126.1	121.7	119.8
PER MIL	0.91	0.58	0.72	**0.16**	0.63	1.06	1.64	1.08	1.47①

表 2 “＊’s drama”的检索结果

SECTION	ALL	BLOG	WEB	**TV/M**	SPOK	FIC	MAG	NEWS	ACAD
FREQUENCY	394	44	31	**31**	33	31	51	109	64
WORDS(M)	993	128.6	124.3	**128.1**	126.1	118.3	126.1	121.7	119.8
PER MIL	0.40	0.34	0.25	**0.24**	0.26	0.26	0.40	0.90	0.53

表 1 和表 2 的 FREQUENCY 代表该词组的出现次数，WORDS(M)表示各类别语料中的总字数，并以百万(Million)为单位来统计。PER MIL 表示的是每百万词中出现该结构的次数。由表 1 和表 2 数据对比可知，“the drama of ＊”比“＊’s drama”的使用次数更多，但在 TV/MOVIE 类的非正式语境中，“the drama of ＊”在每百万语料中的使用次数就不及“＊’s drama”了。这恰好说明了“the drama of ＊”比“＊’s drama”的正式度高，英文母语者在 TV/MOVIE 这类非正式语境下更倾向于使用“NP_1(’s) NP_2”的结构。与之相似的结果如表 3 和表 4 所示：

① 表格的语域类型依次为 BLOG, WEB, TV/MOVIE, SPOKEN, FICTION, MAGZAINE, NEWS, ACADEMIC.

表 3 “the father of ＊” 的检索结果

SECTION	ALL	BLOG	WEB	**TV/M**	SPOK	FIC	MAG	NEWS	**ACAD**
FREQUENCY	5 438	478	842	**600**	988	454	800	913	**363**
WORDS(M)	993	128.6	124.3	**128.1**	126.1	118.3	126.1	121.7	**119.8**
PER MIL	5.48	3.72	6.78	**4.68**	7.83	3.84	6.34	7.50	**3.03**

表 4 “＊’s father”的检索结果

SECTION	ALL	BLOG	WEB	**TV/M**	SPOK	FIC	MAG	NEWS	**ACAD**
FREQUENCY	16 899	796	1 423	**2 030**	1 957	5 192	1 941	2 619	**941**
WORDS(M)	993	128.6	124.3	**128.1**	126.1	118.3	126.1	121.7	**119.8**
PER MIL	17.02	6.19	11.45	**15.85**	15.52	43.88	15.39	21.51	**7.86**

表3和表4为“the father of ＊”与“＊’s father”在COCA语料库Chart功能里的检索结果，“the father of ＊”的出现频次不及“＊’s father”，约等于“＊’s father”出现频次的三分之一，但其在TV/MOVIE语料中每百万语料出现的次数约等于“＊’s father”在TV/MOVIE语料中每百万语料出现的次数的四分之一，而“the father of ＊”在ACADEMIC语料中每百万语料出现的次数约等于“＊’s father”在ACADEMIC语料中每百万语料出现的次数的二分之一，恰好说明了“the father of ＊”的正式度要高于“＊’s father”。更多的检索结果如表5—表8所示：

表 5 “the mother of ＊” 的检索结果

SECTION	ALL	BLOG	WEB	**TV/M**	SPOK	FIC	MAG	NEWS	**ACAD**
FREQUENCY	5 699	546	893	**526**	975	540	945	929	**345**

（续表）

WORDS(M)	993	128.6	124.3	**128.1**	126.1	118.3	126.1	121.7	**119.8**
PER MIL	5.74	4.25	7.19	**4.11**	7.73	4.56	7.49	7.63	**2.88**

表 6 "＊'s mother"的检索结果

SECTION	ALL	BLOG	WEB	**TV/M**	SPOK	FIC	MAG	NEWS	**ACAD**
FREQUENCY	18 800	828	1 274	**1 958**	2 660	6 304	1 828	2 790	**1 158**
WORDS(M)	993	128.6	124.3	**128.1**	126.1	118.3	126.1	121.7	**119.8**
PER MIL	18.93	6.44	10.25	**15.29**	21.09	53.28	14.50	22.92	**9.67**

表 7 "the picture of ＊"的检索结果

SECTION	ALL	BLOG	WEB	**TV/M**	SPOK	FIC	MAG	NEWS	**ACAD**
FREQUENCY	2 809	338	334	**198**	447	737	293	213	**249**
WORDS(M)	993	128.6	124.3	**128.1**	126.1	118.3	126.1	121.7	**119.8**
PER MIL	2.83	2.63	2.69	**1.55**	3.54	6.23	2.32	1.75	**2.08**

表 8 "＊'s picture"的检索结果

SECTION	ALL	BLOG	WEB	**TV/M**	SPOK	FIC	MAG	NEWS	**ACAD**
FREQUENCY	1 566	102	155	**205**	222	351	166	169	**196**
WORDS(M)	993	128.6	124.3	**128.1**	126.1	118.3	126.1	121.7	**119.8**
PER MIL	1.58	0.79	1.25	**1.60**	1.76	2.97	1.32	1.39	**1.64**

表 5 和表 6 关于"the mother of ＊"与"＊'s mother"的检索结果同样表明了"the mother of ＊"比"＊'s mother"更正式。"＊'s mother"

的总出现频次约为“the mother of ＊”总出现频次的三倍，但“＊'s mother”在 TV/MOVIE 每百万语料中的出现频次约为“the mother of ＊”在 TV/MOVIE 每百万语料中的出现频次的四倍，此结果同样说明了“the mother of ＊”比“＊'s mother”更正式。表 7 和表 8 关于“the picture of ＊”与“＊'picture”的检索结果更为明显。“the picture of ＊”虽然总出现频次约为“＊'picture”总出现频次的二倍，但其在 TV/MOVIE 每百万语料中的出现频次还不及“＊'picture”在 TV/MOVIE 每百万语料中的出现频次，更说明了“the picture of ＊”比“＊'picture”更正式。

上述数据的检索结果均表明了“NP_1+of+NP_2”形式的正式度高于“NP_1('s) NP_2”形式的正式度。究其原因，本文认为 of 的存在使“NP_1+of+NP_2”结构的核心词与结构的底端成分存在 C-统制关系，并且二者之间的距离至少为 2 个词的距离，从而使其正式度提高，如在“the drama of ＊”中存在着核心词与结构底端成分的 C-统制关系，亦即存在着离核，“＊”距离核心词 the 的距离至少为两个词的距离，从而其正式度提高了。其句法结构对比如图 4 所示：

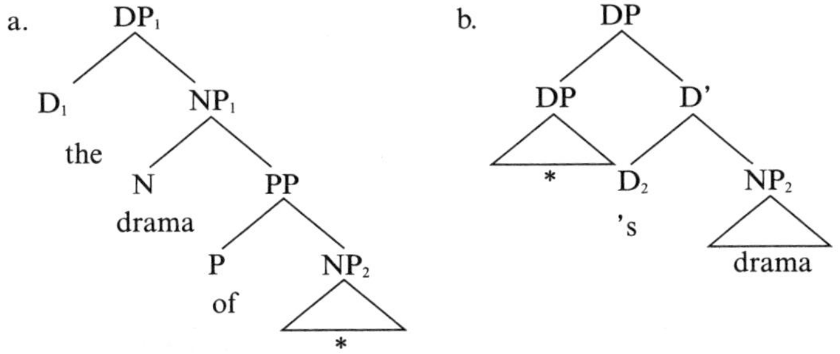

图 4

更加有说服力的例证如下关于表示刻度与值的关系的例证：

在 COCA 语料库的 chart 功能里分别搜索“An increase ＊ %”与

"＊ % increase",其检索结果如表 9 和表 10 所示：

表 9 "An increase of ＊ %"的检索结果

SECTION	ALL	BLOG	WEB	**TV/M**	SPOK	FIC	MAG	NEWS	**ACAD**
FREQUENCY	2 080	368	393	**16**	135	5	210	409	**544**
WORDS(M)	993	128.6	124.3	**128.1**	126.1	118.3	126.1	121.7	**119.8**
PER MIL	2.09	2.86	3.16	**0.12**	1.07	0.04	1.67	3.36	**4.54**

表 10 "A ＊ % increase"的检索结果

SECTION	ALL	BLOG	WEB	**TV/M**	SPOK	FIC	MAG	NEWS	**ACAD**
FREQUENCY	5 231	696	708	**53**	634	28	698	1 527	**887**
WORDS(M)	993	128.6	124.3	**128.1**	126.1	118.3	126.1	121.7	**119.8**
PER MIL	5.27	5.41	5.70	**0.41**	5.03	0.24	5.54	12.54	**7.40**

从表 9 和表 10 中数据可见,"A ＊% increase"总频次约为"An increase of ＊%"总频次的 2.5 倍,但"A ＊% increase"在 TV/MOVIE 每百万语料中的出现次数约为"An increase of ＊%"在 TV/MOVIE 每百万语料中的出现次数的四倍,正说明了"An increase of ＊%"要比其对立形式"A ＊% increase"的正式度高,它们的树状图如图 5 所示(以"an increase of 5%" 与 "a 5% increase" 为例)：

如图 5a 所示,核心词为 D_1,与该结构的底端成分构成了 C-统制的关系,核心词与结构底端成分的距离为 3 个词的距离。相比之下,图 5b 中虽然也构成了 C-统制的关系,但其核心词 D_1 与底端成分间只有两个词("5"和"%")的距离。因此,"An increase of ＊ %"在结构上比其对立形式多出了一个词距离的离核,其正式度就比其对立形式

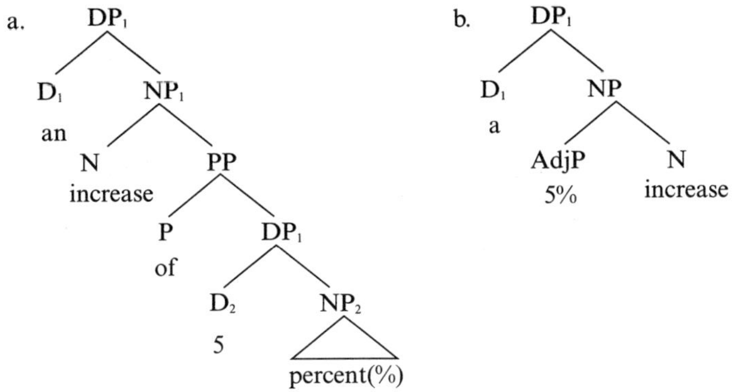

图 5

“A ＊ % increase”高，英文母语者在 TV/MOVIE 类的非正式语境中，就偏爱于使用“A ＊ % increase”。类似的短语对比也有“A height of ＊ meters”与“＊ meters high”，结果如表 11 和表 12 所示：

表 11　“A height of ＊ meters”的检索结果

SECTION	ALL	BLOG	WEB	**TV/M**	SPOK	FIC	MAG	NEWS	ACAD
FREQUENCY	38	6	7	**2**	0	5	8	0	10
WORDS(M)	993	128.6	124.3	**128.1**	126.1	118.3	126.1	121.7	119.8
PER MIL	0.04	0.05	0.06	**0.02**	0.00	0.04	0.06	0.00	0.08

表 12　“＊ meters high”的检索结果

SECTION	ALL	BLOG	WEB	**TV/M**	SPOK	FIC	MAG	NEWS	**ACAD**
FREQUENCY	185	12	15	**13**	11	69	26	1	38
WORDS(M)	993	128.6	124.3	**128.1**	126.1	118.3	126.1	121.7	119.8
PER MIL	0.19	0.09	0.12	**0.10**	0.09	0.58	0.21	0.01	0.32

除此之外,Scott 和 Tribble(2006：101)曾基于 BNC 语料库中的人物对话与学术写作语料,分别对其中 of 的搭配进行了研究,结果如表 13 所示：

表 13　在人物对话及学术写作的语境下 of 的搭配情况对比研究

Immediate left collocates of "of" in Conversational Production & immediate left collocates of of in Written Academic

Conversational Production：Total instances of of：1 623

Written Academic：Total instances of of：9 571

N	WORD	TOTAL	subtotal	WORD	TOTAL	subtotal
1	SORT	178		TERMS	162	
2	BIT	113		ONE	294	
3	ONE	169		PART	116	
4	LOT	101		SPECIES	272	
5	OUT	99	660	NUMBER	104	948
6	SOME	72		RANCE	99	
7	COUPLE	43		SOME	252	
8	PAIR	38		USE	102	
9	CUP	31		THAT	792	
10	END	36		BECAUSE	121	
11	SHOULD	32		FORM	112	
12	BECAUSE	33		CASE	78	
13	INSTEAD	18		IDEA	78	
14	ALL	76		MOST	157	
15	KIND	18		END	67	

（续表）

N	WORD	TOTAL	subtotal	WORD	TOTAL	subtotal
16	ANY	33		HISTORY	69	
17	MOST	17		PRINCIPLE	69	
18	PART	21		EFFECT	73	
19	PIECE	20		FUNCTION	68	
20	PLENTY	16		MANY	123	
	TOTAL	1 164		TOTAL	2 260	

由上述数据可以看出，在人物对话这类非正式语境下，出现次数最高的 of 搭配均不是我们之前所谈论的符合离核律的“NP_1 + of + NP_2”的结构，如表 13 中的 PLENTY of, CUP of, PIECE of 等。若将其句法结构等同于我们之前所谈论的符合离核律的“NP_1 + of + NP_2”的结构来画，以“the book of poems”与“a piece of cake”为例，其句法结构如图 6 所示：

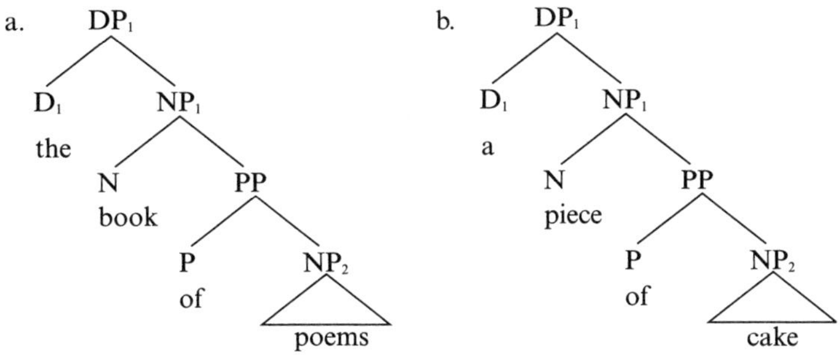

图 6

依据句法树对于 the book of poems 的描述，of poems 是作为补述语（complement）出现的。其一，补述语是对语义核心的补充，“the complement rule introduces the head①"（Carnie 2013：178），而 a piece of cake 中的语义核心为 cake，并不是 piece，of cake 不能对语义核心进行补充，因此 a piece of cake 的结构并不能等同于 the book of poems 的结构。其二，of poems 作为补述语，可以和其他补述语并列，如"the book of poems and of fiction"（Carnie 2013：181），而在 a piece of cake 中，of cake 并不能与其他补述语并列，因此 a piece of cake 的结构并不能等同于 the book of poems 的结构。其内在结构只能是 a piece of 作为一个整体相当于形容词来修饰 cake，因此其间不存在离核。

而依据表 13 可得，在学术写作语境下，出现次数较高的 of 搭配则出现了 use of、case of、idea of、history of、principle of 等符合离核律的表示从属关系的"NP_1 + of + NP_2"结构。表从属关系的"NP_1 + of + NP_2"的内在结构，以"the teeth of an animal"为例，其内在结构如图 7 所示：

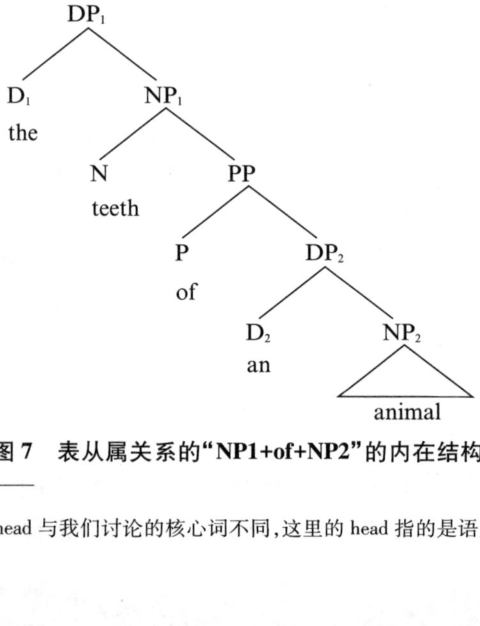

图 7　表从属关系的"NP1+of+NP2"的内在结构

---

①　注意，这里的 head 与我们讨论的核心词不同，这里的 head 指的是语义核心。

由图 7 可得，核心词 D_1C -统制该结构的底端成分 NP_2，且二者之间的距离为三个词的距离，因而区别于不存在离核的“a piece of cake”的结构。在此也印证了离核律的作用，即离核指的是结构内部应存在着 C -统制的句法关系，且离核“远近”应为核心词与其结构底端成分的距离。

综上所述，正是离核律的作用才使得“NP_1+of+NP_2”结构比“NP_1('s)NP_2”结构更正式。因此，基于前人的研究以及本文基于美国 COCA 语料库的研究，“NP_1('s)NP_2”结构和“NP_1+of+NP_2”之间正式度存在差异，且正是因为离核律的存在才使得它们正式度之间存在差异。为进一步例证离核律在英文中不同语距形式的解释力，下面一小节将例证“NP_1+of+NP_2”结构在语体上的对立。

2.2 基于“NP_1+of+NP_2”结构的语体对立研究

在本小节的检索过程中，主要基于 COCA 语料库中的 TV/MOVIE 语料与 ACADEMIC 语料，对“NP+of”后出现的 NP 结构进行对比。以下是其语体对立实例：

以“the picture of”为例，基于“the picture of”在 COCA 语料库 TV/MOVIE 语料中出现的所有搭配形式可得，“the picture of”后在非正式语境下搭配的通常是名词、代词等较短的结构形式。若出现较长的结构，则是由“and”连接的两个较短的 NP。如：

(1) Andrea, your letter filled me with great joy today. I really liked the picture of you and the horse.

(2) Look at the picture of you and Chrissie Hynde. Are you saying that you didn't hook up?

(3) Granny, I love when you come to visit. Did you bring the picture of him and the goat? Never leave home without it. Yes, sir.

而“the picture of”在 ACADEMIC 类别的搭配形式中，其后会出现一个较长的名词短语结构，“the picture of + 一个较长 NP”的结构在 TV/MOVIE 中则并未出现。如：

（4）... satisfying the adolescent's needs, which in turn would give as a result the picture of a vulnerable and disoriented person in terms of his or her relationship to peers.

（5）From my father's stories there emerged the picture of an amusing but slightly dangerous world. Sharks, wolves were out there.

（6）The picture of early and medieval Christian childhood in Georgia that has emerged from the sources studied.

（7）... balance, and harmony, the ugliness of injustice is to be found in the picture of two very separate and radically unequal worlds, in the grotesque greed with which...

TV/MOVIE 类别中并非不会单独出现一个较长的 NP，如“a Adj and Adj N”这种较长的 NP 结构：

（8）Back to you, Wood. A shocking and sad picture coming out of Pleasant Valley. We'll have more on that story as it.

（9）... the way, Father, which planet will be mine? A wealthy but untamed world. Bringing it under your heel will be your greatest triumph.

（10）We could have a totally new and different world in which we don't have to pay for energy, in which we have...

（11）... debate over the choices he's had to make in a very real and dangerous world. What does that even mean?

（12）Ms. Emory. And although she lives in a very picturesque and exciting world... I don't think it's quite the one for a 10-year-old boy.

根据以上语体对立实例，为何“the picture of”后搭配一个较长的 NP 只能出现在 ACADEMIC 类别这种极正式的语境中，而在 TV/

MOVIE 类别这种非正式语境中，其后搭配较长的结构形式只能是多个较短的 NP 并列？再如“the idea of”在非正式语境中的搭配的较长结构为三个较短的 NP 并列结构：No. Okay. Did you cancel it because the idea of reindeer, candy canes and trees has nothing to do with the actual meaning. 此外，一个较长的 NP 为何可以单独出现在 TV/MOVIE 非正式语境下，而 ACADMIC 正式语境类别中则不可以和“NP+of”结构搭配？

离核律刚好为我们解答了这一问题。在 ACADEMIC 正式语境类别中，以“... balance, and harmony, the ugliness of injustice is to be found in the picture of two very separate and radically unequal worlds, in the grotesque greed with which...”为例，核心词为 the，与该结构的底端成分存在 C-统制关系，且距离该结构的底端成分较远，为 7 个词的距离。其句法结构如图 8 所示：

而在非正式语境中，以“Andrea, your letter filled me with great joy today. I really liked the picture of you and the horse.”为例，“the picture of”后的搭配形式为“you and the horse”。“You and the horse”是一个并列结构，该结构内两个 NP 具有相同的句法地位。(Carnie, 2013: 53)[①]那么这样的话，you and the horse 应为一个整体，the picture of you and the horse 中的底端成分应为 you and the horse。其句法结构如图 9 所示：

由图 9 的树形图可以看出，the picture of you and the horse 中虽然也存在 C-统制的关系，但其核心词 D_1 与结构的底端成分的距离只有两个词的距离。因此，从图 8 与图 9 的树形图对比中可以看出，若

① 原文为：“Conjunctions are words that connect two or more phrases together on an equal level.”

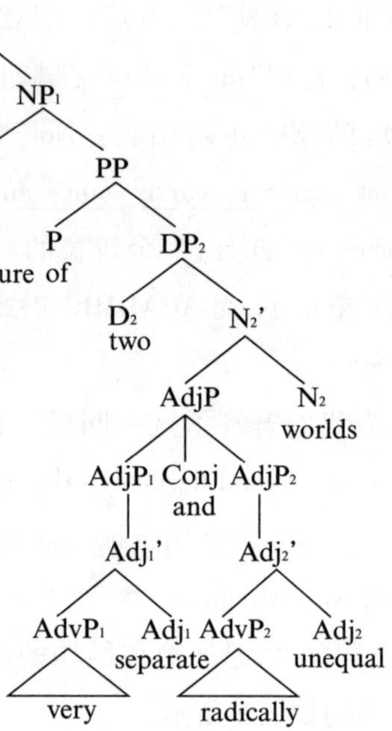

图 8 the pictu e of two very separate and radically unequal worlds 的句法结构

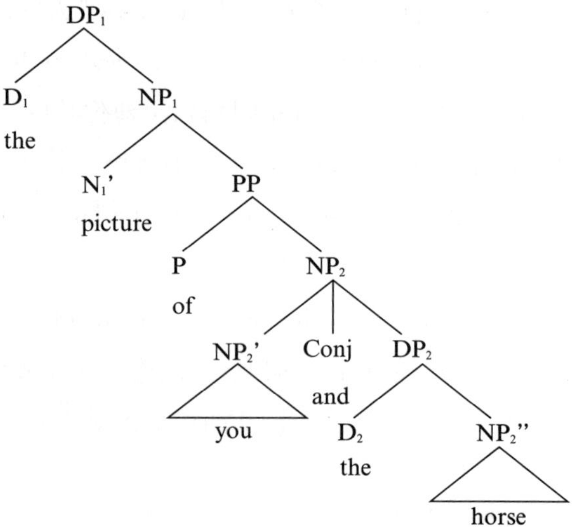

图 9 the picture of you and the horse 的句法结构

"NP+of"结构后为一个较长的 NP,而不是多个 NP,则可以形成语体上的对立。

那么,一个新的问题是,在"NP+of+一个较长的 NP"结构中,该结构的底端成分距离核心词多远才会造成"NP_1+of+NP_2"结构在 TV/MOVIE 语料与 ACADEMIC 语料中语体的对立?其临界点是几个词的距离是值得我们进一步思考的问题。基于对语料的观察研究发现,TV/MOVIE 语料库中"NP+of+一个较长的 NP"结构的核心词与底端成分的距离最远为 6 个词的距离,如表 14 所示:

表 14 TV/MOVIE 语料中"NP+of+一个较长的 NP"结构的核心词与底端成分的距离及其出现次数

核心词与底端成分的距离 / "NP + of"实例	5 个	6 个	7 个	8 个
The loss of	5 次	1 次	0 次	0 次
The price of	9 次	3 次	0 次	0 次
The picture of	3 次	1 次	0 次	0 次
The idea of	12 次	5 次	0 次	0 次

由表 14 中数据可得,"NP+of+一个较长的 NP"结构的核心词与结构底端成分超过了 6 个词的离核时是一种极正式体的结构,而这一结构不会在 TV/MOVIE 类的非正式语境中出现。

(13) Leonard, what you're experiencing is a classic Jungian crisis in which the aging individual mourns the loss of the never-to-be realized ideal family unit. (源自 *The Big Bang Theory*)

(14) And all for the price of a paltry 1,000 Scotch pounds. (源自 *Rob Roy*)

(15) He wanted to introduce the character in a really spectacular way but he wanted to do it in a way that visually got across the idea of this very,

(very) strange future world that he was starting to put together in his own mind.（源自 *Dangerous Days: Making Blade Runner*）（注：两个 very 是由于说话磕巴造成，我们只计算一个）

(16) They don't want to — the idea of any kind of governmental regulation is reprehensible to them unless they're in control of writing the rules that are written.（源自 *Gasland Part Ⅱ*）

(17) That's not what I'm saying. It's just that... the idea of an urban legend serial killer... it's a stretch.（源自 *Urban Legend*）

(18) I'm sorry, but the picture of those two vain little peas... in their self-absorbed pods pumping away over the desk...（源自 *Nip/Tuck*）

此外，在 TV/MOVIE 语料中，虽然许多"NP+of"结构后可以搭配一个较长的 NP 使核心词与结构底端成分的距离可以达到 5 或 6 个词的距离，但这些较长 NP 内的词类与 ACADEMIC 类别中的相比，其中存在的虚词较多，实词较少。如，在 TV/MOVIE 中"NP+of"结构后的较长 NP 为：

(19) As if keeping his house spotless and raising his children was only worth the price of a couple of girdles! Tried to mold me into a soldier, but...

(20) They cure all your worries. They cure all your cares. And for the price of just a few calories, you, too, can be a buyer and...

(21) helped me do iy①(it). See, X is the Yoyal, Y is the price of a pound of walnuys(walnuts). So the walnuys(walnuts) are Z, and Z equals lost my partner a couple of months ago. Tom Miles? I saw the picture of the two of you in the hangar. He, uh, made a...

通过以上推理，可知在 TV/MOVIE 类非正式语料与 ACADEMIC 正式语料的对比中，"NP_1+of+NP_2"结构在语体上的对立。那么，

① 文中存在笔误，已在后面括号中标注，下同。

"NP_1+of+NP_2"结构在 TV/MOVIE 类的语料中,其正式度是否随着 NP_2 长度的变化而变化?即随着核心词与结构底端成分的离核距离变化而变化?由于 COCA 语料库自身的原因,我们无从得知。但是 BNC 对我们解决这一问题有很大帮助。基于 BNC 的 SPOKEN 语料库,我们可以得到许多类型的口语语料,如极口语的由志愿者录成的日常交谈(conversation)语料,正式度相对较高的公开辩论(public debate)、新闻广播(broadcast news)、会议(meetings)。议会(parliament)、事先有准备的演讲(speech scripted)、无准备的演讲(speech unscripted)等语料。

基于该语料库,查询以上示例"The loss of""The price of""The picture of""The idea of"等"NP+of"结构后的搭配格式。可以看出在极口语的日常交谈(conversation)中,核心词距离其结构底端成分最远也仅是五个词的距离,仅出现了一次,且为虚词较多,如:I've been told the pra — price of the jacket (pause) is the amount of the price of a set of wheels for the Lamborghini! Yeah? 核心词距离结构底端成分最远的多数为四个词的距离,如下所示:

(22) ... six wicket victory, the West Indies batting self destructed after the loss of two early wickets and only (—) at fifty four and (unclear) scores.

(23) ... good with old people (pause) I try to do my best. We know the picture of a perfect minister (pause) but (pause) we (pause) there is a challenge (pause) to...

(24) Oh lovely, thank you. That's superb! Yes I prefer the picture of the Red Arrows personally. I didn't realize that was (unclear).

(25) So I gave them to dad to do. Ha! What's the idea of those little carrots? I don't know. Er (pause) erm,

(26) ... to do is (unclear). Cos you (unclear). I quite like the idea of these double ones you see (unclear) don't they?

而在相对正式的场合，则出现了5至6个词的距离，甚至达到了7个词的距离，但其中为较长的专有名词和虚词较多，如下所例：

（27）... new settlement site er in the area around Greater York is likely to involve the loss of some better quality agricu — har — eragricultural land. And it seems to me.（源自公开辩论）

（28）... er flexibility should allow us erm in special circumstances for example to compensate for the loss of existing major employment erm sites, erm to make additional provision over and above.（源自公开辩论）

（29）er I five. I note in circumstances where th — there was to be the loss of a major employment site to other uses, then er additional provision could be.（源自公开辩论）

（30）San Carlos and at Fitzroy where her sister ship Sir Galahad was destroyed with the loss of more than fifty lives. The four roll-on, roll-off military ferries have specially.（源自新闻广播）

（31）Or (unclear) fifty percent reduction (unclear). So it would be two for the price of the most expensive one wouldn't it, yeah. Or two for a...（源自会议）

（32）... you can pick up flights which are very very cheap. Less than half the price of, for example, a standard British Air Apex ticket. So the supply...（源自会议，较长专有名词）

（33）It's about forty five pence a day, which is er less than the price of a half a glass of beer. Or gentleman smoking there, it's...（源自未准备的演讲，较多虚词）

（34）Refuse and this, tha — you know! To deliberately move away from the idea of the old reporting format that's why we've used the word statement to...（源自会议）

（35）... most certainly was the appointment of the chairman. I am glad therefore that the idea of appointed or co-opted members as well as magistrates seen now to be pretty widely... (源自会议)

(36) ... should look after the children erm for the rest of the time, and the idea of a shared child care arrangement did not operate in at least a number of... (源自广播交谈)

由以上示例可知,离核多少在随着语境的变化而变化,尽管是未经准备的演讲(speech unscripted),离核的最长长度仍然要比非正式的日常交流中的离核最长长度长;尽管日常交谈(conversation)与广播交谈(broadcast conversation)同为交谈,离核最长长度也不一样,广播交谈中的核心词距离结构底端成分的距离可达 6 个词的距离。

基于以上现象,我们可以基于"NP_1+of+NP_2"结构对其正式度进行划分:

正式度

零级正式度　the loss of two early wickets(离核 4 个词距离)

一级正式度　the loss of existing major employment erm sites(离核 5 个词距离)

the loss of some better quality agricultural land(离核 6 个词距离)

二级正式度　the picture of an amusing but slightly dangerous world(离核 7 个词距离)

综上所述,离核律在"NP1 + of + NP2"结构的正式度中发挥着不可替代的作用。日常交谈语境中,核心词距离结构底端成分的距离最远为 4 个词距离,因此将其定义为零级正式度语体;相对正式的公开辩论、演讲等语境中,核心词距离整个结构的底端成分的距离最远为 5 或 6 个词的距离,因此将其定义为一级正式度语体;在极正式的学术写作语境中,核心词距离结构底端成分的距离最远可达 7 个词及以上的距离,因此将其定义为二级正式度语体。

此类正式度的划分同时也为二语学习者以及二语教学者提供了新思路。亦即,在学习和教学中注重离核律的作用。教学者可在训练学生英文写作能力时,给出一个"NP+of"结构让学生进行搭配,其后搭配的NP短语愈长分值越高(其后搭配的NP短语必须为一个NP,不能为多个NP的并列)。例如,给出学生the picture of的结构,让学生对该结构后的短语进行补充,在保证语法及语义正确的情况下进行拓展练习。二语学习者同样也可以采取此类方法。

3 结语

基于COCA语料库这个五亿词汇量的语料库,所有数据的得出并非巧合。据语料库所示,将“NP_1('s) NP_2”类的短语替换为“NP_1+of+NP_2”结构会带来正式度的提高。这种现象的出现正说明了“离核心词越远越正式”的原则在支配着其形式,即在“NP_1+of+NP_2”中,核心词D_1与结构底端成分之间存在着C-统制的关系,因而存在着离核,且离核至少为2个词的距离(当NP_2中也存在冠词时,则会变为三个词的距离)。因此结构底端成分距离核心词较远造成了正式度的提高,也解释了英文母语者在TV/MOVIE类的非正式语境下会偏爱于使用“NP_1('s) NP_2”结构的原因。

其次,基于美国COCA语料库TV/MOVIE类语料与ACADEMC类语料的对比,在“NP_1+of+NP_2”类的短语中,若结构底端成分与核心词之间的距离超过了6个词的距离,该结构只能出现在ACADEMIC类别的正式语境中,不能出现在TV/MOVIE类的非正式语境中,而此类较长的NP_2可以单独出现在TV/MOVIE类的非正式语境中。此类现象正说明了离核律在决定着其语体语法的结构和形式,即结构底端成分与核心词之间离核较远,造成了语体的对立,并因此得出了极正式情况下“NP_1+of+NP_2”结构的形式。在此基础上,基于BNC的SPOKEN语料,对“NP_1+of+NP_2”结构进行了正式度一级一级的划分,印证了离核律对此现象的解释力,计算出了离核多少词与语体级别的对应性。

本文的研究也为二语学习者提供了一个新的学习思路，为二语教学者提供了一个新的教学思路，有利于二语学习者学术写作水平的提高。即在写作时，在符合离核律的条件下，将"NP_1('s) NP_2"的形式转换为"NP_1+of+NP_2"的结构会更正式一些；在条件允许的情况下，NP_2 中的 N 距离整个"NP_1+of+NP_2"结构的核心词达到 7 个词及以上的距离会变为仅在 ACADEMIC 类正式语境下使用的正式体。

参考文献

戴维·克里斯特尔. 2000. 现代语言学词典. 沈家煊译. 北京：商务印书馆.

冯胜利，刘丽媛. 2020. 论语体语法的生物原理与生成机制. //北京师范大学民俗典籍文字研究中心编. 民俗典籍文字研究(第二十六辑). 北京：商务印书馆：76-103.

冯胜利. 2010. 论语体的机制及其语法属性. 中国语文，(5)：400-412，479.

冯胜利. 2011. 语体语法及其文学功能. 当代修辞学，(4)：1-13.

王晋军. 2003. 名词化在语篇类型中的体现. 外语学刊，(2)：74-78.

赵秀凤. 2004. 英汉名词词组结构差异对英语写作语体风格的影响——一项实证研究. 外语教学，(6)：55-57.

Anderson S R. 2005. *Aspects of the Theory of Clitics*. Oxford：Oxford University Press.

Biber D. 1988. *Variation Across Speech and Writing*. Cambridge：Cambridge University Press.

Carnie A. 2013. *Syntax：A Generative Introduction* (*3rd Ed*). Chichester：Wiley-Blackwell.

Lindstromberg S. 2010. *English Prepositions Explained* (*2nd Ed*). Philadelphia：John Benjamins Publishing Company.

Mukherjee J，Huber M. 2012. *Corpus Linguistics and Variation in English: Theory and Description*. New York：Rodopi.

Radovanovic M. 2001. *On Nominal and Verbal Style: Cultures or Language in Contact? International Journal of the Sociology of Language* 151: 41-48.

Scott M, Tribble C. 2006. *Textual Patterns: Key Words and Corpus Analysis in Language Education*. Philadelphia: John Benjamins Publishing Company.

Wallwork A. 2013. *English for Research: Usage, Style, and Grammar*. New York: Springer.

体原子分析法：英语缩约式所在语句融合度与非正式度的关联性分析*

瞿　冲

摘　要　文章以语体语法学中的体原子理论为切入点，对英语缩约式口语属性的生成动因提出除语音层面省力原则外更具机制性的新解。首先，通过分析英语缩约式与其非缩约形式在音节长度与强度的差异，揭示体原子短弱律对缩约结构别体功能的激活作用。其次，对英语缩约式所在语句融合度与非正式度关联性的初步考察结果显示，语句所含缩约式的数量越多、融合度越高，其非正式度越高，口语性越强。实词与虚词缩约式的口语性表征及其在各级非正式度语篇中的分布趋势相同。零级非正式度交际情景中语句融合度与非正式度的对应关系显著，但一级与二级非正式度语篇中语句融合度与非正式度的关联性较弱。另外，英语缩约式所在语句融合度与非正式度的对应关系受语句重音、其他成分的语体属性等条件制约。因此，语句的语体属性往往是具有不同语体功能的语言形式组配下的共同呈现。

关键词　英语缩约式　口语属性　融合度　体原子　语体语法

* 本文得到冯胜利老师的悉心指导以及审稿人的宝贵建议，谨此致谢。文中若有错漏，概由笔者负责。

1 引言

作为英语口语中广泛使用的语言形式，缩约式（contraction）是某一语言形式经过语音缩略并附着于相邻语言形式的过程与结果。（Crystal 1991：111）大多数英语缩约式可归为两类：第一，助动词附着在前接代词上的动词缩约式（verb contraction），如“I am - I'm”“they had — they'd”；第二，“not”附着在助动词上的否定缩约式（not-contraction 或 negative contraction），如“are not - aren't”“had not - hadn't”。（Biber *et al.* 1999：1129）Rühlemann（2008）将除这两种缩约式之外的其他变化较不规则的缩约形式定义为“交际缩约式”（conversation contraction），诸如“dunno”“gonna”“gotta”“innit”等缩约式都属于这个范畴。如例（1）b 所示，此类缩约式因违背标准英语（Standard English）语法而受正式书面语排斥，属于频繁出现于口语对话中、具有比其非缩约形式更丰富的交际功能的缩约式（Rühlemann 2008）。此外，由例（3）可见，口语中一个语句还可能会出现多个缩约式，存在多个缩约过程。

（1）a. We'll speak to political underdogs in the city who say Chicagoans <u>need to</u> look for a different type of leadership going forward.（COCA 语料库/新闻）

b. * We'll speak to political underdogs in the city who say Chicagoans <u>needa</u> look for a different type of leadership going forward.

（2）a. Bro, <u>needa</u> help?

b. * Bro, <u>need to</u> help?

（3）正式体或通体中的非缩约形式：What are you going to do?

对应非正式口语体中的缩约现象：

包含一个缩约式（what are you - whatcha）：<u>Whatcha</u> going to do?

包含两个缩约式（what are you - whatcha; going to - gonna）：<u>Whatcha</u>

gonna do?

关于英语缩约式的形成条件，在句法配置（syntactic configuration）视角的分析中（Zwicky 1970；King 1970；Kaisse 1983），较为经典的观点为Kaisse（1983）提出的名词词组管辖（The NP Host Condition）：助动词缩约（Auxiliary Reduction）属于只能发生在名词词组之后的附缀化现象（cliticization）。Labov（1969）、King（1970）、Lakoff（1970）等众多学者将英语缩约式归为语音规则的作用：在一系列语音过程中，词首辅助性的/h/或/w/以及在上一音变阶段已发生弱化的元音/ə/可能被删除，残留的辅音可能与前接词进行音节重组。换言之，为了生成缩约形式，语音规则会变化地操控助动词潜在的形式。此类研究中具有代表性的观点是Zwicky（1970）提出的英语缩约规则：滑音删除（Glide Deletion）与助词缩略（Auxiliary Reduction）。前者指删除非重读音节首端的/h/，以及删去某类特殊功能词中的/w/和/ð/；后者指对可缩约助词中的元音进行删除。也有一些学者对此观点提出质疑，认为缩约形式不是音系层面的衍生物，而是将其归为补充性的音位变体（Kaisse 1983；Inkelas & Zec 1993；Close 2004；Anderson 2008）。从社会语言学视角，自Labov（1969）提出处理自然语言变异现象的变项规则分析法（variable rule）以来，英语缩约式在相关研究中都相对没有争议地被视作语言变体（Labov 1966a，1966b，1972；Wolfram 1969，1991）。

目前，英语缩约式的口语属性已获得不同领域学界的承认。以Labov学派为代表的众多学者在考察缩约式时，往往都将交际对话视为主要语料来源（Wolfram 1974；Kaisse 1983；Holm 1984；Rickford *et al.* 1991）。通过考察缩约式在不同体裁的分布状况，Biber等（1999：1129）注意到缩约式在口语交际中的使用频率均远高于小说、新闻等其他文体。英语缩约式在口语中高频出现、在正式场合与文本中被认为不得体、不合法的口语特征,说明英语使用者在交际时会根据不同的对象、场合和内容选用不同的语法形式(语音、词汇、句法)。Rühlemann(2008)将此现象进一步阐释为"口语的语法与书面语的标准英语语法不相匹配"①。可见,英语缩约式反映出英语中存在相同的结构为口语所接受却被正式书面语的语法体系排斥的一种结构两种语法的现象。目前,英语缩约式的口语属性的成因普遍被解释为快速语流中便于顺畅发音,即语音层面"省力原则"(Principle of Least Effort, Zipf 1949)的作用。Martinet(1962: 139)将"省力原则"与交际需要相结合,指出说话人一方面需要传达自己的信息以实现交际目的,另一方面需要尽可能地少付出体力与精力,从而做到"最省力"。在口语交际中,某些材料出于省力的原因发生语音缩略,形成许多固定的缩约形式。然而,这种成因归属无法为该矛盾现象中语法对立与语音形式对立的关联提供系统性的阐释。

语体语法学(冯胜利 2010)提出"语体不同语法也因之而异",为英语缩约式的口语特征寻觅更具机制性的新解,也是一种全新的剖析方向,即"体原子(Register Atomic)分析法(冯胜利,刘丽媛 2020)"。根据语体语法理论,"语体是实现人们在直接交际中具有元始属性的、用语言来表达或确定彼此之间关系和距离的一种语言机制"②(冯胜利,施春宏 2018)。语体语法系统中的体原子由形式—功能对生机制派生而成,赋予语音系统、词汇系统、句法系统中各种形式相应的语距功能,进而"决定和创造各式各样的语体语法的

① 原文为: Thus, there seems to be good reason to suggest that the grammars of conversation and SE do not map on to each other. As a result, the notion of SE, indispensable in talking of the written language, "is problematic in talking of the spoken language".

② 语体定义中的"元始属性"(冯胜利,施春宏 2018)或"直接交际中最元始、最本质属性"(冯胜利 2011),皆为突出语体作为话语行为要素所具有的区别于词汇和语法的"元生性"(冯胜利 2011),即,每个语言至少包含两种语体: [±正式体]。

结构和形式”(冯胜利,刘丽媛 2020：89)。英语缩约式与其非缩约形式在非正式与正式场合中的对立,是英语语言结构与其调距功能对应关系的体现,亦是语法规则上合法与非法的对立。既然英语缩约式属于具有别体功能的语法形式,此类语法结构必然是“语距定律”(体原子)①的派生结果。本文基于句法与语音分析,以语体语法的体原子为切入点,为英语缩约式口语属性的成因探寻省力原则之外更加系统的深入的新解,并对缩约式所在语句的融合度与其非正式度的关联性进行初步分析。

2 英语缩约式口语属性的成因

“语体不同,语法不同”的首要表现便是进入语法系统的具有别体功能的语法形式在语法规则上合法与非法的对立,这种对立往往表现在很多方面。本文基于语料库中英语缩约式与其对应非缩约形式,考察二者在正式与非正式语体中的对立表现,以此探究两种形式具有不同语体属性的成因。

2.1 英语缩约式的句法分析

本文选取包含口语语料较丰富的 COCA 语料库和 BNC 语料库作为主语料库,以 Simplyscripts 网站中的英文电影、电视剧、电台节目原始剧本作为辅助性语料来源,利用 Antconc Version 3.5.8 对语料库中英语缩约式进行检索。对语料库所含英语缩约式的考察结果显示,缩约式可以通过删除句法成分、缩约实词或虚词形成。其中,实

① “语距定律”与“体原子”的概念皆指决定语体语法如何存在、操控语体与语法共体对生属性的定律,“语距定律”强调语距属性的普遍性,“体原子”则侧重其基元属性。(冯胜利,刘丽媛 2020)

词缩约式涉及对人称代词“you”和“me”以及否定动词的融合；虚词缩约现象主要体现在以“to”和“of”为代表的介词和助动词“have”的融合。本文将常见的缩约式划分为实词（代词、否定动词）缩约式以及虚词（介词、助动词）缩约式两大类与四子类。每一类型所包含的常见缩约式及对应非缩约形式如表1所示：

表1　实词缩约式及其对应非缩约形式

英语缩约式类型	非缩约形式	缩约形式
1. 代词缩约式	do you	d'ya
	don't you	dontcha
	won't you	wontcha
	what are you	whatcha
	what do you	whaddyu
	what did you	whajoo
	how did you	howja
	let you	letcha
	got you	gotcha
	bet you	betcha
	give me	gimme
	let me	lemme
	tell them	tellem
2. 否定动词缩约式	am not/are not/is not	ain't
	isn't it	innit
	don't know	dunno

表 2　虚词缩约式及其对应非缩约形式

英语缩约式类型	非缩约形式	缩约形式
1. 介词缩约式	got to	gotta
	going to	gonna
	need to	needa
	want to	wanna
	has to	hasta
	have to	hafta
	must to	musta
	ought to	oughta
	used to	useta
	kind of	kinda
	sort of	sorta
	out of	outta
	cup of	cuppa
	a lot of	alotta
2. 助动词缩约式	should have	shoulda
	would have	woulda
	could have	coulda
	might have	mighta
	must have	musta

毫无疑问，表 1 和表 2 并非对英语口语交际中现存缩约式的完备搜罗，但不难看出，此类缩约式在句法形式变化上与“I'm”一

类的动词缩约式和诸如“aren’t”的否定缩约式存在差异。助动词缩约式所涉及的助动词“have”的缩略发生在“should”“would”“could”“might”“must”之后,可见名词词组管辖(Kaisse 1983)与以上缩约式的形成条件不符。经过融合后,缩约式成为其非缩约形式所含句法成分功能的融合体,因此成为正式语篇中不符合语法的形式,如:

(4) It ought to give every American grave concern.(COCA 语料库/新闻)

* It oughta (to) give every American grave concern.

(5) The novel has to read almost like an English translation than English.(COCA 语料库/访谈)

* The novel hasta (to) read almost like an English translation than English.

(6) Can you give me a concrete example of something one of your companies needs to really feel protected when it comes to IP in China?(NPR 访谈节目:Morning Edition)

* Can you gimme (me) a concrete example of something one of your companies needs to really feel protected when it comes to IP in China?

(7) a. As to whether they would have criticized Barack Obama if Barack Obama’s daughter had met with Russians looking for dirt on Barack Obama’s political foes.(福克斯访谈节目:Fox News Sunday)

b. * As to whether they woulda (have) criticized Barack Obama if Barack Obama’s daughter had met with Russians looking for dirt on Barack Obama’s political foes.

由上述例句中的对比可见,英语缩约式在形成过程中发生了句法结构的变化,其非缩约形式所含实词与虚词涉及的句法结构在缩约后成为缺少“to”“me”“have”等词的缩约结构,进而产生正式体中违背标准英语语法的非法现象。

2.2 英语缩约式的语音分析

持“省力说”的学者(Zipf 1949;Martinet 1962)指出,英语缩约式是使交际时发音更便利、省力的一种口语音变现象。因此,探究英语缩约式及其非缩约形式语体属性差别中语法对立的生成动因,仍需以语音层面的结构差异为切入点。国伟秋(2005)指出,语音音变现象可分为音段音变和超音段音变。超音段音位的音变主要指连续语流中发生音调、重音、音长和停延的变化,出现连续变调、语法重音、强调重音与情感重音、语音长短,以及语音在语义群间的停延。音段音变又称音段协同发音,指在一定的语音语境中元音和辅音发生的变化,主要源于连续语流中邻近音的相互影响。

在日常口语交际中,词界间相邻的两个音节常常会相互同化(coalescence),发生音节的融合(fusion),形成一个新的音位。(Trask 1996: 77)如 Lin(2007: 151)提到,在同化作用下含“you”结构的缩约属于词界间的腭化过程。在这一语音变化中,前舌位辅音(coronal consonant)或者软腭音(velar consonant)变成位于前高元音或前元音之前的腭龈音或齿龈音。“you”作为结构后接词,其词首的/j/常与前接词末尾的/t/、/d/腭化融合为/ʃʒ/、/tʃ/、/dʒ/,如“Glad to meet you”中/t/和/j/相互同化而发成/tʃ/([glaed-tu-miː-tʃuː]>[glae(d)-tu-miː-tʃuː])。相邻的清浊辅音也会相互影响,转变为与邻近音在清浊方面相同或相似的音,譬如“how is it”中/s/受其后/i/的影响,清浊同化为/z/([is-it]>[iz-it])。另外,Trask(1996: 129)还提到,在快速的语流中,一个音受前后邻近音的相互影响,还时常会出现省音现象(elision),包括元音和辅音在词首、词中和词尾的脱落(aphaeresis、syncope、apocope)、元音合并(synaeresis)、音节缩合(synizesis)和音节融合(synaloepha)。国伟秋(2005)认为,英语单词或短语在同化与省音过程中,由于删除、融合了某些语音材料而发生语音缩略,因而在语言中形成许多固定的缩约形式。比如“let you [let-juː]”腭化融合形成缩约式“letcha [letʃə]”;“I am [ai æm]”中的元音/æ/脱落,形成动词缩约式“I' m [aim]”;“would have [wud-hæv]”“should have [ʃud-hæv]”“could have [kʊd-hæv]”中“have”的词首辅音/h/脱落,形成缩约式“woulda [wudə]”“shoulda [ʃudə]”“coulda [kʊdə]”。

除此之外,语句中某个词由于语速加快或位于非句重音位置,相邻音在同化过程中存在或是由塞音(stop)到发音,或是辅音摩擦强度由强到弱的音节弱化现象,最终形成英语缩约式相异于其非缩约形式的一大特征。关于辅音弱化过程,Lin(2007:159)指出,辅音由强至弱存在着从清塞音(voiceless stop)变成浊音、从一个浊塞音(voiced stop)变成摩擦音,或从一个摩擦音向元音化或响音化逼近的等级区间。辅音在弱化过程中,发声和/或紧缩程度逐渐向元音或响音靠近,其响度越低,其元音化的程度越高,因此辅音的元音化也是音强弱化的一种表现。英语中,元音在非重读时同样经常弱化为弱央元音 /ə/或短而松的高元音,产生元音弱化(vowel reduction)。(Lin 2007:146)在这一韵律调节过程中,元音音长变短,且更加靠近元音区间的中央位置。与重读音节相比,非重读音节时长更短,因此弱化的元音更易于发音。此外,包含重读元音的重读音节与包含弱读元音的弱读音节的组合也使韵律节奏获得凸显。(Lin 2007:146)如在英语缩约式的形成过程中,介词“to”和代词“you”中的元音/u/,以及助词“have”中的/v/常常发生弱化,被弱央元音/ə/替代,音强变弱。由于在发元音和响音时,通过口腔或鼻腔的气流更自由,因此在口语交际时使用如“wanna”“gonna”“dontcha”“woulda”等缩约式会比其非缩约形式“want to”“going to”“don't you”“would have”发音更流畅、语速更快。

基于上述分析，本文对表 1 和表 2 所列英语缩约式涉及的语音变化进行标记：

表 3　英语缩约式的主要类型及其语音变化

英语缩约式类型	非缩约形式	缩约形式	语音变化
1. 代词缩约式	do you [duːjə]	d'ya [dʒə]	腭化、元音/uː/脱落、元音/u/弱化
	don't you [dount-jə]	dontcha [dountʃə]	腭化、元音/u/弱化
	won't you [wount-jə]	wontcha [wountʃə]	
	what are you [wɑː-tɑːr-jə]	whatcha [wɑːtʃə]	
	what do you [wɑː-duː-jə]	whaddyu [wɑːtʃu]	
	what did you [wɑː-dɪd-jə]	whajoo [wɑːdʒu]	
	how did you [hau-dɪd-jə]	howja [haudʒə]	
	let you [let-juː]	letcha [letʃə]	
	got you [gɑː-juː]	gotcha [gɑːtʃə]	
	bet you [bet-jə]	betcha [betʃə]	
	give me [gɪvmi]	gimme [gɪmi]	辅音/v/脱落
	let me [let-mi]	lemme [lemi]	辅音/t/脱落
	tell them [tel-ðəm]	tellem [teləm]	辅音/ð/脱落
2. 否定动词缩约式	am not/are not/is not [əm-nɑːt]/[ɑːr-nɑːt]/[ɪz-nɑːt]	ain't [eɪnt]	辅音弱化、元音/ɑː/脱落
	isn't it [ɪzntɪt]	innit [ɪnɪt]	辅音/s//t/脱落
	don't know [dount-nou]	dunno [dənou]	辅音/t/脱落

（续表）

英语缩约式类型	非缩约形式	缩约形式	语音变化
3. 介词缩约式	got to [gɑːtu]	gotta [gɑːtə]	元音/u/弱化
	going to [goʊɪŋtu]	gonna [gənə]	
	need to [niːdtu]	needa [niːdə]	
	want to [wɑːntu]	wanna [wɑːnə]	
	has to [həztu]	hasta [həztə]	
	have to [hævtu]	hafta [hævtə]	
	must to [mʌstu]	musta [mʌstə]	
	ought to [ɔːtu]	oughta [ɔːtə]	
	used to [juːstu]	useta [juːstə]	
	kind of [kaɪndəv]	kinda [kaɪndə]	辅音/v/脱落
	sort of [sɔːrtəv]	sorta [sɔːrtə]	
	out of [aʊtəv]	outta [aʊtə]	
	cup of [kʌpəv]	cuppa [kʌpə]	
	a lot of [əlɑːtəv]	alotta [əlɑːtə]	
4. 助动词缩约式	should have [ʃud-hæv]	shoulda [ʃudə]	辅音/h/脱落 & 辅音/v/弱化
	would have [wud-hæv]	woulda [wudə]	
	could have [kʊd-hæv]	coulda [kʊdə]	
	might have [maɪt-hæv]	mighta [maɪtə]	
	must have [mʌst-hæv]	musta [mʌstə]	

由表 3 可知，英语缩约形式的形成主要涉及辅音/v//t//s//h//ð/

脱落、长元音脱落、含“you”结构的腭化融合、辅音和元音被弱央元音/ə/替代的弱化。

本文发现,英语缩约式还可能是多种音变现象共同作用的结果,比如含助动词“have”的结构进行缩约时,辅音/h/脱落发生在后接词词首,且后接词辅音/v/发生弱化;含“you”的缩约及涉及/t/与/j/腭化,同时也产生元音/u/弱化。对此,国伟秋(2005)认为,从省力原则来看,不论是同化融合、元辅音弱化,还是音节脱落,其作用都使相邻音节长度缩短和强度减弱,进而形成固定的语音缩略形式,令快速语流中的发音更加轻松,成为口语交际更加省力、顺畅的手段。但关于此类语音缩约结构与其非缩约形式的语音形式对立与二者在不同语体中语法对立对应关系的成因,省力原则的阐释系统性、根源性不足,而语体语法体原子的提出则弥补了此方面的缺陷,为英语缩约式口语属性的成因提供了更具机制性的解释。

2.3 英语缩约式口语特征的语体语法分析

语体语法理论创新性在于,从人类本能的交际属性中发掘出潜藏在人类语言中的交际定律“形式—功能对生律”:语言形式与其交际功能在人类生理的系统里同生并存。(冯胜利,刘丽媛 2020)英语缩约式在形成过程中经过音节脱落、融合、弱化,其语音单位必然存在长度缩约与音强减弱,与对应非缩约形式的语音结构存在差异,进而可以推测二者语音形式的区别与语体属性的对立可能存在一定关联。具体来说,对于同一句法结构,其语音形式——音节长度更短、强度更弱比音节长度更长、强度更强的形式更具口语性。(冯胜利,刘丽媛 2020:105)除却在快速语流中发音更省力、省时的语音省力视角解读,英语缩约式这种具有别体功能的语言形式背后注定存在体原子的操控。

下面本文基于英语缩约式的形成过程，分析缩约式与其非缩约形式的语音结构差异与语距定律的关联。

首先，英语缩约式与其对应非缩约形式在音节长度上存在差异。据语料库的考察，本文发现同化与省音是英语缩约式在形成过程中缩短音节长度的主要途径，如辅音/v/、/h/、/t/的脱落是缩约式形成过程中最普遍的省音现象。相邻音经同化形成英语缩约式时发生音节融合，形成一个新的音位，音节的长度随之缩短，单位时长内语句信息量随之增大，在缩约式与对应非缩约形式之间构成音节长度上的结构差异。其次，英语缩约式与其对应非缩约形式在音节强度上也存在差距。介词缩约式中的“to”以及助动词缩约式中的“have”在缩约过程中都存在元音/u/或辅音/v/被弱央元音 /ə/替代而弱化的现象，因而与未经缩约的形式构成音强上的差距。

由此可见，英语缩约式的形成是一个同化融合、辅音弱化、音节脱落相伴而生的过程，因此缩约式及其非缩约形式在音节长度与强度上存在长短、高低之别：缩约形式的音节长度短于其非缩约形式，且强度也更弱。语体语法的语距定律——音体原子短弱律可以解释为何缩约形式在书面语的标准英语语法中受排斥却在非正式口语交际中大量存在的矛盾，具体而言，语音单位标准长度缩短或强度减弱后的形式均具有口语性。（冯胜利，刘丽媛 2020：105）也就是说，在短弱律的作用下，这种经由音节长度缩短、强度减弱形成的语法形式成为具有口语属性的语距形式，因而在正式体中受到排斥。

3 英语缩约式所在语句融合度与非正式度的关联性

本文发现，包含英语缩约式的口语交际中，语句所含缩约式的数量存在区别，语句的融合度则有差异。同时，语体语法中正式与非正式的对立亦有“度”(level)的划分。(冯胜利 2010)那么,英语缩约式所在语句的融合程度与语体中的非正式度可能存在一定关联性。接下来,本文通过对语料库中各类英语缩约式在各级融合度语句以及不同非正式度语篇的分布情况进行考察,为英语缩约式所在语句的融合度与非正式度的对应关系作描述性分析。

3.1 英语缩约式语句融合度与非正式度的划分

英语缩约式是语音音变的结果,而语音规律是有梯度的。元音和辅音的弱化存在区间,在语音规律控制下生成的音也具有因语言风格与语速而变化的范围。(Lin 2007: 159-160)比如,元音在快速的语流中会发生弱化甚至脱落,在缓慢或正式的语速中则极少变化。语音变化所具有梯度性在语体的二元对立中也有所体现。语体的正式与非正式、庄典与俗常是非绝对的极性对立,中间存在过渡地带。(冯胜利 2010)也就是说,语体正式、庄典的等级能通过不同的语法形式表现出来。而口语交际中,如“Do you want a beer?”,由于使用缩约形式,存在“Do you wanna beer?”“D'ya wanna beer?”等程度不同的简化形式。既然英语缩约式具有口语性,那么包含缩约式的语句在融合程度上的差异便可能与其语体非正式度存在一定的对应关系。由此,本文提出如下假设:

(8) 在短弱律的作用下,语句所含缩约形式越多,语句融合度越高,其非正式度越高,口语性更强。

本文以交际的对象(说话者与听话者)、场合、内容、态度[①]作为考察非正式度的四要素。零级非正式度指向非正式程度最低,即非正式程度与通体最相近的场合。非正式程度逐级递增,二级非正式

---

① 语体鉴定手段参照冯胜利(2018: 86)。

度的场合交际内容最为随意。各级非正式度交际情景与具体交际四要素的匹配关系如表 4 中举例所示：

表 4　非正式度与交际四要素的匹配

	对象	场合	内容	态度
零级非正式度	老师、同事	公司、学校	上课、讨论、开会	中立
一级非正式度	同学、熟人、邻居	社区、商场	寒暄	随和
二级非正式度	家人、室友、好友、情侣	家、卧室	谈心、八卦	亲近

本文对“融合度”的探讨是以音节为单位，以语句为范围，即：口语交际中语句通过缩约形式进行简化的过程存在程度之别，零级融合度的语句不包含缩约式，一级融合度与二级融合度的语句分别包含一个和两个缩约式，如：

(9) 零级融合度 Do you want a beer?

一级融合度 Do you <u>wanna</u> beer?

二级融合度 <u>D'ya wanna</u> beer?

(10) 零级融合度 What are you going to do tonight?

一级融合度 <u>Whatcha</u> going to do tonight?

二级融合度 <u>Whatcha gonna</u> do tonight?

3.2　英语缩约式所在语句融合度及其非正式度的对应关系

3.2.1　英语缩约式所在各级语句融合度及其非正式度的分布

对于提取的语料，本文根据以上标准划分语句的融合度，并依照交际的人、事、地、意标记语句的非正式度。语料库中英语缩约式及其非缩约形式所在语句的融合度与非正式度的数量统计和不同非正式语篇中各级融合度语句所占比例如表 5 及表 6 所示：

表 5　英语缩约式所在各级语句融合度及其非正式度的数量

英语缩约式类型	语句融合度	非正式度			总数	
		零级	一级	二级		
1. 代词缩约式	零级融合度	15	44	22	81	309
	一级融合度	0	47	64	111	
	二级融合度	0	42	75	117	
2. 否定动词缩约式	零级融合度	2	6	11	19	179
	一级融合度	8	62	62	132	
	二级融合度	0	8	20	28	
3. 介词缩约式	零级融合度	47	69	31	147	822
	一级融合度	20	175	175	370	
	二级融合度	3	103	199	305	
4. 助动词缩约式	零级融合度	5	27	1	33	193
	一级融合度	1	61	62	124	
	二级融合度	2	9	25	36	
总数		103	653	747	1 503	

表 6　各级非正式度语篇中英语缩约式在各级融合度语句中所占比例

	零级非正式度	一级非正式度	二级非正式度
零级融合度	67%	22%	9%
一级融合度	28%	53%	48%
二级融合度	5%	25%	44%

据表 5 及表 6 数据，英语缩约式中虚词缩约式与实词缩约式在非正式度更高的交际情景的分布更为普遍，二级非正式度与一级非正式度语篇中缩约式的出现频率相当，且远高于零级非正式度的场合，说明口语语句所含缩约式的数量与交际的非正式度存在一定的对应关系：语句所含缩约式的数量越多，语句融合度越高，交际语篇的非正式度越高。

为了更清晰地描述包含英语缩约式的语句融合度与非正式度的关联性，本文基于前文的语句融合度划分标准，进一步考察了各级非正式度语篇中不同融合度语句的分布趋势，对比结果图 1 所示：

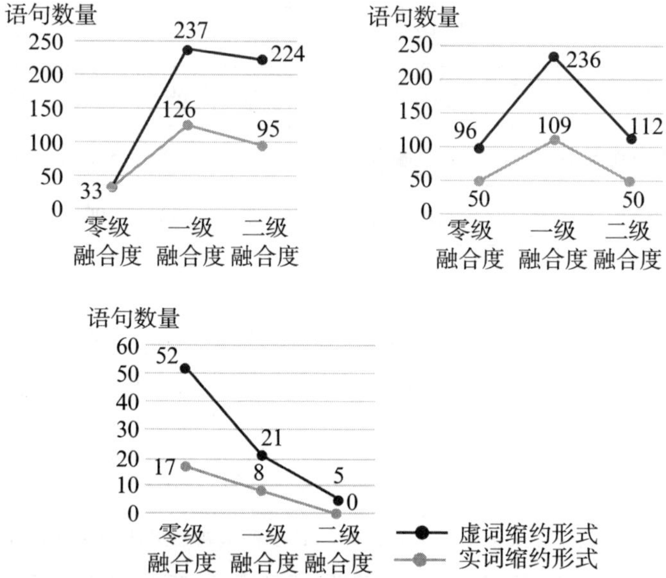

图 1　二级、一级、零级非正式度语篇（从左至右）中各级融合度语句的分布趋势

根据图 1 所示的分布趋势并结合表 6 所示分布比例，在不同非正式度的语篇中，实词缩约式与虚词缩约式分布趋势相同，可见发生缩约的句法成分对英语缩约式的口语性表征及其在各级非正式度语篇中的分布不构成影响。零级非正式度的交际情景中,语句融合度与非正式度的对应关系显著,但在一级非正式度与二级非正式度的场合,语句融合度与非正式度关联性相对较弱。也就是说,交际中英语缩约式所占比例并非总是随非正式度的提高而增加,缩约式在语篇的出现频率难以单独作为判断语句非正式度的标准。由此可见,虽然在短弱律的作用下,英语缩约式具有口语特征,但层次更高的结构(语句、语篇)的语体属性往往是具有不同语体功能的语言形式组配下的共同呈现。

3.2.2 各类英语缩约式所在各级语句融合度及其非正式度的对应关系

3.2.2.1 代词缩约式

英语缩约式中,代词缩约式属于实词缩约式的主要组成部分。通过对原结构中人称代词"you""me""them"的融合,"do you"可缩略为"d'ya"、"give me"可以变为"gimme"、"tell them"可以转化为"tellem"等。

(11) a. 零级融合度 零级非正式度:

I imagine he is going to come back to the Justice Department and say you better give me a better explanation than this. (CNN 访谈节目: The Situation Room)

b. 一级融合度 一级非正式度:

Gimme your right name. (电影《Ruben's Place》)

c. 二级融合度 二级非正式度:

Well, hang on, just gimme a second and I'm gonna get dressed and take you. (美剧《Mom》)

(12) a. 零级融合度 零级非正式度:

To every citizen, call Congress, and tell them to finally, after all of these decades, secure our border.（COCA 语料库/新闻）

b. 一级融合度 一级非正式度：

Tellem his brother is on the phone.（电影《Ruben's Place》）

c. 二级融合度 二级非正式度：

Tellem I wanna see her.（电影《Ruben's Place》）

例(11)与例(12)中各句所含英语缩约式的数量不同,而各句根据交际中的时空鉴定法所划分的非正式度亦有差别。例(11)a 为访谈节目片段,非正式度最低,句中"give me"结构未发生融合。而截取自办公室同事间会话的例(11)b 非正式程度更高,句中的"give me"经过缩约形成代词缩约式"gimme"。例(11)c 包含两个缩约式"gimme"和"gonna",属于二级融合度,所涉及的交际情景为母女出门前的随意寒暄,非正式程度在三句中亦属最高。取自政客访谈发言的例(12)a 不涉及任何缩约过程,发生在朋友之间的对话例(12)b 包含一个代词缩约式"tellem",前者的语句融合度低于后者,而二者的非正式度同样有所差异,后句中朋友催促对方接电话的语境显然比前句政客对听众宣传政策观点的场合具有更高的非正式度。包含两个缩约式的例(12)c 选自卧室里两个好友有关心仪对象的私语,以交际中的"人、事、地、意"为依据,此句应归为前文划分的二级非正式度。通过对比以上例句,涉及代词缩约式的语句各级融合度与不同非正式度的差异与关联可见一斑。

3.2.2.2 否定动词缩约式

本文所划分的否定动词缩约式涉及对 be 动词以及带否定含义的动词的删减融合,属于实词缩约式的组成部分,主要包括由"are not""is not"融合而成的"ain't",以及由"don't know"进一步缩约形成的"dunno"。

(13) a. 零级融合度 零级非正式度：

Patience is not one of my better qualities.（电影《Night Fire》）

You are not confused at all. You are the most unconfused person I know.(电影《Boy Meets Girl》)

b. 一级融合度 一级非正式度：

I can see youain't changed a bit.（电影《Born & Raised》）

Iain't on your side.（电影《Survival of the Dead》）

c. 二级融合度 二级非正式度：

You ain't gotta lie to your uncle.（电影《LUV》）

You ain't gotta be scared of nothing.(电影《LUV》)

例(13)a 所涉及的交际对象为师生，交际场合为学校，交际双方进行评价时呈现中立态度，交际四要素皆属于前文划分为零级非正式度的交际情景。例(13)b 和例(13)c 分别选自朋友间的争执以及父母对孩子的训斥，为一级非正式度和二级非正式度语篇。例(13)a、例(13)b 以及例(13)c 交际场合的非正式度逐级提升，语句的融合度同样依次增加，可见例(13)所展示的包含 be 动词否定形式以及对应缩约式“ain't”的各级融合度语句与不同非正式度同样呈现出一定的对应关系。

3.2.2.3 介词缩约式

由表 5 可知，介词缩约式为英语缩约式最主要的组成类型，属于虚词缩约式，包含对介词“of”和“to”的融合。从下例(14)中包含介词缩约式“a lotta”的语句以及例(15)中包含缩约式“sorta”的例句在非正式度上的差异，同样呈现出语句融合度与非正式度的对应关联。

(14) a. 零级融合度 零级非正式度：

You know, a lot of people handle this type of thing online, but I always say nothing beats the human touch.(电视剧《The Big Bang Theory》)

b. 一级融合度 一级非正式度：

A lotta lines to learn for tomorrow.(电影《Once Upon a Time in Hollywood》)

Positive, Bucco, because you were doing a lotta talking in there.（电影《Loners》）

c. 二级融合度 二级非正式度：

I kinda say that takes a lotta courage.（电影《Xena：Warrior Princess》）

（15）a. 零级融合度 零级非正式度：

Andrew, are you on some sort of medication?（电影《Stop the Wedding》）

b. 一级融合度 一级非正式度：

We all sorta have to shut ourselves down in order to, like, stay.（电影《Easy》）

c. 二级融合度 二级非正式度：

I sorta kinda have a boyfriend.（电视剧《Shameless》）

I know this is gonna sound kinda strange.（电影《Stigmata》）

Dube, Rob's gonna find out we keep up this sorta schedule.（电影《Born & Raised》）

语句融合度为零级的例（14）a 和例（15）a 中，介词缩约式"a lotta"和"sorta"保持其对应非缩约形式"a lot of"和"sort of"。被划分为一级融合度的例（14）b 和例（15）b 各含一个介词缩约式，属于二级融合度的例（14）c 和例（14）c 含两个缩约式。结合表 4 基于交际中时空鉴定法所制定的非正式度等级划分，取自公务员回应居民投诉情景的例（14）a 以及公司同事间慰问的例（15）a 可归为零级非正式度；选自同学聊天片段的例（14）b 和例（15）b 属于一级非正式度；来源于父母与孩子、兄弟姐妹谈心情景的例（14）c 与例（15）c 为二级非正式度。可见，在非正式度越高、交际双方更加亲近、态度更加随意的场合，语句中所含介词缩约式的数量更多。

3.2.2.4 助动词缩约式

除却对介词的缩约，虚词缩约式范畴内的另一主要缩约现象是助动词“have”与“would”“should”“could”“must”“might”的融合。从以下例子同样可以看出助动词缩约式所在各级融合度语句在非正式度上的差异。

（16）a. 零级融合度 零级非正式度：

He should have return of function after a lot of therapy.（电视剧《Mercy》）

b. 一级融合度 一级非正式度：

I shoulda ran that race like there was no tomorrow.（电视节目《Hell’s Kitchen》）

c. 二级融合度 二级非正式度：

If she hadn’t have been with Gemini, she woulda because she shoulda.（电视剧《Zoe Ever After》）

（17）a. 零级融合度 零级非正式度：

I must have blocked it out of my head or something, because I was driving down the highway last week, and I started thinking about Mary.（电影《There’s Something About Mary》）

b. 一级融合度 一级非正式度：

And I know how you musta felt.（电影《Backdraft》）

He really musta thought I was crazy.（电影《Dawn》）

c. 二级融合度 二级非正式度：

Babe, you musta been tired, dontcha?（电影《Dawn》）

例（16）a 和例（17）a 分别选自医生在医院与护士和患者的对话，交谈内容同为与诊疗相关的细节，因而被标记为零级非正式度语句。例（16）b 和例（17）b 皆为校园内的同学聊天，例（16）c 和例（17）c 为发生在私密空间的闺蜜八卦与夫妻谈心。根据表 4 对各级非正式度情景中交际四要素的划分，例（16）b 和例（17）b 属于一级非正式度，而例（16）c 和例（17）c 的非正式度更高，归为二级非正式度。对各组例句所含助动词缩约式的数量差异进行对比,可见融合度越高的例句具有更高的非正式度。

3.3 英语缩约式所在语句融合度及非正式度对应关系的限制条件

本文通过分析各级非正式语篇中语句融合度的分布趋势,可知,尽管英语缩约式受短弱律激活呈现出口语特征,语篇中语句的融合程度与非正式度的对应关系存在限制条件。本文对特例进行再分析,以初步考察语料中存在的一级、二级非正式度情景非正式程度提高但语句融合度不变,以及同级融合度语句所在语篇非正式度不同等现象的成因。本文发现,这些特例存在语句重音对缩约程度的制约,而且语句中其他词汇的语体属性同样影响同一融合度语句的非正式程度。

(18) I kinda thought you would have told me.(电视剧《Buffy the Vampire Slaye》)

根据Chomsky(1971)的说法,语句中的焦点指新的语义成分,一般可通过问答句加以判断。对于例(18),通过设问"What did you think I would do(你原以为我会做什么?)"得到"I kinda thought you would have told me(我原本以为你会告诉我。)"的回答,即从句中的VP"have told me"为未知的新信息,包含这句话的焦点。根据焦点-重音对应原则(Stress-Focus Correspondence Principle, Reinhart 1995),焦点所处的句法结构包含语句的主要重音。例(18)"have told me"为负载语句焦点重音的成分,因而助动词"have"无法与前面成分融合。由此可见,例(18)中的"would have"在句法层面虽有进行缩约弱读成缩约式"woluda"的可能性,但由于重音位置的变化,因而不能实施缩约操作。因此语句重音是英语缩约式融合度的限制条件之一。

（19）Gimme your hand, stupid bug!（电影《Johnny Kapahala: Back on Board》）

（20）It's like high school. Oh, dude, you gotta look.（电影《Sharp》）

此外，语句中其他词汇的语体属性对同一融合度语句的非正式程度同样构成影响。例（19）和例（20）出现在二级非正式度的交际情景，然而二者分别包含一个缩约式“gimme”和“gotta”，属于一级融合度语句，本应与一级非正式度语篇对应。这种特例产生的原因在于句中口语性极强的俗称“stupid bug”和“dube”提高了语句整体的非正式程度，因而符合二级非正式度的交际场合。

4 结语

学界对广泛使用于口语交际的英语缩约式在正式场合不得体、不合法的特征已形成共识。其口语属性背后的成因，可从语音层面的省力原则获悉一二，但语体语法的体原子提供了更具系统性、机制性的阐释：短弱律对英语缩约式语体功能的激活作用。发生缩约的句法成分对英语缩约式的口语性表征及其在各级非正式度语篇中的分布趋势不构成影响，实词缩约式与虚词缩约式在非正式度更高的交际情景中分布更为普遍，且各级非正式度语篇中两类缩约式的分布趋势相同。整体上，英语缩约式所在语句的融合度与交际情景的非正式度存在对应关系：语句所含缩约式的数量越多、融合度越高，其非正式度越高，口语性越强。零级非正式度交际语篇中语句融合度与非正式度对应关系显著，但在一级与二级非正式度的场合，语句融合度与非正式度的关联性较弱。虽然英语缩约式在短弱律作用下呈现口语特征，但缩约式所在语句的融合度与语篇非正式度的对应关系受语句重音、其他成分的语体属性等条件制约。因此，语句的语体属性往往是具有不同语体功能的语言形式组配下的共同呈现，判断交际情景的语体特征需要综合考察包含多种语距形式的整体结构。

参考文献

冯胜利. 2010. 论语体的机制及其语法属性. 中国语文，(5)：400-412，479.

冯胜利. 2011. 语体语法及其文学功能. 当代修辞学，(4)：1-13.

冯胜利. 2012. 语体语法："形式—功能对应律"的语言探索. 当代修辞学，(6)：3-12.

冯胜利. 2018. 汉语语体语法概论. 北京：北京语言大学出版社.

冯胜利，刘丽媛. 2020. 论语体语法的生物原理与生成机制. //北京师范大学民俗典籍文字研究中心编. 民俗典籍文字研究（第二十六辑）. 北京：商务印书馆：76-103.

冯胜利，施春宏. 2018. 论语体语法的基本原理、单位层级和语体系统. 世界汉语教学，(3)：302-325.

冯胜利，王丽娟. 2018. 汉语韵律语法教程. 北京：北京大学出版社.

国伟秋. 2005. 语音音段音变现象与语音语境之关联. 外语教学，(1)：37-40.

Anderson S R. 2008. English Reduced Auxiliaries Really are Simple Clitics. *Lingue e Linguaggio* 7：169-186.

Biber D，Johansson S，Leech G，Conard S，Finegan E. 1999. *Longman Grammar of Spoken and Written English*. Harlow：Longman.

Chomsky N. 1971. Deep Structure，Surface Structure and Semantic Interpretation. // Steinberg D D，Jakobovits L A. *Semantics: An Interdisciplinary Reader in Philosophy，Linguistics and Psychology*. Cambridge，UK：Cambridge University Press：183-216.

Close J. 2004. English Auxiliaries：A Syntactic Study of Contraction and Variation. Ph. D. dissertation，University of York.

Crystal D. 1991. *A Dictionary of Linguistics and Phonetic*. 3rd Ed. Oxford：Blackwell

Publishers.

Holm J. 1984. Variability of the Copula in Black English and Its Creole Kin. *American Speech* 59(4): 291-309.

Inkelas S, Zec D. 1993. Auxiliary Reduction without Empty Categories: A Prosodic Account. // Moore C, Bradlow A. *Working Papers of the Cornell Phonetics Laboratory S*: 205-253.

Kaisse E M. 1983. The Syntax of Auxiliary Reduction in English. *Language* 59(93): 93-122.

King H. 1970. On Blocking the Rules for Contraction in English. *Linguistic Inquiry* (1): 134-136.

Labov W. 1969. Contraction, Deletion, and Inherent Variability of the English Copula. *Language* 45(4): 715-762.

Labov W. 1966a. *The Social Stratification of English in New York City*. Washington DC: Center for Applied Linguistics.

Labov W. 1966b. The Linguistic Variable as a Structural Unit. *Washington Linguistics Review* 3(1): 4-22.

Labov W. 1972. *Sociolinguistic Patterns*. Philadelphia: University of Pennsylvania Press.

Lakoff G. 1970. Global Rules. *Language* 46(3): 627-639.

Lin Y-H. 2007. *The Sounds of Chinese*. Cambridge: Cambridge University Press.

Martinet A. 1962. *A Functional View of Language*. Oxford: Clarendon Press.

Reinhart T. 1995. Interface Strategies. *OTS Working Paper in Theoretical Linguistics*. Utrecht: OTS.

Rickford J R, Ball A, Blake R, Jackson R, Martin N. 1991. "Rappin" on the Copula Coffin: Theoretical and Methodological Issues Int He Analysis of Copula Variation in the African American English. *Language Variation and Change* 3 (1): 103-132.

Rühlemann C. 2008. A Register Approach to Teaching Conversation: Farewell to

Standard English? *Applied Linguistics* 29(4): 672-693.

Trask R L. 1996. *A Dictionary of Phonetics and Phonology*. London and New York: Routledge.

Wolfram W. 1969. *A Sociolinguistic Description of Detroit Negro Speech*. Washington DC: Center for Applied Linguistics.

Wolfram W. 1974. The Relationship of White Southern Speech to Vernacular Black English. *Language* 50(3): 498-527.

Wolfram W. 1991. The Linguistic Variable: Fact and Fantasy. *American Speech* 66(1): 22-32.

Zipf G K. 1949. *Human Behavior and the Principle of Least Effort: An Introduction to Human Ecology*. Cambridge: Addison-Wesley.

Zwicky A M. 1970. Auxiliary Reduction in English. *Linguistic Inquiry* 1(3): 323-336.

附录：英语缩约式所涉例句举隅

1. 代词缩约式

Probably something smart, ya big nerd. (《Single Parents》)

Bye, baby. Bye. See ya. (《Medium》)

How are ya, bro? (《Xena: Warrior Princess》)

I've been acting crummy to ya and I probably shouldn't said what I said. (《Xena: Warrior Princess》)

Take the bottle wit' ya. (《Once Upon a Time in Hollywood》)

Nothing but an old man and some Mexican ranch hands to shoot ya off. (《Once Upon a Time in Hollywood》)

Cause lemme tell ya, that'd be delightful! (《The Goldbergs》)

Here ya go. (《3rd Rock from the Sun》)

I'm only interested if I can have ya for life. (《The Hunted》)

You don't drink that stuff, do ya? (《Into the Badlands》)

2. 否定动词缩约式

You dunno how pleased I am to see you after what you did to Caesar in Rome. (《Xena：Warrior Princess》)

But I don't know how. (《Loner》)

I ain't gonna hurt her. (《Once Upon a Time in Hollywood》)

I dunno what you're talkin' about. (《The Sopranos》)

What time? I dunno. Ten? (《Velvet Buzzsaw》)

I dunno there were docks. (《Friends》)

Yeah, and I dunno where he is. (《Monk》)

See me, I ain't nothing nice? (《Burning Sands》)

And crime mob, it ain't no stopping? (《Burning Sands》)

This ain't so bad. (《Burning Sands》)

3. 介词缩约式

You gonna pick that up? (《Carnival Row》)

I just think I'm gonna, you know, get some sleep. (《This is us》)

Okay, so what are we gonna do? (《This is us》)

He's our uncle. He's family. We're gonna help him. (《This is us》)

I'm just gonna go outside for a moment. (《This is us》)

If I don't get my card signed, it's never gonna double in value. (《This is us》)

I'm gonna take you, Kev. (《This is us》)

You're gonna have fun with your mom, okay? (《This is us》)

Mother-son day. It's gonna be fun. (《This is us》)

You think, uh... you think doing a jigsaw puzzle's gonna fix that? (《This is us》)

4. 助动词缩约式

You think you woulda shit some of this weight off! (《The Sopranos》)

If you'd been born after those feminists, you woulda been the real gangster. (《The Sopranos》)

Well, it coulda been worse. (《Castle》)

She coulda sent you a video. (《Castle》)

I woulda done her. (《Castle》)

Otherwise, I woulda had more helmets. (《Xena: Warrior Princess》)

High school? Naw, I woulda sworn you were a college girl. (《Gilmore Girls》)

Whatcha gonna do about it? (《Cupid》)

Positive, bucco, because you were doing a lotta talking in there. (《Loner》)

Musta been one of the Hughes people. (《Loner》)